江苏沿海资源经济研究中心资助项目

珠江三角洲港口发展格局研究

谢凌峰　编著

海洋出版社

2014年·北京

图书在版编目（CIP）数据

珠江三角洲港口发展格局研究／谢凌峰编著. —北京：海洋出版社，2014. 12

ISBN 978－7－5027－9044－8

Ⅰ. ①珠…　Ⅱ. ①谢…　Ⅲ. ①珠江三角洲－港口经济－经济发展－经济格局－研究　Ⅳ. ①F552. 765

中国版本图书馆 CIP 数据核字（2014）第 299062 号

责任编辑：钱晓彬
责任印制：赵麟苏

海洋出版社 出版发行

http://www. oceanpress. com. cn
北京市海淀区大慧寺路 8 号　邮编：100081
北京华正印刷有限公司印刷　新华书店北京发行所经销
2014 年 12 月第 1 版　2014 年 12 月第 1 次印刷
开本：787 mm×1092 mm　1/16　印张：18
字数：350 千字　定价：78. 00 元
发行部：010－62132549　邮购部：010－68038093
总编室：010－62114335

序

港口是水、陆、空等交通运输的天然枢纽，也是进出口贸易资源的集散平台。随着经济全球化、区域一体化进程的不断加快，港口以其拉动贸易增长的鲜明特征、促进资源整合的功能属性、辐射区域经济的实践魅力，成为引领一个国家和区域经济持续发展和保持竞争优势的新航标。

一、世界港口的发展脉络及其演进

纵观全球，每个世界级的都市都伴随着一个世界级的海港，璀璨出一席世界级的港口生活。不论是开启17世纪大航海时代的鹿特丹，还是影响20世纪全球经济动向的纽约，抑或是建立了21世纪腾飞中国形象窗口的上海，再到新加坡、悉尼、开普敦……无一不在诠释着滨海城市的特有魅力，镌刻着“港口兴则城市兴”的生动画面。

而在此之前，在国际经济、贸易和运输尚未一体化的时代，生产、贸易等过程相互分隔，陆运、水运等方式难以融合。港口只能扮演着“水陆换装”的单一角色，“孤独”地承载着装船和卸船的传统功能，游离于生产、贸易和运输的体系之外“望洋兴叹”。

追溯历史，15世纪末源于欧洲重商主义的地理大发现与殖民地运动，开启了海运贸易全球化的时代征程，产生了国际文化交流、全球分工合作、信息资源共享的积极效应，里程碑式地改变了世界经济地理格局，塑造出一幅全新的世界港口与港城的空间版图。

千百年来，从海洋运输到综合物流，从现代科技革命到全球经济一体，从集装箱化运输到多式联运和现代物流，港口的功能逐渐从原来的“海陆中转站”发展成服务于经济贸易的综合物流中心，逐步完成从原始性、区域性向现代化、全球化的嬗变。曾几何时，商贸业与航运业的繁荣开始引领现代港口的发展，并将其日益打造成当前全球综合交通运输体系的“神经中枢”。

回归时间维度，港口发展大致可分为四个阶段：一是18世纪以前，港口仅具备仓储、装卸搬运等基本物流功能，是区域间商品流通的一个环节；二是18

世纪初到20世纪中叶，临港产业发展初具雏形，工业、商业开始落户，港口成为生产贸易场所和货物增值服务中心；三是20世纪中后期，得益于港航技术、信息技术发展，适应国际贸易和全球物流需求，部分港口逐步成为集国际物流中心、贸易中心、金融中心和工业中心为一体的综合性区域，出口加工区、国际贸易区、保税区、物流园区不断兴建；四是21世纪以来，努力实现功能定位的转变，以城市为主体，以自由贸易为依托，一大批港口日益发展成国际贸易调度站、产业集聚基地、综合服务平台以及融入全球供应链的国际航运中心，港口市场范围逐步拓展、业务体系逐渐完善、关联产业服务能力不断增强。努力打造第四代港口，成为当前世界各国和众多区域港口建设与发展的时代标签。

梳理发展脉络，港口演变的一般规律徐徐呈现：作为世界流通体系的核心节点，以竞争姿态融入经济格局，开放程度决定市场范围；作为区域经济水平的真实缩影，以比较优势参与全球分工，产业结构决定功能定位；作为全球供应链的重要环节，以高端服务满足客户需求，经营方式决定竞争能力；作为国际要素流动的关键枢纽，以协调整合实现资源调配，流通模式决定运作效率。港口，以航运和信息技术进步为基础，以全球经济互动与融合为支撑，以服务能力与管理模式创新为核心，以港口升级与合作为手段，致力于实现从传统、落后、单一的模式向现代、高端、联合方向的路径演变。

二、中国港口的发展历程和面临形势

中国是海运大国，也是港口大国。在这片兼有大陆和海洋特征的广袤国土上，从新石器时代到封建王朝，再到新中国成立，中国港口的发展历程如同绵延之水，在清晰而曲折的路径中源远流长。

在遥远的新石器时代，独木舟和排筏便已在天然河流上广泛使用。从浙江河姆渡出土的木桨，成为7 000多年前我国东南沿海渔民出海渔猎的古老印证；春秋战国时期，水上运输十分频繁，渤海沿岸的碣石港便是今日秦皇岛港的历史原型；汉代的广州港以及徐闻、合浦港，见证了与日本、朝鲜和东南亚各国的海上通商活动；唐朝的扬州港已是当时相当发达的国际贸易港……再到明朝初期郑和7次下西洋，打造了200多艘海船、2万多人船队、历访30多个国家的航海壮举，曾一度将中华民族的航运业与港口业推向鼎盛。

近代以来，鸦片战争的炮火无情地轰开了文明古国的大门，中华民族遭受的苦难、付出的牺牲历史罕见，港口发展也在漫天的硝烟下步履维艰。沿海海关一度被帝国主义垄断，内河航行权丧失殆尽，港口几近成为帝国主义侵略掠夺我国资源财富的“桥头堡”。直至新中国成立前的很长一段时间，中国港口几乎全线瘫痪，全国（除台湾）仅有万吨级泊位60个，码头岸线总长仅2万多米，年总吞吐量逾500×10^4 t，绝大多数港口如同星星之火，停留在“装卸只靠人抬肩扛”的原始状态下“意兴阑珊”。

新中国成立后，特别是改革开放以来，党中央国务院高度重视港口发展，把港口作为对外开放的“前沿阵地”与沟通国内外经济往来的重要纽带，以博大的服务胸怀、开阔的全球眼界、前瞻的科学规划、先进的建设理念、超前的市场意识和清晰的发展思路，组织开展了大规模的港口建设。随着14个沿海港口城市进一步开放，港口迈入大规模投入、跨越式发展的新阶段，港口数量迅速扩张，整体规模稳步提升，吞吐能力日新月异，布局合理、门类齐全、设施完善、现代化程度较高的港口集装箱运输体系初步构建，为跻身世界港口大国行列、实现从“海运大国”向“海运强国”迈进夯实了坚定基础。

成绩骄人。全国港口货物和集装箱吞吐量连续9年位居世界第一；12个亿吨级大港排名全球前20；8个大陆港口位居世界港口吞吐量前10；5个港口位居世界港口集装箱吞吐量前10；上海港货物和集装箱吞吐量均居世界第一；全国集装箱吞吐量占全球总吞吐量的近1/4……一系列数字，生动地记录着我国港口发展的“如日中天”。

正视当前。在“稳增长、调结构、促改革”、“推动经济转型升级”等一系列关键词的背后，我国港口发展面临机遇，亦有挑战。港口“重规模、轻效益”的现象依然普遍，岸线资源代际公平难以实现，过度追求“吞吐量”的数字游戏在部分地区屡见不鲜，拥有相同腹地的港口之间价格竞争问题凸显，港口集疏运体系亟待完善……诸多问题对我国港口的合理开发与利用提出了严峻考验。

高层重视。党的十八大报告做出“发展海洋经济，建设海洋强国”的战略部署，提出“努力建设美丽中国，实现中华民族永续发展”。美丽中国离不开美丽海洋，美丽海洋同样离不开美丽港口。在美丽的“中国梦”面前，稳步向前的中国港口，正接受着新一届中央领导集体的时代召唤。

任重道远。贯彻落实中央决策部署，推动早日实现“港口强国”之梦，必须在优化港口结构、转变发展方式上做“大”文章，做“好”文章，作为一名长期从事港口发展战略研究的学者，深感责无旁贷，重任在肩。

三、珠三角港口群的现状、问题及趋势

珠三角港口群隶属于我国五大港口群，是广东省和内陆地区与港澳地区交流的重要窗口。依托自然资源、区位条件、腹地经济等方面的良好条件和突出优势，目前已形成由近200个大小港口组成，以广州港、深圳港、珠海港三大沿海港口为核心，其他港口为重要补充的港口体系。

外向型经济是最大的“红利”。改革开放以来，随着一批经济特区、沿海开放城市和沿海经济开放区的先后成立，广东省成为我国对外开放最早、开放领域最广的省份。依托毗邻港澳的地缘优势，以“三来一补”为主要形式，对外运输尤其是与香港之间的运输得到快速发展。突破传统物资交往和中转服务的局限，珠三角港口群开始成为各地内引外联的窗口和发展外向型经济的依托，大、中、小港口协调发展的格局开始形成，在各地国民经济、能源运输和对外开放中发挥着重要作用。

2012年广东省沿海港口货物吞吐量达12.12×10^8 t，集装箱吞吐量4.45×10^8 t，其中珠江三角洲货物吞吐量达9.36×10^8 t，完成4.26×10^8 t集装箱吞吐量。珠江三角洲沿海港口中，广东港、深圳港和珠海港合计货物吞吐量达7.41×10^8 t，集装箱吞吐量3.94×10^8 t，分别占珠江三角洲港口群的79.1%和92.6%。总体来看，世界级的港口集聚规模与分层次的发展格局基本呈现。

广州港，作为沿海主枢纽港之一和华南最大的综合性港口，货物和集装箱吞吐量分居全国第三和第五；深圳港，连续4年稳居世界第四大集装箱港，依靠低物流成本、高通关效率等优势，成为中国最赚钱的效益型港口；珠海港，以“花园式城市”资源为支撑，以“环境友好型建设”为亮点，喊出“甩开膀子发展港口”的口号；东莞利用虎门港打造“滨海新区”，惠州做出“现代化港口城市”的定位……逐一审视，珠三角港口群炉灶并起、群雄逐鹿的局面如火如荼。

竞争？各地港口在“强身健体”的同时，围绕经济腹地、航线和班轮数量、港口基础设施和服务、经营管理等方面展开了“激烈角逐”。各港集装箱航线呈几何倍数增长，深水码头和集装箱码头建设争先恐后，对港口物流管理人才的争夺趋于白热化……港口产生过剩、价格恶性竞争、规模效应难以形成，港口建设高潮的背后，并不是“百花齐放”的美好愿景，而是“多败俱伤”的沉重隐忧。

竞合！竞争中加强合作，合作中保持竞争，通过竞合实现共赢正成为市场经济的新理念。从广西港口“抱团取暖”，到大连与丹东“牵手同行”，国内港口正逐步打破“对抗关系”，实现由“短兵相接”到“建立同盟”的关系转变。随着《珠三角基础设施建设一体化规划》颁布出台，提出“有效整合优化珠三角港口资源，促进珠三角港口群协调发展”，珠三角港口一体化的号角俨然吹响。

方向已经明确，重在贯彻落实。如何通过创新合作机制，统筹发展规划，明确各港口的定位、功能、投资主体和经营模式等，前瞻性谋划珠三角港口一体化体系，应成为珠三角港口群发展的当务之急。

本文以珠三角港口群作为研究对象，以珠三角港口群的现状评价为基础，以国内外港口与港口群发展演化的理论及实践为支撑，以珠江口港口群发展的影响因素分析、空间格局演化和趋势判断为依据，切实提出珠江港口群发展的战略定位、战略目标、战略布局和实施路径，并重点围绕珠江港口群沿海港口物流和一体化发展战略提出对策建议，以期为提升珠三角港口群的整体效率和服务水平，推动珠三角港口群实现从“大港”到“强港”的转变，促进产业布局优化与区域经济转型提供决策参考。

四、结语

这是一个“不再简单以 GDP 论英雄”的时代：全球经济复苏步伐沉重缓慢，国内经济下行和通胀压力居高不下，导致港口这一经济运行的“晴雨表”隐忧重重；这是一个不再单纯以“弱肉强食”为法则的时代：一味竞争只会变成发展的“绊脚石”，变对抗为合作，才是港口之间“化干戈为玉帛”有效手段。

谢凌峰是我的学生，长期坚持沿海港口规划、资源开发、环境保护等研究工作，也参与了江苏沿海资源经济研究中心多项研究项目。作为该研究中心的重要研究成员，出版本书对江苏沿海资源经济研究具有重要的参考价值。

有效应对复杂的经济环境，充分实现港口的互利共赢，是每个港口大国和沿海地区都应该深入谋划的“顶层设计”，围绕港口一体化特别是资源整合策略开展深入探讨，对每一位从事港口发展战略研究的学者而言，更是义不容辞。

2014 年 9 月于北京

目 次

第1章　珠江口港口发展格局的现状与评价

1.1　珠江口港口群资源现状

珠江口港口群位于西江、北江和东江三大河流下游的冲积平原上，主要由广州港、深圳港、珠海港、东莞港、惠州港、江门港和中山港7个沿海港口组成，已经形成了以广州港、深圳港、珠海港等沿海主要港口为核心，其他港口为重要补充的港口群。

在国家重点建设广州、湛江等传统大港公用码头的同时，深圳、珠海、东莞、中山、新会、江门等特区、开发区以及大量厂矿企业建港积极性高涨，兴建了一大批货运码头，不仅开创了我国港口以国家、企业、外商共同建设经营的局面，并且随着大量中小港口的兴起，珠江三角洲地区大、中、小港口共同协调发展的格局开始形成。这一时期港口的发展，适应了各地对外开放的要求，适应了大量的港澳运输需求，在各地国民经济、能源运输和对外开放中发挥了重要作用。

在交通部“三主一支持”交通发展长远规划指导下，广东省沿海港口布局规划以及主要港口总体规划相继编制完成，分层次布局、主要货种运输系统等的发展思路逐步清晰。珠江口港口群抓住需求增长旺盛的机遇，重点加强集装箱、煤炭、原油、成品油、液化气等深水专业化码头建设，加大深水航道治理力度，港口适应国际航运船舶大型化、运输专业化的能力大为提高，主要货种运输系统逐步形成，进入21世纪以来，无论是港口基础设施的建设，还是货物吞吐量的增长，均是历史上发展最快的时期。珠江口港口群一直保持了快速发展的势头，各港口的吞吐量也快速增长，到港的运输船舶不断增多、增大，有力地拉动了珠三角地区经济的快速增长。但是，由于近年来对珠江口港口群发展现状缺乏系统性研究，港口建设资源不能得到很好地利用，影响了港口发展，在此对珠三口地区发展现状进行系统性分析。

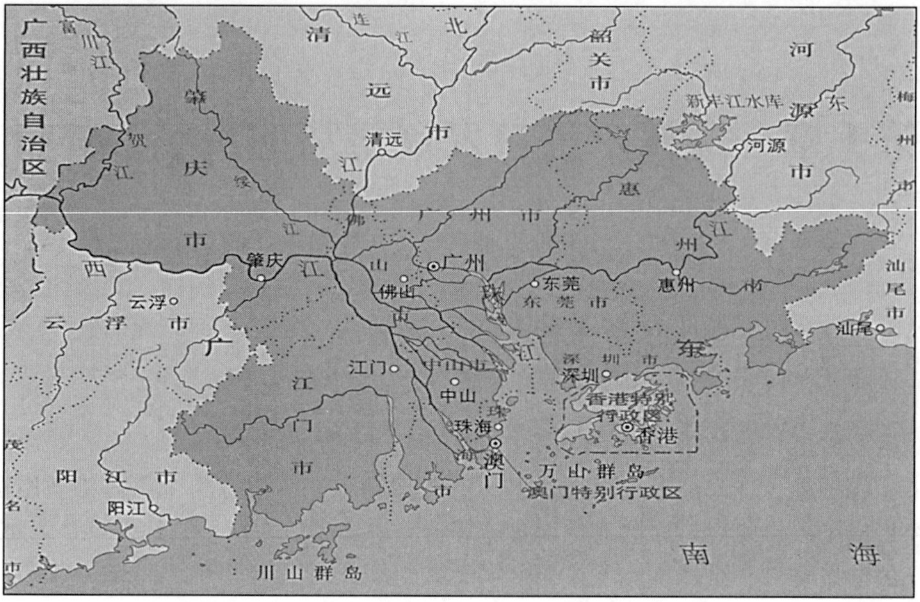

图 1－1　研究范围示意图

1.1.1　自然资源

珠江是西江、北江、东江及珠江三角洲其他诸河 4 个水系的总称，跨越中国南方的滇、黔、桂、粤、湘、赣六省（区）和越南的北部，流域总面积 453 690 km^2，而在广东省的面积为 9 750 km^2，其大概范围为：西至西江的界首与广西相邻，北与东至与湖南、江西省省界，南至珠江入海的八大口门。珠江口网河区有重要水道 26 条。

珠江口港口群位于西江、北江和东江三大河流下游的冲积平原上。该地区不仅拥有海岸线 1 039 km，而且河流纵横交错，水道四通八达，形成了三江汇集、八口分流的特征。

（1）西江

西江是珠江流域中最大的河流，发源于云南省曲靖市境内的乌蒙山脉嘛雄山，流经云南、贵州、广西三省（区），至梧州汇合桂江后与界首河段流入广东省境内，在思贤滘与北江相通，注入珠江口，最后主流经磨刀门水道横琴岛附近注入南海。广东省境内 17 960 km^2，仅占总面积的 5.09%。西江流域径流主要由降雨形成，流域内干、支流的洪、枯水期出现与降雨时空分布具有同一规律性，汛期为 5—10 月，枯水期为 11 月至次年 4 月。

（2）北江

北江是珠江流域第二大水系，也是广东省境内流域面积最大的河流。从源头至思贤滘以上干流长468 km（广东省境内458 km），流域面积46 710 km^2（其中广东省境内42 930 km^2）。北江流域集雨面积超过1 000 km^2的一级支流有墨江、锦江、武江、南水、滃江、连江、滃江、滨江、绥江共9条支流，按叶脉状排列，从东西两侧汇入干流。北江流域干支自成体系，九大支流如叶脉分布于粤北各县，水量充沛，含沙量小，属于少沙河流。

(3) 东江

东江（古称湟水、循江、龙川江等），发源于江西省寻乌县桠髻钵，流经龙川、河源、资金、博罗、惠阳到东莞石龙，主要分南北两水道（北干流、东莞水道）进入东江三角洲。石龙以上干流长520 km（广东省境内长393 km），石龙以上流域总面积27 040 km^2（广东省境内23 540 km^2）。东江三角洲径流量由东江和增江径流组成。其中石龙以上东江的径流量占三角洲总径流量的86.1%。

(4) 珠江三角洲诸河

珠江三角洲由西北江三角洲、东江三角洲和汇入三角洲各河流域所组成，总集水面积26 820 km^2，其中三角洲网河区面积为9 750 km^2，注入三角洲的其他诸河流域面积17 070 km^2。珠江三角洲网河内河道纵横交错，其中西江、北江水系相互沟通，形成西北江三角洲，集雨面积8 370 km^2，占三角洲网河区面积的85.8%，主要水道近百条，总长约1 600 km；东江三角洲自成体系，集雨面积1 380 km^2，占三角洲网河区面积的14.2%，主要水道5条，河道总长138 km。

1.1.2 腹地经济

珠江口地区毗邻港澳，背靠华东、华中、西南地区，是我国外向型经济、加工工业、高新技术产业最为发达的地区。其主要包括广州、深圳、珠海、佛山、江门、中山、东莞、惠州和肇庆9个市，土地面积41 698 km^2，按第六次全国人口普查统计为5 220万人。在华南、西南地区能源、原材料和外贸物资运输中发挥着不可替代的作用。

珠江口地区发展模式最显著的一个特征是外向型经济。由于珠江口独特的区位条件，在改革开放前，其地区客观上构成了一个落差很大的区域二元经济结构。改革开放后广东先行一步的特殊优惠政策环境，使港澳资本连同劳动密集型产业、技术、管理等，借两地落差形成的势能，大规模地向珠江口地区转移，珠江口工业化发展步入新的发展阶段，大量本地农村劳动人口走进工厂，并吸引了数以百万计的内地农村剩余劳动力向珠江口地区转移。珠江口由原来的农业区变成了工业区，而且更重要的是使珠江口的工业化从一开始就面对国际市场，逐步形成了以国际市场为导向，带动国内市场发展的外向型经济格局。

珠江口港口群的直接和间接经济腹地主要包括泛珠三角地区。泛珠三角区域包括广东、福建、江西、湖南、广西、海南、四川、贵州、云南 9 个内地省(区)和香港、澳门两个特别行政区（简称“9 +2”），国土面积占全国的 1/5，是我国规模最大、范围最广的区域组合。2011 年，泛珠三角地区（内地九省）的人口、经济总量、外贸总值分别占全国的 34.9%、32.0%、33.3%。

泛珠三角各省资源丰富，产业差异明显，经济互补性强，区域间的经贸合作频繁，目前已初步形成功能各异、协作关系较密切、具有一定程度经济融合的经济区域，并逐步将地缘优势转化为经济优势，正加快形成亚太地区的贸易枢纽及中国的出口生产基地。

表 1 –1　2012 年泛珠三角地区（内地九省）国民经济概况

项目	单位	广东省		泛珠三角地区	
		指标	占全国比例（%）	指标	占全国比例（%）
土地面积	$\times 10^4$ km^2	18.0	1.9	201.0	20.9
人口	亿人	1.0	7.8	4.7	34.9
国内生产总值	亿元	52 673.6	11.2	151 012	32.0
全社会固定资产投资	亿元	17 158.5	5.5	82 020.1	26.4
社会消费品零售总额	亿元	20 297.5	11.0	54 407.5	29.6
外贸进出口总额	亿美元	9 134.7	25.1	12 124.2	33.3
其中：出口总额	亿美元	5 319.4	28.0	7 130.7	37.6
进口总额	亿美元	3 815.3	21.9%	4 993.5	28.6

1.2　珠江口港口群基础设施现状

各港口的基础设施发展是受到港口规划中的发展定位、发展规模的约束和引导的。过去 20 年中，与珠江三角洲港口群的 7 个港口相关的国家及省级规划主要有《全国沿海港口布局规划》和《广东省沿海港口布局规划（2008—2020 年)》两个。

珠江三角洲的基础设施发展主要包括岸线、泊位、公共出海航道和锚地等方面。经过全国及省级的规划指导以及各级政府的积极支持，珠江三角洲各港口得到了迅速发展，结构得到了优化改善，根据规划和市场调节的综合作用基本实现了差异化和互补的发展。

1.2.1 岸线

珠江口湾区具有较好的建港条件，岸线资源开发度较高。目前尚未开发的岸线资源其波浪或泥沙等不利因素较为突出，开发建设成本较大。

珠江三角洲地区规划港口岸线100段，长456 km，其中深水岸线333 km，分别占全省规划港口岸线的51%和49%。同时，为满足沿海重点物资运输和大型临港产业发展需要，规划了重点岸线为174 km。截至2012年年底，珠三角沿海港口已开发的码头岸线长141.9 km，开发程度为31.1%。其中，已开发岸线超过规划港口岸线40%的有广州港、深圳港、虎门港和中山港4个港口，主要集中在珠江口湾区。

各港口已开发岸线情况见表1－2。

表1－2 2012年珠江三角洲港口群（沿海）已开发岸线情况

序号		规划岸线长度（km）	已开发码头岸线长度（km）	已开发岸线所占比例（%）
	合计	455.6	141.9	31.1
1	惠州港	86.5	10.8	12.5
2	深圳港	60.1	30.1	50.1
3	虎门港	37.5	17.3	46.1
4	广州港	99.2	45.3	45.7
5	中山港	15.0	7.0	46.7
6	珠海港	75.0	13.5	18.0
7	江门港	82.3	17.9	21.7

数据来源：2012年广东省统计年鉴。

1.2.2 泊位

2012年年底珠江三角洲港口群（7个沿海港口）共有码头泊位1 490个，泊位长度141 814 m，其中万吨级以上泊位194个，分别占全省沿海港口的81.3%、79.5%和73.2%；泊位年通过能力94 265万吨，集装箱通过能力4 206万TEU，分别占全省的78.7%和97.7%。

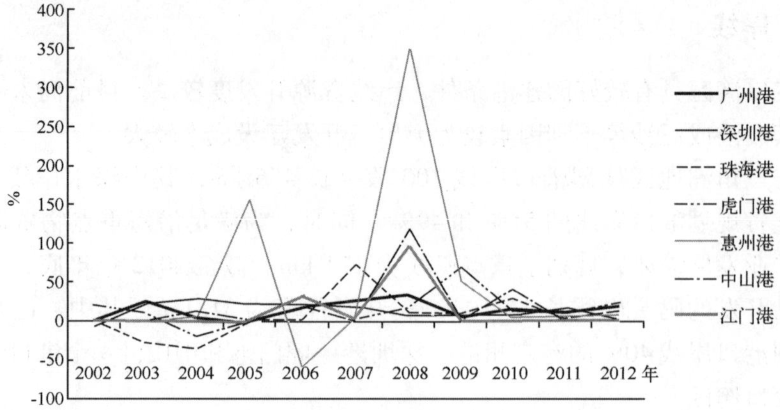

图 1－2 2002—2012 年珠江三角洲港口群泊位通过能力增长率对比

数据来源：2012 年广东省各市港口码头泊位情况综合表。

2000 年以来是珠江三角洲港口群建设的高峰期，珠江三角洲港口群码头泊位和深水航道建设的步伐显著加快，2001—2012 年共新增各类生产性泊位 283 个，其中深水泊位 107 个；新增货物年通过能力 8.3×10^8 t，其中集装箱 3 471 万 TEU。2008 年，由于受到国际金融危机的影响，港口建设的增速有所放缓，但 2010 年再次出现较大幅度增长。

近年来，珠江三角洲新增泊位中万吨级以上泊位比例较高，且深水泊位的靠泊吨级大都在 50 000 吨级以上，专业化、大型化趋势明显。具体见表 1－3。

表 1－3 珠江三角洲港口群新增泊位情况

年份	新增泊位（个）	万吨级以上（个）	万吨级以上比例（%）
2011	22	12	54.5
2012	23	4	17.4

数据来源：2011—2012 年广东省各市港口码头泊位情况综合表。

根据规划的定位与市场自身的调节作用以及各港口自身的建港条件，2012 年年底珠江三角洲港口群建有万吨级以上集装箱专业化泊位 74 个，核定通过能力 2 509 万 TEU，其中 5 万吨级泊位 24 个，主要集中在深圳港和广州港，5 万吨级以上泊位有 27 个，全部在深圳港。

1.2.3 公用出海航道

为适应沿海港口的发展，广东沿海航道建设大致经历了从少到多、从“线”到“网”、从低等级到高等级的发展过程。珠江三角洲航道网将以广州港出海航道、铜鼓航道、大鹏湾航道、西部港口公共航道、坝光作业区进港航道、矶石航道、高栏进港航道、马鞭洲航道、荃湾航道、碧甲航道、横门东水道、江门铜鼓沿海航道、崖门出海航道13条重要航道为骨干，以珠江电厂航道、南北台水道等17条其他深水航道作为南北向通道的重要组成，大铲航道等58条其他中级航道则作为珠江三角洲航道网的有益补充。

珠江三角洲港口群主要出海航道情况见表1－4。

表1－4　珠江三角洲港口群主要航道指标

港口名称	航道名称	维护尺度（m）		现状等级（DWT）
		宽度	水深	
广州港	广州港出海航道（西基段）	160	13.0	50 000
	广州港出海航道（南沙段）	243	17	100 000
深圳港	铜鼓航道	210	15.8	100 000
	大鹏湾航道	170	14	50 000
	西部港区公共航道	200～350	11～14	100 000
	赤湾港区进港航道	120	11	35 000
惠州港	马鞭洲航道	251	20.8	250 000
	东联航道	132	10.7	30 000
	荃湾港区主航道	110	10.2	30 000
	碧甲航道	162	15.7	100 000
珠海港	高栏港区主航道	210～250	15.4～15.8	100 000
江门港	崖门出海航道	90	7.2	5 000
中山港	横门出海航道	80	4	3 000

数据来源：广东省各港区航道统计数据。

广州港出海航道作为广州港、虎门港、深圳西部港区和中山港公用的水运“大动脉”，地位十分重要，广州港出海航道三期工程的完工并投入试运行，可满足10万吨级集装箱船不乘潮单向通航、兼顾12万吨级散货船乘潮单向通航和5万吨级集装箱船不乘潮双向通航，大大改善了通航条件，但由于航道宽度不足，南沙港区以南至珠江口外海的航道对超过5万吨级的船舶仍只能作为单向航道使用，已滞后于珠江口湾区内码头泊位和临港产业的发展。

珠江口内修造船企业产能在不断增加。至2012年年底，珠江口内可修造10万吨级及以上船舶和海洋平台的企业共5家，包括：位于广州南山区龙穴岛上的广州中船龙穴造船有限公司、广州中船远航船坞有限公司、广州黄船海洋工程公司，位于东莞麻涌镇的广东中远船务工程有限公司以及位于深圳孖洲岛修船基地的友联船厂。

1.2.4 锚地

目前广州港、深圳港西部港域、虎门港、中山港共用珠江口内的水域，存在锚地交叉使用的情况。现阶段，珠江口水域内的锚地由各港分别管理，珠江口水域内的锚地现状如下。

广州港现有锚地54处，浮筒23个，最大锚泊能力 30×10^4 t。锚地功能齐全更包括了检修、护航和清道等其他港口锚地所不具有的功能，其总面积为193.6 km^2。虎门外有舢舨洲沙角、伶仃、大屿山、桂山、三门岛、大坦尾6处锚地，锚地面积185.47 km^2，底标高 −30 ~ −10 m。深圳港西部水域共有12个锚地，主要供进出港船舶候泊、联检、引航、装卸货物和防台之用，而深圳港东部水域共有8个锚地，主要供进出港船舶候泊、联检、引航、装卸货物和防台之用。珠海港水域范围内正在使用的锚地有34个，锚地功能齐全。而中山港锚地共13处，基本为内河锚地，虎门港进出的大型船舶的引航、待泊、防台应急、候潮以及联检等锚地均使用广州港或深圳港的锚地。惠州港现有锚地8处，且多为小型锚地，仅有一个供10万吨级以上邮轮停泊，且大多为3万吨以下船型停泊，总体锚地供应不足。江门港现有内河锚地，除银洲湖水域现状有锚地外，西江、潭江、虎跳门等其他内河水道无正规锚地，一般采用临时抛锚的方法。银洲湖水域现有锚地15个，面积约5.7 km^2

各港口锚地现状见表1－5。

表1－5　珠三角锚地现状统计

港口	锚地个数	锚地面积（km^2）	锚地功能	备注
广州港	54	193.6	过驳、待泊、候潮、避风、防台、清道、护航、引航、检疫、检修	
深圳港	20	160.67	候泊、联检、引航、过驳、避风、防台	
珠海港	34	478.6	过驳、待泊、候潮、避风、防台、引航、检疫、应急	
虎门港	—	—		
惠州港	8	18	待泊、引航、检疫、	
江门港	21	—	待泊、引航、检疫	银洲湖水域14个锚地，面积约5.7 km^2
中山港	13	136	待泊、引航、检疫、避风	

数据来源：《广东省沿海公共锚地总体规划研究报告》。

1.3 珠三角港口格局发展的障碍和形势分析

1.3.1 珠三角港口格局发展的障碍

（1）腹地难拓，不利于港口群做大做强

随着产业结构的调整和产业转移，珠江三角洲内货物生成量和消费量的密度将有所下降，广东省其他区域和泛珠区域的经济水平提高，货物生成量和消费量将有较大提高，珠江三角洲港口群原有以水路和公路为主的集疏运系统将难以适应，不利于港口群的可持续发展。

珠三角港口群的腹地拓展存在三大问题：①铁路集疏运系统衔接不畅，大量宜铁路集疏运的货物弃铁走路，铁水联运的量还很小；②公路集疏运系统缺少货运通道，公路集疏运交通与城市交通相互干扰，部分港口公路集疏运通而不畅；③珠江高等级航道网延伸不足，北江、东江等级较低，水运集疏运潜力尚未充分发挥。

长三角港口群环渤海湾港口群、新兴的北部湾港口群、海西港口群和珠江三角洲港口群均有中西部地区的共同腹地，随着我国中西部地区社会经济的持续快速发展、内陆运输条件的改善和国内物流的发展，尤其是集装箱多式联运和无水港的建设，未来港口群之间的竞争会慢慢加剧。同时，珠江三角洲经济增长模式的转变，现代港口功能延伸需要与广大中西部内陆地区协调发展，腹地拓展将成为珠江三角洲港口群持续稳定发展的关键问题。

（2）管理滞后，不利于港口群可持续发展

珠三角沿海港口群港口密集、港口空间距离小、部分港口之间的水域和腹地交叉重叠，给管理和协调带来较大难度。珠三角港口群管理滞后主要表现在：①行政管理机制不完善，跨地区、跨部门的工作难以协调，公共行政管理难度大，随着区域内各港口的不断发展，涉及公共领域的安全、环保等工作压力越来越大，责任难以划分，面对突发事件，难以形成统一、有效的力量予以应对。②港口公共基础设施投入不足，省财政对水运尤其是沿海港口公共基础设施的投入历来不足，造成深水航道、公共锚地、疏港快速道路和铁路的建设发展相对滞后，难以适应现代化港口发展的新需求，其中疏港铁路更成为限制港口腹地拓展的瓶颈。③港口航道管理体制不清晰，部分航道的航政管理区划与行政区划不匹配，部分航道的建设与管理主体不明确，造成建设投入不足，不利于港口发展。④港口收费规则滞后且不统一，难以管理，《收费规则》、《外贸费规》、《集装箱港口收费办法》、《内贸费规》、海事局《行政事业性收费公示表》等收费规则之间存在部分冲突的规定，造成港口企业执行难度加大，不利于港口企业操作，也不利于政府主管部门有效监管。

（3）协同困难，不利于区域港口和谐发展

珠三角港口群，特别是珠江口湾区港口群，港口空间范围小，港口腹地和公共水域交叉重叠，而航道、锚地、港口服务支持系统等公共配套设施的建设管理又涉及多港口、多部门及一些历史原因，协同发展难度大，主要表现在：①各市各港自成一体，独立发展，港口间的规划和建设管理协同发展难度大。②由于港口建设投资主体多元化、港口物流企业准入门槛低、港口产业集聚发展等因素，带来了港口企业和市场多元化，港航物流企业数量不断增加，加大了行政主管部门统筹协调的难度。同时，促使行业内信息交流量大增，各种信息平台纷纷建立，但由于行业壁垒、平台定位等因素，大部分平台难以对接，造成“信息孤岛”、“数据瓶颈”、“系统林立”等问题凸显，不利于行业信息的互通和共享。③广州港出海航道水域管理调度的协同难度大。广州港出海航道水域的使用者包括广州港、虎门港、深圳港西部港区、珠海港东部港区和中山港，随着区域内港口的发展和进出港船舶密度增加，广州港出海航道和崖门出海航道等公共交叉水域面临着航道和锚地等公共设施的统一规划、建设、使用及管理，引航和调度及支持保障系统的统一协调等问题，不利于区域内港口的健康发展。

（4）配套不足，不利于港口转型升级

珠三角港口群正处于转型升级的阶段，配套政策不完善将影响港口的转型升级和物流功能的拓展。传统的珠江三角洲经济以加工出口型为主导，珠江三角洲港口群大多码头企业运营采取传统的“引货入港”工作方式，对港口高附加值业务发展不够，加工、配送、采购分销、贸易、金融等创新型港口物流高端服务业发展缓慢，港口及国际航运必需的政策体系、金融和保险服务体系相对滞后，港口及航运培训业不发达，港航人才培养不能满足需要，并导致目前提供港口增值物流服务的物流园区利用率不高，高附加值物流服务业务量少。

1.3.2 珠三角港口格局发展的形势分析

（1）持续增长，与区域经济协调发展

珠江三角洲地区作为广东省的核心区、外贸经济的集聚区，港口群的发展与经济和对外贸易的发展密切相关，为区域经济发展提供重要支撑、特别是外贸的发展。2007—2012 年，珠江三角洲港口群吞吐量增长与国内生产总值（GDP）增长的相关系数达到0.98，外贸吞吐量增长与外贸进出口值增长的相关系数达到0.99，集装箱吞吐量与外贸吞吐量的相关系数更是高达1.00。可以看出，珠三角港口群的吞吐量和外贸吞吐量的增长与地区经济的发展和外贸结构的发展高度相关，集装箱吞吐量与外贸吞吐量变化趋势基本一样。

（2）规模积聚，成就世界级大型港口群

2001—2013 年，由广州、深圳、珠海、惠州、虎门、中山和江门组成的珠江三角洲港口群发展迅速，形成港口集中、规模积聚的大型港口群。

根据 2013 年的初步统计，2001—2013 年，珠江口港口群生产性泊位新增 518 个，其中深水泊位新增 108 个，货物通过能力新增 73 922 $\times 10^4$ t，增长了 2.7 倍，集装箱新增 3 564 万 TEU，增长了 5.2 倍。

2013 年，广东沿海港口完成货物吞吐量 12.13 $\times 10^8$ t，居全国第一。珠三角港口群新增珠海港和虎门港两个亿吨大港，总吞吐量达到 10.1 $\times 10^8$ t，约占全国规模以上港口总吞吐量（107.3 $\times 10^8$ t）的 9.4%；集装箱吞吐量为 4 234 万 TEU，约占全国规模以上港口总吞吐量（18 878 万 TEU）的 22.4%。

根据上海国际航运研究中心正式发布的《全球港口发展报告（2013）》，2013 年全球前 20 大港口排名中，亚洲港口占得 17 席，其余分别为欧洲鹿特丹、美洲路易斯安那和澳洲黑德兰港；亚洲前 17 大港口中国大陆占了 13 席。全球前 10 大港口中国大陆独占 8 席，广州港排名第五。2013 年中国内地港口集装箱吞吐量超过 1 000 万 TEU 的有 7 个，深圳港以 2 328 万 TEU 位居全国第二，世界第三，首次超过香港港；广州港以 1 531 万 TEU 位居全国第五。另外，虎门港为 150 万 TEU，以同比 35.92% 的增幅成为全国集装箱吞吐量前 20 大港中成长最快的港口。珠三角港口群总吞吐量及集装箱吞吐量已位于世界前列，成为世界级大型港口群之一。

（3）能力提升，实现能力与吞吐量相适应

2013 年珠江三角洲港口群总体通过能力适应度达到 1.01，其中集装箱通过能力适应度为 1.00，总体上满足吞吐量的需求。从具体港口来说，广州港的适应度为 0.76，能力较为紧张；惠州港的适应度为 2.06，能力富裕较多，主要原因为原油泊位能力相对富裕；其他港口能力与吞吐量较为相当，2013 年珠三角港口群通过能力与吞吐量对比情况见表 1－6。

表 1－6　2013 年珠三角港口群通过能力和吞吐量对比

港口	泊位年通过能力		吞吐量	
	货物（$\times 10^4$ t）	集装箱（万 TEU）	货物（$\times 10^4$ t）	集装箱（万 TEU）
广州港	34 584	1 179	45 517	1 531
深圳港	23 811	2 441	23 398	2 328
珠海港	14 719	147	10 023	88

续表

港口	泊位年通过能力		吞吐量	
	货物（$\times10^4$ t）	集装箱（万 TEU）	货物（$\times10^4$ t）	集装箱（万 TEU）
惠州港	9 835	76	4 784	10
虎门港	10 045	79	10 293	159
中山港	3 585	168	3 311	80
江门港	4 998	156	3 739	37
合计	101 577	4 246	101 065	4 233

（4）发展有序，形成层次合理的港口格局

珠江三角洲港口群已形成以广州港、深圳港和珠海港为主要港口，惠州港、虎门港、中山港、江门港为地区性重要港口的分层次发展格局。

从2013年的泊位通过能力分析，广州港、深圳港和珠海港3个港口的泊位通过能力达到73 114万吨，占珠江三角洲港口群泊位总通过能力的71.98%；从2013年港口吞吐量分析，广州港、深圳港和珠海港3个港口总吞吐量为78 938 $\times10^4$ t，占珠江三角洲港口群泊位总通过能力的78.11%。其中，集装箱深水泊位的通过能力深圳港为1 929万TEU，占75.68%；广州港为456万TEU，占17.89%；深圳港和广州港共占93.57%；2013年集装箱吞吐量深圳港为2 328万TEU，占54.98%；广州港为1 531万TEU，占36.16%；深圳港和广州港共占91.14%。主要港口作用突出。

从分货种运输格局看，集装箱运输以深圳港、广州港为干线港，2013年两港集装箱吞吐量占珠三角总吞吐量的91.14%。同时，近年来两港均加强了集装箱中转业务的发展，集装箱吞吐量占全港吞吐量的比重均呈现上升趋势，2013年深圳港为77.35%，广州港为50.23%。深圳港以外贸远洋航线为主，注重提升运营效益，广州港以内贸和近洋航线为主，运营效益和规模扩张并重。目前，深圳已开通集装箱国际班轮航线219条，其中北美39条，南美9条，中美1条，欧洲40条，地中海5条，黑海1条，亚洲91条，中东13条，红海4条，澳洲7条，非洲9条；广州港3 000吨级以上码头共有集装箱航线108条，其中外贸46条，内贸62条。

煤炭运输以广州港、虎门港和珠海港为主，广州港放慢了煤炭中转运输的发展步伐，深圳港逐步向虎门港等转移煤炭等大宗散杂货的装卸运输业务，珠海港一批10万吨级及以上的大型深水散货泊位建成投产，构成较为合理的大宗干散货运输体系；原油运输全部集中在惠州港和广州港，并逐步向惠州港转移，4个15万吨级以上原油泊位全部在惠州港；成品油和液化气运输以深圳港、广州港、惠州港、珠海港和虎门港为主的多点布局。另外，随着珠三角地区由世界工厂向世界消费市场转变，商品汽车滚装运输也在近年来取得了较为明显的发展，该业务主要以广州港为主，虎门港正在积极扩展。从空间布局和分货种布局来看，港口群的分层次格局已初步形成。

（5）主业突出，实现差异协调的发展

通过对珠江三角洲港口群内各港口2007—2012年集装箱、液体散货、煤炭和金属矿山的吞吐量情况进行比对分析，可看出各港口发展均有所侧重，已形成差异发展，共同构成珠三角港口群协调发展的运输系统。

在市场的调节下，各港发展均有所侧重，主要功能突出，基本形成了差异协调发展格局。深圳港侧重国际集装箱班轮运输；广州港侧重内贸和近洋集装箱运输以及大宗散货中转，呈现集装箱运输业务不断加强，大宗散货运输业务稳中有降的情况；珠海港加强了大宗散货中转运输和临港工业配套码头的发展，吞吐量增长迅速，进一步强化了珠江西岸核心港口的地位；虎门港继续承担深圳港和广州港的重要补充作用，在深圳港结构调整和广州港大宗散货业务趋于饱和的背景下，大力发展临港工业配套码头、大宗散货中转运输和集装箱支线运输业务，吞吐量增长迅速；惠州港继续加强炼化产业配套码头的建设，同时适度发展煤炭和集装箱运输；中山港和江门港的发展保持平稳。特别提出的是煤炭运输方面虎门港和珠海港的煤炭业务保持持续快速发展，已基本呈现出《广东省沿海港口布局规划》所提出的以广州港为主、虎门港和珠海港为辅的运输格局，并向广州港、虎门港和珠海港三足鼎立的运输格局发展，满足了煤炭接卸量快速增长的需求；矿石等资源物资运输受港口泊位吨级偏低和进港铁路条件限制，目前主要集中在广州港和深圳港，珠海港和虎门港将有较大的增长，同时，由于钢铁产业的转移，珠江三角洲地区对矿石的需求有所下降。

（6）结构优化，逐步适应现代港口发展需求

截至2013年年底，珠江三角洲港口群万吨级及以上深水泊位共有202个，占泊位总数的13.4%，落后于全国约25%的平均水平，主要原因是珠江三角洲港口群拥有良好的水水中转条件，转运泊位基本为3 000吨级以下的泊位，需要大小泊位的合理构成。

2001—2013年，珠江三角洲港口群新增万吨级以上泊位数占新增泊位总数的20.8%，接近全国的平均水平；2008—2013年新增万吨级以上泊位数占新增泊位总数的31.7%，且深水泊位的靠泊吨级大都在50 000吨级以上，已超过全国的平均水平，特别是一批10万吨级及以上集装箱泊位和散货泊位的建设，改变了珠江三角洲港口群专业泊位偏低的落后局面，新增泊位结构明显改善，专业化、深水化显著提升。

（7）投资多元，加快港口建设速度

港口管理体制下放后，珠三角港口群按照投资主体不同大致可归纳为四种：①国有投资，主要是广州港集团、珠海港集团和虎门港集团等大型国有企业的投资；②民营投资，主要是临港工业和物流企业的配套码头的投资；③外商（含港澳台）投资，主要是大型综合性或专业性泊位的投资，比如：蛇口集装箱码头；④股份制投资，包括国有、民营和外商的各种组合投资，比如：盐田国际集装箱码头由国有和外资联合投资。

根据2012年对全省256个码头的抽样调查情况，民营投资的码头数量最多，约占40%，其次是国有投资与股份制投资，各约占25%，最少的是外商单独投资，约占10%；国有投资的码头通过能力最大，约占40%，其次是外商独资，约占30%，再次是股份制投资，约占16%，最后的是民营投资，约占14%。同时，反映了国有投资码头的平均建设规模最大，民营投资码头的平均建设规模最小。

港口建设投资大、回报周期长、港口建设投资主体多元化，较好解决了港口建设资金问题、加快了港口建设发展。虎门港和珠海港等通过企业投资加快港口建设进度，较好地解决了港口建设资金的融资问题。同时，投资主体的多元化，促进了港口发展的市场化。

（8）市场主导，推动港口企业经营产业化

港口产业集群包含货物装卸、运输、物流、制造和贸易等各项活动。其主体包括：港口物流企业、造船企业、为产品提供增值服务的加工制造企业、金融企业、咨询企业以及旅游业。港口经营产业化的本质就是以港口为主导产业，大量相关企业在空间上的集聚，从而形成强劲的、持续的竞争优势。

目前，珠江三角洲港口群的港口发展呈现了两大符合现代港口的趋势。①临港产业的集聚，形成规模效应，主要包括：炼化产业在惠州大亚湾的集聚、修造船产业在广州龙穴岛周边的集聚、装备制造业在珠海的集聚、粮食加工在广州南沙和东莞麻涌的集聚等；②港口外贸物流从出口为主向出口与进口平衡发展，进口消费型物流的发展促进港口群向现代港口转型的变化，港口企业从港口装卸向运输、装卸、配送、营销一体化的物流产业链转变，相关产业逐步完善和转型升级，港口物流增值服务得到快速发展。

一体化的物流产业链包含两方面的内容：①大中型企业投资建设的工业生产配套码头，以本企业的生产原料、产成品的装卸、运输为主，如各大沿海电厂、钢厂、炼油厂、加工厂等专业码头，已形成了“前港后厂”的模式，形成装卸生产的产业一体化。②从事物流或港口经营企业建设的综合性或专业性码头，码头成为企业物流链中的一环，如东莞虎门港的以成品油仓储、中转和分销为主的同舟石化公司，以煤炭经营为主的海昌公司等，为确保船舶运输能力的供给，形成运输、装卸、仓储、加工、配送、销售为一体的物流链一体化。

港口经营产业链形成，有利于促进港口转型、并向现代物流港口发展。

（9）战略联盟，促进港口群的协调发展

随着港口发展水平的提高，珠江三角洲港口群在市场的引导下，出现了多种战略联盟，其主导策略是资本经营的一体化，包括“股权重组、资源整合”、“资本入股，联合开发”等。

深圳西部港区由招商局国际有限公司牵头，通过股权重组、业务调整、资源优化利用、收购股权、直接投资等方式，实现了港区资源的整合，实行了统一定价、联合经营等措施，促进了蛇口、赤湾、妈湾等港区业务的全面提升。珠海港通过资产上参股，经营上合作，利益上共享，形成以珠海港集团为主体的港口资源整合，减少了珠海港内部港口企业的竞争；珠海港以开通西江驳船航线为抓手，以港口投资为纽带，构建西江流域经济便捷高效的江海联运物流体系，主导推动成立了由沿江 11 个城市的 13 家港口企业组成的西江港口联盟，并于 2011 年成功收购、合作云浮新港和梧州大利口码头；虎门港集团通过股权重组，完成了对 4 个集装箱泊位的实际控股。重组后，虎门港 4 个集装箱泊位吞吐量呈爆发式增长。

珠江三角洲港口群多种战略联盟在不同程度拓展了港口功能，提高了港口资源利用效率，避免了联盟内港口企业的恶性竞争，降低了物流的总体成本，促进了港口群的协调发展。

（10）腹地偏小，港口整体辐射力偏弱

珠江三角洲港口群的直接腹地以珠江三角洲为主、广东省为辅，对间接腹地泛珠区域影响小，目前，珠三角港口群实现铁路进港运营的有广州港、深圳港，新建成的有珠海港和惠州港，每年铁水联运的货运量大约为 $1\ 000 \times 10^4$ t，只占很少的一部分，集疏运主要通过公路和水路；水路货物运输量大约 2×10^8 t，主要还是珠三角区域内部的水水中转；由于东西两翼港口加快发展，较好地满足了当地社会经济发展的需求，粤北山区的经济发展总体较为缓慢，同时，珠三角公路运输网络与外部的衔接还存在瓶颈，不利于货物的运输，因此，公路集疏运也主要服务于珠三角地区。总的说来，珠三角港口群的主要经济腹地仅为广东省的一个区域——珠江三角洲地区以及西江沿线区域，其货物生成量或消费量约占 80% 以上，外省集装箱陆路进入珠三角的量约 5%。腹地范围较小，港口总体辐射力较弱。相较之下，长三角港口群的腹地主要是上海市、江苏省和浙江省以及长江沿线区域；环渤海湾港口群的腹地主要是辽东半岛、山东半岛、京津冀为主的环渤海湾滨海经济带以及铁路延伸到的山西省、内蒙古等地，都具有更强的经济支撑和更大的发展潜力。

2013 年，长三角港口群仅上海港、宁波—舟山港和苏州港三个港口的总吞吐量达到 20.39×10^8 t；环渤海湾港口群的大连港、营口港、天津港、唐山港、秦皇岛港、青岛港和烟台港 7 个港口的吞吐量均超过 2×10^8 t，总吞吐量为 25.54×10^8 t。相较之下，广东沿海港口完成货物吞吐量 12.13×10^8 t，居全国各省之首，其中珠三角港口群 7 个港口完成货物吞吐量为 10.11×10^8 t，占全省的 83%以上，但按港口群的吞吐量规模比较，其发展规模已远远落后于长三角港口群和环渤海湾港口群。

（11）交叉重叠，造成港口群协调发展难度大

珠江三角洲地区拥有大陆海岸线 1 039 km，2013 年共有生产性泊位 1 508 个，码头长度约 146 km，已开发港口岸线占大陆海岸线的 14.05%，接近 1/7 的大陆海岸线为已开发的码头岸线，码头密度较大。由于港口之间空间距离比较靠近，陆上腹地相互交叉重叠，货主选择港口群内的哪一个港口来为之服务，仅就成本而言是没有太大区别的，为了吸引腹地货源和中转货流，港口只能依靠服务质量和服务价格来进行竞争，造成竞争加剧、效益降低。

同时，由于港口之间空间距离比较靠近，造成公共水域交叉重叠，而航道、锚地、港口服务支持系统等公共配套设施建设管理又涉及多港口、多部门及一些历史原因，管理协调难度大。

第 2 章　港口格局演化的相关理论

2.1　港口发展演化的相关理论

2.1.1　现代港口发展的演化规律

1992 年 1 月联合国贸易与发展会议《港口服务销售和第三代港口的挑战》（贸发会秘书处报告）较早地提出了港口服务销售命题，对港口功能代别形成年代、主要货物、功能战略、活动范围、组织和生产特点等做出明确的阐述，成为当前研究港口代别划分主要资料来源依据之一。

1）现代港口功能，代别划分及主要内涵特征，包括形成年代、主要货种、功能战略、范围空间、组织管理、生产特点、服务方式、地位作用和发展的决定性因素九大项。

2）各代港口形成的年代不同，其主要功能也在不断扩展。如 20 世纪 60 年代的一代港口，只具有一般物流、人流运输方式的换装单一功能；而 60 年代后的二代港口，开始具有部分流通功能（含人流、物流、商流、货币流、信息流、技术流等）、相关产业功能（主要是临港工商产业）和城市社区功能；在此基础上，到 80 年代后开始出现第三代港口，功能再次扩展，并具有世界全程运输服务中心和国际商贸后勤基地功能；在未来 21 世纪 30 年代前，进而出现具备国际海洋经济发展后勤基地功能的第四代港口。

3）值得强调和说明的是，由于各代港口功能不断拓展，其发展战略与重点各异。到 21 世纪至 30 年代前，在新的技术革命推动下，将出现范围更广更为深刻的新的产业革命，即以“三色”经济（“绿色”——高效生态业，“蓝色”——海洋开发业，“白色”——微生物利用业）为主要特征的大农业革命，继续向社会信息化、生态化发展深化，将必然与面向海洋的第四代港口功能相对应。

4）各代港口发展空间不断延伸，其服务方式、辐射能力、地位作用、发展的决定因素也各不同。其服务方式由一代单项服务港到港、二代部分联运点到点到三代的多式联运门到门，进而最终到四代港口全面实现全程、全网、全过程、全方位、全员推销、多层面和个性化服务，成为多维的网到网。

5）各代港口组织管理和生产特点的发展深化，越来越具有突出的时代特征。如一代港以港内独立活动为主，生产管理封闭、粗犷，只有低增值；二代港口出现货物流动联合服务有所增值，但各国对港航市场普遍实行保护，处于不甚开放格局模式；而三代港口由于社会信息化进程加快，推动港口与经贸运输链一体化和电子数据交换（EDI）及无纸贸易的发展，出现货物与信息双重流动，促进了港口、城市社区、陆上分运带联合和分运、分拨、配销和信息等多元服务，综合服务，增值服务的发展；及至未来第四代港口，由于社会信息化、生态化和经济全球化进程加快，世界经贸和交通运输更趋全方位全面开放，促进了港口、港口群体、城市社区、陆上分运带，综合流通网链一体化，在共同利益驱动下，将加速区域技术经济文化共同体的形成，推动以人为本、持续发展和内外服务满意战略的全面实施，其组织自治化，生产自动化，经营集约化，管理信息化，信息产业化，环境生态化则更为普及。

基于上述分析，现代港口功能发展代别划分及其主要内容特征见表 2－1。从表中可以很清楚地看到港口的演化规律和发展趋势。

2.1.2 现代港口的演化趋势

（1）港口码头大型化、专业化

随着海运货物中高附加值货物比重的增加，件杂货的集装箱化程度越来越高。而船舶大型化对港口航道、水深、设施设备以及外集疏运条件等提出了更高要求。为了保证航班足够的货载，最大限度地实现规模效益，大型航运承运人一般只选择少数港口实行“点到点”运输，并以此为中心建立起其支线输网络。相应地，世界港口也将逐渐形成“枢纽港—喂给港”的港口格局。21 世纪，港口处理集装箱的效率和处理量规模的大小、能否适应大型集装箱船作业的需要、港口的辐射范围、港口直接经济效益及综合社会效益将成为决定港口地位的重要因素。

（2）港口功能多元化

港口不仅提供装卸运输服务，同时提供卓有成效的产业发展、物流增值、海洋开发和城市社区等多功能的服务，使大型港口以及港口所在城市成为以港口为中心、集成多种运输方式综合发展的运输枢纽，成为航运、商业和贸易、产业信息、综合服务中心。

表 2-1　现代港口功能发展代别划分及其主要内容特征

	形成年代	主要货种	功能战略	范围空间	组织管理	生产特点	服务方式	地位作用	决定性因素
第一代	20 世纪 60 年代前	一般散杂货	面向恢复经济：人流、物流的运输方式换装	货物装卸、储存、航运服务；港区；码头装卸区	港口内独立活动；生产封闭管理；港口与客户间维持非正式关系	货物流动；简单分项服务；低增值	港到港	战后恢复性经济下水陆交通枢纽；中心城市依托港	资源与劳动
第二代	20 世纪 60 年代后	杂货、成组件货、大宗干液散货	面向工业：功能拓展、发展运输和工业中心；综合人/物流枢纽	临港工业及相关产业；港区、临港工业社区	港口与客户关系比较紧密；港航市场保护；港口和城市社区非正式关系	货物流动、联合服务、提高增值	部分联运点到点	现代产品经济下主要水陆交通枢纽和传统物流分运中心；重要中心城市依托港；集装箱运输支港	资源与资本
第三代	20 世纪 80 年代后	大宗中转干液散货、集装箱货物	面向商业：综合物流枢纽；全程运输服务中心；国际商厦后勤基地	商贸中转及相关产业；港区、工商保税社区、陆路分运带	联合港口城市社区、陆路分运带；港口与经贸运输链一体化；港口经营组织扩大	货物信息流动、分运、分拨、配销和全程运输多项服务高增值	多式联运门到门	现代市场经济下综合物流分运、分拨、配销、信息等综合服务中心；交通综合运输五大方式主枢纽；集装箱运输干线基本港，国际深水中转港	技术与信息

续表

	形成年代	主要货种	功能战略	范围空间	组织管理	生产特点	服务方式	地位作用	决定性因素
第四代	21世纪初叶	大宗集装箱货、大宗“三色”经济货物及保鲜品、海洋产业、大宗干液散货	面向海洋：以信息化、生态化为主导的发展海洋经济后勤服务基地	以港口为中心，海内外两个辐射面的海洋经济综合流通网带；港区、城市社区、陆域物流分运带、全程全网综合流通网带	经贸港航运输实行国民待遇，全方位对外开放；港口群体、城市社区、分运网带和综合流通网链一体化形成区域经济技术文化利益共同体；港口经营中介企业；“猎头”公司	以人为本，持续发展，全面实施内外满意战略；非核心业务大量外包；组织自治化、生产自动化、经营集约化、管理信息化、信息产业化、环境生态化	全程、全网全过程、全方位、多层次、个性化服务网到网	生态经济和知识经济下海洋产业综合流通主枢纽；世界或地区性国际电子贸易信息中心；国际海洋经济中心	人才与环境

（3）港口业务物流化

20世纪90年代以后，经济全球化步伐不断加快以及信息技术迅速发展、交通运输体系的日益完善，推动了现代物流的蓬勃发展。在国际物流链中，港口具有明显的区位优势，这就决定了港口在现代物流发展中具有重要的战略地位，物流业的发展也同时拓展了港口的功能。加入物流业角逐成为大型港口发展的目标，欧美等发达国家的港口为适应现代物流的发展，都纷纷在港口周围建起先进的物流中心或分拨中心，积极发展以港口为中心的物流业。

（4）港口运行信息化

现代信息技术在港口领域的广泛应用，对加速物流周转、降低交易成本、缩短流通环节、提高生产效率、改善服务水平都有着不可估量的影响，为港口发展带来了革命性的变革。信息化正在全球范围内引发一场深刻的社会革命，发达国家的港口都高度关注信息化，纷纷斥巨资进行港口信息化建设，抢占信息时代竞争的制高点。

（5）港口经营民营化

当前，港口民营化已成为世界潮流。采取港口民营化的国家和地区已有十几个，即马来西亚、印度尼西亚、菲律宾、泰国、新加坡、意大利、英国、澳大利亚、新西兰及中国的台湾省等。新加坡港务局实行民营化，增加了竞争力和提高了为客户服务的水平。为此，新加坡港务局领导层作了极大的变动，由一位局长专门负责推进港口私有化进程的工作。菲律宾港口署也制定了全国主要港口实行全面民营化的计划，旨在增强与亚洲港口的竞争力，为港口经营带来新技术、低成本与高效率。

（6）港口模式自由化

港口模式自由化是国际商品经济发展的必然产物。迄今为止世界上已有几十个国家和地区600多个港口实行自由港建制，极大地促进了城市和地区的经济繁荣。自由港内，可开辟多种形式的自由贸易区，实行全方位开放，以吸引世界市场。以罗马尼亚的南康斯坦察自由港为例，人们在这个自由港内可以从事由商业到加工业的各种经济活动。来自地中海东部、中部海岸以及中东和近东的货物，可以在这里存放、分类、包装、组装、加工、生产，然后运送到中欧或西欧。同时通过莱茵河—多瑙河航线运来的欧洲货物，也可以在这里装船运送到地中海、红海、波斯湾或印度洋西岸的各个港口。

（7）港口与城市一体化

发展港口功能的扩展使其在国际贸易和地区经济发展中发挥出巨大的作用。同时，港口功能的实现也需要以强大的城市功能为支持“港兴城兴，城荣港荣”，港城一体化趋势明显。世界大多数港口城市都十分重视港口的发展，制定了港城相互促进、共同发展的战略，并采取各种措施积极鼓励和扶持港口发展。同时，港口规划中也更加注重港口支持系统、配套设施以及其他公用设施的规划布局和建设条件。

(8) 港口发展可持续化

随着现代运输技术的发展，港口更加重视环保工作，重视人与自然的协调发展，并强调港口与周边城镇的协调发展，强调珍惜土地、岸线和水资源。同时，21 世纪的港口将是全面安全的港口：人的安全，船舶航运的安全，货物装卸、运输和储存的安全，综合运输全过程的安全以及抗灾能力的提高等。

2.1.3 第四代港口理论

在经济全球化以及现代供应链管理时代，港口正面临着不断增长的压力。过去的港口之间竞争，正在演变为港口所参与的供应链之间的竞争。港口功能已经不是作为运输链中孤立的一个点（或者中心）存在，而是作为供应链中的一个组成环节。

当人们关注的重点从生产领域转向流通领域时，对供应链管理就会提出更高的要求，进而对构成供应链重要环节的航运和港口产生经营上的压力。鉴于此，便出现了为减少运输成本而形成的集装箱航运企业的联盟和并构，导致航线的重构，并重新选择其停靠的港口。全球港口运营商已经意识到这些变化，他们通过合资、港口码头的经营特许权的转让等方式构建新的集装箱码头经营方式，通过创新港口的服务，提高港口服务质量来提升他们的竞争力。

第四代港口在兼容第三代港口功能的基础上，作为供应链中的一个环节，强调港口之间互动以及港口与相关物流活动之间的互动，满足运输市场对港口差异化服务的需求，提供精细的作业和敏捷的服务，以形成柔性港口，促使与港口相关的供应链各环节之间的无缝连接。第四代港口在功能上具有以下特征。

1）兼容第三代港口的功能。港口功能的提升是在原有功能基础上的拓展，它不是取消原有功能，而是在新的水平上重新整合这些功能。

2）与第一代至三代不同，第四代港口已从强调自己是一个中心，转变为更强调是供应链中的一个环节。这种转变的本质在于港口从以我为中心的角度转变，开始更关注于自己在供应链中的角色。中心往往会造成物流在此集聚，将物流在此暂时滞留看作是一种合理现象。而视港口为供应链中的一个环节，则强调实物体和信息必须在此快速地流过。

3）港口既然视为供应链中的一个环节，那么，供应链上的前后港口就不应该是孤立的，而应是相互关联的，由此更会强调前后港口之间的协调性。一些码头运营商对此已有认识，即运输链是一个集成系统。因此，作为全球配送渠道的港口管理者应主要关注码头运营商之间实施纵向集成的战略。

4）港口与其相关的物流活动之间的互动，在构建无缝供应链时非常重要。这种互动既包含人们已经在设法进行的延伸港口物流功能，同时，也意味着彼此之间的相互包容。如船公司参与码头的经营，港口参与集疏运业务与配送业务等。这种相互渗透的目的就是为了更好地互动，以消除它们之间的缝隙。

5）港口也将从专业化走向差异化和个性化的生产服务，这就提出了柔性化的港口作业要求。标准化和规模化对港口作业带来了很大的便利，降低了港口的生产成本；但同时必然也会增加整个物流业的中间环节，延长货物的在途时间，减少顾客的选择余地。而港口的差异化服务则要求港口能够满足客户提出的各种要求，应对市场需求的瞬息万变。

6）港口生产的精细化是一个反映港口作业质量的概念，与运输的精细化相一致。实施港口精细化需要对港口作业流程进行再造（Reengineering）。港口生产的精细化就是要通过流程优化来实现，即减少货物的在途时间，减少或消除不增值活动所消耗的成本，增加市场份额，缩短切换到新服务的时间，提高生产效率和增加港口收益等。

7）港口的敏捷化是一个反映港口对市场响应能力的概念，要求港口应该能够对市场需求做出敏捷的快速反应，以满足客户提出的各种差异化需求，甚至这些需求可能是个性化的。敏捷化是第四代港口发展的高级阶段，它是在精细化的基础上逐步形成的港口运营模式；敏捷化要求对港口非常苛刻，但又是非常具有竞争性的港口能力。

在全球化经济发展的过程中，港口所面临的是一个越来越不确定的环境，港口传统经营方式已经难以应对这种变化的局面。为了改变这种处境，应提升港口的竞争力，促使港口主动顺应这种变化，同时，应该主动构建自己的供应链系统，积极参与港口网络的虚拟体，以现代信息技术为平台，强化港口间的协调，从港口内部的整合逐步拓展到与港口相关联的外部整合。

2.2 港口群发展演化的相关理论

2.2.1 港口群概念界定

根据中外港口学家的一系列规范与实证研究，一般把具有同一混合腹地的各港口的地域组合称为同一经济腹地港口系统或区域港口系统，即港口群。因此，港口群的概念可以表述为：由若干个其功能或部分功能可以被相互替代的个体港口系统组成的港口群体大系统。当两个或几个港口存在共同腹地或地理位置相近时，就形成了一个港口群系统。港口群是为共同腹地提供物流服务，在发展规模与性质上既相互制约又相互补充，在地域上彼此相邻或相近的一组港口的空间组合。在同一港口空间组合中的所有港口称港口群体，港口组合区内所拥有的港口数量、各自的规模、类型、功能和地位及它们之间的相互关系等特点，便构成了港口群的结构。我国发育较为完整的港口群包括长三角港口群、珠三角港口群和环渤海湾港口群，如图 2－1 所示。

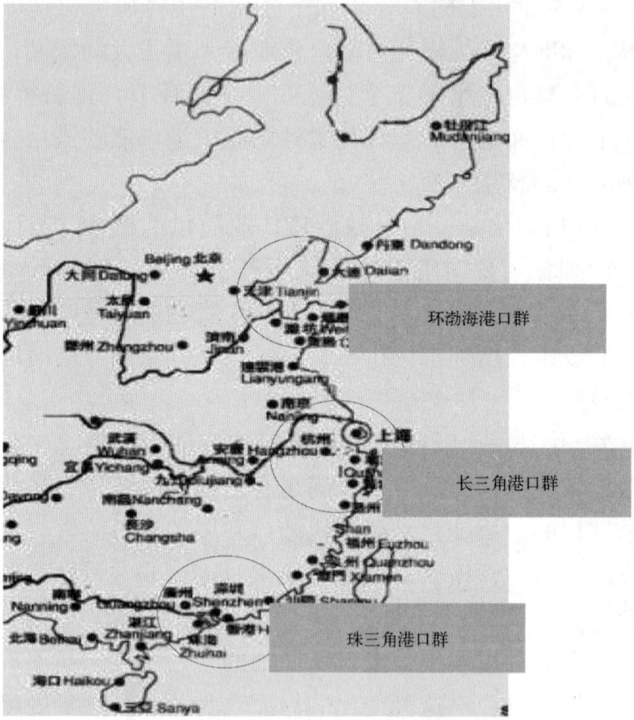

图 2－1　我国发育较为完整的港口群

2.2.2　推夫等的交通运输模式

推夫（Taaffe）等于 1963 年根据一些发展中国家的实际经验总结出关于交通运输的一种理想模式。该模式认为，发展中国家经济增长的关键因素是交通运输网络的扩张。运输网络的扩散，从开始就是一个连续的空间扩散过程，又是受许多因素（社会、经济、政治等）影响的不规则过程。推夫等将港口群的发展划分为六个阶段，如图 2－2 所示。

第一阶段：沿海港口与贸易点分散均衡分布，一般规模都很小，除了有些小型渔船和不定期的贸易船往来外，港口之间横向联系较少，而且腹地范围极其有限。

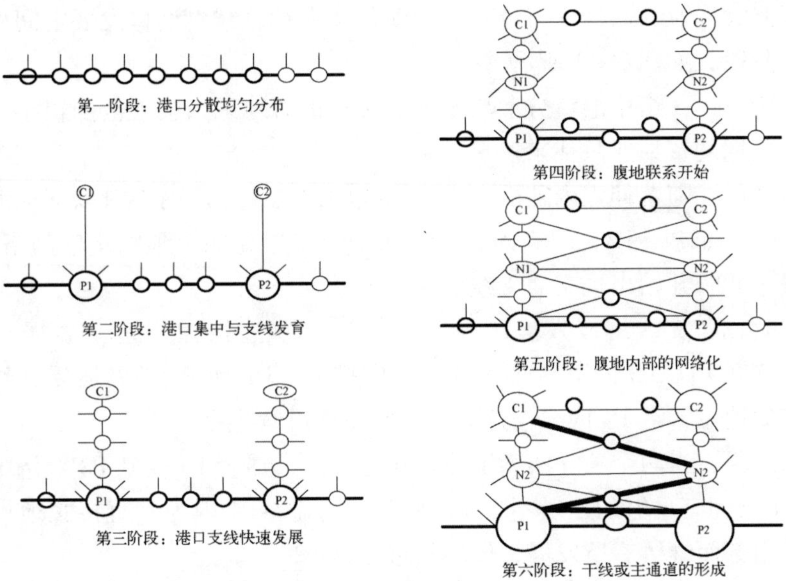

图 2－2 推夫等划分的港口群发展的六个阶段

第二阶段：随着交通主干线的建立，具交通联系的港口 Pl、P2 与腹地运输费用降低，Pl、P2 与内陆中心 C1、C2 的市场区扩大，Pl、P2 规模扩大，并开始出现支线。

第三阶段：交通支线的建立与发展，使得港口 Pl 与 P2 通过袭夺周围小港口的腹地扩大势力，主干线上开始发育一些小的节点。

第四阶段：随着交通支线的继续发展，一些节点如 N1 与 N2 开始成为它们自身支线网络的中心，通过袭夺周围小节点的腹地，N1 与 N2 集聚过程开始。

第五阶段：随着支线网络的发展，一些大的支线开始连接起来，直到所有港口、内陆中心与主要节点间建立起联系。

第六阶段：更高等级的集聚过程重复进行。在最大的中心间出现国家的干线或主通道，如图 2－2 中的 P1—N2 和 P1—P2 线路。国家干线上的节点规模迅速扩大。

此模型说明港口间结构的发展与完善是交通网络发展的结果。随着交通干线的建设，部分港口首先得到发展，并带动内陆中心和其他节点的发展，形成相互作用与联系的不同等级规模的港口体系。

2.2.3 雷默的港口群发展模式

雷默（Rimmer）1967 年认为推夫等的交通网络模式的一个缺陷在于，其仅仅关注于内陆交通联系的改善，而忽视了海洋空间组织的变化。实际上，海洋运输与内陆运输对港口群的发展都是必要的。

根据澳大利亚、新西兰海港布局的演化，雷默总结出港口发展空间模式，共分为五个阶段，如图 2－3 所示。

第一阶段：一组小港口分散均衡地分布在沿海地区，腹地范围很小。港口之间仅有不定期的贸易船只往来。

第二阶段：随着伸入内陆的交通主干线的出现，相应的港口以其他港口为代价得到扩张。如 Pl、P2、P3、P4，因这四个港口作为四个独立运输网络的焦点，集聚加强。此时开始出现交通支线。

第三阶段：支线继续发展，直到 Pl、P2、P3 连接在一起。P2 居于中心地位，通过袭夺 P1、P3 的贸易而使自身规模扩大，P1 和 P3 的发展受到约束，又回到原有的地位，港 P4 因未与这一系统联系而继续生存。

第四阶段：当两个独立的系统连接在一起时，尽管 P4 受到 P2 经济中心的影响，但 P4 已拥有足够的冲量不被 P2 所完全遮盖。P4 因为其直接腹地提供有限的专业化服务而继续有所发展，但增长重心是 P2。

第五阶段：随着交通网络的继续扩张，腹地经济活动的加强，已超过港口 P2 吸收能力。因而这一阶段是以主要港口的逆中心化为特征的。如图 2－3 中港口 P2b 和 P2c 提供专业化服务，而原来的港口 P2（现在的 P2a）集中于普通货物的服务。

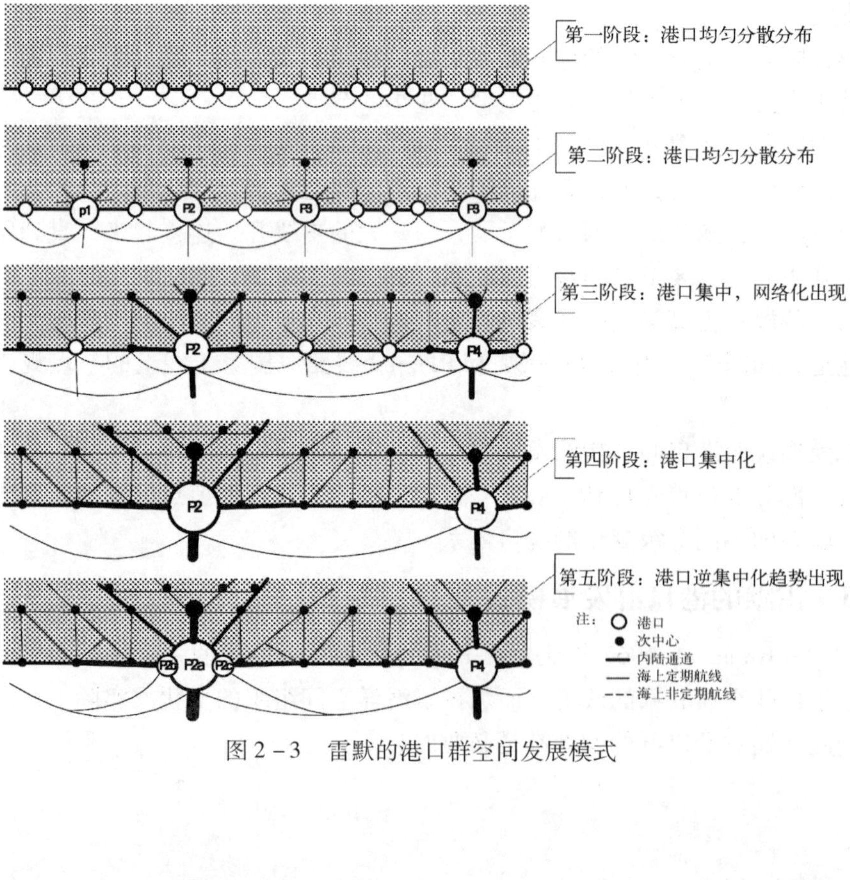

图 2－3　雷默的港口群空间发展模式

2.2.4 港口群演化的空间经济特性——港口群经济带

沿海、沿江（河）的港口群在空间上将形成交通经济带的重要形式——港口经济带。交通经济带的专门研究始于20世纪80年代，一般认为交通经济带是以综合运输通道为发展主轴，以轴上或其紧密吸引域内的大中城镇为依托，建立在沿线经济部门技术联系和生产协作基础上的，由产业、人口、资源、信息、城镇、客货流等集聚而成的辐带状空间地域综合体。港口经济带的基本类型包括以下两类。

1）沿海型交通经济带。以沿岸航线及沿岸线为经济带的生长轴线，以大中型沿海港口为经济带内主要经济中心的生长点，通过廉价的海上运输实现经济带内部和对外的客、货、信息等社会、经济、政治行为交流，通过港口后方集疏运线路取得与广大腹地的双向联系。如日本的太平洋经济带。

2）沿江（河）型港口经济带。以大江河主航道两岸为经济带的生长轴线，以大中型内河港口或水陆交接枢纽为经济带内主要经济中心的生长点，通过廉价的内河水运实现经济带内部和对外交流，通过支流航线及港口陆路集疏运线路取得与腹地的广泛联系。这类港口群经济带如欧洲的莱茵河经济带、我国长江经济带等。

港口群经济带具有以下基本性质：①港口群经济带是一个具有耗散结构的空间经济系统；②港口群经济带是一个具有明显生命特征的社会经济有机体；③港口群经济带演化规律的可知性、宏观调控的可能性。

2.2.5 同一经济区域内港口群的一般演化模式

基于以下两个假设的基础上：①该经济区域是一个均质区域，即不考虑区域内部自然条件的差异和社会制度及水陆相对位置等因素影响；②运输技术是时间的函数，即随着时间的推移，运输技术不断进步。

可以将同一经济区域内港口系统的演化分为四个阶段。

（1）低级均衡阶段

从原始部落到游牧、农业社会，由于生产力水平十分低下，沿江、沿河地区在人员、货物的空间流动方面要求很少。随着小手工业生产的出现，商品经济开始萌芽，由此产生了一定的运输要求，但由于生产规模的限制，运输量较少。手工业生产的发展导致商业的出现，商业的发展使得沿江、河流域和沿海地区的粮食、盐、布匹、茶叶、皮毛、瓷器、铁器等的运量增加，直接推动了港口的兴起。在长距离的埠际运输中，直接决定商业盛衰的不是物流时间，而是物流费用，而低价、低速正是水路运输特别是内河运输的最大优势，由此沿江河两岸逐步涌现出一批港口，这些港口规模小，主要位于江河干流与众多支流的汇合处。在缺少陆路竞争的背景下，依托内河水运，这些小港逐步形成了各自的腹地。这些腹地间的隔绝直接导致各港之间相互作用和相互影响的机制不会出现。区域内港口间的空间结构表现为低级的稳定均衡分散状态；港口间没有形成规模等级体系；由于缺少陆路交通联系通道，各港腹地之间无交叉重叠现象。

（2）非均衡相对集中阶段

随着生产力水平的不断提高和社会分工的进一步细化，逐渐步入工场手工业阶段和工业化阶段的初期。纺织、钢铁等行业的生产规模得到扩大，所需的棉花、木材、矿石等大宗散装货物的运输需求急剧上升，大量产成品的运量和运距也急剧增加，促使内河与沿海水路运输系统的继续快速发展。贸易和运输的繁荣又推动了平行和垂直于大河干流及海岸线的陆路运输系统（铁路、公路）的形成：在此背景下，沿河流布置的港口腹地开始进入分化组合的不稳定状态，其中一些条件优越的港口获得了较大的间接腹地，从而成为规模较大的中心港口；港口间的竞争机制开始出现，但由于陆路通道网络的不完善，港口间的腹地重叠与货源竞争还不十分明显。区域内港口间的空间结构表现为非均衡相对集中状态；港口间的水陆联系通道具有一定的网络化水平；港口腹地之间出现交叉重叠现象，以中心—次中心关系为主要特征的港口规模等级体系初步形成。

（3）非均衡高度集中阶段

进入工业化中期之后，经济发展呈现出强烈的动态增长。以钢铁、机械、化工、能源等为主的大运量、大耗能工业得到了很快发展，金属和非金属矿石、煤炭、钢铁、矿建等大宗散装货物运输量急剧增加，运距也进一步加大。在这一时期，运输量在绝对数和相对数的增长上都是空前的。在这样的背景下，具有一定网络化水平的综合交通网络逐渐形成；沟通河流与海洋的联系通过开始建立，港口腹地进一步分化重组，开始交叉重叠。少数中心港口在“初始优势”和“规模经济”机制的作用下获得了更大的中转腹地，从而逐渐成为中心枢纽港，而其他相关诸港的发展或相对趋缓或有所衰退，形成港口间的职能分工体系。同一经济区域内港口系统的体空间结构呈非均衡高度集中状态；港口联系通道网络进一步完善，网络化水平进一步提高；中心港腹地规模扩张空前，以中心枢纽港—干线港—地方性小港关系为特征的港口规模等级体系趋于完整。

（4）高级均衡阶段

步入工业化后期及后工业化阶段以后，随着地区产业结构的不断提高，区域经济的增长已经从主要依赖对初级原料的加工，转向不断提高加工层次以获得更大的附加值，转向更多地依赖深度加工、技术及信息。因此，在运输方面，大宗散装货物在总运量中的比重开始下降；适箱货物比例上升；以吨和吨千米衡量的总运量的增长明显放慢，甚至呈负增长。同时，稠密的综合交通运输网络逐步深入到区域内的各部分，这样，区内货物的空间流动因整个社会经济技术系统的完善而具有更多的选择性。在这样的背景下，边缘挑战机制开始形成，一方面少数大型中心枢纽港的发展受到一系列因素的限制，如港口用地局限，经营成本（劳动力费用、地价等）上升，货流继续集中将产生所谓“规模不经济”现象；另一方面，中心枢纽港边缘的其他次级港口的各种条件进一步得到改善，它们对货流的吸引力逐渐增强。这时，同一经济区域内的港口系统的空间结构、规模等级、联系通道网络和腹地组织都形成了非常完整的地域等级体系，其空间结构重新恢复到“平衡”之中；各港之间及各港与内陆主要市场中心之间以快速和高等级交通干线为主干的现代化联系通道网络形成；各港腹地相互叠加的现象更为普遍，港口腹地组织的地域结构重新恢复到“均衡”之中；港口规模等级差别愈来愈小。

2.3 港口促进区域经济发展的相关理论与借鉴

2.3.1 港口促进区域经济发展的理论依据

（1）新古典贸易理论

传统的区位理论和城市经济发展理论是以相对优势的新古典贸易理论为基础的。由于技术条件（例如气候、土壤或客观的技术水平）或生产要素（例如矿藏或区域内劳动和资本存量）的流动性等因素，每个区域都认为在特定商品的生产中具有相对优势。这里的生产具有规模不变的技术特征，其产品用于与其他区域的交易。各区域的生产活动聚集在港口的周围（更具普遍性，可以说位于运输节点周围），港口的形成降低运输成本，港口成为该地最终产品出口和从其他区域进口商品的最大便利条件。

因而，港口城市在扩大城市域外需求、发挥比较优势上较内陆城市更加具有优势，所以能以较快的速度发展。这种理论在工业化经济阶段得到了很好的体现，即这些综合效益的作用使得商品生产和贸易等产业纷纷在港口城市周围聚集，而这些港口城市则进一步通过创建货物集散中心来争取拓展本地加工业、制造业以充分发挥规模经济效益，进而将其带来的工业化效应、投资效应、服务业综合化效应等对周边地区产生的经济辐射效应，带动以港口城市为核心的这个区域的发展。

世界上著名的港口城市如鹿特丹、汉堡等是这方面的典型代表。荷兰的鹿特丹港港区面积逾 80 km^2，海轮码头岸线长 56 km，江轮码头岸线长 33.6 km，总泊位656个，如今有国际航线500条，是世界上最大的国际航运中心。纵观鹿特丹港的发展历史，不难看出，区位论理论在鹿特丹港的成功中占据重要地位。①鹿特丹地理位置优越，是欧洲大陆通过北海进入大西洋的重要出海口，欧洲有1/4的货物在此中转，鹿特丹也从频繁的国际和区域转口贸易中获取很大的溢出效应；②鹿特丹紧临经济发达的西欧国家，特别是德国的兴起为鹿特丹港提供了天然的经济腹地，从而极大地扩展了鹿特丹的增长空间；③鹿特丹港规模经济效益带来的扩散效应与本国工业的发展相辅相成，这本身也促进了鹿特丹港的发展；④在鹿特丹500 km的半径范围以内，居住着近2亿高收入的人口，产业和人口的密集程度超过任何工业区和城市，可以说，有利的地理环境是鹿特丹港飞速发展的重要原因。

（2）新贸易理论和新经济地理理论

虽然这种从新古典经济理论派生出来的港口城市模式似乎顺理成章，但是它在面对一些历史性演变过程时，其局限性可见一斑。许多港口城市尤其是那些发达国家的港口城市，即使在其原有的水运便利和廉价的优势终结后仍继续保持繁荣。

新贸易理论与传统的以新古典经济理论为基础的企业区位选择、区位生产力布局及区域发展模式不同，该理论从运输成本的降低及由此所引起的集聚经济、递增收益、规模经济性、外部性或溢出效应等角度探讨企业区位的选择以及区域经济增长模式。任何厂商都会选择某单个区位来为一国的市场提供产品，为使运输成本最小，它会选择一个当地需求很大的区位。然而，只有大多数厂商都在那里选址经济，这个区位才会有大的需求。因此，一个产业带一旦建立，在没有外部干预影响的情况下，这一循环将会继续下去，这就是所谓的聚集路径依赖性。

新贸易理论认为，由于城市具有运输上的额外优势，它们比非港口区位更有可能发展成为占主导地位的城市。一些非港口城市最终可能被港口城市所吸纳和合并。同样重要的是，虽然占主导地位的城市从港口发展而来，但在特定条件下，一些由历史突发事件所造成的非港口城市仍可以支配着社会经济。也就是说，在其聚集经济性自我强化和自我完善的给定条件下，城市区位所致的锁定效应就是港口城市即使在其原先水运便利消失后仍可继续繁荣的实际原因。

例如，美国的费城港是世界最大的河口港之一，其岸线长超过80 km，有300个码头，可供远洋海轮出入。凭借当时美国首都的地位，费城迅速发展了铁路以及港口建设，并大力促进制造业的兴起，其“滚雪球”般的聚集效应使之在1860年的制造业产值占到全国的30%。与此同时，费城利用其中转贸易的金融优势积极发展金融业，美国第一所银行和证券交易所即诞生于此。这种多元化增长的态势使费城逐渐发展成为美国第五大城市。如今，现代高科技的发展使得今天港口业在费城的经济活动中的重要性只占很小的比例，然而，费城已经成功地维系了港口鼎盛时期的聚集效应，其广阔的市场规模进一步细化了分工以及消费种类，而成熟的路径发展经验使得产业结构、布局更趋科学化，在城市外围、特拉华河沿岸各卫星城镇分布着种类繁多的各类工厂企业，从而在炼油、钢铁、造船、化学、电机、电器、机械、铁路机车、汽车等重要工业部门呈现出齐头并进的良好态势，纺织、服装等轻工业亦负盛名。费城城市经济从港口城市经济向多元化城市经济的成功转型支持了城市的可持续发展战略，同时也验证了新贸易理论的正确性。

2.3.2 港口对城市空间布局的影响

（1）港城关系变化的历史阶段

根据港口对城市空间组织的作用，并结合空间融合与分异特征，可简单地将港口与城市之间的关系发展分为三个大的阶段。

1）初始阶段：城市依托港口发展。最初，港口以简单的、非竞争的方式为城市人流、物流提供服务，成为城市发挥向外辐射功能的原始通道。城市依靠港口的带动而发展。这个阶段城市和港口在地域空间上紧密接壤，在功能上相互依赖，城市空间和功能组织的发展主要围绕港口而展开，港口往往是城市的中心区域，是城市重要的功能区。因港口发展起来的城市在历史上大多都经历过这样一个初始阶段。

2）发展阶段：港口和城市空间分离，功能分异。随着城市工业和商业的快速发展，港口与城市在功能和地域上产生了冲突和矛盾，原来高度融合发展的状态发生了改变，在功能上要求港口从城市中心区分离出来，为城市提供更加便捷和完善的对外服务。位于繁荣的城市中心区的港口，对城市的交通和环境等产生了较大影响，陆上运输条件已不能满足其货物集散的要求，需要更有效的集疏运网络系统，这样导致了港口与城市的分离。港口和城市在地域上不断向外拓展，为更多的产业和服务布局提供充足的场所和条件。随着港口和城市空间的继续外拓，港口和城市空间发生分离，功能发生分化。城市为港口服务的作用越来越重要，港口自身的技术更新改造步伐加快。随着现代工业的迅速发展以及港口业及其相关产业的发展与壮大、集装箱运输方式的变革，港区内新的港口设施占据了更大的空间。

3）成熟阶段：港口和城市功能互补。随着经济全球化和区域经济的一体化发展，世界贸易量显著增大，海洋运输开始呈现出船舶大型化、以集装箱运输为主导的特征，一批港口城市在区域甚至全球范围内发挥着越来越重要的作用，成为世界性城市。港口和城市开始在一个更高的层面形成互相依赖和互相促进的关系：港口要为城市在更大的区域范围内发挥作用创造条件；城市要为港口发展提供更加完善的服务。

（2）港口城市空间布局的发展方向

随着港口和城市关系的变化，港口城市在空间上也发生了变化，从世界主要港口的空间变化分析来看，这种变化趋势主要有：①位于城市中的港口逐渐从城市内部转向城外，城市环抱港区的城市空间结构发生了改变。城市对旧港区进行改造，港口功能被旅游、市民活动、展览等功能取代。②港口城市逐渐脱离港口，对城市旧区实施改造，一部分成为港口的扩展用地，一部分成为隔离城市和港口的绿带。③城市旧区改造和新区建设同步进行，城市旧区主要服务于港口，而城市新区则脱离港口发展，城市形成了港区和城市新区的双中心结构。如图2－4所示。

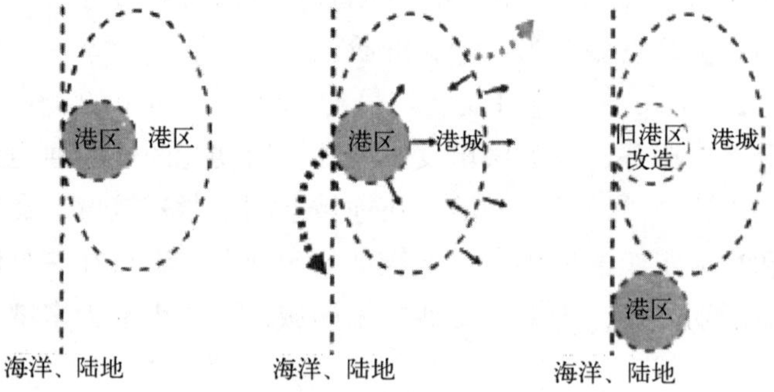

图2－4　港口与城市空间变化的趋势

2.3.3　港口对区域产业发展的影响

（1）港口相关产业及其空间布局

1）港口相关产业。因港口而产生的产业种类很多，从与港口的关联度高低看，港口产业可分为直接产业和间接产业，其中，直接产业又可分为共生产业和依存产业。与港口关联度较高的产业，如海运、港口装卸、仓储、物流、拆造修船、临港工业等属于直接产业；由港口衍生出来，关联度相对较低的产业，如管理、金融、保险、咨询、商业、旅游、娱乐等属于关联产业（图2－5）。

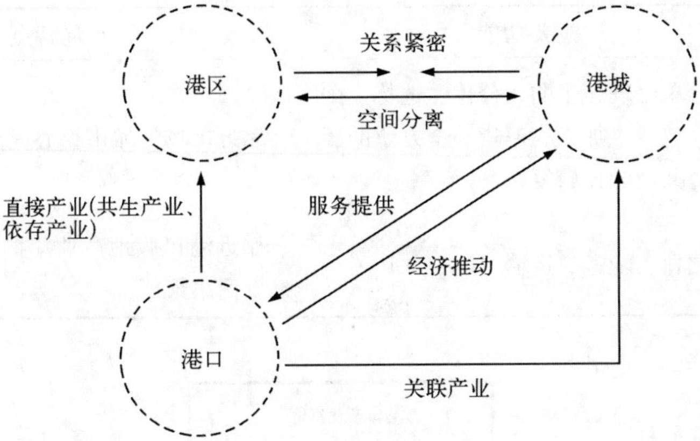

图 2－5　港口及其相关产业

2）港口产业的空间布局。

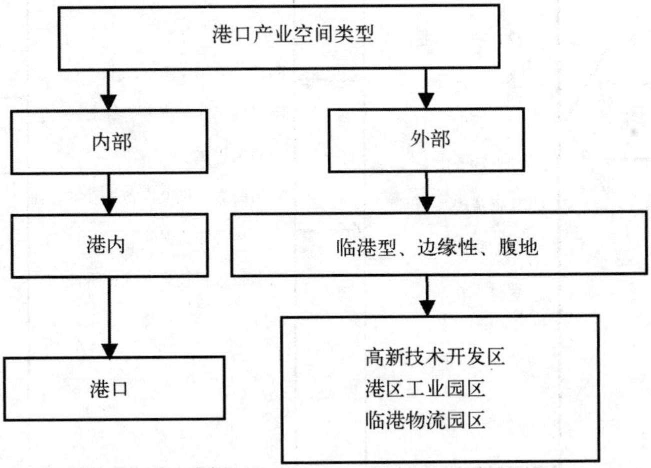

图 2－6　港口产业空间的主要类型

表 2－2　港口产业组织主要功能及空间布局特点

类型	主要功能	布局特点
临港型	原材料的配套储存、分拣、即时配送、加工和预处理	靠近原材料提供地区或者围绕港区工业园区、高科技术开发区

续表

类型	主要功能	布局特点
边缘型	订单处理、采购、分拣、选拣、配送、包装、加工、退货等全方位的服务，其功能比较复杂	靠近市场、城市核心区或边缘区
腹地型	储存、配送、运输、加工	靠近港口腹地产业集群或者靠近市场、批发商集聚区

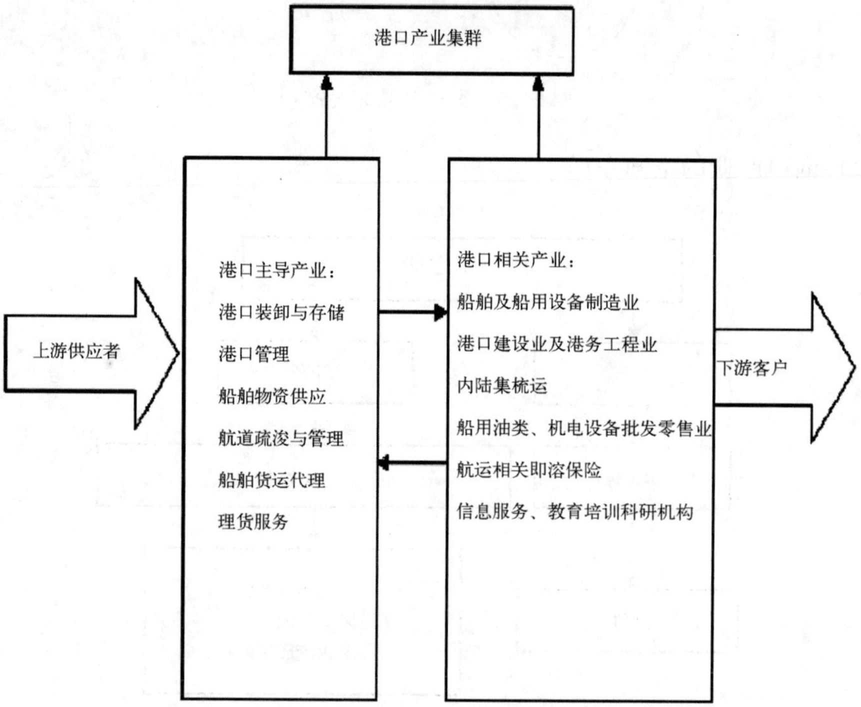

图 2－7　港口产业集群

随着生态保护策略和循环经济理念的逐渐深入人心，港口产业类型在空间布局上发生了变化，促使港口和港口城市的空间结构也必须进行调整。发展港区工业可能存在的生态安全隐患导致世界许多著名港口的新港区与城市中心逐渐分离；港口从滨水地区撤离，建设新港区，老港区进入再开发阶段。原来共生产业、依存产业、关联产业围绕港口层层外拓的空间布局逐渐解体；随着依存产业和关联产业的产业化发展，产业组团之间呈现扩散和分离的趋势；同时，因受到生态安全压力的影响，关联产业日渐远离港区发展，生态安全框架得以建立（图 2－8）。

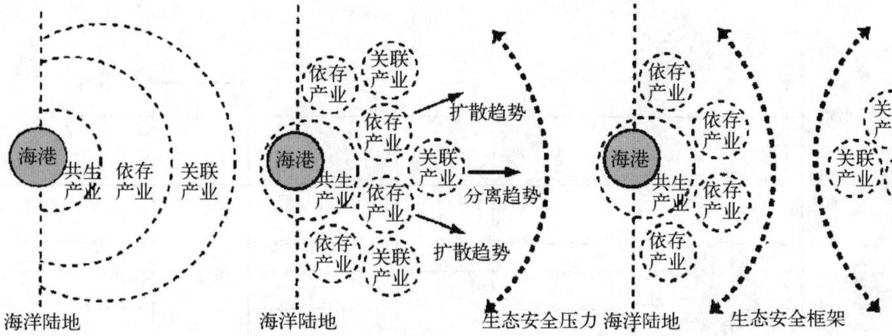

图 2－8　生态安全压力下产业空间关系的变化

（2）港口对区域产业发展的贡献

随着经济全球化的发展，关联产业的增长速度要远远大于直接产业的增长速度。直接产业对城市的影响度降低，关联产业的作用日益凸显。从就业规模和产业增加值的比较来看，关联产业的人均产值也明显高于直接产业的人均产值。例如，鹿特丹港口预计 2010 年，直接产业的增加值为 239 亿元，关联产业的增加值为 493 亿元，直接产业与关联产业的增加值比例为 1∶2.1（图 2－9）；直接产业的就业人口为 6.5 万人，关联产业的就业人口为 28.4 万人，直接产业与关联产业的就业人数比例为 1∶4.7（图 2－10）。而此可见，加强关联产业的发展对城市经济发展的推动力更大，关联产业必将成为区域发展新的带动力。

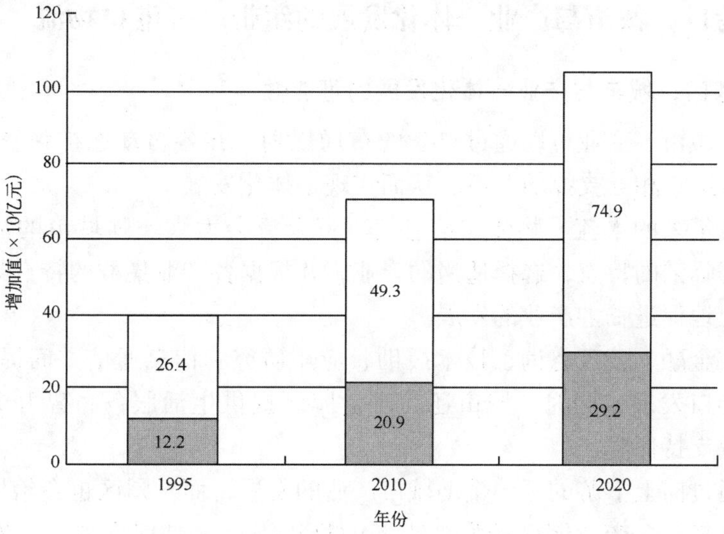

图 2－9　鹿特丹港口产业增加值结构（1995—2020 年）

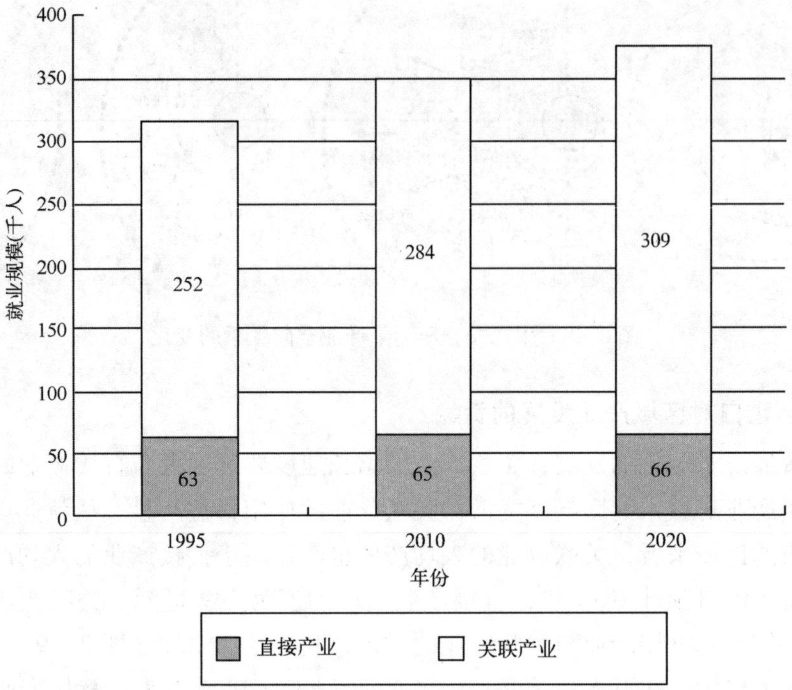

图 2－10　鹿特丹港口产业总就业结构（1995—2020 年）

2.3.4　港口、城市与产业一体化发展的纽带——港口物流

（1）港口、城市与产业一体化发展的可能性

港口、城市、产业可以通过科学的布局规划，在各自动态扩张发展的同时，形成相互促进、相互支撑的关系，从而实现一体化发展。

港口所带来的人流、物流、信息流、资金流会大大增强城市的活力和吸引力；而根据临港的特点，选择适当的产业，并根据各产业集群的特点规划产业园区，能有力地促进临港产业的发展。

城市在金融、管理咨询、技术援助、应用研究、信息通信方面提供的服务，能够促进港口发展；同时，城市还为产业园区提供生活服务、智力支持以及通信、金融等支持保障。

产业通过向上下游的延伸带动城市产业的发展，而且园区也会给城市带来税收等资金支持；各产业园区的发展带来的物流需求又是促进港口大发展的必要因素。

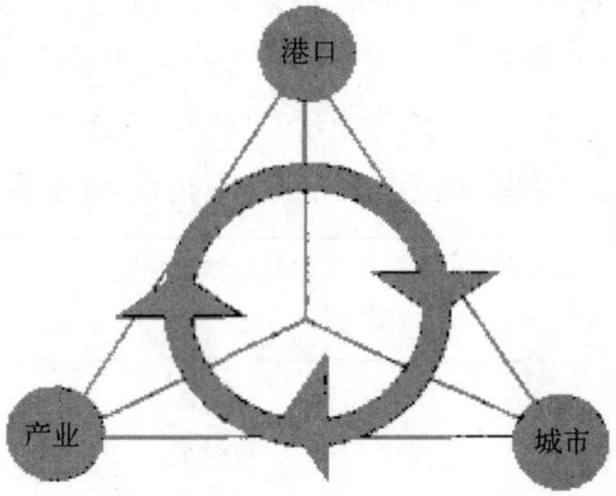

图2－11　港口、城市与产业一体化发展示意图

（2）港口、城市与产业一体化发展的要求

1）城市规划布局要结合港口的区域定位。不同类型的港口担负的职能不同，与城市的关系也不同。例如，鹿特丹港属于门户港，城市与港口空间联系较强；新加坡港属于中转港，城市与港口的空间联系比较强；东京湾港属于专业港，城市与港口的空间联系较弱。因此，城市空间发展首先要明确港口在区域中的定位，明确港口的发展职能和在港口群中的地位，只有这样，才能做到在城市空间组织中合理布局功能区。

2）产业空间布局要充分考虑港口的产业体系。随着世界物流体系的发展，港口与城市之间的关系已不是简单的“依港建城”关系，而是脱离物质空间联系的服务产业关联，尤其是物流网络体系的关联。港口城市的空间结构要结合港口产业体系的区域空间进行调配，以求达到产业和空间结合的最佳模式。

3）城市交通体系建设应强化港口和城市的联系。港口和城市之间的交通体系建设是港城互动发展的关键。交通是空间整合的载体和前提，交通结构的变化会导致城市空间的变化。港口城市的交通规划要注重不同交通方式的有机结合，合理分配城市交通和疏港交通，以交通发展引导城市组团的布局。

（3）港口物流促进港口、城市与产业一体化发展

港口物流是最近几年才频频出现在学术研讨和各类媒体上的新名词。港口物流是指中心港口城市利用其自身的口岸优势，以先进的软硬件环境为依托，强化其对港口周边物流活动的辐射能力，突出港口集货、存货、配货特长，以临港产业为基础，以信息技术为支撑，以优化港口资源整合为目标，发展具有涵盖物流产业链所有环节特点的港口综合服务体系。港口物流是特殊形态下的综合物流体系，是作为物流过程中的一个无可替代的重要节点，完成整个供应链物流系统中基本的物流服务和衍生的增值服务。

在港口物流发展过程中，港口物流发展轨迹是一个由成本理念到利润理念再到综合物流服务理念的过程。成本理念追求的是降低物流总成本，利润理念追求的是获取最大利润，而综合物流服务理念则除追求商品自然流通的效率和费用外，还要强化客户服务意识，切实转换经营和管理方式，按现代物流的要求进行整合，以客户为中心进行管理和控制，提供完善的物流服务。

第3章　港口资源整合的国内外经验借鉴

3.1　鹿特丹港港口资源整合的实践

3.1.1　港口概述

鹿特丹港是荷兰的世界性港口。位于该国西南、莱克河三角洲的北翼，莱口克河和瓦尔河以及马斯河汇流以下的新马斯河两侧和新开河左侧的敞开港池内，西南至提尔伯里港168 n mile，至直布罗陀1 370 n mile、东北至汉堡310 n mile；近洋海轮还可顺莱茵河而上至德国科隆，500吨级汽船可直达瑞士巴塞尔。铁路、公路、航空与欧洲联系都很方便。港区从市区铁路桥开始下至河口、东西延伸约35 km，分布大小30多座港池，但下游2/3地段主要分布着8个石油港池区，只有密西西比转运港、比荷卢港和博特来克港等港池区除外。远洋班轮主要停靠在靠近市区的新马斯河南北，这里有埃姆港池、瓦尔港池、威尔明娜港池、维尔顿港池和富尔坎港池等。入港航道高潮时，30万吨级油轮能进入第8港池，20万吨级也能进入第4港池、5港池、6港池、7港池、石油港区以及密西西比、比荷卢散货港区；吃水10万吨的船可随时进出博特来克港池区，10.6 m的船可上航至莱茵港。全港有远洋船泊位380多个，其中有石油泊位70多个，最大可停靠35万吨级油船；散货码头线长8 850 m，主要分布在河口马斯平原、博特来克、富尔坎和瓦尔等港区；谷物码头线长2 800 m，主要分布在比荷卢港区、博特来克港区等；集装箱、滚装船码头线总长20 870 m，主要分布在欧洲港的马斯平原码头不列颠港，埃姆港和瓦尔港、梅尔沃港、威尔明娜港区；此外，还有5 200 m的杂货泊位线分布在希斯、来克、梅尔沃、马斯、瓦尔等港区。本港不仅港区宏伟，设备完善优良，且位置优越，交通便利。内通莱茵河、马斯河流域航运网，外接北海国际航道，每年大约有3万艘国际海轮来此挂靠，把莱茵—马斯河流域发达的经济腹地与世界紧紧地联系起来，使它成为世界上最大的吞吐和中转港。

3.1.2　港口运营

鹿特丹港的管理主要由鹿特丹港务公司（Havenbedrijf Rotterdam N. V.）负

责。鹿特丹港务公司是一个私有化责任有限公司，鹿特丹市政当局拥有其全部股份。它的主要业务被分配给三个下属部门：商业部、港口基础设施部以及鹿特丹港务局。另外，还有5个职能部门主要负责其内部协调，政策制定和战略操作，信息交流和公司范围内的财政、人事和法律业务以及信息通信等方面的业务支持。此外，还有两个专门为Maasvlakte 2和港务公司股权管理而设立的特殊机构。由总经理、各职能部门主管、部门经理和监督委员会一起组成的港务公司领导层将承担公司一切管理责任。鹿特丹港务公司的核心任务是开发、建设、管理和经营港区及相关工业园区；安全和顺畅地管理航运交通。

鹿特丹港务公司拥有1 300名各类雇员，开发管理着占地105 km^2 的鹿特丹港区以及相关工业园区。主要业务包括向各个行业的公司出租工业土地。同时，作为（国家）港口主管，还要负责监管安全高效的港区航运交通。港务公司还负责管理经营港区内航道、公路、码头以及其他相关基础设施。除了作为传统的"工业土地所有者"向其他各方出租土地外，港务公司还要作为一个国际贸易服务提供商，积极推动和刺激港区内的商业发展，积极与客户合作进一步建立和完善包括鹿特丹在内的物流和工业产业网络和基地。与此同时，努力保证一个可以满足正常生活、工作需要的可持续发展的环境也是鹿特丹港务公司开展业务的重要目标之一。

总而言之，鹿特丹港务公司的任务就是为世人提供一个安全、有效、完善和清洁的鹿特丹港。鹿特丹港以及相关工业园区对于国际、国内以及地区经济的发展有着相当重要的意义。它是各类国际货物运输的交会点，工业以及物流产业的基地，在国际商品网络中扮演着至关重要的角色。

3.1.3 成功因素

（1）港口物流

1）特色化海港。鹿特丹港是欧洲最重要的石油、化学品、集装箱、铁矿、食物和金属的运输港口。各种物流的交会使鹿特丹港成为特色化海港的集合体，最大的特点是储、运、销一条龙。通过一些保税仓库和货物配给中心（物流中心）进行储运和再加工，提高货物的附加值，然后通过公路、铁路、河道、空运、海运等多种运输路线将货物送到荷兰和欧洲的目的地。

2）配给中心。鹿特丹港为制造商、船运公司和配给商提供全球性的后勤保障归功于它先进的港口设备、配给设施以及与欧洲内地便利的联系。物流的高度集中使鹿特丹成为了一个中心：世界上所有大的船运公司都直接进驻于此或设代理处；欧洲的贸易也集中于此，许多公司都在鹿特丹建立了欧洲配给中心；美国、日本约一半的大公司已经在荷兰建立了欧洲配给中心；在欧洲建立的配给中心有3/4位于荷兰。这些一方面归功于它得天独厚的地理位置、同内地便利的联系、后勤服务的质量、熟练的工人和明确的海关程序等，更重要的方面是鹿特丹港同荷兰的阿姆斯特丹 Schiphol 空港（欧洲重要的空港之一）之间紧密的联系。鹿特丹也有许多亚洲的“贸易和配给中心”。

3）参与国际贸易。鹿特丹港发展物流园区目的是参与国际贸易。物流园区（Distripark）建在港区中心地带，紧临码头和多种交通设施（指通往内陆、海外、欧洲目的地的交通设施），与码头间建设专门的运输通道，方便进行物资配给。园区内设有仓库，有现代化的信息与通信设施以及现场办公的海关。在埃姆、博特莱克和马斯莱可迪港区建有3个大型物流园区即配给中心，通过货物合理配置满足顾客需求和目的地国家的要求，包括再包装、标签、称重、装配、质量监控、配送、海关等环节：埃姆物流园区占地 $50 \times 10^4\ m^2$，主要提供大宗产品如木材、钢材等的储存和配送服务；博特莱克物流园区占地 $87 \times 10^4\ m^2$，是石油、化工产品专业配送中心，这里的公司主要集中仓储、配送和编组的服务；马斯莱可迪是新建设的物流园区，占地 $125 \times 10^4\ m^2$，它是为那些集中物流活动来建立欧洲配送中心的公司而设计的，它临近西南边的集装箱码头，通过一个内部道路与码头联系，其他如火车、卡车、远洋船、内河船也可方便到达。

（2）临港产业

1）工业综合体。鹿特丹港不仅是转运港，也是一个巨大的工业综合体。大量的跨国公司在此设立它们最重要的或是在欧洲唯一的工业联合体，在这里它们为整个欧洲甚至全世界生产工业品。鹿特丹市炼油、化工、造船等工业主要是依托鹿特丹港发展起来的，主要分布于新水道沿岸，拥有一条以炼油、石油化工、船舶修造、港口机械、食品等工业为主的临海沿河工业带（即临港工业区）。

2）石油化学工业。临海沿河工业带的化学品和石油化学工业尤其值得关注。石化工业租用了 $52\ km^2$ 的港口工业区中的60%，拥有 BP/Texaco、Esso、Kuwait Pe2troleum、Shell 和 Koch 5 个公司的大型炼油厂，年原油加工能力 $8\ 500 \times 10^4\ t$ 以上，成为世界最大的炼油和石油化工中心之一（世界三大炼油中心之一）。临港工业区内的化工厂原材料主要依靠5个炼油厂提供。鹿特丹的地理位置使其成为欧洲的主要化学品港口，每年大约有超过 $1 \times 10^8\ t$ 的原油海运至鹿特丹，一部分供给炼油厂，其余的通过海运、空运、管道输往欧洲其他地区。

3）造船业。利用拥有水工建筑技术和水利技术的独特优势，港区大力发展造船业和水工产品制造业。造船工业发达，7 个大型造船厂拥有 30 多个浮船坞，生产巨型油轮、货轮和集装箱船等。同时生产海上拖轮、挖泥船、浮吊、勘探船、海上钻井平台等特种工具船以及大型闸门、桥梁构件、沉井等水工制成品等。

4）农产品加工。鹿特丹地区许多农产品的加工基地也建在临港工业区内。这些农产品加工包括半成品的加工和成品加工。工业化的农产品加工、质量控制、交易方便、仓储完备、高效运输是鹿特丹成为欧洲农产品加工业中心的要素。食品公司（如联合利华、可口可乐）的贸易、存储、加工以及运输等也都集中在港区，由此形成了欧洲最重要的农产品交易中心。

5）航运服务相关产业。每年有超过 3 万艘船只和超过 4×10^8 t 货物进出鹿特丹港，与航运服务相关的众多产业集聚在鹿特丹港区及其周围。包括船舶分级、船舶监测、船舶配件供应、物资补给、检查测试、保养、废物处理、船舶修理和船员招募与更换等业务。该地区有 11 万人从事与港口直接或间接相关的产业。同时，发达的临港工业促进了金融、贸易、保险、信息、代理和咨询等服务业的发展。

6）港口工业。港口工业已成为鹿特丹港经济的重要组成部分。港区及其周围的产业目前已达到该地区产值的 50% 以上。临港工业区的发展已经成为鹿特丹港的主要组成部分。

7）集疏运设施。鹿特丹港的基础设施最强调集疏运系统。它不仅包括对其服务腹地的运输网络，还包括港口本身内部的运输系统。鹿特丹港吞吐的货物 80% 的发货地或目的地不在荷兰，大量的货物在港口通过一流的内陆运输网进行中转。通过铁路、海运、河道、管道、公路、空运等多种运输路线将货物送到荷兰和欧洲的目的地。鹿特丹有高速公路、铁路、水路与欧洲各国连接，覆盖了从法国到黑海、从北欧到意大利的欧洲各主要市场和工业区，空运货物可以通过鹿特丹国际机场进出。此外，鹿特丹港还为客户提供个性化运输和中转服务与多式联运相结合。鹿特丹港最主要的运输方式是公路、水路、铁路和管道。截至 2005 年年底，公路、水路、铁路在多模式运输中分担比例分别是 59∶31∶10。除了海运、内河运输外，鹿特丹还拥有 2 个先进的铁路服务中心，并有 2 个铁路化学品中心，很多码头也拥有自己的铁路连接。原油等液体货物主要通过管道进行输送，港区内各种运输管道的长度已超过长度为 1 200 km 的荷兰铁路系统。鹿特丹港计划减少公路交通运输拥挤和环境污染。计划到 2035 年，优化公路、水路、铁路在多模式运输中的分担比例为 35∶45∶20。

（3）多模式集疏运系统

多年来，鹿特丹港口规模不断扩大，设施不断完善，港口吞吐量也不断增加。20 世纪 60 年代中期，随着集装箱化的出现，港口规模、设施和设备渐渐发生了变化。集装箱革命导致了欧洲联合集装箱码头（ECT）的出现，集装箱量也随之迅速增长。1968 年，鹿特丹港的集装箱量才 6.5 万 TEU；到 2008 年，已达到 1 078 万 TEU，其中大部分集装箱量是在马斯河沿岸的 ECT 三角洲码头装卸的。鹿特丹港在原油、油产品、集装箱、水果、煤炭、矿石和废钢的中转方面，均处于欧洲较为领先的地位。

鹿特丹港除了优越的地理位置、良好的水深条件及高效的港口管理模式外，发达的多模式集疏运系统是重要的支撑。

鹿特丹港现拥有500多条班轮航线，与世界上1 000多个港口通航。港口便捷的集疏运条件，使得货物能做到门到门运输。其集疏运系统内连各港区码头，衔接港口工业区和市区，外通欧洲综合交通网络（内河、高速公路和铁路）。港口吞吐货物80%的发货地或目的地都不在荷兰，大量的货物在港口通过一流的内陆运输网进行中转，运抵欧共体各成员国。中转的货物可在24小时内到达西欧各主要的工业和经济中心，48小时内运到欧洲内陆各目的地。

尤其是被称作为“1 000 km长的传送带”的莱茵河及其他内河航道，构成了通达的运输网。通过驳船将巨大数量的货物运往荷兰上游以及德国、比利时、法国、瑞士和奥地利的众多目的地。铁路系统每天有几十列火车抵达或离开鹿特丹港，以适应远距离的陆地运输。目前已建成的贝突威货运专线，从2007年起提供鹿特丹与德国之间的直达运输，每个星期900个班次。此外，还有连接欧洲100多个港口的近海、支线定期航班。其高频率的航班在某种程度上代替了部分公路运输，因其相对于公路运输的环保效果，得到了欧盟的推广。鹿特丹港还有庞大的地下管道网络，把大量的石油及其产品输往西欧客户。

鹿特丹港集疏运系统的组成如下。

1）铁路运输。鹿特丹港的铁路线路直接深入港口作业区，实现海铁的无缝衔接，减少了海—公—铁联运的起吊装卸环节，降低了海铁联运的成本。在港口铁路编组站，采用了先进的调度设备，进一步提高了铁路运输的效率，从而保证了鹿特丹港的集装箱集疏运方式结构中铁路方式占10%左右并不断提高。

鹿特丹港区建有两个铁路集装箱编组中心（RSC）：一个位于出海口的马斯弗拉克特港区，与海船码头直接衔接；另一个靠近鹿特丹市区，其最大股东为鹿特丹市政府。2004年编组26.8万TEU，2005年达30万TEU，每天进出各40列（一列约60 TEU），服务时间为6×24 h，并逐步向7×24 h发展。

2）内陆水运。内河驳船是包括煤、矿及粮食等散货和集装箱的首选运输方式，因为莱茵河将鹿特丹与德国和瑞士等国连接在一起。虽然，水运受到桥梁的净空、水闸、潮水和河道的季节性干枯、河道的疏浚等影响较大，但仍然是运输环节中最为经济和环保的方式。一直以来，荷兰政府支持并致力于在莱茵河上运输的各种船型船舶标准化的尝试，并在船舶技术研发和政策上予以支持。这使其在航道疏浚、船舶建造及港口建设等领域处于世界的领先地位，如可装510 TEU的JOWICLASS集装箱船的研发等。

3）近海运输。鹿特丹港的近海直线船运发展迅速，目前已经为欧洲各地

150 个港口的班轮服务，因此航班频次高。近洋和支线服务成为鹿特丹港替代公路运输的一种有吸引力的形式。新型的江海运输船舶的应用，80 m 长、6.3 m 高、1 700 载重吨、吃水 3.4 m 的船舶能够运送各种类型的货物和集装箱。

4）管道运输。鹿特丹港的运输油管道直通阿姆斯特丹以及德国和比利时。荷兰建有专门运送危险货物的管道 17 500 km，其中 12 500 km 是运送气体管道，5 000 km 为油和化学品管道。原油、油成品和液体化学物占到总货运量的 50%，都是利用管道运输的。大部分的原油直接在马斯弗拉克特港区码头通过管道运输或储减，港口 30% 的湿散货通过综合管道运输。

5）公路运输。对于短途运输而言，公路运输仍不失为一种快捷的方案，因为鹿特丹港与欧洲高速公路网直接联通，卡车可以将货物直接送到客户的大门口。目前，50% 以上的集装箱是通过公路运输的，希望未来几年内将比例减少到 35%。公路运输对环境的影响较大，同时为了减少空驶，优化物流组织和采用先进的导航技术显得尤为重要。

6）航空运输。史基辅（Schiphol）机场，位于阿姆斯特丹市东南，与鹿特丹距离 80 km，是欧洲四大国际中枢机场之一。目前开设了 260 多条航线，机场旅客吞吐量位居全球第九、欧洲第四位；货邮吞吐量位居全球第十六位、欧洲第三位。

3.2 釜山港港口资源整合的实践

3.2.1 港口概述

釜山港位于韩国东南沿海，东南濒朝鲜海峡，西临洛东（NAKTONG）江，与日本对马（TSUSHIMA）岛相峙，是韩国最大的港口，也是世界第五大集装箱港。始建于 1876 年，在 20 世纪初由于京釜铁路的通车而迅速发展起来。它是韩国海陆空交通的枢纽，又是金融和商业中心，在韩国的对外贸易中发挥重要作用。工业仅次于汉城，有纺织、汽车轮胎、石油加工、机械、化工、食品、木材加工、水产品加工、造船和汽车等，其中机械工业尤为发达，而造船、轮胎生产居韩国首位，水产品的出口在出口贸易中占有重要位置。

韩国海上进出口货物的年增长率达 20% 左右，几乎全部由釜山港进出。该港的集装箱码头发挥着骨干作用，它有大型龙门式集装箱装卸桥，码头面积达 63×10^4 m^2。集装箱堆场面积达 38×10^4 m^2。这里每年停靠约 2 000 艘集装箱船，包括自 700 ~ 800 TEU 型船，大到 3 000 TEU 的集装箱船。码头可同时为 4 艘 5 万载重吨的大型集装箱船进行装卸作业。在全年无休假日的情况下，即全年不中断的 24 小时作业，每天平均要装卸 4 ~ 5 艘集装箱船。装卸效率：煤每小时装

600 t，装卸杂货每天1 000 t。港口主要出口货物为工业机械、水产品、电子、石化产品、纺织品等，进口货物主要有原油、粮食、煤、焦炭、原棉、原糖、铝、原木及化学原浆等。该港能承接各种船舶修理，最大干船坞可容纳15万载重吨的船舶。

3.2.2 港口运营

2006年，韩国海洋水产部通过了《港湾公社法修正案》，以港口管理一元化为目标。根据该法律修正案，釜山港港口水面管理权从海洋水产部转移到釜山港湾公社（BPA）。

2007年上半年相关管理权的转移已经完成。釜山港湾公社获得釜山港7 300多万坪（1坪约3.3 m^2）水面的航道疏通及设施管理权以及船舶出入港费用及停泊费用等每年250亿韩元的资金支配权，对釜山港的自主经营大有裨益。此外，釜山港湾公社对港口设施使用费的滞纳者通过市政府进行强制征收，从而避免了此前必须通过法院经过漫长的法律诉讼程序解决问题的弊端。

目前码头及水面管理统一由釜山港湾公社负责，港口管理的一元化得以实现，将有利于釜山港湾公社积极参与集装箱码头及港口腹地物流园区事业的开发，是釜山港今后更好发展的一个转机。

除一元化管理外，釜山市政府建设采用无线射频识别技术（RFID）芯片的ubiquitous港口系统，进一步增强了釜山港的竞争力。釜山港管理采用无线射频识别技术（RFID）芯片，港口集装箱码头内的所有设备和货物的全部信息将集中在芯片内，港口内安装能够判读芯片的设施以及建设联结网络系统，从而实现对货物移动及处理状况的适时管理，使港口物流管理进入一个全新的水平。

3.2.3 成功因素

（1）港口物流

为了保持釜山港国际大港口尤其是它在亚洲的优势地位，韩国及当地政府致力于在釜山港构建东北亚国际物流中心基地，具体包括以下几个方面。

1）港口开发计划。首先是釜山新港港口开发。作为东北亚经济圈关门港，为了提高国际港口功能，釜山新港开发定位为21世纪东北亚国际物流中心港湾，确保国际集装箱主航路上的中心港（HUB港）的地位，解决釜山港的慢性货物积滞现象，形成港湾－城市功能协调的综合物流、信息据点空间。釜山新港的开发规模将从原先的25个泊位扩大到30个泊位，30艘大型集装箱船能同时接岸，同时改善物流体系，建成东北亚物流据点（HUB港湾），提高国际竞争力。这样，釜山新港后面的用地将开发成为多国企业入驻的东北亚地区定点物流中心，釜山地区将发展成为国际物流产业的枢纽。

其次，计划还包括开发大浦港。大浦港位于釜山港西部，现主要涉及沿岸渔获物，计划在进行海洋环境保护的同时，建成可以满足釜山港设施不足的环境亲化港湾。

此外还包括：鼓励超大型集装箱船舶的停泊，开发巡航船专用总站，集装箱设施（主要是针对集装箱专用码头设施）的扩充。

2）构建基于电子商务的釜山港港湾物流系统。通过此物流系统，客户可以访问该地区所有的物流活动，并且该系统可将釜山港港口信息和东北亚的物流网络链接在一起。

3）辟为自由贸易区，激活物流。该安排的目的是对釜山按照地区特性开发，使釜山港成为物流中心基地。以国家预算买入 Cheil Je Dang 地皮，然后利用民资开发 LME 仓库或多功能码头，并且制定地皮使用计划后诱导有关企业的进入，最后建成关税自由地区综合物流基地，在关税自由地区内实现快速物流。

（2）临港产业

1）水产业。推进水产品流通加工基地、国际交易所的设置，为水产业的发展打好基础；开设预查诊疗中心，构建赤潮警报系统，完成水产灾害预防系统。强化符合于流通、观光、牧场等基地特征的地区特化与竞争力。此项计划将通过水产品进口自由化及流通服务市场开放来吸引国外流通资金，通过实现水产品生产、加工、流通的一体化来提高水产物附加值，减少物流费用，由水产物流功能的现代化强化国际竞争力，进而构建 21 世纪海洋尖端城市，确保釜山成为 21 世纪东亚最大国际水产市场中心圈。

2）旅游观光业。强化釜山符合于流通、观光、牧场等基地特征的地区特化与竞争力。形成民俗渔村等水产渔村观光带，并形成海洋文化空间，建设海洋观光名所，持续运营海洋体验学校。此外，还力图使釜山海洋节成为国际海洋综合观光节，并且举办国际海洋造船大展、国际生鱼博览会等多种国际海洋活动。

扩充大型观光船等同时接岸设施，建成与港湾亲水功能协调的综合国际海洋观光据点港，提高釜山港的国际知名度！提高国民海洋意识，激活与海洋综合公园相联系的观光商品。利用 TAEBYON 港近邻沿岸人工鱼草等，激活钓鱼业，并把现有设施开放为钓鱼台及休息空间，为市民提供度假空间，设置世界杯纪念台，促进观光资源化。

3）教育业。扩大韩国海洋大学校园，釜山高级海洋水产研修院移到东三洞废物场并重建，使釜山地区成为培养海洋水产专业人才的摇篮。

3.3 东京湾港口资源整合的实践

3.3.1 港口概述

东京湾地处日本本州岛南部海湾，为房总、三浦两半岛所环抱，以浦贺水道连太平洋，地理位置优越，由东京都、千叶县、神奈川县构成，人口2 803万、面积9 760.18 km^2。东京湾湾内有东京港、千叶港、川崎港、横滨港、木更津港、横须贺港7个重要港口，形成首尾相连的马蹄形港口群，绵延百里，形成沿海岸向东南开口的圈形港口及工业城市集群。东京湾港口群年吞吐量超过 5×10^8 t，并构成了鲜明的职能分工体系。在庞大港口群的带动下，东京湾地区逐步形成了京滨、京叶两大工业地带，装备制造、钢铁、化工、现代物流和高新技术等产业十分发达。2007年，东京湾1都2县GDP合计达144.2兆日元（折合14 420亿美元），约占日本经济总量的1/3。产业的集中和人口的集聚，促进了以东京为核心的首都城市圈发展，使之成为日本最大的工业城市群和最大的金融中心、国际航运中心、商贸中心和消费中心。然而，东京湾地区的港口在为促进日本国家发展和地区经济繁荣做出重要贡献的同时，也因为曾经各自为政、抢夺货源、盲目开发和重复建设付出了沉重的市场效率代价和环境代价。

然而，东京湾内的三大港口：东京港、横滨港、川崎港，地理位置靠近，共享工业区经济腹地，三者容易产生竞争意识。如若没有很好的港口群规划对这3个港口的职能进行划分，对其业务进行整合，港口间的无序竞争必然造成基础设施的重复建设，严重浪费岸线资源，降低港口的效率。出于此种考虑，日本政府于2008年3月提出“关于加强京滨三港口广域合作的基本协议”，开始着手整合东京港、川崎港和横滨港资源成为京滨港。

提高东京湾港口间的协作能力，提高港口的效率是日本政府作出整合东京湾决议的一个原因，然而东京湾周边国家和地区港口的崛起和威胁是其通过整合港湾内港口从而提升竞争力的另一个动力。

3.3.2 港口运营

港湾的管理运营主体独立于行政组织的财政及法令，运营组织股份化，港湾经营民营化正逐渐成为主流，所谓的公设民营可以说成为了港湾管理效率化的运营模式。

京滨港为成为世界主要港口，也在调查、分析国内外案例的基础上，构筑了管理运营一体的高效灵活的运营体制。这个过程主要包括三个方面：法定协议会的设置、强化公社和公司的合作、促进人才人事方面合作发展。

为实现京滨港一体化经营，以港湾计划的实质化为目标，2009 年成立地方自治法协议会，在 2011 年制定了《京滨港综合计划》。在强化公社、公司合作方面。在东京港和横滨港上设立了东京港埠头株式会社以及财团法人横滨港埠头公社。两者成立时，回应了使用者对设施专用使用的请求，与港湾管理人员一起分担了公共港湾设施的管理运营，但是近年，使用人窗口一体化，为了发挥公共与公司、公社设施管理运营规模化的优势，从高效、灵活运营的观点出发，公司、公社开始对外贸集装箱统一管理。紧接着，船舶停泊处、埠头也以更加高效的港湾运营为目标，讨论进行一元化的管理。因为两者都在各自港口的港湾管理运营中发挥着巨大的作用，所以两者强化合作也是京滨港整体一体化的关键所在。联合法定协议会一起通过两者和川崎港设置京滨港事业联合委员会，进行“信息·技术的交换”“共同事业的实施”“人才的确保·育成·交流”“材料等的共同筹备”的四个项目为中心的联合强化。最后，为实现一体化的港湾经营，通过人事交流的扩大、共同研修的实施等措施提高专业性，培养视野广阔的人才。

通过对东京湾港口群的资源整合，形成京滨港，提高国际竞争力，以期焕发日本产业活力，保障人民生活稳定。为应对韩国釜山港的竞争，作为日本国内最大的综合性港口，京滨港希望有效应对各种商品的供需矛盾，支持对生产活动的能源输送供应，提高在东亚北美航线中的国际枢纽作用。要实现三个提高集装箱物流能力的目标：①维持东日本主要港口的传统功能；②实现与韩国枢纽港釜山港的抗衡；③成为东亚的国际枢纽港。

京滨港整合中的负责机构是京滨港连携协议会。2008 年东京都港湾局发布要加强东京港、横滨港和川崎港合作的基本协议后，于 2009 年设立了“京滨港连携协议会”来负责协调三港的合作发展。京滨港连携协议会主要负责《京滨港综合计划》的策定以及对京滨港一体化经营的联络调整事宜。

由之后成立的“京滨港事务提携委员会”来积极联络东京市、川崎市和横滨市地方政府，协调三个港口关系，对整合事业总体负责，综合调度；完成各种改善用户服务以提高京滨港的国际竞争力。

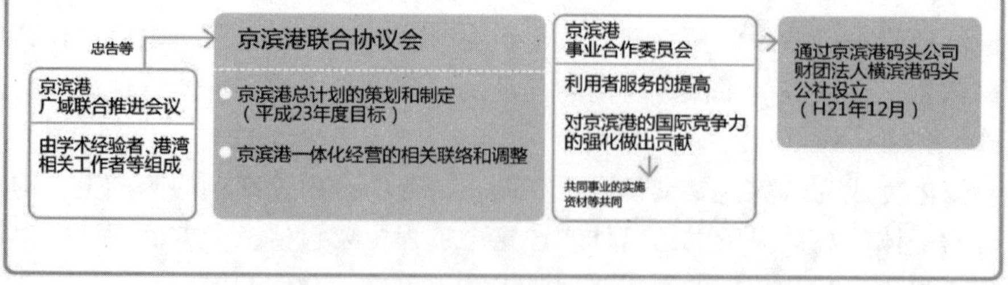

图 3－1　京滨港整合的机构设置

京滨港整合后的经营机构：东京港埠头株式会社和横滨港埠头株式会社。京滨港整合后的运营是由东京港埠头株式会社和横滨港埠头株式会社两个公司具体负责。东京港埠头株式会社2008年4月由财团法人转变为股份公司，对东京港的外贸集装箱码头进行一元化管理。与此同时，它与东京都开展港湾业务的协作，积极追求经营的高效化、提高客户服务水平，积极建设功能完善的集装箱码头并提高防灾能力。横滨港埠头公社的历史沿革从1951年开始，最初只是为横滨港的港湾管理者。1967年成立京滨外贸埠头公团，1982年解散，转成为财团法人横滨港埠头公社。在2004年京滨港被指定为“超级枢纽港”、2005年被指定为特定重要港湾后，财团法人横滨埠头公社被认定为特定国际集装箱码头的运营事业者。2010年京滨港被认定为国际集装箱战略港湾之后，它开始管理横滨港的现有码头。2011年横滨港埠头株式会社正式成立。2012年成为对特定外贸埠头管理运营的指定公司。

3.3.3 成功因素

（1）投融资制度一体化

东京湾港口群的投融资制度积极推进和实行多元化投资，充分发挥各种主体的投资功能，并且具有明确的分工以提高投资效率：①将民间投资和利用外资作为筹集港口建设资金的主要途径之一；②通过开发项目，有偿吸引民间投资使其增值；③引入市场机制，实行资本经营，将港口资源多方位推向市场；④实行产业带动，通过发展工业园区等，使港口建设与地区经济发展相互促进。需要重点强调的是政府在港口基础设施建设中也充当重要角色。

港口设施依据其公共性质赚取收入的特性按不同的体制发展。依据由谁负责发展，东京湾港口设施可以分为下列三种范畴。

1）国家或港口当局（公共工程）。主要是针对公共码头建设。公共工程有两种，一种是港口发展工程，包括水域、防波堤、码头、港内公路等港口设施；另一种是港口相关土地开发工程和辅助性设施发展工程，指前方仓库、货物装卸设备及其他设施的建设和改造。属于前者的设施中，与国家利益密切相关的由国家直接建设（港口当局可能分担一定比例的财务负担）或由港口当局接受国家财政补贴进行建设。对属于后者的设施，由港口当局筹集建设资金，国家对港口当局的努力给予一定支持。此外，某些港口发展项目的受益单位也可以被要求承担一部分建设费用。

a. 直接工程和补贴制度。公共工程、水域、防波堤、码头、港区道路、公园、绿化带等设施由国家和港口当局出资建设。使用公款建设这些设施的理由是：这些设施供数量很大，并且任意公众所使用，是维持和发展国民经济必不可少的经济基础设施，而且它们投资额大，不能产生足够的利润，不适宜私人投资。

如果这类设施的规模很大，则由国家负责建造，港口当局按一定比例分担部分费用（称为直接工程）；另外一些设施则由港口当局负责建设，国家给予财政补贴（称为补贴工程）。国家与港口当局各承担建设费用的比例，则根据港口的相对重要性、设施的种类、当地经济状况等而变化（见表3－1）。

表3－1　国家承担的港口发展费用比例

工程		水域和防波堤	码头	公路和交通设施	港口设施用地	公园、绿化带	垃圾处理
特别重要港口	直接工程	2/3	5/10	2/3	—	—	2.5/10
	补贴工程	5/10	5/10	5/10	—	1/3～5/10	2.5/10
重要港口	直接工程	5/10	5/10	5/10	—	—	2.5/10
	补贴工程	5/10	5/10	5/10	—	1/3～5/10	2.5/10
地方港口	补贴工程	4/10	4/10	4/10	—	1/3～5/10	2.5/10
避风港	直接工程	2/3	—	—	—	—	—
	补贴工程	5/10	—	—	—	—	—

b. 地方公债制度。有些设施是港口业务活动所必不可少的，而且其建设费用可以由向用户收取费用来回收，如露天堆场、装卸设备、拖轮、前方仓库等，这些设施由港口当局自己筹资建设。但由于这些设施的建设非常重要，国家可以帮助港口当局筹资。具体地说，国家可以支持港口当局发行市政公债，并用国库投资基金或贷款基金等公共基金购买部分债券。工业用的土地围填工程、临海地区的城市再开发工程等，也与港口业务有着密切关系，因此这些工程的资金筹集也可以基本按上述方法办理。土地开发需要的费用一般通过出售开发的土地所得来回收。

对港口当局实施的受国家财政补贴的港口工程，国家允许地方政府（港口当局）发行地方公债，筹集一部分自筹资金用于港口发展。地方政府兑现地方公债所需的资金，一部分通过国家分配的地方返回税解决。

2）港口发展当局和轮渡港口发展当局（公社的工程）。主要是针对专业码头建设。公社建设集装箱码头、轮渡码头、游艇港池等设施，建成后把这些设施租赁给特定的用户专用。国家提供无息贷款支付一部分建设费用以支持这种方式的港口发展。

其资金的来源渠道比较复杂，一般分为四部分，具体投资构成见表3－2。

表 3-2　专业码头建设投资来源

码头类型	投资来源			
一般情况	国家投资 20%，无息贷款 20 年归还	港务管理局投资 20%，无息贷款 20 年归还	银行贷款 30%，利息 3% ~ 7%，随银行利率调整	码头经营人投资 30%，从经营收入中回收
小于 -12 m 的码头	国家投资 10%，财政一般会计提供无息贷款	地方投资 10%，财政一般会计提供无息贷款	商业贷款 40%，财政特别会计账户提供	经营人投资 40%，出售债券、使用权或通过银行贷款
小于 -14 m 的集装箱码头	国家投资 20%，财政一般会计提供无息贷款	地方投资 20%，财政一般会计提供无息贷款	商业贷款 30%，财政特别会计账户提供	经营人 30%，出售债券、使用权或通过银行贷款
-15 m 集装箱码头	国家投资 30%，财政一般会计提供无息贷款	地方投资 30%，财政一般会计提供无息贷款	商业贷款 20%，财政特别会计账户提供	经营人 20%，出售债券、使用权或通过银行贷款

3）私营企业和第三领域企业。主要是针对企业专用码头建设。在经济迅猛增长时期，钢铁厂、石油化工企业以及其他企业大规模建设货主专用码头，并大规模围填土地，供它们本身的业务活动之用。因此很大一部分港口发展都是由私营企业进行的。近年来，私营企业对港口发展的参与从码头建设和土地围填转向了港区的再开发工程，帮助以港区为中心的当地社区重新振兴。对于私营企业建设某些设施，如客运码头，国家政府通过日本开发银行及其他政府金融机构进行联合投资或贷款予以支持，如提供无息贷款、财政补贴、减免税收或其他资助措施。

（2）临港工业

环东京湾有以下几个重要工业城市。

1）东京。日本首都，全国政治、经济、文化中心，世界级特大城市之一。面积 2 162 km^2，人口 1 164 万人，是日本最大的制造业中心。工业以印刷、电机、运输、机械、食品和精密机械为主。第二次世界大战后，工业从东京向两侧扩展，形成京滨（东京—横滨）工业带和京叶（东京—千叶）工业带。其后进一步沿东京湾伸延至君津，形成环东京湾工业带。东京港货物年吞吐量 4 000 $\times 10^4$ t，是日本第六大港。

2）横滨。仅次于东京的日本第二大城市，是京滨工业带的重要组成部分。横滨港是日本最大的海港，一次总靠泊能力 90 万吨以上，港口年吞吐能力 $11\,000 \times 10^4$ t。工业以重化工为主，炼油、电器、食品、机械、金属制品等工业产值占工业总产值的 80%，还有钢铁、有色冶金、化学等工业。第二次世界大战后，横滨进行了大规模的填海工程，兴建临海工业区，建立起石油化工、造船、机械、火电等大中型工厂群，这些工厂大都有自己的专用码头，在国际市场上极具竞争力。

3）川崎。日本工业城市，是京滨工业带的组成部分，重要工业有重化、钢铁、水泥、电机、炼油和火电等。炼油工业产值占工业总产值的 1/4 以上，加上电机、化学、钢铁、造船、汽车等工业产值，合占工业总产值的 80%。

4）千叶。日本工业城市，日本重要工业基地。以钢铁、食品、炼油为主，合占工业产值的 76%，其中钢铁工业占 1/2。千叶钢铁联合企业是世界著名大厂之一。

5）君津。被称为日本的钢城，位于东京湾东南岸，属千叶县。1968 年填海建成君津钢铁厂，占地 100 hm^2，是世界最大的钢铁企业新日本钢铁公司的骨干厂，年产钢能力 $1\,000 \times 10^4$ t。专用码头水深 19 m，可泊 25 万吨级巨轮。全厂员工 7 000 人，平均每名员工年产钢近千吨，劳动生产率在世界上遥遥领先。

（3）港口信息化建设

在现代社会信息化和电子化快速发展的背景下，港口群一体化的过程中不仅需要港口基础设施一体化的支撑，更需要充分发挥信息机制来促进港口群一体化的进程，加快实现一体化的目标。在信息一体化的进程中，东京湾港口管理机构、国家政府（运输省）和地方行政部门均将建立具有国际竞争力的航运中心作为重要工作内容和一体化进程的推手。为了建立东京湾港口群国际航运中心的地位，东京湾各港口加强物流和信息流的建设，以先进的信息化技术，提高东京湾港口群在国际航运中的地位。东京湾各港口在改进港口基础设施的过程中，充分利用现代高新技术，实现港口作业流程管理的自动化，其集装箱码头大量使用电子数据交换进行作业。

东京湾各大港口通过引进先进技术和设备，如 EDI（Electronic Data Interchange，电子数据交换）、VTS（Vessel Traffic Services System，船舶交通服务系统）以及堆场智能化管理技术等，不断提高其管理水平和运作效率，港口业务逐步向专业化、规范化、标准化迈进。此外，以全球互联网为基础，整合客户供应链各环节的物流和信息流，建设完善的信息系统与能满足客户需要的联合数据库系统，将成为东京湾各个港口完善港口功能、获取管理增值效益的重要手段之一。高科技硬件设施的使用建立了从港口管理者到港口使用者之间的沟通交流平台，大大提高了港口信息的交互沟通，提高了港口基础设施的使用效率。

由于信息通信技术的革新，做到了信息的瞬时传送，东京湾各港口使用者广泛共有及大量信息的储存、处理。信息活动贯穿东京湾各港经济活动的全过程，电子商务开始普及，推进物流高效化，尤其在库存管理、订货发货、包装、分装、上市、配送、验货、店铺管理等所有环节，都离不开灵活有效的技术操作和信息化，因此，作为最基本的是要做到确保系统的相互运用，相互连接，尽可能做到相关者的信息顺利传达及信息共有，共享信息化给东京湾港口使用者带来的方便。具体来说，为推进流通领域的电子商务，东京湾广泛使用必要的软件技术、电子数据交换、EDI 的文件结构、EDI 的数据项目，使用于 EDI 的数据项目的名称、属性、内容、行数的标准化。

此外，东京湾各港口通过港口网页，实现全面服务。东京湾港口群的海港网络、集装箱网络、快联、财务电子数据交换以及其他电子数据交换系统都能帮助航运公司和货运公司方便快捷地与东京湾各港口港务局交流。船公司船舶代理可以通过港口网（PORTNET），访问最新的港口运作信息，诸如泊位安排、集装箱状态等。最近又增加了更多的信息服务，包括查询到港、离港和在港作业船动态；数据库服务变成双向通信式的，换装作业和对港口服务的请求通过提交进行信息检索而得到回答。值得一提的是，东京湾港口群正在规划离岸航运金融中心的建设，这将大大提升东京湾国际航运金融中心功能。

信息化与新技术的高速发展对东京湾港口群的建设和经营管理产生了重要影响，东京湾港口群的信息化水平已经成为决定其未来生存与发展的关键因素。作为国际物流链上重要的一环，港口的效率、服务水平及可靠性是非常关键的因素，而信息与自动化技术不仅可为港口物流过程提供良好的控制与管理，而且可以完善港口的功能，增强港口的综合竞争能力。

东京湾港口群在港口信息化建设的过程中大量采用先进技术和设备，完善信息化体系，为巩固和发展东京国际航运和金融中心的地位做出了重大的贡献。珠江口港口基础设施的建设已经达到了一定的水平，然而在港口信息化的能力上与国际航运中心还是有较大的差距。由于珠江口与东京湾地理位置以及港口布局上的相似性，珠江口港口信息化的建设可以较大程度地借鉴东京湾港口群的发展，主要可以从加强先进技术的引进和应用、完善港口群功能和物流体系两方面入手。

3.4 港口发展经验借鉴及启示

3.4.1 港口群资源整合经验借鉴

沿海流域是世界区域开发热点之一，凭借巨大的能源蕴藏量、充沛的水源、航运之便和良好的社会经济基础，沿海地区可能建设成产业密集带，推动流域经济的高速增长。珠江沿岸在广东省经济发展过程中占有举足轻重的地位，借鉴国外港口资源整合的经验对于探讨沿海港口资源整合问题有着重要的现实意义。

（1）港口行业迫切要求加强合作，实现范围经济

国外港口的发展体现出港口独特的产业特征，港口建设一次性投资巨大，且其中固定资产投资占绝大比重，建设周期长，而港口产品又表现为明显服务性，具有天然的规模效益和社会效益要求，从而导致了港口经营活动特有的追求垄断性。实践表明，市场经济国家都强调而且实施着港口合作，通过发挥范围经济效益实现区域内港口的共同快速发展。近几年我国的区域经济发展异常迅速，珠江三角洲、长江三角洲、环渤海地区三大地区快速崛起的关键就在于依赖港口运输体系，广东沿海港口发展应当通过对国外港口资源整合的借鉴，大力发展适应自身特点的产业，利用产业簇群的集聚效益推动区域经济的协调发展。

（2）淡化行政区划，实现分工协作，巩固枢纽港的主导地位

从战略意义上讲，广东沿海港口加强合作应当借鉴国外港口资源整合的经验，沿海开发并不是仅仅为了各港盈利的需要，也是适应国际航运市场竞争，发挥广东沿海各港作用的需要。在国外港口资源的整合中，区位优势和产业集群优势发挥效果明显，广东省要考虑将港口做大做强，就必然要在市场竞争中对港口进行资源整合，淘汰那些经济状况不太好的港口码头，巩固盐田港的主导地位，充分发挥沿海各港的作用。相关部门要制定和完善全省海岸线利用规划和沿江港口发展规划，协调岸线功能区划，大力推进港口建设，进一步加强沿海港口分工协作，促进港口整体协调发展和分工协作，在共有腹地中相互依存，在互补中形成规模效益。

（3）以航运综合模式推进港口建设，建立现代物流体系

世界上的大河开发有以下几种模式：①观光模式；②防洪为主的模式；③水电开发模式；④航运综合模式。广东省要顺利实现沿海综合开发的奋斗目标，就应该有效整合沿海港口资源，以航运综合模式推进港口建设。按照综合开发的原则，发展现代物流，提升港口功能。沿江各个港口通过借鉴国外发展港口物流的先进经验，大力实施“区港一体”战略，以现代化信息手段，建设好电子信息平台、公共服务平台，健全现代物流企业网络，并整合现有资源，充分利用港口和沿海物流量大的优势，重点发展保税区现代物流中心。

（4）通过行政协调，强化岸线资源管理，避免重复建设，进行集约式开发

国外港口资源整合的经验表明，在高密度的口岸聚集区，存在有众多小型港口，货源在布局上会造成交叉，这必然限制了条件较好的港口发展。因此，要从现有的基础条件出发，提高岸线和港口的使用率。针对目前可直接使用的岸线资源有限这一实际情况，要尽早科学地规划好，按照“深水深用、浅水浅用、统一规划、统一管理、综合开发、服务市场”的原则，以长江深水泊位的开发建设为重点，整合、整治、开发三路并进，进一步优化配置港口资源，打造沿海港口集群优势，集约开发港口、工业、仓储等生产性岸线。政府部门应该出台专门的调控措施，防止各地恶性竞争，要尽量避免重复建设，各地要形成自己的特色，实现差别竞争、错位发展。

（5）采取“点—轴—面”开发模式，形成港城互动发展的局面

港口的形成和发展，促进了城市（区域）的兴起，而城市经济的振兴又带动了港口规模的扩大，港口与城市区域之间，体现出一种共生共长的关系。现代港口的竞争能力不仅依赖其内部功能，而且也日益依赖于相关城市的经济效益，以大城市为核心，沿河地带为轴线，带动全流域经济起飞以城市为依托，干流为轴线，扩及腹地的“点—轴—面”模式，是流域开发实践中广泛采用的产业及城市发展模式。莱茵河沿河地区是世界最密集城市群和产业带之一，它包括以世界第一大港鹿特丹、法兰克福等四大城市为中心、90 多个中小城市共同组成的“城市圈”，并成为欧共体“香蕉形”经济轴线的主体。密西西比河流域的开发首先建起了干支畅通、标准统一的现代化航运网，以此为轴线，形成了“钢铁走廊”等沿河产业密集带。此外，美国 150 座 10 万人口以上城市中有 131 座建在密河水系。广东省推进沿海开发提倡以动态的眼光看产业布局和发展，强化各城市间的经济联系，提升沿海地区的产业整体实力和综合竞争力，增强对全省经济发展的辐射和带动能力。

珠三角港口群腹地社会经济的发展现状状况分析表明，腹地社会经济发展状况有利于其港口发展。而且随着我国国民经济持续发展能力的进一步增强，港口经济腹地凭借优越的地理位置将会取得更加快速的发展，同时珠三角港口群辐射和吸引范围将会进一步扩大，继而增强珠三角港口群在世界范围的竞争力。

3.4.2 对我国港口发展的启示

（1）加强港口设施的建设

近年来，我国港口的吞吐量、特别是集装箱吞吐量增长迅速，而我国的港口基础设施仍不能满足需求，特别是随着集装箱船舶的大型化，深水码头明显不足。因此，在一些港口加强建设大型码头的同时，还需注意相关设施的建设。

（2）加速建设以港口为依托的物流信息港

发挥港口的特殊作用，要以港口为基地，加强物流基础设施、特别是物流信息系统的建设，以使港口物流成为港口的另一个经营“主业”。

(3) 充分发挥区港联动作用

在全国主要港口推行区港联动，最大限度地发挥保税区和港口的互动作用，使之相互“利用”，产生“1+1>2”的效果。

(4) 发展特色经营项目

釜山大力发展水产品港口，值得我国港口借鉴。我国现在很多港口只注重集装箱港建设，既造成港口投资的不合理，也使港口间的竞争加剧。比如从大连的腹地经济特色看，在发展集装箱码头的同时，也应加强粮食、矿石和原油码头的建设。

(5) 以科学发展观指导港口建设

注重与国际接轨，滥用岸线和环境污染现象在我国港口建设中相当普遍，交通部曾明确提出应以科学发展观指导港口建设，各地港口要认真贯彻落实。同时，我国港口的规划建设也应参考釜山港的做法，注意国际航运惯例，比如加强PSC等。

3.4.3 我国港口的发展趋势

(1) 港口功能多元化

第三代港口功能日趋多元化，除了装卸运输功能外，大力发展物流功能、工业功能、商贸功能和信息功能等。功能的多元化已成为综合性港口生存和发展的基本条件。如鹿特丹港港区东西延绵40 km、占地约105.56 km^2，是集装卸、堆存、工业、贸易、运输和物流等功能于一体的多功能、综合化港区，其综合物流码头不仅具有保管、发送、加工等流通功能和信息功能，而且还增加了销售和展览等商贸功能。港区及其周围的产业产值已达到该地区产值的50%以上。

(2) 港口货物集装箱化

随着国际集装箱多式联运的开展，件杂货运输的集装箱化程度越来越高，集装箱海运量也越来越大。为了适应世界海运集装箱化的发展，能在未来的全球集装箱运输中占有一席之地，世界港口开始将其主要注意力放到集装箱码头的发展上，纷纷投资集装箱码头的建造和传统件杂货码头的集装箱化改造。集装箱的吞吐能力已经成为世界港口之间竞争最为重要的组成部分，集装箱吞吐量将成为衡量现代港口作用与地位的主要标志。

(3) 港口泊位深水化

近年来，船舶出现了大型化发展的趋势（散货船大都在15万吨至20万吨，油船出现了50万吨的巨轮，集装箱船也向超巴拿马型发展），环球航线上的国际集装箱班轮已经向第五、第六代发展，满载吃水最小的也在12 m以上，这样，深水泊位和深水航道就成为国际班轮未来主要船型对港口的要求。

（4）港口物流现代化

港口城市处于海陆空各种运输方式的交会点。随着现代物流的兴起，港口作为国际贸易的最主要形式，在物流中的核心与枢纽地位愈发凸显出来。在港口大力发展商贸物流业，拓展现代化物流分拨功能，形成物流分拨和综合运输服务中心已成为世界港口新的发展方向。港口不仅是货物的集散地，而且也是一个物流中心、商贸交易中心。鹿特丹港十分重视港口在物流系统的节点功能和动态物流链中的枢纽作用，其不仅是荷兰的国际贸易中心，而且也是欧洲的物资流通基地，世界各地的远洋船舶一直挂靠在鹿特丹港，美国向欧洲出口货物的43% ，日本向欧洲出口货物的34%几乎都是通过鹿特丹港。目前鹿特丹港口是世界上最大的石油现货市场、世界有色金属储运中心、欧洲粮食贸易中心，它从国际中转港转变为国际贸易、物流的中心，突出了航运、物流和贸易的作用；而工业、航运、贸易的发展，又促进了金融、保险、信息行业的发展，形成了鹿特丹港工贸一体的复合型港的经济结构。

（5）港口工业规模化

现代港口所具有的完善物流功能，将使之成为大型临港工业的首选用地，而临港工业的发展与壮大必将成为港口最直接的最有保证的货源。临港工业的发展规模越来越大。鹿特丹港工业区面积52. 57 km^2，占港区总面积105. 56 km^2 的一半，港口工业已成为鹿特丹港经济的重要组成部分，约有50%的增加值来自港口工业。

（6）港口运输网络化

港口作为综合运输的枢纽及货物和旅客的集散地，在整个运输系统中起着举足轻重的作用。经济全球化、一体化使货物流动范围越来越大，速度越来越快，这要求现代化港口必须具备完善的海运、内河、公路、铁路、空中立体集疏运网络系统，水路与铁路、公路、航空、管道等运输方式形成方便、快捷的多式联运的综合运输网络，是港口综合运输枢纽得以充分发挥作用的关键。同时要为港口与腹地的通畅留有合理的、充分的、相配套的包括地上、地下和空中的空间。

鹿特丹港集疏运系统由港口铁路、公路、内河、管道和城市交通系统及机场连接，构成一个有机的系统。它内连各港区码头，紧接港口工业区和市区，远通欧洲综合交通管网。其中，水路与铁路在港口集疏运系统中的作用更是非常重要。鹿特丹市政府为减少公路交通运输拥挤和环境污染，增加铁路和内河运输方式的市场份额，重点加快了铁路建设，在内河运输方面对莱茵河的几条支流进行改造，使之适应大规模的内河运输，不仅做到运输上的方便、快捷与低成本，而且由于铁路和内河运输的改善，增加了港口系统的集疏运功能，有效地减少了对城市环境的污染。

（7）港口服务信息化

1）港口信息网络化成为全球趋势，也是提高服务效率的重要手段。通信和信息在所有经济贸易中发挥着越来越重要的作用。作为贸易的一个重要环节，港口要想成为现代化物流的枢纽，必须进一步加强港口的信息化建设，协同电信、海关、商检、税务、工商、银行等部门拓展综合信息服务功能，有力地促进城市第三产业的发展，尤其是面向港口产业的金融、保险、代理业的发展。

2）港口业信息技术革命的焦点之一是电子数据交换（EDI）。通过它可使港口的计算机系统直接与用户、货主以及其他机构（如海关）的计算机系统进行通信。目前，世界主要港口均已采用了网络化的信息系统，使港口的工作效率出现了飞速的提高。

3）建立国家级的信息服务平台（Portbase）。

第 4 章　影响珠江口港口发展格局的因素分析

4.1　影响珠江口港口发展格局的政策因素

4.1.1　国家层面的相关政策

2011 年 4 月，交通部发布了《交通运输“十二五”发展规划》，通过对规划的解读，可以明确国家“十二五”期间水运发展方向和建设重点，指导珠江口港口群的发展，使之与国家政策协调一致。《交通运输“十二五”规划》中明确的水运发展重点包括以下内容。

（1）有序推进沿海港口建设

1）优化港口布局。强化主要港口的核心地位。继续推进主要港口大型综合性港区建设，充分发挥主要港口在综合运输体系中的枢纽作用，提升对腹地经济社会发展的综合服务能力。

推进新港区开发。贯彻落实国家区域发展规划，结合产业布局，统筹规划、科学推进服务于区域经济发展的新港区开发。重点推进大连长兴岛、唐山曹妃甸、天津大港、连云港徐圩、海峡西岸港口、湛江东海岛、防城港企沙等港区建设。

完善煤炭、外贸进口原油、外贸进口铁矿石和集装箱等主要货类运输系统港口布局，提升沿海地区港口群现代化水平。

2）推进主要货类运输系统码头建设。“十二五”时期沿海港口规划新增深水泊位约 440 个，重点推进煤炭、原油、铁矿石和集装箱码头建设。

煤炭运输系统：结合国家煤炭铁路外运通道的扩能和新建，推进装船码头建设，提高保障能力；加快建设华东、华南地区煤炭公用接卸码头，结合国家煤炭中转储备基地布局、建设相应码头。规划新增北方煤炭装船港煤炭码头通过能力 3.1×10^{8} t。

外贸进口原油运输系统：根据炼厂扩能与布局以及原油管道建设、战略储备和能源安全供应的需要，相应建设大型原油接卸码头。规划新增大型原油码头接卸能力 1.0×10^{8} t。

外贸进口铁矿石运输系统：加快建设环渤海地区、长江三角洲地区外贸铁矿石一程接卸码头。结合沿海大型钢铁基地布局，配套建设铁矿石码头。规划新增大型铁矿石码头接卸能力 3.9×10^8 t。

集装箱运输系统：把握建设节奏，充分发挥既有设施能力，稳步推进干线港集装箱码头的建设，相应发展支线港、喂给港集装箱码头。加快形成内贸集装箱运输体系。规划通过新建和挖潜，新增集装箱码头通过能力 5 800 万 TEU。

3）加强港口公共基础设施建设。

航道、防波堤、公共锚地等公共基础设施：重点建设主要港口、地区性重要港口深水航道和防波堤，推进新港区航道、防波堤建设。

港口集疏运体系：加快主要集装箱港区疏港高速公路建设，推进大型综合性港区建立客货分离的集疏运公路体系，加强港口铁路集疏运通道及场站建设的协调，加快长江三角洲、珠江三角洲地区港口内河集疏运体系建设。

陆岛交通码头：进一步改善陆岛交通运输设施，提升滚装运输适应能力，提高陆岛码头服务水平。重点建设 1 000 人以上岛屿客运、车渡（滚装）、货运码头，继续完善 1 000 人以下岛屿陆岛交通码头。

4）促进港口结构调整。发展专业化、规模化港区。通过建设专业化码头和整合港区作业货类，提升港口专业化、规模化水平。

加强老港区改造，提高既有设施的技术水平和生产能力，合理调整港区功能，协调港城关系。

鼓励发展公用码头，鼓励企业专用码头提供社会化服务，提升港口的公共服务水平。

“十二五”沿海港口设施建设重点见表 4－1。

表 4－1　“十二五”沿海港口设施建设重点

“十二五”时期沿海港口规划新增深水泊位 440 个
煤炭泊位：重点建设锦州港、唐山港（曹妃甸港区）、天津港、黄骅港、秦皇岛港煤炭装船码头，新增煤炭装船能力 3.1×10^8 t。加强南方地区公用煤炭接卸码头建设，根据国家煤炭储备要求，相应建设有关码头设施
原油泊位：根据炼厂扩能和布局以及原油管道建设，相应开展配套原油码头前期工作并适时建设。规划新增大型原油码头接卸能力 1.0×10^8 t
铁矿石泊位：结合新钢厂布局，配套建设矿石泊位。规划新增大型铁矿石码头接卸能力 3.9×10^8 t
集装箱泊位：在充分发挥既有设施能力基础上，根据集装箱运输市场情况，合理把握建设节奏，有序推进新码头建设。规划新增集装箱码头通过能力 5 800 万 TEU

续表

重点建设主要港口、地区性重要港口公用港区航道、防波堤工程，加强新港区航道、防波堤建设。重点建设 1 000 人以上岛屿的车渡（滚装）、货运码头，继续完善 1 000 人以下岛屿陆岛的交通码头。

（2）加快发展内河水运

根据《规划》，涉及广东省的内河规划主要包括以下内容。

1）加快以高等级航道为重点的内河航道建设。实施西江航运干线扩能工程，提高主要航段通航标准，建设贵港、桂平二线和长洲三、四线船闸，扩大船闸通过能力，加快推进右江百色、红水河龙滩枢纽过船设施建设。实施京杭运河苏南段和浙江段三级航道建设工程，结合南水北调东线工程实施济宁至东平湖段三级航道建设工程，继续实施船闸扩能工程。全面加快苏申外港线、长湖申线、湖嘉申线、杭申线、杭平申线、芜申线、大芦线等长江三角洲高等级航道建设，建成并完善珠江三角洲高等级航道网。积极推进嘉陵江、乌江、汉江、湘江、赣江、合裕线、右江、沙颍河、松花江、闽江等高等级航道建设。“十二五”时期共改善三级及以上航道里程 3 500 km。到 2015 年年末，长江干线以及西江航运干线、京杭运河和珠江三角洲高等级航道网全面或基本达到规划标准，长江三角洲高等级航道网 60% 达到规划标准。

实施涡河、沱浍河、三峡库区支流等区域主要航道建设工程，扶持中西部、少边穷地区水运基础设施建设。加强黑龙江、额尔古纳河、鸭绿江等界河航道建设，积极推进澜沧江—湄公河等水运通道建设，加快构建国际水运通道。

2）推进内河船型标准化。继续推进长江干线和京杭运河船型标准化，全面展开西江航运干线和珠江三角洲高等级航道网船型标准化，启动其他高等级航道重点船型的标准化工作。通过资金引导和管理措施，推广标准化船型，鼓励现有老旧运输船舶提前退出航运市场，加快更新改造安全、环保设施达不到规范要求的船舶。到 2015 年年末，长江干线、西江航运干线和京杭运河船型标准化率达到 70% 。

3）加强航道养护管理。着力提高航道养护水平，保障内河水运畅通安全。坚持分类养护，以长江干线等高等级航道为重点，全面提高航道养护和应急保通能力，加强界河航道养护和管理。健全航道养护技术标准和规章制度，推动航道养护工作规范化和制度化。提升航道养护设施、设备能力建设，加快养护船舶更新改造。加大航道养护资金投入，建立稳定的资金渠道，保证日常维护资金需求。深化航道养护机制改革，发挥航道管理机构专业化管理与市场机制的双重作用，提高航道养护效率和水平。积极推进数字航道、航标遥测遥控等新技术应用，提升航道养护管理的现代化水平。加强航道养护技术研究，提高航道设施服务能力。

(3) 提升水运服务能力和水平

1）提升运输装备水平。调整运力结构，促进运输船舶向大型化、专业化方向发展，到“十二五”末，远洋、沿海、内河船舶平均吨位分别提升到25 000吨、6 500吨和800吨。壮大海运国轮船队，提高进口能源、重要原材料运输保障能力。提升沿海船舶技术水平，鼓励发展液化气船、商品汽车滚装船等专业化船舶。加快推进内河船型标准化，大力发展江海直达船舶。严格实施和完善老旧船舶强制报废制度，加大船舶技术更新改造力度，改善安全性能，提高技术水平。

2）加快提升港口服务水平。积极发展港口现代物流功能。依托主要港口打造区域物流中心，构建以港口为重要节点的物流服务网络，拓展仓储、货物贸易服务等功能。加强港口物流园区、货运场站及物流通道建设，推进港口物流公共信息平台和电子商务平台建设，推进内陆无水港发展。

发挥保税港区政策优势，积极发展国际中转，促进配送、出口加工等保税业务发展。

利用现代信息技术，提升港口服务效率和水平。重点推进港口集装箱多式联运信息服务系统示范工程，基于港航EDI中心，结合航运中心建设，依托沿海和长江沿线主要港口，建立多种运输方式一体化单证体系和信息服务体系，实现信息共享和通关一体化服务。

3）完善运输组织体系。继续完善远洋、沿海和内河运输体系。推进内河干支直达和江海直达运输发展，有条件的地区发展顶推船队运输，提高运输效率，降低运输成本。大力发展内河集装箱运输，完善集装箱、大宗物资、汽车滚装运输网络。

积极推进多式联运，重点推进集装箱、大宗物资水铁联运、江海联运。

4）大力发展现代航运服务业。在环渤海、长江三角洲、珠江三角洲、海峡西岸等区域大力发展航运金融、保险、海事仲裁、信息、航运交易等高端航运服务业，拓展航运服务产业链，建设航运交易信息平台，探索建立国际航运发展综合试验区。进一步提升船舶代理、无船承运、船舶管理等传统航运服务业水平。

进一步提升国际航运合作水平，积极参与重要海上运输通道的合作，完善国际海运航线网络，保障能源等战略物资运输安全。支持大型港口及航运企业实施国际化发展战略，增强能源、原材料运输保障能力。推进澜沧江—湄公河国际航运便利化，推进东北亚地区陆海联运发展。

5）提升水上客运服务品质。推动水上客运向高速化、舒适化方向发展。大力发展海峡、岛屿间高速客轮、客滚运输和水上旅游客运。推进大连、天津、青岛、厦门、深圳、北海等港口邮轮运输，重点建设三亚、上海等邮轮母港，逐步延伸产业链条和服务范围，提高邮轮运输发展水平。有序发展游艇码头，加强安全监管。

（4）加强水运市场管理

1）完善运输市场管理。完善行业管理的经济和法律手段。制定相应政策法规，依法加强港口建设、投资、经营市场准入管理，严把水路运输市场准入、退出关，强化从业人员、企业、船舶的市场准入资格审核。

提高市场监管能力，建设统一、开放、竞争、有序的行业市场体系。依法加大水路运输、港口经营市场的监管力度，加强企业经营行为监督检查。实施经营资质年度审核，以客船、危险品船的管理为重点，建立经营资质预警和动态监管制度。加强台湾海峡两岸海运市场运力调控和经营秩序监管力度，规范两岸海运市场。

严格实施运价报备制度，调整完善港口收费体系和机制，防止不正当竞争。加强对企业兼并收购的行业监管。

2）加强水运建设市场管理。严格水运建设市场准入管理，加强建设工程咨询、评估、勘察、设计、施工、监理等从业单位和从业人员资质资格管理。推进水运建设市场信用管理体系建设，强化对建设项目投资人、从业单位和从业人员信用的动态管理。严格执行国家基本建设程序，落实项目法人制、招投标制、工程监理制和合同管理制。进一步完善水运建设质量和安全管理体系，严格执行有关法律、法规、规章和标准，明确责任，落实措施，确保工程质量和安全。

4.1.2 广东省层面的相关政策

（1）广东省沿海港口布局规划

根据《广东省沿海港口布局规划》，广东省沿海主要港口是：广州港、深圳港、珠海港、汕头港、湛江港；地区性重要港口是：潮州港、揭阳港、汕尾港、惠州港、虎门港、中山港、江门港、阳江港、茂名港。其中，广州港、深圳港、湛江港分别是我国珠江三角洲地区沿海港口群和西南地区沿海港口群的中心港口，也是国家综合运输大通道的出海口，是华南和西南等地区与国际市场相连接的重要运输枢纽，承担着区域外贸物资和跨区域能源及重要原材料运输服务的任务，是腹地参与经济全球化和进一步发展外向型经济的重要保障，对区域经济发展有重大作用和影响，将发展成为区域性枢纽港口。

2020年规划目标。到2020年，形成布局科学、结构合理、层次分明、功能完善的现代化港口体系；沿海港口总体能力适度超前国民经济发展要求；港口与城市和环境和谐相处，在临港工业、商贸活动和综合物流中的作用更加突出；港口技术装备水平、管理体制和市场运作机制和服务质量达到国际先进水平；港口与铁路、公路、内河、管道等运输方式协调发展；在沿海形成一批具有重要影响的临港工业基地和大型物流园区，使港口逐步发展成为集运输、商贸、临港工业和物流服务为一体的综合性服务中心；充分满足广东全面建设小康社会和率先实现社会主义现代化战略目标对港口的要求。

（2）广东省产业转移的相关政策

2005 年 3 月，广东省政府出台了《关于广东省山区及东西两翼与珠江三角洲联手推进产业转移的意见（试行）》（以下简称《意见》），鼓励珠三角产业向山区及东西两翼转移，加快山区及东西两翼经济发展，促进珠三角产业结构优化升级，推动全省经济加快发展、率先发展、协调发展。

《意见》提出了扶持产业转移园区建设的五条主要措施：①给予用地政策支持。在省审批权限范围内，对产业转移园区建设涉及农用地转用的，给予用地指标倾斜照顾。②给予园区外部基础设施建设资金支持。③确保园区电力供应。对通往园区的电源、电网建设与改造项目，省有关部门、广电集团公司要优先安排。④加强园区企业用工培训。通过教育扶贫或委托培养、培训等方式，由省属和珠三角地区有关技工学校、职业技术院校为山区及东西两翼培养紧缺专业的技能人才。⑤加大对产业转移的政策支持。

2008 年 5 月，广东省省委、省政府出台了《关于推进产业转移和劳动力转移的决定》（以下简称《决定》）及一系列配套文件，从规划、财政扶持、配套措施等方面全方位推进产业和劳动力的“双转移”。“双转移”是指在珠三角地区实行“腾笼换鸟”，把劳动密集型企业的制造环节向广东的东、西、北部地区转移，同时吸引东、西、北部地区的农村劳动力向非农产业转移，以进一步转变发展方式，提升产业结构和建立现代产业体系。

《决定》提出推进产业转移的政策措施如下。

加强产业转移规划引导。由省经贸委牵头会同省发展改革委等有关部门制定全省产业转移的区域布局总体规划和指导意见，引导和推动产业有序转移和集中发展。珠三角各市应制定相应的产业转移规划和实施方案，依照国家产业政策，实行行业准入差别对待政策，提高产业的用地、能耗、水耗和污染物排放标准，提高劳动密集型产业准入门槛，积极转移部分低附加值劳动密集型产业。要明确制定劳动密集型产业转出目标、所占比重，加快引进、发展先进制造业和现代服务业，加速产业结构升级，防止珠三角地区产业“空心化”。

实行产业转移集聚发展。继续开展省级产业转移园认定工作。各产业转移园按总体规划确定发展方向，突出主导产业，实行专业化发展；围绕延伸产业链，推动上下游产业配套发展，形成特色鲜明、配套完善的产业集群，促进产业做大做强。由省经贸委负责统筹规划，在省认定的省级产业转移园中，择优重点扶持若干个管理较好、发展潜质较大的产业转移园，会同当地政府进一步扩大规模，加大投入，完善配套设施，使其成为全省示范性产业转移园。科学规划，通过竞争高起点、高标准在东西两翼和粤北山区由省重点扶持建设1~2个大型产业转移园。

努力降低经营成本。努力降低产业转移园内企业用地、用电、用工等生产成本，提高对转移产业的吸引力。积极推进销售电价区域同网同价改革工作，降低东西两翼和粤北山区电价，使产业转移园电价比珠三角地区电价低0.1元/kWh左右。切实减轻转移企业的各种行政事业性收费负担，除国家规定统一征收的税费外，推行“零收费区”的做法，不再对入园企业征收任何地方性收费。

加大用地扶持力度。各地对产业转移园建设用地指标安排要适度倾斜，保证其建设用地需要；对规模大、成效好的产业转移园的用地指标省给予支持，对于投资10亿元以上重大项目的用地计划由省专项安排。合理和节约用地，积极盘活存量建设用地，允许产业转出、转入地按照依法、平等、自愿、有偿的原则，对口调剂使用农用地转用计划指标和补充耕地指标，允许珠三角地区委托山区对口开发补充耕地；鼓励采取土地置换、土地使用权调整、改变土地用途等方式盘活用地。实行产业转移园单位面积投资强度最低标准，推广多层标准厂房建设，提高土地使用效率。

加强配套基础设施建设。珠三角各市要严格履行产业转移园合作建设协议，加大投资力度，尽快完善园内道路、供电、给排水、环保等各项基础设施。产业转入地要切实用好省财政安排的产业转移园建设有关扶持资金，加快产业转移园的基础设施建设。产业转入地交通主管部门要抓紧制定或调整配套道路建设规划和实施方案，加快进入产业转移园道路建设和改造。省、市电力部门要继续加快骨干电网及城乡电网的建设与改造，优先安排通往产业转移园的电网建设与改造项目。

不断提高管理服务水平。产业转入地的外经贸、工商、国土、环保、消防、海关、检验检疫等部门要简化行政审批程序，推广“一站式”服务，提高审批效率。加大口岸建设力度，加快加工贸易联网监管公共平台建设，建立外经贸、海关、外汇、税务、检验检疫、银行等部门信息化管理体系，积极支持符合条件的产业转移园设立出口加工区和保税物流中心，提高物流通关与监管效率。降低产业转入地服务业的市场准入门槛，引导珠三角地区具有竞争力的中介服务组织，向东西两翼和粤北山区发展，完善和提高承接地在出口报关、商品检测、物流、法律、会计、信息、咨询领域的服务水平。改善产业转移园的金融服务，扩大信贷转授权；加大对产业转移园的信贷投放力度，为产业转移园企业提供高效便利的融资和结算服务。

切实加强环境保护。产业转移园要按照发展循环经济的要求，完善产业链，集中供电、供气、供热、供冷和环境污染治理，提高节能减排水平。严禁引进不符合产业政策的淘汰类项目，严格控制引进限制类项目。产业转移园及入园项目应严格执行环境评价制度，环保设施要与园区同时规划、同时建设、同时投入运营，确保环境保护与产业发展、产业转移园建设同步推进。设定符合当地产业发展的能耗、环保、技术和安全标准，促进产业转移园可持续发展。

（3）珠三角地区的发展定位

根据《珠江三角洲地区改革发展规划纲要（2008—2020）》，珠江三角洲地区在当前和今后一段时间，必须把保持经济平稳较快发展作为首要任务，大力改善民生和启动最终消费需求，大力拉动民间投资，大力促进外贸出口，形成促进经济增长的合力。

到 2020 年，率先基本实现现代化，基本建立完善的社会主义市场经济体制，形成以现代服务业和先进制造业为主的产业结构，形成具有世界先进水平的科技创新能力，形成全体人民和谐相处的局面，形成粤港澳三地分工合作、优势互补、全球最具核心竞争力的大都市圈之一。人均地区生产总值达到 135 000 元，服务业增加值比重达到 60%；城乡居民收入水平比 2012 年翻一番，合理有序的收入分配格局基本形成；平均期望寿命达到 80 岁，实现全社会更高水平的社会保障；城镇化水平达到 85% 左右，单位生产总值能耗和环境质量达到或接近世界先进水平。

根据广东正在酝酿的现代产业体系构想，以珠三角经济转型升级为契机，广东在未来将重点打造“一核、一带、一弧”。其中，“一核”主要是指珠三角的先进制造业和现代服务业；“一带”是指以钢铁、石化、造船等重化工业为主的沿海经济带；而“一弧”是指环绕珠三角外围、呈弧形分布的传统制造业。

珠三角的现代产业体系是：促进信息化与工业化相融合，优先发展现代服务业，加快发展先进制造业，大力发展高技术产业，改造提升优势传统产业，积极发展现代农业，建设以现代服务业和先进制造业双轮驱动的主体产业群，形成产业结构高级化、产业发展集聚化、产业竞争力高端化的现代产业体系。

4.2 影响珠江口港口发展格局的经济因素

4.2.1 全球经济大环境影响

（1）经济全球化

经济全球化是通过金融资本的全球运作、贸易的自由化和生产的全球组织，实现全球范围内资源的市场化合理配置。目前，随着世界范围内经济全球化趋势逐步增强，特别是我国加入世界贸易组织（WTO），我国经济与世界经济不断加深联系，对外经济技术合作和对外贸易将产生质和量的飞跃。进入21世纪，随着世界经济全球化进程的不断加速，导致世界经济和贸易格局发生巨大变化，世界航运中心正在从西方转移到东方。中国则是当前亚洲航运业繁荣兴旺的新引擎，港口吞吐量的持续快速增长，物流及综合运输服务的需求将急剧扩大。国际分工与合作的进一步深入要求以更加发达的海运业为纽带，以先进的港口设施和物流及信息服务功能为基础，港口市场化运作水平将更高，国际海运将更加繁忙。这就要求发挥我国在资源、劳动力、社会制度等方面的比较优势，更广泛地吸取国外的资金、技术及先进的管理经验。

2008年国家发改委对珠三角未来发展做出明确定位，即中国参与经济全球化的主体。因为珠三角地区综合实力强、较早参与全球化且比邻港澳，拥有诸多有利条件：①珠三角地区的综合实力较强。中国社会科学院2008年3月发布的中国城市竞争力报告显示，中国30个城市群中，珠三角城市群（不包括港、澳）在先天竞争力、现实竞争力、成长竞争力三个方面都位列前三。②在当前中国的三大经济中心（珠三角、长三角、京津塘）中，珠三角是较早参与全球化竞争的，比长三角和京津塘约提前10年走向世界。③珠三角可以通过香港、澳门这两个国际化城市，较快且较易加入国际经济一体化网络。④中国已是世界制造业基地，珠三角又是主要的组成部分，为深入参与全球化奠定基础。同时，要把珠三角建设成为全球高技术产业制造和新兴产业创业基地、国际高瑞生产性服务业中心，国际航运、物流和贸易中心，中国参与经济全球化的主体，紧密联系港澳地区的重要枢纽，全国经济发展的重要引擎。

依托珠三角地区的强大发展优势和良好的前景，珠江口港口群同样面临着前所未有的机遇和挑战。面对内地与港澳两个市场，如何科学合理地充分利用国内国外两种资源，凸显在高度对外开放发展环境中的门户作用，如何发挥港口群在推动区域经济方面的强大合力，积极地应对全球经济和世界港口的挑战，成为珠江口港口群面临的主要问题。

（2）全球金融危机

2007年次贷危机爆发强烈震撼了美国的金融市场，由此产生的美国金融危机不断蔓延，波及世界，转化为严峻的世界性金融危机，我国经济也未能幸免。美国金融危机可能导致美国经济衰退，累及世界经济，使得我国宏观经济的外部环境更显严峻，由于中国外贸依存度高达60%，我国经济增长到目前在很大程度上还依赖出口，美国又是我国第二大出口市场，这种对我国经济的间接影响不可忽视。如果处理不当，很可能引发国内出口企业倒闭、工人失业及一系列的连锁反应。而这种间接损失，将是巨大的、无法估量的。

由于美国经济下滑，广东对香港、美国出口增长缓慢。全球金融危机对广东出口的冲击已经从传统商品扩大至机电产品等方面。此外，受全球金融危机影响，广东成千上万的中小企业正面临着前所未有的“寒冬”，影响就业人人数。进出口量的减少和经济的不景气，必然影响珠江口港口群的发展。外部严峻的经济环境为珠江口港口群的发展提出了严酷的挑战。

4.2.2　国民经济和社会发展的要求

港口资源是综合国力的重要组成部分，是支撑国民经济发展的重要保障，是外向型经济发展的基础、是国家竞争力和可持续发展能力的标志之一，是交通建设的基础性资源，具有稀缺性，是国家宝贵的战略资源之一，是引领区域经济发展的增长极。

我国国民经济和社会发展以发展为主题，以结构调整为主线，以改革开放和科技进步为动力，以提高人民生活为根本出发点，这将极大地促进国民经济持续快速增长，要求沿海港口加大基础设施建设力度，加快结构调整步伐，以适应经济发展的需求，保障国家经济安全和国防安全，实现超常规发展；要求发展大规模工业港区，发挥港口保障作用；城市化进程加快和现代物流业崛起，要求港口进一步扩展功能；为集装箱运输提供国际水准的优质服务，向高效率、专业化方向发展，充分发挥沿海港口在现代物流业中的平台支撑作用。总之，要求珠江口港口群充分利用沿海地区的经济和地缘优势。在结构调整中发挥运输的基础作用，在支持国家实施全方位对外开放和扩大对外贸易战略中继续发挥其不可替代的巨大作用。

4.2.3　腹地经济环境

（1）珠江口港口群腹地范围界定

珠江口港口群经济腹地广阔，直接腹地珠江三角洲是全国外向型经济最发达的地区之一，工业基础雄厚，外贸经济发达。间接腹地包括广东省其他地区以及湖南、江西、广西、贵州等中西部省（区），这些地区资源丰富，再加上西部大开发等给予的优惠政策，其经济增长速度将不断加快。

随着香港、澳门的相继回归，珠江三角洲区域也由过去单纯的三角洲发展成为包括香港和澳门在内的大珠江三角洲，区域内的协作也被提高到了一个历史的高度来加强。随着广州到湛江的高速公路的加快建设，湛江港为主的侧翼粤西港口群迅速发展并对珠三角形成的依赖与辅助，逐渐融入原珠三角港口群中，形成大珠三角港口群。该区域内就形成了以香港、广州、深圳为核心，湛江、珠海港、东莞港、惠州港、江门港和中山港为辅助的港口群，这也是世界上港口最为密集的港口群之一。

珠江口港口群腹地范围界定见表4－2。

表4－2　珠江口港口群腹地范围界定

直接腹地	珠江三角洲
间接腹地	广东省其他地区以及湖南、江西、广西、贵州等中西部省（区）

珠江三角洲地区港口群以香港、广州和深圳为龙头，以珠江三角洲为直接依托，以泛珠三角经济圈［由广东、广西、湖南、海南、云南、贵州、江西、福建、四川9个省（区），加上香港、澳门两个特别行政区组成］为腹地。即近距离腹地为珠江三角洲经济区；中距离腹地为粤东、粤北、粤西和桂东地区；远距离腹地为除上述地区以外地珠江流域和京广、京九铁路及其他交通干线辐射的范围（图4－1）。

图4－1　珠三角经济腹地范围

（2）珠三角港口群腹地经济现状

广东省沿海港口的直接和间接经济腹地主要包括泛珠三角地区。泛珠三角区域包括广东、福建、江西、湖南、广西、海南、四川、贵州、云南9个内地省（区）和香港、澳门两个特别行政区（简称“9+2”），国土面积占全国的1/5，是我国规模最大、范围最广的区域组合。2010年，泛珠三角地区（内地9省）的人口、经济总量、外贸总值分别占全国的34.9%、31.5%、33.9%。

1）泛珠三角部分省份社会经济发展情况和分析。泛珠三角各省资源丰富，产业差异明显，经济互补性强，区域间的经贸合作频繁，目前已初步形成功能各异、协作关系较密切、具有一定程度经济融合的经济区域，并逐步将地缘优势转化为经济优势，正加快形成亚太地区的贸易枢纽及中国的出口生产基地。对于珠江三角洲港口群而言，四川、湖南、江西、重庆、云南和贵州5个省（市）的腹地需求较高。

从地区生产总值上看，除广东省外，泛珠江三角洲地区所列部分省份从2001—2012年都得到了长足的发展。从图1.2.1可以看出，除广东省外，在所列省（市）中，四川省的地区生产总值一直处于最高位，湖南位居第二，其他依次为江西、重庆、云南和贵州。从数量上看，四川省2012年地区生产总值已经达到了23 872.8亿元，占全国GDP总值的4.6%；湖南省2012年地区生产总值达到22 154.23亿元，占全国GDP总值的4.26%。所列省份加广东省的地区生产总值达到了144 615.1亿元，占全国GDP总量的27.84%。所以，从地区生产总值的总体而言，珠江三角洲港口群的内地腹地有着非常大的需求潜力，腹地经济支撑较强。

2）依托城市分析。珠江三角洲所包含的行政区划城市有广州市、深圳市、珠海市、东莞市、中山市、惠州市和江门市7个城市。珠三角城市群的发展能够为珠江三角洲各港口提供腹地货源的支持。表4-3显示，2012年珠江三角洲7个城市的国内生产总值达到了22 882.81亿元，出口5 037.79亿元，进口3 721.77亿元。位列前茅的广州市和深圳市分别实现了13 551.21亿元和12 950.06亿元经济收入。经济的发展得益于各个港口的运输，同时也为各个港口提供腹地支持。然而，各个港口必然有着不同的依托城市以及腹地的其他城市，对港口的发展具有非常大的影响。

表4-3　2012年珠江三角洲各城市GDP总量　　亿元

	广州市	深圳市	珠海市	东莞市	惠州市	中山市	江门市	合计
GDP	13 551.21	12 950.06	1 503.76	5 010.17	2 367.55	2 441.04	1 880.39	22 882.81
进口	582.52	1 954.47	240.44	594.64	202.9	88.78	58.02	3 721.77
出口	589.15	2 713.56	216.37	850.53	292.04	246.44	129.7	5 037.79

数据来源：2012年广东省统计年鉴。

3）临港产业分析。从国际发展环境看，国际产业转移继续加大，并呈现出技术、资本密集型产业转移和产业链整体转移的双重趋势，广东沿海地区将成为承接国际产业转移的重点区域。从国内层面看，“十二五”时期产业由东部沿海向中西部的梯度转移将会进一步加速。广东沿海地区必须适应当前国际国内产业转移的新趋势和新要求，一方面要营造环境，争取在区域竞争中成为新一轮国际产业转移的“洼地”；同时，加快培育传统劳动密集型产业的研发、设计、营销、物流等价值链、供应链高端环节，更好地服务产业向内陆转移的趋势。

从广东省内看，2008 年广东省提出产业转移和劳动力“双转移”的发展策略。鼓励珠三角劳动密集型产业向东西两翼、粤北山区转移，明确各地区承接发展的主要产业，而东西两翼、粤北山区的劳动力，一方面向当地二、三产业转移；另一方面其中的一些较高素质劳动力，向发达的珠三角地区转移。未来珠江三角洲地区将以高新技术制造、装备制造等先进制造业为主导产业，两翼和北部山区将主要承接传统劳动密集型产业、资源性产业和资本密集型产业中的加工制造环节。

4.2.4 区域经济合作

沿海港口是运输的枢纽，是综合交通的连接点，珠江口港口群是国家综合运输格局的重要组成部分。国家在《全国沿海港口布局规划》中强调港口区域经济合作，以区域经济统筹港口发展是近年来国家政策的一个特点。在经济全球化的进程中，珠三角港口群已成为泛珠三角地区参与全球经济合作和竞争的重要战略资源，在区域经济社会发展中的作用日趋突出，促进了区域经济和对外贸易，有力地支持了泛珠三角地区的经济发展，在产业布局中发挥着重大作用。推动珠江口港口群区域经济发展与合作有利于形成布局合理、互补联动、功能明确、便捷高效、衔接协调、节约资源、安全环保、市场有序的港口群运输体系，对更好地为国民经济发展服务具有重大意义。

（1）“泛珠江三角洲”合作

2003 年 7 月广东省政府首次提出“泛珠三角区域合作”的概念。并指出：广东要“积极推动与周边省区和珠江流域各省区的经济合作，构筑一个优势互补、资源共享、市场广阔、充满活力的区域经济体系”，同时，推动 9 省（区）与港澳特区的合作，建立“9 + 2”协作机制，形成泛珠三角经济区，逐步建立起泛珠三角区域合作组织。

“泛珠江三角洲”这块面积超过 200×10^4 km^2、人口逾 4.5 亿、GDP 占全国 40% 的区域，地域辽阔，相互联系密切。“泛珠江三角洲”的密切合作将极大地拓展珠江三角洲发展腹地，促进，拓宽发展空间。“泛珠江三角洲”的优势在亚洲乃至全世界都是少有的。

泛珠江三角洲的各种协议的主要内容：创造公平、开放的市场环境，推进泛珠三角区域内能源领域建立长期稳定的合作关系，构筑和完善区域交通运输网络等等。其共同目的：积极消除泛珠三角相互间行政壁垒，降低交易成本，实现区域内的有序交易，同时泛珠江三角洲区域合作也成立一套合作机制。

2003 年 6 月签署《内地与香港关于建立更紧密经贸关系的安排》（CEPA）协议涉及货物贸易、服务贸易自由化和便利化等内容，进一步推动包括港澳地区以及中国内地 9 省（区）在内的“泛珠江三角洲”经济圈的形成和发展，最直接地促进香港与内地经济的融合，进一步提高两地经贸合作的层次和水平，使两地的经济共同受益。此外，近年来香港致力于拉近与珠江三角洲主要城市的距离，落实“三小时生活圈”概念。此举将大大地优化珠江三角洲地区的集疏运条件，更好地配合香港、深圳、广州等枢纽港的发展形式，提高珠江三角洲港口群的总体竞争力；另外港珠澳大桥建成也将大力地促进香港与澳门、内地（特别是小珠江三角洲）之间的经济交流、合作与互动。它不仅会成为大珠江三角洲的一条交通干线，也会成为整个华南地区未来经济发展的一条重要纽带，将极大地延伸和拓展大珠江三角洲地区的经济腹地，提高该区域港口的国际竞争力。

通过泛珠三角区域合作，广东省将加强跨区域的水运建设，促进一批交通、物流、经贸等项目合作开发，同时解决珠江口港口群由于地域相近、干线相同、腹地叠加以及地方利益驱动等因素，港口间存在的非良性竞争。珠江口港口群要紧紧抓住这一前所未有的机遇，通过科学合作、统筹计划减少珠江口港口群港口的布局和结构性矛盾、提高资源利用率和配给率、杜绝重复建设等，进一步提高港口的效益和竞争力。泛珠三角区域合作无疑为珠江口港口的发展奠定了良好的合作氛围，提供了广阔的携手合作的发展空间，为整个珠三角港口群的发展提供了无限的机遇。

（2）香港因素的影响

港口业一直被比作为“香港经济的生命线”。过去 10 年中，香港连续 9 年获得“全球第一大集装箱港”称号，吞吐量多年保持在 1 000 多万箱以上，港口贸易货值占香港贸易总值的 50%，与港口相关的经济收入占香港生产总值的 20%，港口业就业人数则占到整体就业人口的 1/5，建立在港口优势基础上的物流产业更被香港视为四大支柱产业之一。

随着珠江三角洲地区率先实现现代化战略的实施以及 CEPA 的推进，珠江三角洲制造业、资源丰富的优势将与香港金融、物流、资金、技术雄厚的优势更加紧密结合，优势互补，对提升区域经济的竞争优势、促进经济持续繁荣产生巨大的作用。同时，为珠江三角洲港口的发展提供了持久动力。

香港港口业有资金、技术和经营管理优势，珠江三角洲港口有资源丰富、拓展空间广阔、综合成本较低和紧靠腹地的优势。两种优势的结合给两地间港口在更宽领域、更深层次的合作提供了广阔的空间，为提升珠江口港口群整体竞争力，促进优势互补、共同繁荣具有深远的意义。

1）香港的积极投资。港资青睐珠三角港口建设。在珠三角的港口建设中，港资成为港口发展资金的重要来源之一。由于香港码头建设费用是珠三角的 4 倍左右，装卸费比珠三角高 2 000 港元，加上港口码头及交通疏运系统的用地紧缺，香港航运界纷纷在珠三角投资建港，据统计，广东地区是全国吸引港资最多的省份。如深圳、珠海、南海、惠州等集装箱码头和专业化码头的建设，港资在里面发挥了不可小视的作用。又如深圳盐田港和西部港区、南海三山港、珠海高栏港、九洲港、广州南沙港等都有港资参与投资，一般参股为 50% 左右，深圳盐田国际港的一期与二期，香港和记黄埔集团占有 73% 的股权。珠三角港口群一片繁荣与香港航运界的大量投资息息相关。珠三角港口群的发展为珠港两地航运界增值，不过由于统计资料的限制，无法了解到香港航运界在珠三角投资建港的巨大收益。珠三角港口群的发展体现了珠港“双赢”的结果，这就是为何香港航运界继续乐于在珠三角投资建港。无疑，香港的积极投资会弥补珠江口港口群建设的资金缺口，在短期内大大地提升了珠江口港口群的基础设施及配套设施的建设水平，从而促进珠江口港口群朝着更专业、更国际化的方向发展。

2）香港与珠三角港口群的合作。珠江三角洲主要城市的港口吞吐量与航线开辟都和香港存在着非常密切的联系。香港是珠江三角洲港口最大的货物运输及中转伙伴，而珠江三角洲港口对香港向大陆的贸易也提供了极大的支持。同时，香港是大珠江三角洲港口群的龙头，珠江三角洲港口群揽货越多，供给香港的货柜量就越多。据预测，2020 年广东外贸货柜生成量达 4 500 万 TEU，有 60% ~ 70% 要经香港中转，即 2 400 万 ~2 800 万 TEU 要经香港中转。因此，珠江三角洲港口群的发展将大大促进香港港口的发展，双方合作体现的是“双赢”的结局。

“三小时生活圈”概念和港珠澳大桥会进一步促进珠三角和香港地区各方面的联系与合作，提高珠三角港口群的整体竞争力。2003 年来，香港致力拉近与珠江三角洲主要城市的距离，落实“三小时生活圈”概念。此举大大地优化珠江三角洲地区的集疏运条件，更好地配合香港、深圳、广州等枢纽港的发展形式，提高珠江三角洲港口群的总体竞争力；而港珠澳大桥建成后，将是世界上第二长的跨海大桥，将大力地促进香港与澳门、内地（特别是小珠江三角洲）之间的经济交流、合作与互动。它不仅会成为大珠江三角洲的一条交通干线，也会成为整个华南地区未来经济发展的一条重要纽带，将极大地延伸和拓展大珠江三角洲地区的经济腹地，提高该区域港口的国际竞争力。

目前，“大珠三角”已形成以香港为主标志的国际航运中心。香港港口强大的中转功能在本地区集装箱运输中依然发挥主导作用。广东省及珠三角外向型经济和大产业，使该地区集装箱运输发展速度快、规模大，珠三角地区将在保持香港国际航运中心地位稳定发展的同时，积极发展深圳港、广州港集装箱码头，努力实现优势互补、相互促进，共同繁荣，最终形成以香港为主体，以深圳、广州港为辅导的多极化的国际航运中心，以粤港澳的强势联合和整体概念提高“大珠三角”经济圈的核心竞争力，是巩固以香港为主体的国际航运中心地位的战略选择。粤港澳“大珠三角”的这种强势联合，无疑有利于充分发挥珠三角港口群的整体优势、联盟创新优势，使珠江口港口群有着良好的发展前景。

4.3 影响珠江口港口发展格局的技术因素

4.3.1 “港航船货”一体化

（1）“港航船货”一体化的概念

20 世纪 90 年代以来，国际运输业正经历着由彼此割裂的运输方式向不断整合集约的运输方式发展。经济全球化、物流一体化和集装箱运输正发生的变化，都预示着国际运输体系的各个组织将要重新确立自身地位，完成功能转变，全新一代的港航船货发展模式正在酝酿发展中，国内航运企业的民营化和规模化，实行资本扩张，组建成港航集团，实行一体化经营，21 世纪以后，珠江三角洲港口群的“港航船货”一体化经营体制迅速发展并形成港口发展的主要模式。

“港航船货”一体化战略，原指港口企业和航运企业之间，通过各种方式的一体化，实现各自发展目标的一种总体设计和宏观规划，随着世界经济一体化和市场竞争激烈化步伐的加快，港航一体化已成为港口企业与航运企业在国内外市场中求生存、求发展的基本战略之一，从 2004 年 1 月 1 日起，正式施行的《港口法》第五条明确规定：“国家鼓励国内外经济组织和个人依法投资建设、经营港口，保护投资者的合法权益。”《港口法》明确了港口经营者的权利和义务，保护了港口经营者的合法利益，并且最大程度地向外资和民营资本开放，通过允许多元化的投资主体和经营主体介入港口领域，为国内外符合准入条件的经营组织、企业财团投资建港和经营港口开了绿灯，从制度上保障港航船货一体化的顺利进行。许多企业通过建设港口形成生产、经销、仓储、装卸、运输一体化经营的产业链。

（2）“港航船货”一体化的形式

“港航船货”一体化中以港口为节点或中心，既可以向前发展，也可向后拓展，向前发展主要是船舶的货物运输，形成港船一体化；实施向后一体化发展的产业更广泛，包括与船舶和港口有关的服务、仓储、经销、生产、配送、物流等；而相应港口之间的联盟或一体化战略将形成完整的产业链或物流链，这也是经济全球化的另一体现。

“港航船货”一体化的主要模式有：以航运企业开发建设和经营港口码头，港口和航运企业联合开发建设和经营码头，物流经营企业或生产企业开发建设或经营码头。

(3) 珠江口港口群“港航船货”发展的现状和趋势

目前，珠江口正形成以香港为国际航运中心，广州、深圳、珠海港为主要港口，惠州、虎门、江门、中山港等为区域重要港口的珠江口沿海港口群。由于港口和货物及运输性质不同，“港航船货”一体化的发展模式和趋势也不同，以集装箱运输为主的主要形成港口与航运公司一体化的模式；成品油和液体化工等形成了港口装卸、仓储、经销、配送的一体化模式，港口仓储成为货物经销产业链中的主要节点，码头和仓储的主体是经销企业；煤炭、粮食等大综散杂货形成了船舶运输、港口装卸、储存配送、加工和经销的一体化模式。

1）集装箱。由于珠江口港口经营本身的特征以及所处海运的大环境，为了提高港口集装箱运输集束化程度及适应海上集装箱运输新格局的变化，各港加强区间的协调和发展，构建珠江口港口集装箱运输的战略体系，港务集团之间、港务集团与船运公司之间形成了各自的战略联盟进行一体化经营。

广州集装箱码头有限公司（简称 GCT），是由广州港务集团和新加坡港务集团（PSA）共同投资组建的专业化集装箱码头公司，管理和经营新港、新沙两个集装箱码头共 6 个泊位，GCT 以广州港为依托，融合吸收了经营世界最大中转枢纽港的新加坡港务集团的先进管理经验和专业技术，利用其广大的客户基础和船运网络促进港口和物流发展。

广州港南沙港务有限公司是广州港集团有限公司与中海集团、广州市南沙资产经营公司联合经营的合资企业，主要经营集装箱装卸、货物装卸、装拆箱、代办仓储、制造、加工、维修等服务，港区一期 4 个 5 万吨级深水泊位；广州南沙海港集装箱码头有限公司是由广州港集团有限公司与中远太平洋有限公司联合组建，并邀请 APM 码头公司加盟运营的中外合资码头企业，投资建设并经营南沙海港集装箱码头，主营集装箱船舶装卸及相关物流业务，码头共有 6 个 10 万吨级集装箱泊位。南沙港区的开发建设形成了集港口经营、海运和物流配送为一体的“港航货”一体化经营。

深圳港集装箱运输主要由盐田国际、赤湾、蛇口三大专业码头负责，而这三大码头分属于和记黄埔、招商局两大集团。

盐田国际集装箱码头（盐田国际）是由和记黄埔港口和深圳盐田港集团共同合资成立的中外合资港口企业，负责经营和管理盐田港区码头，盐田港是超大型集装箱船舶在华南地区首选的良港，马士基航运、长荣、现代、东方海外等船公司都已成为盐田国际的主要客户，盐田国际现已吸引了世界知名的35家船公司前来开辟航线，现每周共有80余条航线，航运服务覆盖世界各地。盐田国际是和记黄埔港口集团成员，和记黄埔港口乃和记黄埔有限公司（和黄）之附属公司，是全球最大的港口投资、发展及经营商，业务遍及24个国家，分布于亚太区、中东、非洲、欧洲及美洲，和记黄埔港口目前在47个港口拥有码头经营权，并设有多家与运输服务相关的公司，盐田国际的经营成为物流的主要节点，也是一体化的体现。

赤湾集装箱码头有限公司（以下简称为CCT）是由赤湾港航股份有限公司、香港嘉里建设公司、海丰发展有限公司（由香港现代货柜码头）和招商国际有限公司共同持股；蛇口集装箱码头有限公司由招商局国际及香港现代货箱码头共同投资拥有；深圳赤湾、蛇口、妈湾和SCT等组成深圳西部港区，经整合形成深圳港的主要集装箱码头，港口与全球众多船公司建立了长期合作关系，班轮航线覆盖全球各主要地区，与伙伴公司合作，共同开发建立“华南公共驳船快线”网络（原名珠江三角洲驳船快线网络），连接腹地内的许多重要港口，覆盖整个珠三角地区及广东西部沿海地区，货物可从珠三角及周边地区集运至西部港区，再安全、快捷地分运世界各地，为客户提供庞大、畅通的物流服务。

广州的中外运和珠江船务是珠三角地区经营集装箱船舶运输业务的主要公司，目前在广州、佛山、肇庆、中山等港口投资或收购码头，建立集装箱内河运输网络，形成“港航船”一体化的经营。

2）油品和液体化工品。珠江口经营油品和液体化工品的港口主要有广州港、珠海港、惠州港和虎门港，这些港口的油品和液体化工品专业码头主要由货物经营企业投资，码头经营者集生产、销售、仓储、配送、中转、装卸于一体，码头已成为企业经营产业链中重要的节点和企业竞争的重要基础。

广州港发石油化工码头是由广州港集团有限公司属下的广州港能源发展有限公司与广州发展碧辟油品有限公司共同投资兴建的大型专业石油化工码头，经营范围包括石油、化工、液化石油气（LPG）的装卸及中转。珠海港和惠州港的油气和化工品码头主要为油品和化工品经营企业投资的码头，集仓储、装卸经营于一体，或者由炼油厂投资成为炼油厂的配套码头。

虎门港沙田港区立沙作业区是珠江口近年规划建设的大型油品化工品专业作业区，从该作业区的投资建设经营过程说明以营销为主体的“港航货”一体化已成为珠江口港口群发展的主要趋势，港口码头成为企业经营产业链的重要一环或节点。

东莞虎门港沙田港区立沙岛作业区是虎门港主要油气作业区，作业区的定位为依托便捷的港口及公路条件，发展成为服务东莞、面向华南的石油化工原料的储运中心和东莞市的石化工业发展基地，建成以石化储运和石化深加工为主，原料储运、生产加工等产业一体化的石化基地。经过近几年的建设，目前已建成百安同舟石化、东洲国际、九丰 LPG、三江石化、中海油立沙项目等企业的罐区和配套码头，已经形成成品油及液体化工品的装卸能力约为 $1\ 306 \times 10^4$ t/a，在建的项目包括东莞阳鸿石化公用码头、中海油油品及液体化工码头、东莞联兴化工公用码头、东莞市新顺地石化储运项目公用码头，在建项目（包括正在做前期工作的项目）的成品油及液体化工品的装卸能力约为 870×10^4 t/a，立沙岛已建和在建项目的总能力达 $2\ 176 \times 10^4$ t，至此，立沙岛作业区规划的石化工业岸线已基本开发建设完毕。这些项目中除中海油立沙项目主要经营成品油的储运外，其他的项目主要经营液体化工品的储运，罐区的建设也以液体化工品罐为主；中海油立沙项目主要为惠州炼厂的配套罐区，主要储存和中转来自中海油惠州炼厂所生产的成品油。已建和正建项目的投资者均为从事成品油及液体化工品经营的企业，经营油站和化工厂及陆上运输车辆，码头仅是其经营链的节点。

如拟在东莞虎门港立沙岛作业区建设的东莞鸿源码头项目，投资主体为东莞市盛源石油化工有限公司，民营企业（本项目业主与广州、深圳等机场的已签订合作协议），是一个具有较强实力、多年从事石油化工品的经营联合体，经营范围涉及石油化工品零售、批发、仓储及船舶运输等多个领域，拥有多个石化产品库，总仓储罐容为 41.2×10^4 m^3，年总中转量在 200×10^4 t 以上，有 3 个石化专用码头，1 座铁路卸油台，加油站 10 余座，目前自有大小船舶 22 艘，总装载能力为 12×10^4 t。根据公司的发展规划，拟在东莞虎门港立沙岛作业区建设鸿源库区，拟建油库为航空煤油库，储罐约 50×10^4 m^3，配套在陆域对应的水域建设 3 万吨级码头 1 座，主要为已有多年供油合作的广州、深圳及香港机场提供航空煤油的供应服务。

3）散杂货及其他。南沙汽车码头有限公司是广州港集团、广州汽车集团和广州南沙基础建设投资有限公司之合资企业，日本邮船株式会社、株式会社商船三井两家世界领先的汽车物流商已获准成为公司后续的合资经营伙伴，公司投资建设南沙汽车码头并拥有堆场 36×10^4 m^2 和 48 个拖车泊位，使港口成为商品汽车的中转运输基地。

虎门港沙田港区麻涌作业区是近年规划建设的大型散杂货作业区，作业区已建或在建大型深水泊位 10 个，分为煤炭、散杂货、粮食三大功能区，已由海昌实业、玖龙纸业、深圳赤湾和省直粮库四大企业投资建设，海昌实业主要经营煤炭配送和海上运输，由其投资建设码头后形成了“港船货”一体化的产业链，玖龙纸业投资建设码头后，形成生产、经销和运输一体化，深圳赤湾码头公司主要是将原深圳西部港区的业务地转移过来，形成港口、航运和物流配送一体化，同时也使深圳西部港区成为专业的集装箱港区，达到港口资源的整合。省直粮库的建设使粮食的装卸、仓储和配送一体化。

综合分析，“港航船货”一体化已成为珠江口港口群开发建设的主要模式，不同货种的产业链或经营供应链不同，一体化的表现也有所不同，集装箱运输更主要表现为船公司参与的“港航船”运输一体化；散杂货和油品及化工品更主要表现为以经营为主体的“港航货”一体化，码头成为企业经营产业链中的重要节点。

4.3.2 船舶大型化

（1）船舶大型化的发展

随着世界经济不断趋于全球化和一体化，全球航运运输网络正在逐步形成。特别是近年来，全球货运需求量的强势增长，运输干线和航运枢纽港的出现以及航运技术的不断发展。以集装箱为例，超巴拿马型集装箱船及比其更大的船型受到越来越多承运人的青睐，集装箱船大型化的趋势日益明显，这对各班轮公司和全球集装箱港口都会产生深远影响。

大型油轮、干散货轮和集装箱船是与深水港大型专业化泊位建设有关的主要船型，其发展趋势直接关系到深水岸线的开发利用。

（2）船舶大型化对珠江口港口群的影响

超大型船舶越来越多被投入到国际贸易航线，珠江口港口群经过“十五”和“十一五”期的建设，港口群的能力得到较大的提升，但离“适度超前”还有相当的距离，船舶大型化的影响主要是造成珠江口港口群的“结构性短缺”和专业码头与产业之间的空间布局的不协调，大型专业化码头，特别是煤、油、矿、箱等大型专业性泊位的适应与否将影响到区域参与全球经济活动和经济持续发展的程度，珠江口港口群对超大型船舶的限制因素主要体现在以下几个方面。

1）受港口吃水的限制。港口吃水表明港口条件和可以接纳最大船舶的基本界限，船舶的大型化趋势，要求加大港口的水深与装卸设备的现代化和高效率。从珠江口港口群各港口的现状分析，各港口水深等自然条件和开发潜力均不同，总体而言，珠江口东岸优于西岸，海岸优于河口内，这就影响到港口群之间的资源整合和结构调整，也影响到产业布局和调整，各港口需根据各自的优势调整发展战略，达到差异发展，优势互补。

2）基础设施的限制。超大型船舶还应该考虑码头设施、堆场、后勤供应、计算机系统和内陆运输等一系列问题。据测算，一艘 9 000 TEU 集装箱船，大约有 4 000 个 40 英尺的集装箱，如果没有良好的基础设施作为依托，集装箱船舶大型化趋势的付诸实施和港口的发展规模也将受影响。

3）航线限制因素分析。超大型船舶的优势在于高运量、高平均效率、海运平均低油耗，更适用于航线较长的运输，适当超大型船舶的港口应相对集中，不宜分散多港同时发展。

4.3.3 运输网络化

（1）运输网络化的影响

运输综合网络为由铁路、高速公路及高等级公路、航空运输、沿海及内河水运和管道共同组成的交通运输网络。运输网络的水平与港口的发展水平及港口的腹地范围相互促进和制约，互相影响。为适应我国经济社会的快速发展，交通主干线、基础网、通达度都有了不同程度的提高。在综合交通网规模扩大的同时，运输能力大幅度提高，有力地支撑了国民经济的快速发展和对外开放的进一步扩大，以高效、快捷、安全和便利为宗旨的交通运输服务体系开始形成，服务质量有较大改善。

在对外开放和科技进步的带动下，交通基础设施在总量增加的同时，技术含量也不断提高，技术装备水平与国际先进水平的差距进一步缩小。铁路复线率、电气化率和运输安全技术以及繁忙干线提速、客货运输服务质量、运营管理现代化等都取得了重大突破。公路在技术水平和总体质量方面有了很大提高，筑路架桥技术等已处于世界先进水平。港口建设、远洋运输、内河航运及水上安全管理等关键技术也取得了突破性进展。民航机场建设和助航设备、地面服务设施及航管系统化等均发生了翻天覆地的变化，地面服务和空中保障能力得到较大提高。管道运输技术已接近当今国际水平。

（2）泛珠三角交通运输网络现状

改革开放以来，泛珠三角区域交通基础设施的建设取得了辉煌的成就，交通运输业总体上有了较大发展。

珠江三角洲地区是我国改革开放的前沿阵地，其经济发展速度和交通基础设施规模都一直领先于我国其他地区，铁路有京广、京九、广三茂、广梅汕线及广深准高速铁路。营业里程 514 km，铁路网密度每万平方千米为 123 km，其中干线里程 466 km；公路通车里程达 30 354 km，公路网密度每百平方千米为72.8 km，其中高速公路 1 295 km，一级公路 4 302 km，铁路和公路网密度分别是泛珠三角区域平均水平的 1.3 倍和 2 倍；拥有航道 823 条，通航里程 6 448 km。

泛珠三角区域公路通车里程 71.5×10^4 km，其中，高速公路近 1×10^4 km，一级路 1×10^4 km，二级路 5.5×10^4 km，中等级公路 49.4×10^4 km，区域内每百平方千米国土面积路网密度为 36 km，是全国平均水平的 1.9 倍，高速公路网密度每百平方千米为0.49 km，是全国的1.58倍。

泛珠三角9个省（区）拥有众多的内河航道，通航里程达5.5×10^4 km，其中又以我国五大水系之一的珠江水系涵盖最多。珠江是我国仅次于长江的第二大河流（水流量），其流域横跨滇、黔、桂、粤、湘、赣6省总面积45.36×10^4 km^2，通航里程12 650 km，西江具有沟通珠三角和西南地区的功能，西江航运干线全长851 km。内河航运码头8 051个，其中万吨级以上码头12个，沿海港口码头1 899个，其中万吨级以上码头247个，国家规划的枢纽港口中，有9个分布在泛珠三角地区的沿海省（区），占总数的将近一半。

9省（区）将加快建设杭瑞国家高速公路凤凰—铜仁—遵义、毕节—六盘水—宣威，厦蓉国家高速公路桂林—三江、二广国家高速公路蓝山—连州—怀集，银川至百色国家高速公路贵阳—罗甸—百色等多条通道，统筹建设标准和建设时序，完善泛珠区域公路交通运输网络；共同加快沪昆、贵广、向莆、厦深、合福、赣龙铁路扩能工程等干线铁路建设，确保向莆铁路2013年9月底具备开通条件，厦深铁路2013年年底具备开通条件，沪昆贵阳以东段、贵广铁路及杭长客运专线、赣韶铁路2014年年底建成通车，合福客运专线、赣龙铁路扩能工程"十二五"期间开通运营；共同推动龙滩电站通航设施按照通航1 000吨级船舶标准建设、百色水利枢纽通航设施建设、宜宾—水富—重庆段航道改造，提升赤水河鲢鱼溪至合江段航道标准等一批水运项目发展。

综合交通运输网络的建设和发展为珠江口港口群的发展和腹地范围的扩展提供了有利的集疏运条件，是珠江口港口群发展的重要支撑。

（3）广东省运输网络化建设

广东省运输网络如图4－2所示。

广东以增加出省高速公路通道为重点建设和完善高速公路网，广东出省高速公路通道现已有6条，再建11条，全省高速公路建设规模约2 776 km，其中续建项目约596 km、新建项目约2 180 km。广东省将形成以广州、深圳为中心向外辐射，与陆地相邻各省区均有两条以上高速公路相连的高速公路网。

同时，广东加快以广州、深圳、珠海等沿海主要港口为龙头，以虎门、中山、江门、佛山、惠州等港口为节点的珠江三角洲港口群建设，加快发展汕头、湛江等粤东、粤西港口群，全省形成大中小结合、层次分明、功能完善的港口物流系统。

为了拓展珠江口港口群的腹地范围，广东省重点建设西江水运主通道和珠江三角洲高等级航道网，进一步完善适应大型船舶进出的出海航道，形成与西江、北江、东江等航道干支相通、江海直达、布局合理的航道交通网。

从珠江口港口群的综合交通网络系统分析，各港口或港区的主要交通网络差异较大，惠州港主要为公路和铁路（在建）及原油管道，但缺少内河水运网络；深圳的盐田港主要为公路，深圳西部港区主要为公路和铁路及内河水运，深圳港的集疏运系统还受城市道路系统的影响和制约；虎门港和广州南沙港主要为公路和内河水运；珠海港主要为公路和内河水运，铁路在建。总体而言，综合交通网络系统与珠江口港口群的发展水平基本适应，深圳港的交通网络系统相对于港口的发展其影响较大，随着各港口的发展和功能调整，其交通网络系统将进一步完善。

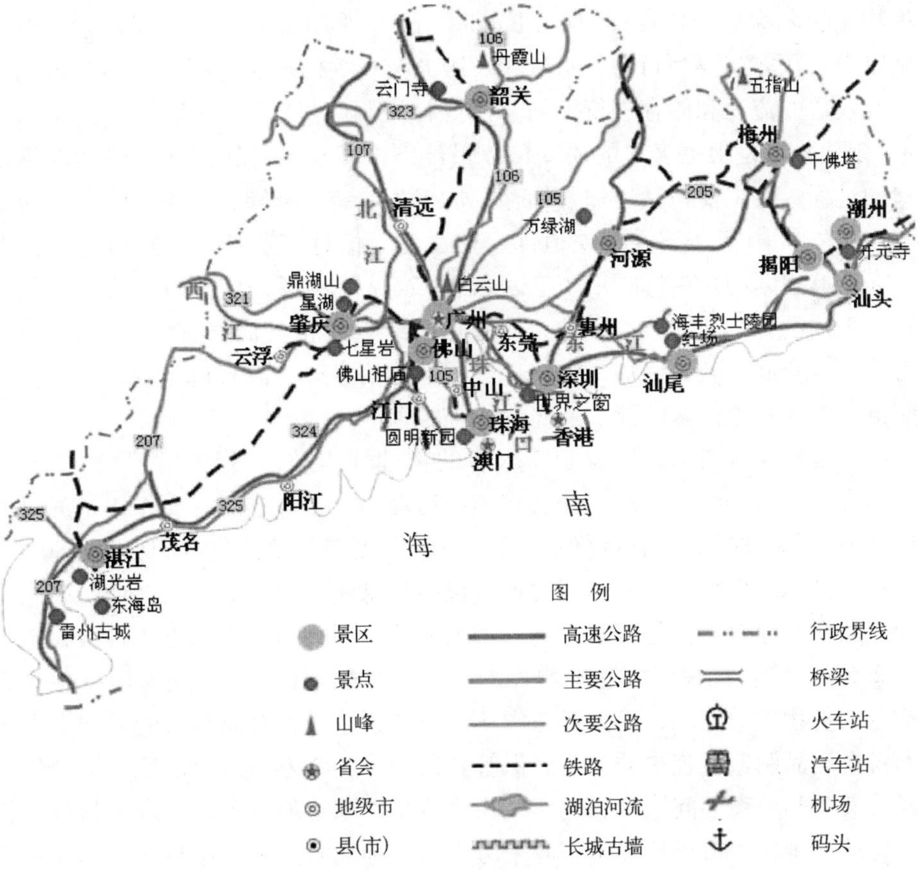

图 4－2　广东交通网络图

4.3.4　现代物流业的发展

（1）现代物流业的定义

现代物流业物流的概念最初来自美国，第二次世界大战期间，美国及其盟军的军事、物资、装备的制造、供应、战前配置与调运，战中补给与养护等军事后勤活动，需要运用系统的思想和分析方法进行管理，于是产生了物流的概念，并形成了军事后勤学。战后，这些概念、理论和方法被用于民用领域，极大地促进了经济的发展。美国销售协会 1935 年最早给出了物流的概念，物流（physical distribution）是包括在销售之中的物质资料和服务于从生产地点到消费地点流动过程中发生的种种经济活动。1980 年，美国后勤管理协会给出的物流定义：有计划地对原材料、半成品及成品由其生产地到消费地的高效流通活动，这些活动内容包括用户服务、需求预测、情报信息联络、物料搬运、订单处理、选址、采购、包装、运输、装卸、废物处理及仓库管理。1985 年，美国物流管理协会正式将物流的名称从"Physical Distribution"改为"Logistics"，并将此定义为"物流是以满足顾客需要为目的，对货物、服务及相关信息从起源地到消费地的有效率、有效益的流动和储存进行计划、执行和控制的过程"。我国许多专家学者认为："现代物流是根据客户的需要，以最经济的费用，将物资从供给地向需求地转移的过程。它主要包括运输、储存、加工、包装、装卸、配送和信息等活动。"中国六部委（国家经贸委、铁道部、交通部、信息产业部、外经贸部、民航总局）于 2001 年 3 月在"加快物流发展若干意见"的通知中，对现代物流的定义是这样表述的："原材料、产成品从起点至终点及相关信息有效流动的全过程。它将运输、仓储、装卸、加工、整理、配送、信息等方面有机结合，形成完整的供应链，为用户提供多功能、一体化的综合性服务。"

物流是物质资料从供给者到需求者的物理性运动，不是"物"和"流"的简单组合，而是经济、政治、社会和实物运动的统一。它的主要作用是通过时间创造价值，弥补时间差创造价值，延长时间差创造价值。进入 20 世纪 80 年代，传统物流已向现代物流转变。现代物流包括信息业、配送业、仓储业、多式联运业和商品交易业。现代物流水平是一个国家综合国力的重要标志。日本物流业每增长 2.6%，会使国民经济总量增长 1%。现代物流不仅单纯地考虑从生产者到消费者的货物配送问题，而且还考虑从供应商到生产者对原材料的采购以及生产者本身在产品制造过程中的运输、保管和信息等各个方面，全面地、综合性地提高经济效益和效率的问题。因此，现代物流是以满足消费者的需求为目标，把制造、运输、销售等市场情况统一起来考虑的一种战略措施。这与传统物流把它仅看作是"后勤保障系统"和"销售活动中起桥梁作用"的概念相比，在深度和广度上又有了进一步的含义。现代物流具有以下几个特点：电子商务与物流的紧密结合；现代物流是物流、信息流、资金流和人才流的统一；电子商务物流是信息化、自动化、网络化、智能化、柔性化的结合；物流设施、商品包装的标准化，物流的社会化、共同化也都是电子商务下物流模式的新特点；现代物流是相对于传统物流而言的。它是在传统物流的基础上，引入高科技手段，即运用计算机进行信息联网，并对物流信息进行科学管理，从而使物流速度加快，准确率提高，库存减少，成本降低，以此延伸和放大传统物流的功能。

（2）发展现代物流业的现实意义

随着市场经济的发展，物流业已由过去的末端行业，上升为引导生产、促进消费的先导行业。现代物流业是以现代运输业为重点，以信息技术为支撑，以现代制造业和商业为基础，集系统化、信息化、仓储现代化为一体的综合性产业。因而它的发展，必将对优化产业结构、增强企业发展后劲、提高经济运行质量起到巨大的促进作用。

1）加快发展现代物流业是优化区域产业结构，振兴第三产业的必然选择。根据产业结构发展演进定律，产业结构的发展方向是一次产业向二、三次产业演进升级的过程。现代物流业的本质是第三产业，属于技术密集型和高附加值的高科技产业，是现代社会分工和专业化高度发展的产物，它具有资产结构高度化、技术结构高度化、劳动力高度化的特征，能够促进传统的运输、仓储企业的转型，整合传统经营业务，延伸服务范围。

2）加快发展现代物流业是企业降低成本，提高经济运行质量和效益的有效途径。现代物流是流通方式的一场革命，是企业降低物资消耗、提高劳动生产率以外的“第三利润源泉”。通过运用现代物流业，可以提高工作效率、降低生产成本，从而使企业获得更多的利润。

3）加快发展现代物流业，是提供就业岗位、缓解就业压力的重要手段。同任何新兴产业的诞生和发展一样，现代物流业在促进国民经济产业结构调整的同时，也带动了劳动就业的扩张。而第三产业属劳动密集型产业，同样的投入能创造出比第二产业多得多的就业岗位。

4）加快发展现代物流业，是改善投资环境，扩大对外开放的迫切需要。现代物流产业作为服务性产业，对交通、通信等基础设施条件有较高的要求，是一个地方十分重要的投资环境，关系到一个地方的对外开放水平和形象。

（3）发达国家现代物流业的发展模式

在一定程度上，现代社会生产的总体效率和效益已主要不是依赖于生产过程本身，而是依赖于与生产过程相伴的物流活动。物流活动的畅通与否，直接影响社会生产过程的持续性和有效性。现代化的物流业是社会化大生产的客观要求，对一国的经济发展起着非常重要的作用，所以各国政府都非常重视，纷纷制定相关政策规范促进本国物流业的发展。美、日两国物流业的发展非常迅速，已形成了现代化的物流体系，它们的经验有很好的借鉴作用。

1）美国：整体化的物流管理系统。美国是世界上最早发展物流业的国家之一，也是物流业发展较为成熟的国家，2000 年美国物流产业规模达 9 000 亿美元，占美国 GDP 的 10% 以上，有超过 1 000 家专门提供物流服务的公司。美国物流模式强调“整体化的物流管理系统”，是一种以整体利益为重，冲破按部门分管的体制，从整体进行统一规划管理的方式。美国的全国物流体系各组成部分均居世界领先地位，而其中尤以配送中心、速递、第三方物流等最为突出。目前，美国使用第三方物流的企业比例约为58%，而且其需求仍在不断增长。整个美国第三方物流业的收入以年均15%～20%的比例递增，由1994年的150亿美元增长到2000年的500亿美元。美国的第三方物流，不仅承担仓储或运输的单项业务，而且负责配货、送货、库存管理、收货验货以及调货分装等综合性客户物流业务。

2）日本：政府主导的物流系统。日本政府对物流业的发展无论是在规划布局、硬件设施，还是在软件开发、规范管理等各方面都采取了有力的支持措施。日本政府从本国国情出发，在大中城市、港口、主要公路枢纽都对物流设施用地进行了合理规划，并且以很低的价格将土地卖给物流企业集团，银行也向物流企业提供低息甚至无息贷款。并且，政府对已确定的物流团地积极加快交通设施的配套发展，在促进物流企业发展的同时，促使物流团地的地价升值，使投资者能得到回报。

日本在物流产业的发展过程中，政府体现出较强的导向作用。日本政府主要通过规划优先、加大投入、出台政策三大手段加强对物流产业的引导。首先是规划优先。考虑到国土面积小，国内资源和市场有限，商品进出口量大的实际情况，按照“流通据点集中化”战略，在大中城市的郊区、港口、主要公路枢纽等区域规划建设物流园地。同时倡导发展“城市内最佳配送系统”，围绕某个标准轴心，将城市内无规则发生的各种方向、数量、时间的货运需求加以汇总，实现混载配送，提高配送效率。其次是政府加大物流基础的资金投入和建设。在科学规划的基础上，日本政府于1997年制定了《综合物流施政大纲》，对主要的物流基础设施，包括铁路、公路、机场、港口、中心基地建设，提供强大的资金支持。如日本最大最新的综合物流中心——和平岛货物中心建设总投资572亿日元，其中70%由中央财政出资，20%由东京地方财政出资，10%由企业投资。从20世纪60年代至今，日本已建成20多个平均占地74 hm^2 的物流园区。第三是出台相关政策，鼓励现代物流产业发展。在完善道路设施、改善城市内河运输条件、缓解城市道路阻塞、发展货物联运等方面，日本政府出台了许多如放松政府管制、建立政府部门协调促进机构、提供政府援助等可行的鼓励政策。日本物流业在短期内得到迅速发展与日本政府对物流业的宏观政策引导有着直接的关系。

（4）港口物流业

港口物流是最近几年才频频出现在学术研讨和各类媒体上的新名词。港口物流是指中心港口城市利用其自身的口岸优势，以先进的软硬件环境为依托，强化其对港口周边物流活动的辐射能力，突出港口集货、存货、配货特长，以临港产业为基础，以信息技术为支撑，以优化港口资源整合为目标，发展具有涵盖物流产业链所有环节特点的港口综合服务体系。港口物流是特殊形态下的综合物流体系，是物流过程中的一个无可替代的重要节点，完成整个供应链物流系统中基本的物流服务和衍生的增值服务。

在港口物流发展过程中，港口物流发展轨迹是一个由成本理念到利润理念再到综合物流服务理念的过程。成本理念追求的是降低物流总成本，利润理念追求的是获取最大利润，而综合物流服务理念则除追求商品自然流通的效率和费用外，还要强化客户服务意识，切实转换经营和管理方式，按现代物流的要求进行整合，以客户为中心进行管理和控制，提供完善的物流服务。

1）鹿特丹港模式。鹿特丹港位于莱茵河和马斯河入海的三角洲，濒临世界海运最繁忙的多佛尔海峡，是荷兰和欧盟的货物集散中心，有“欧洲门户”之称。目前，该港年吞吐量有超过 5×10^{8} t 的纪录，当之无愧地占据着世界第一大港的地位。鹿特丹港口物流的发展经验与模式分析如下：

多样化的集装箱运输形式。鹿特丹港是欧洲最大的集装箱码头，它的装卸过程完全用电脑控制，集装箱装卸量已超过 320 万箱。鹿特丹的集装箱运输形式主要有公路集装箱运输、铁路集装箱运输和驳船集装箱运输。

港城一体化的国际城市。鹿特丹作为重要的国际贸易中心和工业基地，在港区内实行“比自由港还自由”的政策，是一个典型的港城一体化的国际城市，拥有大约 3 500 家国际贸易公司，拥有一条包括炼油、石油化工、船舶修造、港口机械、食品等部门的临海沿河工业带。

现代化的港口建设。鹿特丹港以新航道为主轴，港池多采用挖入式，雁列于主航道两侧，按功能分设干散货、集装箱、滚装船、液货及原油等专用和多用码头，实行“保税仓库区”制度，构成由港口铁路、公路、内河、管道和城市交通系统及机场连接的集疏运系统。

功能齐全的配送园区。鹿特丹港在离货物码头和联运设施附近大力规划建设物流园区，其主要功能有拆装箱、仓储、再包装、组装、贴标、分拣、测试、报关、集装箱堆存修理以及向欧洲各收货点配送等，发挥港口物流功能，提供一体化服务。

不断创新的管理机制。鹿特丹港务管理局不断进行功能调整，由先前的港务管理功能向物流链管理功能转变，继续扩大港口区域，尝试使用近海运输、驳船和铁路等方式，建设信息港，发展增值物流。

2）安特卫普港模式。安特卫普港位于比利时北部斯海尔德河下游，距北海约 80 km 处，是欧洲第二大港、世界第四大港，港口接近于欧洲主要生产和消费中心，吞吐量的一半为转口贸易，是欧洲汽车、纸张、新鲜水果等产品的分拨中心，运输量几乎 100% 是国际运输。其港口物流发展的经验与模式分析如下。

完善的交通网络。安特卫普港与世界上 100 多个国家和地区建立了贸易关系，拥有 300 多条班轮航线与世界上 800 多个港口相连，水运与密集的高速公路、铁路为核心的陆运相衔接，形成完善的交通运输网络。

良好的硬件设施。安特卫普港拥有汽车、钢材、煤炭、水果、粮食、木材、化肥、纸张、集装箱等专业码头，备有各式仓库和专用设备，建有炼油、化工、石化、汽车装备和船舶修理等工业开发区。

现代化的信息服务。安特卫普港拥有现代化的 EDI 信息控制和电子数据交换系统，使用“安特卫普信息控制系统（APICS）”。私营行业还建立了“安特卫普电子数据交换信息系统（SEAGHA）”，并与海关使用的“SADMEL 系统”以及比利时铁路公司使用的“中央电脑系统”等其他电子数据交换网相连。

3）香港港模式。香港连续 7 年保持世界第一繁忙货柜港的美誉，是世界最大的港口物流中心。其港口物流发展的经验与模式分析如下。

发挥自身特点，利用独特的地理优势。香港以中国内地特别是经济发达的珠江三角洲为腹地发挥自身特点，依托中国内地，连接欧美，面向东南亚，重点做好占其港口吞吐量 83% 以上的转口贸易中的中转货运物流，把香港建设成为虚拟供应链控制中心，使香港物流业的覆盖面遍及整个内地。

建设基础设施，提供良好的发展条件。香港是世界最大的集装箱港口，其港口物流的基础设施建设投入大、起点高，先进的港口设备堪称世界一流，其物流运作的速度和效率也是首屈一指。

政府扶持，创造优越的发展软环境。香港政府一直重视物流业的发展，提出要把香港建成国际及地区首选的运输及物流枢纽中心，香港成立了物流发展督导委员会和香港物流发展局，强化与港口物流相匹配的服务功能，健全法律制度，提供金融与保险等一系列物流援助或服务、快捷高效的海关通关服务等。

重视人才，提高物流管理水平。香港与大学和教育机构合作，培养一流的港口物流操作管理人才，同时通过建立全球公认的公务员廉洁制度，提高港口物流从业人员全员素质，从而提供优质的物流服务。

4）新加坡港模式。新加坡不仅有优良的深水港，还兴建了 4 个集装箱码头，每年可装卸超过 1 500 万个集装箱，是世界上第二大集装箱枢纽港。新加坡的远景目标是把该国发展成为集海、陆、空、仓储为一体的全方位综合物流枢纽中心。

新加坡港口采取了一系列新举措实现这一目标：一方面，调整港口管理策略并制定新措施，准备开放港口允许船舶公司以合资方式拥有自营码头，并欢迎国际上的港口经营集团到新加坡投资发展码头。

另一方面，注重技术改造，通过挖掘内部潜力来提高生产力。2002 年 3 月，新加坡海事及港务管理局进行了一项试验性计划，在新加坡海港采用自动识别系统，避免船舶相撞并提高港口航行的安全。其港口物流发展的经验与模式分析如下。

政府支持“一条龙”发展物流。1997 年 7 月，新加坡物流倡导委员会制定发展纲领，同年新加坡贸易发展局联合 13 个政府机构，展开“1997 年物流业提升及应用计划”，先后推出了“1999 年物流业提升及应用计划”以及“2001 年物流业提升及应用计划”，成功地将运输、仓储、配送等物流环节整合成“一条龙”服务。

物流与高科技的结合。新加坡物流公司基本实现了整个运作过程的自动化，新加坡政府启动“贸易网络”系统，实现企业与政府部门之间的在线信息交换，物流企业都先后斥资建成了电脑技术平台。

专业性强，服务周全。新加坡境内的物流公司专业化、社会化程度高，可以为某一行业的企业提供全方位的物流服务，也可以为各行业的客户提供某一环节的物流服务，物流企业以满足客户需要为出发点和最终归宿点，由物流公司和客户共同研究选择出一种或几种最理想的服务方式，最终找出能最大限度为客户提供低成本的解决方案。

从以上四大港口发展的状况和措施可以看出，向国际化、规模化、系统化发展形成高度整合的“大物流”、进一步拓展服务功能的“增值物流”、打造技术密集型的“智能港”以及发展“虚拟物流链控制中心”是当前港口物流发展的主要特点和趋势。

（5）现代物流业与珠江口港口群发展

我国物流业起步较晚，进入 21 世纪现代物流业发展受到前所未有的关注，国内物流热持续升温，发展势头迅猛。广东、江苏、天津、上海、浙江等省市行动迅速，在实际工作中创造性地开展工作，各地政府纷纷对本地区的物流业发展作出规划，进行规范，制定政策，扶持重点项目，抓紧园区建设，加大投入力度，已经在新一轮的竞争中抢占了先机，占领了制高点。广州作为珠江三角洲重要组成部分，以成为亚太地区最大的物流中心为目标。

进入 20 世纪 90 年代后，随着连锁商业的迅速发展，作为物流功能的综合体现、物流现代化最显著标志之一的物流配送中心，在广东取得了较大发展，并在加强信息流方面取得突破性进展。出现了一批有一定规模的物流企业和较大规模、运营规范的物流配送中心。广东省政府出台了一系列给予物流企业一定的扶持性措施。到 2005 年广东省现代物流业初步建成高效便捷、有效衔接的综合交通运输网络，建立起资源共享、开放安全的物流信息支撑体系，建立起面向市场、规范公平的政策法规和技术标准体系。基本建成以中心城市为依托、与区域经济发展水平相适应的有效协作、布局科学的区域物流格局；造就一批市场竞争力强、经营规模大、技术装备和管理水平先进的现代物流企业。

同时，广东省省委、省政府提出，要加快广州、深圳、珠海、汕头和湛江枢纽港，广州、深圳和珠海机场以及主要公路枢纽城市道路建设，支持广州、深圳和其他交通基础设施条件优越、商品集散能力强、辐射范围广的地区，以物流合理化、集约化和高效率为原则，结合改造和整合利用现有设施，建设集市场信息、仓储、配送、多式联运及展示、交易等功能于一体的现代物流基地。

港口是国际物流供应链的主要环节，能够提供快速、可靠、灵活的综合物流经营服务，同时现代港口便于海关对集装箱的监管以及货物分拨等功能的实施。现代港口不再是传统意义上的水陆交通枢纽，它已成为支持世界经济、国际贸易发展的国际大流通体系的重要组成部分，成为连接全世界生产、交换、分配和消费的中心环节。

港口在发展现代物流方面具有独特的优势。这是因为港口是水路运输的枢纽，具有整合生产要素的功能，可促进多式联运的发展，还是主要的信息平台。纵观港口物流的发展趋势，可以发现它经历了如下四个发展阶段：①传统物流阶段——运输、转运、储存；②配送物流阶段——运输、转运、储存、拆装箱、仓储管理、加工；③综合物流阶段——信息化、网络化，集商品流、信息流、资金流、人才流于一体；④港口供应链阶段——全球物流、共同配送，主动参与和组织与现代物流有关的各个物流环节的活动及其衔接与协调。而现代港口物流的特点主要表现为：①大物流——物流产业内部的合作与整合；②高科技——物流系统智能化、柔性化；③信息港——统一的港口物流信息平台；④一体化——高增值物流园区。

作为我国三大区域港口群，珠江口港口群在新的经济背景下，需要不断完善其传统功能，但就目前我国港口物流的运营状况看，在服务理念、技术操作、战略设想等方面与现实需求还存在着一定的差距：①现代物流需要珠江口港口群港口物流树立全新的服务理念；②珠江口港口群港口物流需要以高新技术作为其产业运营的支撑；③经济全球化背景要求港口物流有全新的战略意识；④航运联营体要求港口物流有被淘汰的危机意识。因此，珠江口港口群的发展方向是建立港口物流中心：港口物流中心的基本形态一般有三种：①全能型的物流中心，兼具商流、物流、信息流、资金流的流通功能，并配备完善的服务基础设施；②基础设施型的物流中心，主要提供物流、信息流和资金流等流通所需的基础设施；③商流型的物流中心，它只具有商流功能。港口物流中心是以最大限度地满足客户需求为至高目标。为实现物流中心的目标，珠江口港口物流中心应具备物流集散、货物存储分拨配送、国际物流服务、市场交易、信息管理、服务咨询和增值性服务等功能。这突破了原有港口作为单一交通枢纽基础设施的设计理念。根据现代物流的功能要求对珠江口港口资源进行重新整合，通过功能多元化、标准国际化、布局合理化、管理现代化和运行高效化的改造，使港口功能适应未来国际集装箱多式联运和国际物流网络节点的要求，以全面提升港口竞争力。

第5章 珠江口港口发展格局趋势分析

基于对珠江口港口群发展现状和存在问题的深入分析，根据珠江口港口群发展的原则和功能定位，结合珠江口港口群各港口城市的经济和产业的发展现状及发展规划，综合考虑影响珠江口港口群发展的政策因素、经济因素和技术因素，采用定性分析和定量计算相结合的方法，分析珠江口港口群的发展趋势。

5.1 珠江口港口群发展的定位

5.1.1 珠江口港口群发展的原则

（1）适应性原则

适应性原则是一种最基本的准则。运用它制定珠江口港口群发展战略不能超越客观历史发展条件。港口群发展是在一定条件下产生的，要受多种因素的影响和制约。其中，最重要的是社会物质发展的水平。港口群发展的规模、速度、体系、结构、内容、形式、方法、手段、乃至规格，无不与其腹地的社会发展水平和生产力发展水平、方式发生直接、间接关系，归根到底，是由生产力发展的水平所决定的。如果不顾这种条件给港口群发展提供的各种可能性，盲目冒进，经济支持不了，造成港口群内部各港口关系失调，既要影响港口发展，也会给港口群与社会发展带来许多不良后果。

宏观上，珠江口港口群的发展要与广东省及“泛珠三角”地区的经济发展需求和产业布局特点相适应。从与经济发展需求相适应来看，当前珠江口港口群存在港口的“能”与“量”不相适应的问题，部分沿海港口的建设滞后于经济的发展，码头功能结构不大合理。随着经济形势的不断调整，经济对港口的需求会进入一个平稳期，港口的建设也应该进入平缓期，使珠江口港口群的发展与经济发展需求相适应。微观上，珠江口港口群内各港口应与港口城市的产业发展特点相适应，使港口成为支撑城市支柱产业发展的重要基础。

（2）可持续原则

可持续发展就是建立在社会、经济、人口、资源、环境相互协调和共同发展的基础上的一种发展，其宗旨是既能相对满足当代人的需求，又不能对后代人的发展构成危害。

可持续发展是珠江口港口群保持竞争力的必然选择。珠江口港口群发展的可持续原则是指港口群在生产建设过程中，在保证环境及自然资源不受破坏的前提下，不断提升港口群的生产条件和技术能力，加强港口群与其腹地联系及与周边港口群的合作，在和谐健康的环境中完善港口群的社会文化，实现港口经济的持续健康发展。也就是说，珠江口港口群在发展过程中要充分考虑其对社会和生态环境的影响，在获得经济效益的同时，做好环境和生态的保护，从而达到经济效益和社会效益的协调发展。从珠江口港口群当前的发展现状来看，要特别注意岸线资源的可持续利用。岸线是珠江口港口群可持续发展的重要资源，也是广东省经济发展的战略性资源。目前，珠江口地区可成规模开发的优良港口岸线资源已出现匮乏，加上现有老港区进行城市化功能改造，港口岸线资源可持续利用前景不容乐观。

（3）层次性和差异性原则

港口大中小层次性的形成是由运输经济规律所决定的，其影响因素众多，但其中船舶的大型化和港口规模效益是两个关键性因素，它们决定了每个港口群必然会形成自己的中心港口。港口布局的层次性是港口、船舶及其地区经济增长等协调发展的内在要求，是经济规律所决定，也是港口系统发展的客观规律性，珠江口港口群的发展和规划应遵循层次性和差异性原则，致力于构筑层次分明、布局合理、优势互补、功能匹配的珠江口港口体系。

珠江口港口群是有多级别、多层次的有机整体，其中任何一个港口都不是孤立的。根据不同等级和层次，应区别对待，差异性发展。改革开放以来，珠江口地区的经济都获得了很大发展。在发展过程中，城市经济发展水平和经济产业结构有所不同，城市发展存在差距。珠江口港口群的发展应根据港口群内各港口所在城市发展的差异性、资源禀赋情况和发展条件，分清层次，区别对待，差异发展，突出重点。

（4）协调性原则

协调性是相对的概念，其主要特征有：①整体性，港口群协调性发展要求珠江口港口群系统内部各要素都要协调发展；②互促与互制性，珠江口地区经济发展是港口群发展的前提和基础，是港口群发展的动力与决定性因素，各个地市的经济发展带动着本地港口的发展，同时促进港口群中其他港口的发展；③阶段性，按照发展经济学的观点，经济发展存在一定的阶段性，相应地，港口群发展也具有一定的阶段性，不同的发展阶段协调性的要求和标准也不相同。

注重协调发展是科学发展观区别于传统发展观的一个鲜明特征，也是促进国民经济持续、快速、协调、健康发展和社会全面进步，推进全面建设小康社会的迫切要求。珠江口港口群协调性原则，其实质是按照科学发展观的要求，努力实现港口群速度、结构、效益相协调，人口、资源、环境相协调，投资、消费、出口相协调，促进珠江口经济又好又快发展。

港口之间的竞争与合作都是需要的。为了应对全球金融危机下的复杂环境，为了更有效地提高港口现代技术水平和处理环境、安全等方面的能力，为了协同构筑现代港口信息网络和物流网络，减少直至避免盲目的无序的竞争，港口之间应该加强沟通与合作，实现珠江口港口的协调发展。此外，面对珠江口港口群发展中存在的共性问题，各港口管理部门和港口企业共同努力，加强协作，统筹协调航道、港口、船舶、支持保障系统的发展，注重与公路、铁路、沿海港口的衔接和有效沟通，致力于构筑完善的港口集疏运体系。

5.1.2 珠江口港口群发展的特点

(1) 香港航运中心对地区港口发展一直起着关键的龙头作用

香港因素是塑造广东省（尤其是珠三角地区）产业空间格局的主导因素，香港与珠三角地区形成的“前店后厂”区域分工合作模式，取得了举世瞩目的成就。在珠三角地区成为世界制造业基地的同时，香港也完成了自身的产业结构调整，以现代服务业为方向，成为世界大都会和国际金融、贸易、航运中心。今天，虽然珠三角地区的港口已经得到了巨大的发展，在国际集装箱运输方面摆脱了改革开放初期完全依赖香港港口的局面，但香港作为国际航运中心的地位无可替代，将继续承担起区域港航资源配置中心、资讯服务与贸易中心的角色。

珠江三角洲的沿海港口将继续保持与香港港既已存在的相互合作、相互促进的关系。香港港大量的离岸贸易和金融活动都是依托广东省港口开展的。可以说，广东沿海港口的发展，不仅有力地促进了香港港口的发展，而且对于巩固香港国际航运、贸易、金融中心的地位发挥了重要作用，是维护香港繁荣与稳定的重要保障。香港港的发展又带动广东省沿海港口的进一步发展。

(2) 外向型经济蓬勃发展推动了地区集装箱吞吐量的持续增长

依托广东、特别是珠江三角洲地区发达的外源型经济，广东沿海一直是我国集装箱运输最繁忙的地区之一。1990—2012 年全省沿海港口集装箱吞吐量年均递增速度达到了38%，比同期全国沿海的平均速度高 9 个百分点。在吞吐量高速增长的同时，广东沿海集装箱港口的地位与作用也日益突出。2012 年深圳港全港累计完成货物吞吐量 2.28×10^8 t，同比增长 2.16%，其中外贸货物吞吐量完成 1.77×10^8 t，同比增长 1.16%；集装箱吞吐量完成 2 294.13 万 TEU，同比增长 1.64%。集装箱吞吐量连续 10 年保持全球第四位，是我国综合运输体系中的主枢纽港和华南地区集装箱枢纽港。广州港完成货物吞吐量 3.6×10^8 t，居全国第四，集装箱吞吐量完成 1 474. 36 万 TEU。

（3）沿海港口在腹地经济社会发展和对外开放中发挥了重要作用

广东省是我国乃至全球重要的加工制造基地，但自然资源匮乏，全省经济社会发展所需的生产、生活物资需要大量调入或进口，各类工业制成品又需要大量调出或出口。全省外贸货物的 75% 以上都是经港口进出；全省煤炭、油品等能源物资调入量的 80% 左右以及全部原油调入量都是经过港口完成的；在金属矿石、粮食、化肥等物资运输中，沿海港口也发挥了主导作用。目前，珠江口港口群已经成为了广东经济社会发展的重要依托。

（4）深水岸线资源稀缺

经过不断建设，珠江三角洲的宜港岸线资源不断减少，可供开发的港口深水岸线已非常稀缺。

5.1.3　珠江口港口群的发展目标

从整体布局来看，珠三角沿海港口的发展方向是按照科学发展观的要求，遵循世界港口的发展趋势，通过优化布局和资源整合，形成布局合理、结构优化、层次分明、功能完善的现代化港口体系，合理利用沿海的港口资源和条件，充分发挥港口对腹地经济社会发展的支撑和促进作用。

就目前珠三角港口群的整体规划而言，珠三角港口群中各港口快速发展，群雄并起，互相竞争，竞争大于合作，港口公用设施影响范围重叠，港口间存在一定矛盾。港口的发展取决于腹地内货源供应的丰沛程度、港口本身的自然条件、港口经营管理水平高低以及通关效率。珠三角有为数众多的各干、支线港口，要保证每个港口都有足够的货物吞吐量是不可能的。因此，港口群如何规划定位、协调发展，是珠三角地区面对的重大问题。

交通部基建方面的专家坦言："未来真正的格局只能是以香港为中心，深圳、广州港为枢纽，虎门港和其他小港口为补充的华南地区集装箱港口群的新格局。"专家还指出，珠三角各主要港口在规划港口集装箱目标时，无论是深圳、广州，还是东莞、虎门、珠海、中山等港，应该看到自身的劣势，包括政策环境、通关效率、物流业发展水平，港口作业效率、港口自然条件、港口人才等问题，根据自己情况来做好自己的功能定位，扬长避短，分工合作，协调发展，才能实现"双赢"。

珠江三角洲港口群要在加快港口设施建设，提高技术装备水平的同时，结合腹地经济、产业、贸易、物流发展需要，积极拓展商贸、信息、物流、临港工业、金融服务等功能，实现从传统的运输枢纽向现代化港口的转变，在引导产业布局，承接国际生产要素和产业转移，促进地区经济增长中发挥更加重要的作用。目前，广州港和深圳港应充分利用自身的优势，依托香港进一步发展现代化港口的功能。

珠江口港口群对于广东省、泛珠三角地区乃至整个中国的发展均起着举足轻重的作用，珠江口港口群作为中国最大的综合性贸易港口群之一，其战略定位和目标为：腹地参与经济全球化过程中十分宝贵的战略资源，承接国际生产要素和产业转移的重要平台；促进腹地经济结构调整升级和优化产业布局，保持国民经济持续较快发展的重要保障；腹地进一步扩大对外开放，利用国内国际两个市场、两种资源，加强经济和国防安全的重要基础；广东省率先实现社会主义现代化，加强泛珠三角合作，维护香港繁荣稳定的重要依托；综合交通运输体系的重要枢纽，国内外客货流、信息流、资金流多重网络汇集的关键节点。

（1）广州港

广州港是连接国际国内市场、推动区域经济社会发展和全面参与国际竞争与合作的重要门户，在珠三角乃至华南地区改革开放和现代化建设大局中具有重要的战略地位。为进一步提升广州港综合性主枢纽港的功能与地位，建设国际航运、物流和贸易中心，增强广州中心城市的集聚辐射能力和综合竞争力，广州港的功能定位是：我国沿海主要港口和综合交通体系的重要枢纽，是沿海集装箱干线港；是广东省经济发展和对外开放的重要依托，是华南地区参与经济全球化和全球配置资源的重要基础；是腹地能源、原材料等物资运输的主要中转港。广州港以发展能源、原材料等大宗物资和集装箱运输为主，同时大力发展适宜的临港产业和物流、商贸、信息、旅游等功能，促进临港工业、现代物流业和信息服务业发展，保障区域能源供应，实现向世界“第三代港口”转型。优化港口布局，形成以南沙港区为龙头，新沙、黄埔港区为辅助的新格局。南沙港区为综合性港区，承担外贸集装箱运输、汽车滚装、大型散货运输和石油化工运输业务，发展保税、物流、商贸等现代物流功能，并为临港工业开发承担运输配送服务；黄埔港区主要承担沿海、近洋集装箱运输和粮食、煤炭、化肥、成品油、钢杂等散货的运输；新沙港区以集装箱、煤炭、矿石、粮食、化肥以及商品汽车等物资运输为主；对内港港区和黄埔港区的老旧码头，结合城市规划转变功能，盘活资产，优化升级，为广州港从量到质的飞跃发展注入新活力。

（2）深圳港

深圳是我国南方对内对外的交通枢纽，与香港港口的优势互补，互相促进，联手构筑亚太地区国际航运中心。深圳港的功能定位是：我国沿海主要港口和集装箱干线港，国家综合运输体系的重要枢纽，依托珠江三角洲地区发达的外向型经济和加工制造业，充分发挥香港在国际贸易、金融、航运、信息方面的优势，与香港港口共同构筑高质量、高效率、高效益的现代化国际航运中心和物流中心；广东省经济发展和对外开放的重要依托，华南地区参与经济全球化和全球配置资源的重要基础。深圳港将以发展集装箱运输为主，兼顾部分散杂货运输，合理发展适宜的临港产业，积极拓展物流、商贸、信息和旅游等功能。深圳港应以满足日益增长的运输需求为出发点，一体化考虑香港及珠江三角洲地区港口总体发展需要，在巩固和强化装卸储存、中转换装、运输组织、临港工业、通信信息、生产生活服务等传统功能的同时，加强功能整合或升级，重点拓展和完善相关功能，提升港口在国际航运界的综合竞争力，提升港口在城市和地区现代化进程中的地位和作用。

（3）珠海港

珠海港是全国25个沿海主要港口之一，更是我国华南沿海主枢纽港之一，服务于珠海市外向型经济和临港工业发展；为珠江三角洲西部地区和西江干流沿岸部分地区经济发展服务。珠海港的功能定位是：我国沿海主要港口和地区综合交通体系的重要枢纽，沿海集装箱支线港；珠海市经济发展和对外开放的重要依托，珠江三角洲西部地区参与经济全球化和全球配置资源的重要基础；今后随着港口条件的改善，将成为我国华南地区重要的能源、原材料等物资运输的主要中转港。未来珠海港将以大宗能源、原材料物资和集装箱支线运输为主，大力发展石化等临港产业，积极拓展物流、商贸、信息和旅游等功能。

（4）惠州港

惠州港海港的功能定位是：广东省地区性的重要港口之一和地区综合交通体系的重要枢纽；惠州市经济社会发展和对外开放的重要依托；腹地能源、原材料运输的重要中转港，广东省沿海集装箱运输支线港。惠州港的发展将以石油及化学品运输为主，集装箱运输为辅，兼顾大宗物质中转运输，大力推进石化、电力等重型临港工业的发展，积极开拓集装箱物流、商贸、信息和旅游等功能，成为多功能、现代化的综合性港口。

惠州港东江内河港的功能定位是：广东省内河地区重要港口之一和地区性水陆物资转运枢纽；是惠州市经济社会发展的重要依托，是港口所在地联系港澳市场并与珠江三角洲水网地区之间物资交流的重要口岸；是腹地能源、原材料物资运输的主要中转港，是珠江三角洲地区集装箱喂给港；是东江沿线重要的物资集散中心。惠州港内河港的发展将以能源、原材料物资运输为主，兼顾集装箱喂给运输，大力发展临港产业及物流、商贸等功能，成为综合性的港口。

（5）虎门港

虎门港的功能定位是：广东沿海的地区性重要港口和地区综合交通体系的重要枢纽，是沿海集装箱支线港；是东莞市经济社会发展和对外开放的重要依托，是珠江三角洲东部地区联系国内外市场的重要口岸；是腹地能源、原材料物资运输的重要中转港。虎门港的发展将以能源、原材料和集装箱支线、喂给运输为主，兼顾部分散杂货中转运输，大力发展适宜的临港产业，积极拓展物流、商贸、信息和旅游功能。在发展港口现代物流业方面，虎门港将坚持以保税物流中心为枢纽，加快优化、整合较为分散的物流市场和物流市场及物流产业，逐渐形成以港口物流为中心的产业链，并达到一定规模、促进物流、信息流、资金流等经济元素的快速流通。其中，沙田西大坦作业区为商贸港区，前方形成集装箱码头泊位功能，后方依托临港工业建成集装箱转运、拆装箱服务、多式联运、中转运输、综合保税、配套服务等为一体的现代综合物流园。沙田港区立沙岛作业区以石化为主，将打造服务东莞、面向华南的石油化工原料储运中心。

（6）中山港

中山港的功能定为是：广东沿海的地区性重要港口和地区综合交通体系的重要枢纽；是中山市经济社会发展和对外开放的重要依托，是珠江三角洲西部地区联系港澳市场的重要口岸；是腹地能源、原材料和外贸物资运输的重要口岸。中山港的发展将以集装箱喂给运输为主，兼顾部分散杂货运输，积极拓展物流、商贸、信息等功能。

（7）江门港

江门港的功能定位是：广东沿海的地区性重要港口和地区综合交通体系的重要枢纽，江门市经济社会发展和对外开放的重要依托，江门市发展现代物流和临港工业的重要基础，珠江三角洲西部地区连接港澳市场的重要口岸。江门港的发展将以能源、原材料、通用散杂货和集装箱喂给运输为主，大力发展临港产业，积极拓展港口物流、商贸、信息等服务。江门港应具备装卸储存、中转换装、多式联运、运输组织管理、临港产业开发、仓储、商贸、现代物流等功能。江门港吞吐量规模逐步扩大，运输货类将以集装箱、煤炭、矿建材料、液体散货等为主。

5.2 珠江口港口群的总体运营趋势

5.2.1 珠江口港口群货物吞吐量的趋势

港口吞吐量是反映港口运营情况的重要指标。港口吞吐量的变化不仅受到宏观层面的经济社会发展目标、战略、政策和方针的影响，而且受区域经济结构调整、产业发展布局及重大建设项目的直接影响，取决于腹地众多的生产、运输企业和贸易公司对港口运输需求的不断增长。已有众多相关资料和研究对未来广东省港口群或珠江口港口群吞吐量进行了预测，各研究的吞吐量预测值不尽相同，但其反映出的港口吞吐量持续增长，而增长速度逐渐放缓并趋于平稳的趋势基本相同。

从当前珠三角地区经济、产业发展的延续性来看，受金融危机影响，珠江口港口群在未来一定时期内港口吞吐量增长将遭遇一定瓶颈，但随着国际国内经济形势逐渐好转，未来珠江口港口群吞吐量还将继续保持增长态势。

5.2.2 珠江口港口群集装箱吞吐量的变化趋势

对珠江口港口群集装箱吞吐量的预测仍采用定性分析与定量计算相结合的方法。其中，影响珠江口港口群集装箱吞吐量的主要因素包括外贸进出口总额、适箱货比例、集装箱装箱比、重箱平均载重量等，这些因素的未来发展趋势如下。

外贸进出口额：珠江口地区“九五”及“十五”期间外贸进出口总额的年均增速分别为10%和20%。受全球金融危机的影响，珠江口地区的外向型经济遭受较大影响，进出口贸易总额增速放缓，将使珠江口港口群的集装箱运输、尤其是外贸集装箱运输在今后一定时间内发展放缓，但根据全球积极应对金融危机及珠江口地区各港口城市加快发展外向型经济的措施，未来珠江口地区外向型经济将在短暂波动后仍保持较好的发展势头。

适箱货比例：今后珠江口地区加工制造业和高新技术产业的发展将会促进外贸适箱货总量的继续增长，但考虑到珠江口地区产业结构调整和产业升级，未来重化产业发展对外贸进口原材料等大宗散货的快速增长以及空运等方式的分流影响，适箱货所占比重将呈小幅下降的发展趋势。

集装箱装箱比：未来随着集装箱运输方式的进一步推广，集装箱装箱比仍有一定的发展空间。

重箱平均载重量：重箱平均载重量的发展水平与区域装箱货物的产品结构密切相关。目前珠江口地区装箱货物中纺织、服装、玩具等轻工产品占适箱货的绝大部分。今后随着珠江口地区产业结构的调整，资金密集型和技术密集型产业将得到进一步发展，重箱平均载重量将逐步增加。

5.2.3 珠江口港口群总体运营趋势分析

2007—2012年，珠江口港口群（未包含香港、下同）的货物吞吐量由5.2 $\times 10^8$ t增加到10.3 $\times 10^8$ t，年均递增速度14.65%，珠江口港口群已发展成为世界上港口货物吞吐量最大的港口群之一，如包含香港港，则是世界最大的港口群，今后一段时期内，珠江口港口群仍将保持较好的发展势头和发展地位，港口货物吞吐量和集装箱吞吐量将保持持续增长，随着珠江口地区产业转移和港口资源的饱和，港口吞吐量增速将逐渐放缓。

5.3 珠江口港口空间格局发展趋势

5.3.1 广东省沿海港口的空间格局特点

（1）分层次格局

目前，珠江口港口初步形成了以广州港、深圳港、珠海港为主要港口，潮州港、惠州港、虎门港、中山港、江门港为地区性重要港口的分层次发展格局。其中，广州港、深圳港为我国珠江三角洲沿海港口群的中心港口，也是国家综合交通大通道的出海口，是连接华南和西南等地区与国际市场的重要门户，是腹地参与经济全球化的重要战略资源，对区域经济发展有重大作用和影响，将逐步发展成为区域性枢纽港口。

（2）分系统格局

1）煤炭。广东省沿海电厂、钢厂等大型企业的煤炭需求量大，目前，沿海各港口正相应建设大型专业化煤炭接卸码头，承担这部分煤炭的接卸任务；目前，广州港作为煤炭一程接卸主要港口，服务于珠江三角洲水网地区和两翼山区的中转用煤。珠江三角洲地区将逐步形成以广州港为主，珠海港和虎门港为辅的煤炭中转港格局。

2）原油。广东省沿海原油运输主要为本省石化项目服务，以直达运输为主。最大的原油接卸港为惠州港，承担了广石化、中海油惠州炼油项目的原油需求。同时，根据新建炼厂布局和产业发展，可在珠海港等其他港口建设20万吨级以上原油接卸码头。

3）集装箱。深圳港和广州港是广东省沿海港口最大的集装箱运输港，两港完成的集装箱吞吐量约占广东省沿海港口集装箱吞吐总量的80%。珠江口港口已基本形成以深圳港和广州港为集装箱干线港，虎门港、珠海港为集装箱支线港，其他港口为喂给港的集装箱运输格局。

5.3.2 影响珠江口港口群空间结构发展的主要因素

经历多年发展，珠江口港口群区域发展差异问题始终没有得到较好的解决，从港口群持续健康发展来看，珠江口港口群空间结构发展差异终会成为制约其发展的重要障碍。为了分析珠江口港口群未来空间结构发展趋势，对影响珠江口港口群空间结构发展的几个重要因素进行分析。

岸线资源：岸线资源是港口以及沿岸地区生产生活赖以存在和发展的物质基

础，是不可再生的资源。当前，随着珠江口地区经济社会的发展和港口建设进程的加快，珠江口地区可供开发的港口岸线资源，特别是深水岸线资源日益稀缺，已成为影响珠江口港口群发展的重要因素。珠江口地区岸线资源分布情况见表5－1，从珠江口港口群岸线分布来看，中部和东岸港口的岸线资源主要为深水岸线资源，岸线的开发较充分，尚未开发的可供开发的岸线较紧缺，西岸港口则有较多的岸线资源可供开发，黄茅海和银洲湖的岸线开发尚处于发展的初期。广州港可供开发的深水港口岸线主要集中在南沙港区，深圳港可供开发的深水港口岸线主要集中在大铲湾，可供开发的岸线长度较少，与城市发展空间的矛盾较突出。

表5－1　珠江口沿海港口岸线资源状况　　单位：km

区域	城市	岸线长度	深水岸线
东岸	深圳	60.1	49.4
	惠州	86.5	60.5
	东莞	37.5	33.9
	小计	184.1	143.8
中部	广州	99.2	62
	小计	99.2	62
西岸	珠海	75	42.9
	中山	15	15
	江门	82.3	68.8
	小计	172.3	126.7

土地资源：经历30多年的高速发展，珠江口各城市的土地利用已发生极大的变化。为吸引外来投资，珠江口各地方政府曾经大幅度降低用地收费，“零地价”、“象征性地价”成为广泛运用的招商引资的措施，导致城市用地面积迅速扩张。尤其是珠江口中部和东岸地区，由于大量招商引资，导致土地资源大量使用，西岸地区由于经济发展相对缓慢，仍保留了较多大面积未开发的土地。

产业结构：珠江三角洲主要产业布局为东部和中部较强、西部较弱，轻工产品制造加工业强，重化工业在快速发展，物流业、装备制造加工业和海上旅游服务业相对较弱。随着珠江三角洲的产业转移和产业结构调整，珠江三角洲产业的聚积和产业的扩散并存，作为世界最大的加工制造业基地和生产消费市场之一，重化工业是重要的支撑、也是龙头产业，从世界重化产业变化、珠三角的经济发展和经济战略定位，重化工业仍是珠三角的重要产业，特别是钢铁产业仍有较大的发展空间；物流业是现代港口的发展方向和主要功能的拓展，珠江口东部港口设施较完善，商贸服务较发展，发展物流业的基础较好，港口物流将进入快速的发展阶段；装备制造业、修造船业和海上旅游服务业等将加快发展。重化产业、装备制造业、修造船业和海上旅游服务业的发展需要大量的港口岸线资源和土地资源，珠江三角洲西部黄茅海和银洲湖两岸更适合这些产业的发展，装备制造业和海上旅游服务业将快速发展，重化产业的发展有一定的发展空间。

区域交通：珠江口各港口在加速发展的同时应更多地考虑城市发展的承受力和考虑珠江口港口群以陆向腹地为主的特点。由于交通的迅速发展，未来港口的瓶颈将从港口前沿转向后方交通枢纽容量的限制上。我国 20 世纪 80 年代初曾出现过港口严重堵塞的情况，现在的港口和当时的港口在码头装卸技术和效率上已不可同日而语。特别是集装箱和信息技术的迅速发展，装卸机械的效率和码头管理已开始超越后方集疏运的容量和效率，一些港口瓶颈已出现后移。如深圳盐田港已出现类似情况，港口需派人到后方梳理交通，以使集装箱不在码头拥堵。因此，未来珠江口港口群的发展不仅需要考虑岸线资源和土地资源的问题，还要考虑区域交通的疏运能力和交通容量。从珠江口港口群东岸、中部、西岸三个地区的代表城市来看，公路货运密度深圳最高，广州其次，珠海最低，高低相差 2.13 倍。随着城市和港口的迅速发展，可以预见，未来深圳港和广州港在港口货物运输中可能面临交通拥堵的发展瓶颈，西岸港口会有较强的交通容量调剂能力。

港珠澳大桥：考虑到珠江口地区在空间的长远发展和合理布局，珠江口西岸需要一个增长极来支撑，而最有可能充当珠江口西岸增长极是由珠海、中山和澳门形成一个都市圈。因为港珠澳大桥的建设，珠海会从香港辐射的边缘地带变为直接辐射地，如图 5 - 1 所示，加上珠海的基础环境适合发展高新技术产业和重化工业，珠海经济将会有一个新飞跃。中山经过多年的良性发展已成一定的经济实力，且中山与珠海、澳门由于历史渊源和经济关联性已形成一定的产业分工基础，三地经济进一步整合将会形成一个新的发展极点。由于港珠澳大桥着手规划建设，珠江口地区将由现在的“V”形构架逐步演变为“三角”构架，珠江口西岸港口可以更好地接受香港港的辐射，在可以预见的将来，珠江口西岸将会成为珠江口地区下一个发展重心。

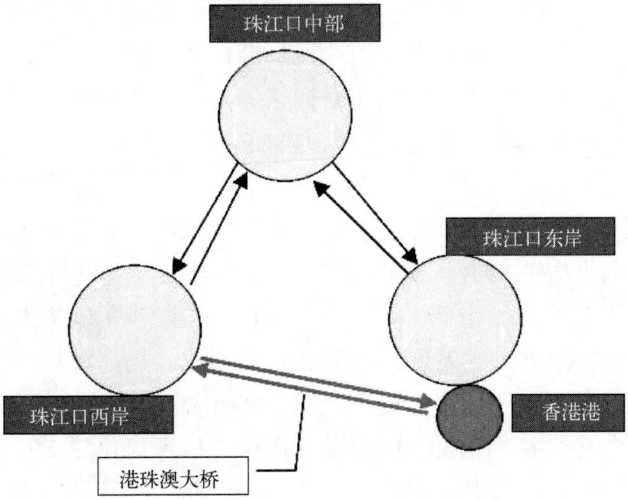

图 5－1　港珠澳大桥对珠江口港口群空间结构的影响

5.3.3　珠江口港口群区域差异性发展

珠江口港口群的发展不均衡，东西两岸港口发展差异明显。为了考察珠江口港口群内港口发展的差异和港口群空间结构发展趋势，对港口群内各港口按其地理位置分为：珠江口东岸港口（含深圳港、东莞港、惠州港）珠江口中部港口（广州港）和珠江口西岸港口（含珠海港、江门港、中山港）。

从珠江口港口群码头总体情况来看，西岸港口泊位数占了珠江口的 29.0%，东岸港口占了 24.9%，总体上东岸港口的泊位数少于西岸港口。但西岸港口泊位数中有 87.3% 的泊位水深小于 8 m，只有 9.5% 的泊位水深大于 10 m；反观东岸港口，小于 8 m 水深的泊位数占了 44.4%，大于 10 m 水深的泊位数占了 53.7%。可以看出东西岸港口之间泊位的质量和结构存在着较大的差别，这一差别和东西岸港口之间存在的经济差距极其吻合，特别是东岸港口有先进的深水集装箱码头泊位，占了东岸港口泊位数的 19.0%，而西岸港口基本是利用多用途杂货通用的泊位来装卸集装箱，差距甚远。由此可以看出珠江口港口群东西岸港口发展的不平衡状况比较严重。

5.3.4　珠江口港口群空间结构发展趋势分析

综上分析，当前珠江口港口群存在空间结构发展不平衡的问题，今后一定时期内，各港口将根据自身的条件扬长避短，实现港口功能多样化和差异化发展。

根据区域产业发展优势、区位优势、港口岸线资源短缺、土地资源、港口基础设施、区域交通和金融服务等条件，珠江口港口群中各港口发展的主要方向有所差异，以中部港口和东岸港口为中心的珠江口港口群的格局还将延续，珠江口东岸和中部港口在面临资源紧张和区域交通拥堵等不利因素的条件下，将加快发展现代物流业、商贸、金融和服务业，以实现港口现代化；而西岸港口在岸线资源、土地资源、交通容量等方面具有较大的发展潜力，加上港珠澳大桥建设和产业结构调整等有利因素，西岸港口将迎来较大的发展机遇，装备制造业、旅游服务业将快速发展，重化产业将有一定的发展空间。珠江口港口群总体上持续稳定发展，东部以“质”为主，中部“质”和“量”并重，西部以“量”为主。以深圳为主的东部港口群重点发展现代物流和石化产业，提高港口的管理水平和港口的辐射能力，实现港口现代化；以广州为主的中部港口在保持持续发展的同时，加快发展现代物流和大型专业泊位建设，加快港口现代化建设；以珠海为主的西部港口将快速发展，扩大港口规模，发展临港产业，提升港口的发展水平。珠江口港口群将逐步呈现“三足鼎立”的空间发展格局，实现港口群的均衡和多样化发展。

5.4　珠江口港口群港口竞合关系发展趋势

经济全球化和国际产业转移，我国经济的持续快速发展，给港口发展带来难得的机遇，港口的发展过程与经济的发展及港口企业的发展息息相关，随着产业的规模化和民营企业的大型化，港口的发展模式也不断变化。21 世纪以前，产业的规模和民营企业的规模相对较小，港口建设以政府或国有港口企业为主，港口经营以公用港为主；21 世纪以来，产业的规模化和民营企业的大型化，企业具有相当的资金实力和经营规模，港口成为企业发展产业链中的重要环节，港口的建设转为以企业投资为主，港口经营出现多样化，港口群之间、港口群内部的港口之间的竞争和合作伴随港口的发展而产生。

珠江口港口群自“十五”以来得到了快速发展，港口的发展模式也发生根本变化，“港航船货”一体化的港口投资经营模式成为港口发展的主要模式，港口企业之间的竞争也愈加激烈，“港航船货”一体化的港口发展模式，既促进和加快了珠江口港口群的快速发展，也使港口的竞争更为激烈，港口的竞争由港口业务的竞争上升到港口产业链的竞争和企业经营供应链的竞争，相应也提高了进入港口经营行业的门槛，单独的港口装卸业务或纯粹的运输经营将在竞争中明显处于劣势，因而，企业的合作或战略联盟将得到发展。惠州港和虎门港是近年快速发展起来的新兴港口，是以企业投资经营港口为主的“港航船货”一体化的典型模式。惠州港总体规划于 2005 年审批通过，通过乙烯和炼油项目带动了原油码头和成品油码头建设，主要港区东马港区基本形成，建成了20万吨级以上的原油泊位4个和成品油及化工品深水泊位10多个，使惠州港一跃成为广东省最大原油深水港口和大型港口之一。虎门港总体布局规划于2003年通过审批开始建设，其麻涌和沙田两个主要港区基本建成，共建成散杂货及通用深水泊位5个、油品或液体化工品深水泊位5个，在建的散杂货深水泊位7个、油品或液体化工品深水泊位5个，形成港口通过能力4 000 × 10^4 t。港口企业为了提高自身竞争力以应付日益激烈的竞争，也进行了合作和结构调整。深圳西部港区通过整合实现集装箱专业化经营，深赤湾则在虎门港投资建设杂货码头，将深圳港的业务转移并扩大业务，明显提高了竞争力。中海油立沙项目则为惠州炼厂的配套罐区，通过管道储存和中转来自中海油惠州炼厂所生产的成品油，利用珠三角内河水网运输降低成品油供应珠三角各地的运输配送成本，港口企业之间的联盟或战略合作是提高竞争力以对日益激烈竞争的有效途径。

从珠三角港口群发展现状和各港口发展定位来看，珠江口各港口差异发展和趋同发展并存，"港航船货"一体化的港口投资经营模式成为港口发展的主要模式，港口的竞争已由港口业务的竞争上升到港口生产产业链的竞争或企业经营产业链的竞争，港口之间或企业之间的战略联盟和合作是提高竞争力的必然策略。因此，既竞争又合作的"竞合"关系将成为港口群发展的趋势之一。"竞合"不是消除竞争，而是为了更有效地竞争，在最大限度发挥自身优势，不断提高生产效率与运营效率，保证自身核心竞争力的同时加强合作，实现共赢，从而实现港口群效益的最大化。

5.4.1 珠江口港口群的港口码头大型化、深水化、专业化趋势

从影响珠江口港口群的技术因素分析可以看出，当前船舶大型化趋势愈发明显。船舶大型化首先要求码头基础设施的大型化。大型船舶对港口设备提出了很高要求，比如9 000 TEU集装箱船宽45.6 m，宽度上并排可以装载18个集装箱，要求港口投资购买外伸距更长的、能装卸18个集装箱宽的大型吊机与之相匹配。集装箱船超过10 000 TEU，码头则需配备新的大型吊车。另外，大型船舶对桥梁和高架电线的净空高度有一定的要求，对进出口航道设施有其特殊的安全操作技术上的要求：最后，港口堆场的容量也要能够满足大量集装箱在港储存的要求。

其次，船舶越大，满载吃水越深，进而对航道和码头水域深度要求越高。例如，2 000 TEU船舶满载吃水标准为12 m，目前主营运的8 000 TEU船舶的满载吃水标准为14.5 m。现代大型集装箱港口大都把浚深目标锁定在15 m。另外，根据国际造船专家测算，如果集装箱船舶达到18 000TEU的"马六甲型"，它的吃水为21 m左右，而目前的造船工艺和先进设计水平，可以使得它的满载最大吃水减少到18 m。显然，接待这种超巨型集装箱船的港口、航道和泊位水深至

少需要 18m 以上，这就要求码头和航道有足够的水深。

再者，船舶大型化客观上要求更高的港口作业效率与之相适应。比如，7 000 TEU 或者更多箱位的超大型集装箱船，就要求码头作业机械至少每小时吊运 300 只集装箱。如果港口装卸效率低，船舶在港时间增加，航运成本上升，就会带来规模不经济。装卸作业效率很大程度上依赖于港口设施的专业化，面对船舶大型化带来的日益增长的吞吐量，必须进一步改善装卸工艺，采用专业化设备，提高运作效率，加快货物周转。

从珠江口港口群发展现状分析中可知，珠江口港口群经过多年建设，港口通过能力大幅提高，港口的大型化和专业化发展迅速，港口能力基本满足货运发展需求，但“结构性短缺”仍然存在，煤、油、矿、箱等大型专业化深水泊位有所不足。为更好地适应到港船舶的大型化趋势，在建设煤、油、矿、箱等大型专业化深水泊位，缓解“结构性短缺”问题的同时，还应改善相应的港口设施和工艺设备；珠江口港口群应预留向更大型化、深水化和专业化方向发展的岸线和空间，特别是与大型重化产业相适应的原油和矿石码头的发展空间。

5.4.2　珠江口港口群功能多元化趋势

根据港口发展演化的相关理论，结合近年来国内外港口的发展情况，未来珠江口港口群将逐渐向港口功能多元化的趋势发展，使港口不仅提供装卸运输服务，同时提供着卓有成效的产业发展、物流增值、海洋开发和城市社区等多功能的服务，使港口以及港口所在城市成为以港口为中心、集成多种运输方式综合发展的运输枢纽，成为航运、商业和贸易、产业信息、综合服务中心。当前，珠江口港口正朝着这个趋势演化。随着区域产业结构调整的不断深入，日益激烈的港口竞争迫使珠江口港口不断拓展自身功能，适应腹地经济的发展，从而使港口结构更趋合理，实现港口功能多元化。

5.5　珠江口港口的可持续发展趋势

港口可持续发展是指港口在生产建设过程中，在保证环境及自然资源不受破坏的前提下，不断提升港口的生产条件和技术能力，加强港口与其腹地联系及与周边港口的合作，在和谐健康的环境中完善港口的社会文化，实现港口经济的持续健康发展。在港口的建设发展过程中，不仅要求港口能够满足当前经济发展的需要，又能够使港口未来的经济、社会、生态环境等持续、和谐、健康地发展。也就是说，港口在保持经济高速增长的同时，要充分考虑其对社会和生态环境的影响，在获得经济效益的同时，做好环境和生态的保护，从而达到经济效益和社会效益的协调发展。

可持续发展是港口保持竞争力的必然选择。国外港口普遍十分关注港口的可持续发展，重视生态环境的保护以及与城市的协调发展。世界现有的国际航运中心港口一方面制定可持续发展的产业政策，包括多元化的投资政策、完善的土地、岸线等资源利用政策，通过政策引导来推进可持续发展；另一方面致力于提高港口综合运输能力、服务水平和增值服务量，强化港口信息化建设，完善港口功能，使效益、安全、环保、市场竞争力等方面得到全面提高，并通过港口的发展带动周边地区的经济发展，形成相互促进、共同发展的互动格局。

随着国家提出深入学习科学发展观，加快推进“两型社会”建设，根据《全国沿海港口布局规划》中提出的“依法推进沿海港口健康、协调、可持续发展”的精神，结合珠江口港口群发展中存在的岸线、土地资源短缺等问题，未来珠江口港口群将逐步朝着可持续发展的方向演进。

5.5.1 指导思想与基本思路

（1）指导思想

以科学发展观为指导，以协调平衡的可持续发展为前提，着力提升广东省沿海港口的现代化水平和国际竞争力，充分发挥沿海港口在国民经济发展中的基础性作用，并与其他运输方式共同构建布局合理、衔接顺畅、重点突出的现代综合运输体系。

（2）基本思路

严格依据相关法律和政策实施，优化资源配置，实现资源效益最大化；关注环境，和谐港城关系，实现港口的可持续发展；发挥港口对地区经济发展的引擎作用，促进广东省社会经济的健康发展。

5.5.2 促进港口可持续发展的措施

（1）大力推进临港产业的发展

根据广东省经济、产业发展和布局调整的需要，进一步推进沿海集约化、规模化的临港产业的发展，在沿海形成一批具有重要影响的临港工业基地和大型物流园区，使港口逐步发展成为集运输、商贸、临港工业和物流服务为一体的综合性服务中心。

（2）完善相关规划，优化沿海港口的空间格局

从分层次、分系统等不同角度对广东省沿海港口的布局进行规划，明确沿海港口未来的总体发展方向和各港口的功能定位，使广东省沿海港口逐步形成枢纽港、干线港、支线港及喂给港的多层次、梯度性布局。

同时，形成以深圳港和广州港为主的集装箱干线港布局，沿海集装箱支线港专业化、现代化水平显著提高；煤炭、原油、油品、铁矿石、汽车等港口布局初步形成，基本满足未来运输需求和船舶大型化的发展需要。

（3）港口资源整合，提高港口群的竞争力

港口资源整合是实现港口增长方式由粗放型向集约型、内涵型转变的重要手段，也是实现港口规划的重要保障。广东省沿海港口资源整合总体目标是依托港口群体优势，充分发挥岸线资源优势和区位优势，通过有序整合港口资源，使港口资源系统投资的经济效益获得显著增长，港口功能的发挥可以支撑可持续发展建设，同时建成层次分明、结构合理、功能完善、高效协调的现代化港口群，提升港口整体竞争力，更好地为城市和区域经济服务。整合作为一种手段，关键是要实现港口协调发展，最终促进地区社会经济发展，创造和谐社会。广东省沿海港口资源整合应达到以下三个目标。

1）解放思想，不断创新开发思路，以可持续发展的思想为指导，合理开发和利用港口和岸线资源，建立和完善沿海运输体系，为临港工业发展和贸易繁荣建立运输保障。

2）通过加大港口航道建设的技术投入来提高港口装卸设备的工作效率，理顺港口资源系统的管理体制，提高管理水平，发展多种集疏运方式等途径，提高港口运行效率，实现港口通过能力的有效利用。

3）在港口建设过程中，既降低各种显性资金投入，又注重最小化各种隐性交易费用，包括最大限度地减少各种行政审批手续带来的额外成本，从而降低港口投资和运行成本，提高港口经营效益。

（4）改善港口的集疏运系统，构建综合运输体系

①根据港口自身情况和国际水运市场的需求，合理确定沿海港口的建设规模，加快出海航道的建设，使沿海港口的吞吐能力适当超前于吞吐量的需求。②应继续加快高速公路建设，完善高速公路网络，加快以国道、省道改造为主的区域干线公路建设，形成与高速公路网相互连接、相互补充、层次分明的区域干线公路网，并加快各港疏港公路与干线公路网连接的规划与建设，提高沿海港口陆路集疏运能力。③应考虑疏港铁路的布置，形成疏港铁路与京九铁路和京广铁路相互连接，拓宽广东省沿海港口与经济腹地的联系。④广东省具有丰富的内河资源，应改善沿海港口的水运疏运条件，全面建设珠三角“三纵三横”千吨级内河骨干航道，逐步完善全省航道网，形成干支相通、设备配套、功能完善、管理科学的水运疏运网络。

（5）提升港口功能，顺应港口发展趋势

现代港口的发展趋势是码头大型化、深水化、专业化和集装箱化，港口功能多元化，港口业务物流化，港口运行信息化，港口经营民营化，港口生产管理的高效、高科技化。

根据现代港口的发展趋势和市场需求，广东省沿海港口应逐步增加大型化、专业化码头的比例；在提供装卸运输服务的同时，提供卓有成效的产业发展、物流增值、海洋开发和城市社区等多功能的服务，使大型港口以及港口所在城市成为以港口为中心、集成多种运输方式综合发展的运输枢纽，成为航运、商业和贸易、产业信息、综合服务中心；提高港口运行信息化水平，加速港口物流周转，降低交易成本，缩短流通环节，提高生产效率，改善服务水平。

（6）政府部门通过转换角色，理顺港口管理体制

港务局在港口体制改革后，原先的所属企业被分离出去而蜕变成一个行政管理机构，因此应定位为港口的监督管理者，以行政手段保证港口的正常运营。其职责主要有：加强港口基础设施建设、协调组织、遵从当地社区的利益实施管理和应对并购风险。

港口属地政府应该站在加快地区经济发展的战略高度，通过制定相关政策和完善配套法律法规，筑巢引凤，吸引各种资本进入港口建设和经营中来，科学合理地利用沿海港口资源。其主要职责包括以下三个方面。

1）加强港口总体规划，对岸线资源进行有效管理，防止重复建设，提高社会效益；

2）加强港口法制化建设，保证港口健康有序发展；

3）改善港口建设投资环境，吸引并保留各种资本的投入；

4）加强对港口用土地资源的规划管理，确保港区土地的有效利用，避免出现港区土地被征作他用现象发生，保证港区预留用地以及疏港公路用地的完整性。

第6章 珠江口港口格局发展定位及存在问题分析

6.1 珠江口港口群总战略

6.1.1 广东沿海港口战略定位

(1) 国家层面

——亚太地区重要的港航枢纽；

——我国南方重要的国际门户；

——国家综合运输体系重要的出海通道；

——国家南海资源开发战略的重要基地。

(2) 区域层面

——“加快转型升级，建设幸福广东”的重要基础设施；

——广东省构建现代产业体系的重要载体；

——广东省海洋经济发展的重要平台；

——广东省实现区域协调发展的重要保障。

6.1.2 珠江三角洲发展目标

深入实施《珠江三角洲地区改革发展规划纲要（2008—2020）》，统筹考虑港口、产业、城市和区域联动发展，着力“转变发展方式、拓展服务功能、扩大辐射范围、推进资源整合”，按照“一核两翼”的发展格局，力争通过10~20年的努力，把广东沿海港口打造成为具有全球重要影响力和高度竞争力的亚太航运枢纽、国际物流中心，建设一体化发展的绿色港湾带，实现广东省由港口大省向“现代化港口强省”的跨越。

(1) 一核——以珠三角港口群为核心

完善广州、深圳、珠海等珠三角核心港口的现代化功能，形成与香港分工明确、优势互补、要素集聚、共同发展的国际航运中心。

（2）两翼——以粤东港口群和粤西港口群为两翼

—粤东港口群：打造以汕头港为主体，揭阳港和汕尾港为支撑，有效对接泛珠三角、融入海西经济区的重要载体。

—粤西港口群：打造以湛江港为龙头，茂名港和阳江港为支撑，充分参与环北部湾地区、大西南地区以及东盟贸易合作区发展的门户和桥头堡。

6.1.3 珠江口港口群发展战略

珠江口港口群发展战略体系——六大战略：国际物流中心战略、一体化发展战略、功能转型战略、新型绿色工业港战略、新型休闲港战略、辐射战略。

（1）国际物流中心战略

为六大发展战略的统领和核心。

1）完善专业体系，打造亚太枢纽；

2）延伸产业链条，建设物流强港；

3）拓展多元市场，提升国际地位。

（2）一体化发展战略

1）紧系资本纽带，推动资源整合；

2）开展区域合作，提高保障能力。

（3）功能转型战略

1）实施区港联动，拓展服务功能；

2）搭建信息平台，建设智慧港口；

3）集聚港航要素，力促自由区港。

（4）新型绿色工业港战略

1）发挥先导效应，壮大临港工业；

2）优化产业布局，形成差异集群；

3）保护珍稀资源，提升开发效率。

（5）新型休闲港战略

1）注重环保节能，建设绿色港口；

2）优化港城界面，构建和谐港城；

3）发展邮轮游艇，打造休闲绿港。

（6）辐射战略

1）完善出省通道，打造南方门户；

2）衔接综合交通，推进多式联运。

6.2 珠江口港口群发展的定位和目标

6.2.1 珠江口港口群发展的方向和定位

（1）珠江口港口群的发展方向

建设现代化港口强省，提升广东沿海港口发展对重大战略实施、经济转型升级和综合交通运输体系构建的服务支撑能力，需要珠江口港口群着力从以下四个方向努力。

1）转变发展方式。从传统货运业向现代航运服务业延伸；从数量增长向质量和效益增长转变；从港口自身发展到港城融合发展；从临港工业集群向新型临港工业基地转型。发展重心由“以基础设施建设为主”向“拓展功能和加快建设并举”转变；资源利用由“相对粗放”向“集约利用”转变；能力建设由“简单适应型”向“大型化、专业化和公用化”转变。

2）拓展服务功能。适应国际港口发展形势和我国及广东省贸易结构调整需要，提升沿海港口群工业功能、物流功能、商贸功能、信息服务功能、港航金融功能以及港航资源配置功能，满足多样化、个性化和高端化需求。把广东沿海港口打造成为现代物流中心、产业集聚中心、航运服务中心和资源配置中心，港口在全省综合交通运输体系中的枢纽功能明显增强。

3）扩大辐射范围。进一步优化港口集疏运体系和出省大通道，提升对中部、西部地区货源的竞争力。大力发展多式联运体系，提升服务效率和水平，适应产业转移趋势，服务国家中部崛起和西部大开发战略。

4）推进整合资源。以市场为纽带，政府积极引导，扎实推进以区港联动为特色的中小港口建设，继续大力推进港口资源整合，扶持龙头企业做大做强，形成发展合力，提高资源利用效率，共同构筑广东省沿海港口集群的整体优势和核心竞争力。

（2）珠江口港口群的发展定位

珠江口港口群要实现由服务本省向服务全国的提升，在更高的层面服务国家重大战略实施。珠江口港口群要成为我国走向世界、连接全球的关键节点和亚太地区重要的港航物流集聚区，更好地服务和支撑香港国际航运中心的发展。珠江口港口群不仅是广东，也是我国华南、华中及西南等广大地区经济社会发展的重要基础设施和我国面向南太平洋区域对外交往的重要门户。

港口是重要的基础性产业和服务性行业。加快沿海港口的发展，符合广东省区域经济协调发展的战略要求。建设以港口为中心、沿海城市为载体、综合运输体系为动脉、港口相关产业为支撑的开放型综合产业经济体系，是广东省构建现代产业体系的重要内容。发挥沿海港口运能大、能耗小、成本低的综合优势，有利于促进经济发展方式的转变，减少污染排放，符合建设资源节约型、环境友好型社会的总体要求，对“加快转型升级、建设幸福广东”具有重要现实意义。

基于以上分析，确立珠江口港口群发展的战略定位为：“亚太中心、南北枢纽、珠江门户”。

国际层面　——亚太地区重要的航运物流中心。

国家层面　——我国南北沿海运输的南方主要枢纽。

区域层面　——国家综合运输体系重要的出海通道。

——珠江流域水路运输的重要门户。

地方层面　——“加快转型升级，建设幸福广东”的重要基础设施。

——广东省构建现代产业体系的重要载体。

——广东省海洋经济发展和资源开发的重要平台。

——广东省实现区域协调发展的重要保障。

6.2.2　珠江口港口群发展战略目标

（1）总体发展目标

深入实施《珠江三角洲地区改革发展规划纲要（2008—2020）》，统筹考虑港口、产业、城市和区域联动发展，着力“转变发展方式、拓展服务功能、扩大辐射范围、推进资源整合”，按照“一核两翼”的发展格局，力争通过 10 ~ 20 年的努力，把珠江口港口群打造成为具有全球重要影响力和高度竞争力的亚太航运枢纽、国际物流中心，建设一体化可持续发展的绿色港口群，实现广东省由港口大省向“现代化港口强省”的跨越。

（2）近期发展目标（2011—2015 年）

形成以深圳港和广州港为主的集装箱外贸干线港、内贸枢纽港布局，沿海集装箱支线港的专业化、现代化水平明显提高；煤炭、原油、油品、铁矿石、汽车等专业化运输系统初步形成。

港口综合运输枢纽作用明显，集疏运体系明显改善，港口服务效率明显提高，货源吸引能力明显增强。疏港铁路、高速公路贯通沿海 14 个港口。沿海主要港口均通航 10 万吨级及以上船舶。铁路、公路、内河、管道等集疏运方式衔接更加通畅；广州港、深圳港、珠海港和湛江港等主要沿海港口多式联运体系初步建成。铁路在主要港口散货集疏运中的比重超过 20%，在集装箱货物的集疏运中所占比重达到 5%。

初步建成临港先进制造业体系。加快发展珠海高栏、广州南沙、惠州大亚湾为依托的临海产业带，提升装备、汽车、石化、钢铁、船舶等先进制造业在港区后方的集聚发展水平。

初步建成现代港口物流业体系。构建以现代物流为主导的煤炭、成品油、钢铁、粮食等大宗商品交易交流基地，在珠海港、广州港、惠州港等港口建设一批大宗能源、原材料物资的交易中心和战略储备基地。

建设现代航运服务业集聚区。在广州、深圳等地区建设 2 ~ 3 个现代航运服务业集聚区，搭建现代港航服务业发展平台，加强与香港国际航运中心合作，拓展船舶交易、船舶融资、航运经纪、航运保险、航运咨询、海事仲裁与法律、信息发布等现代航运服务功能。

积极发展港口休闲产业。拓展沿海港口旅游、休闲、娱乐和文化产业功能，建成 2 ~ 3 个国际邮轮码头及一批游艇基地，发展邮轮游艇旅游，培育港口发展亮点。

沿海港口生产单位吞吐量综合能耗下降 8% 左右，单位吞吐量二氧化碳排放下降 10% 左右。

（3）中期发展目标（2016—2020 年）

基本实现基础设施专业化、深水化，港口运营集约化、规模化，港口管理信息化，技术设备现代化，港口发展质量和效率显著提升，传统功能与现代化功能相互促进，协调发展。

港口在综合交通体系中的枢纽节点作用更加突出。沿海港口与铁路、公路、内河、管道、航空等运输方式高效衔接、协调发展，港口辐射能力明显加强。铁路在主要港口散货集疏运中的比重超过 25%，在集装箱货物的集疏运中所占比重达到 10%。

临港先进制造业发展水平显著提升，布局更加合理。

港口物流业体系逐步完善。沿海港口大宗商品交易中心、战略储备基地和物流园区的商贸交易、信息服务、储备加工等功能逐步完善，在全国和全球的影响力显著提升。

现代航运服务功能逐步健全。港航信息服务和港航金融服务支持系统明显加强。现代航运服务集聚区具有较强的国际航运影响力和竞争力，初步具备国际航运资源配置能力。

港口与城市、港口与环境初步达到和谐发展，港口旅游和休闲产业初具规模，生态港口和绿色港口初现雏形。

广州港、深圳港逐步向自由港区转型。

（4）远景展望目标（2021—2030 年）

现代航运服务业体系发达，功能高度完善。港口物流、航运交易、金融、信息、法律服务产业发达，港航要素高度集聚，广泛参与全球航运资源配置，在国际航运市场和物流网络中具有较高地位和重要影响力。

珠江口港口群港口带、沿海产业带、沿海城市带三位一体和谐发展，成为我国南方海洋经济发展的重要引擎。

建成深圳港和广州港两个自由港。

6.3 珠江口港口群发展战略

沿海港口的建设发展对于“加快转型升级、建设幸福广东”意义重大。为把珠江口港口群建设成为亚太航运枢纽和国际物流中心，应统筹港口、产业、城市、区域的发展，形成以港口为“核心”，以临港工业园区、临港开发区、临港物流园区、保税港区为平台，以综合运输大通道为主轴，以区域经济发展和产业提升为依托的“点、块、线、面”全面、统筹、协调发展的大格局。

珠江口港口群应在“亚太中心、南北枢纽和珠江门户”战略的统领下将珠江口港口群建成“国际物流中心”，按“高效、绿色、安全、智慧”四型港口的要求进一步实施“一体化战略”、“功能转型战略”、“新型绿色工业港战略”、“新型休闲港战略”和“辐射战略”，以国际化、现代化、专业化、多元化为导向，积极推进先进制造业和现代服务业发展，使珠江口港口群成为广东社会经济发展的新增长极。

6.3.1 国际物流中心战略

现代港口的基本特征是国际物流型港口。目前，广东省已进入后工业化时代，广东主要港口也正积极向以现代物流为特征的第三代港口的转型。依托广东省、服务泛珠三角地区、辐射全国、面向全球，努力建设成为环保、现代、高效的国际物流中心，是广东沿海港口在新时期的战略选择。

（1）完善专业体系，打造亚太枢纽

完善基础设施建设，适应现代物流的需求，做强码头核心业务，提升沿海港的现代物流服务水平，围绕打造“亚太航运枢纽、国际物流中心”的目标定位，按照港口专业化分工和功能定位要求完善集装箱、煤炭、石化、矿石、粮食、商品汽车、旅客运输七大港口专业运输系统。

1）围绕香港国际航运中心，调整集装箱泊位的分布和功能，建设港口层次清楚、分工合理、功能定位科学的集装箱物流系统。第一层次是以深圳港、广州港为干线港，以开辟远洋干线集装箱班轮航线为主，建设10万吨级以上的大型、特大型集装箱码头设施。第二层次是支线港，主要是珠海港、惠州港和虎门港，以开辟国内支线运输为主，建设7万吨级以下集装箱码头设施。第三层次是喂给港，主要是中山港、江门港等中小型港口。

2）煤炭接卸及转运系统。由以广州港、珠海港和虎门港为主布局煤炭装船港和该地区公用码头、能源等企业自用码头共同组成。建设珠海港、广州港大型煤炭储存配送基地。

3）粮食中转储运系统。以广州港、深圳港为主，建设我国华南地区沿海粮食运输的主通道。

4）商品汽车运输系统。以广州港、虎门港等港口布局商品汽车运输系统。

5）旅客中转及邮轮运输系统。以深圳港、广州港为主布局国内外旅客中转及邮轮运输设施。

（2）延伸产业链条，建设物流强港

大力发展现代物流，构筑高水平的现代物流体系。把港口现代物流作为转变港口发展方式的立足点和着力点，围绕港口主要货类延伸上下游物流服务。引导港航企业延伸服务产业链，拓展经营网络，加快由运输承运人向综合物流服务商和全球物流经营人的转变，进而使港口从一般意义上的物流节点发展成为区域性物流中心。打造广州港、深圳港、珠海港等一批综合性港口物流集聚区，壮大港口物流发展主体，推广先进物流组织方式，积极推进港口物流向价值链高端转变。

1）大力发展国际采购、国际配送等新型业态物流服务。依托广州南沙保税港区、深圳前海保税港区和广州保税物流园区、盐田保税物流园区，大力发展国际采购、国际配送等新型业态，鼓励港口物流业服务内容创新、服务业态创新，增强广东沿海港口物流整体服务增值能力。

2）推进港口物流与贸易、金融的融合发展。加快物流金融政策创新研究，加强港口金融产品创新和制度创新；鼓励和支持煤炭、石化产品、钢材、木材等大宗商品较为集聚的港口，大力推进临港型大宗商品交易平台建设。实现生产企业、物流企业、金融贸易、服务等不同类型企业在港口集聚，拓展物流行业增值领域，提升港口产业整体增值能力。

3）大力发展港口物流服务外包。重点培育3~5家物流服务外包示范企业，积极引进或培养物流服务外包中高端人才，把广东沿海港口物流建设成重要的全国性大型物流外包基地。

4）大力建设临港物流园区。按照现代物流的发展要求，沿海港口要发挥自身的特点优势，将港口与临港物流园区统筹规划，同步建设，有机衔接，积极拓展港口服务领域，构建基于港口的煤、油、矿、箱、粮食等主要货物的运输、中转、储备、配送、交易的物流系统。同时，引导港口企业通过整合、兼并、重组，组建跨区域、跨行业、跨所有制的具有较强竞争力的大型物流企业，培育临港物流园区的现代物流经营主体。

（3）拓展多元市场，提升国际地位

努力开拓多元化市场，提升珠江口港口群在国际航运物流链体系中的地位和影响力。针对21世纪前期世界经济重心移向亚太地区的特点和广东省的实际，在巩固提高现有港澳市场优势的基础上，尽快打破出口贸易市场过于集中的局面，调整和确定多元化国际市场的拓展目标。

优化国际市场。巩固欧洲、北美市场，加强与南美、非洲、东盟等新兴市场港口间的沟通，并积极开拓远洋市场。深圳港和广州港等集装箱干线港，应支持和吸引世界知名班轮公司、船舶管理公司进驻，巩固欧美优势航线、开拓新兴市场航线。进一步拓展深圳港的国际中转业务，做大做强国际集装箱中转业务。珠海港、虎门港、惠州港等支线港，应从战略的高度有计划、分阶段地培育新的国际航线，近期重点拓展东南亚等近洋航线，中远期大力拓展中东、拉美、非洲、东盟、南亚等发展中国家新兴市场。

积极拓展国内市场。在外需市场持续动荡的形势下，随着我国社会经济的发展和人民生活水平的提高，扩大内需已成为我国一项长期的基本国策。国内市场潜力巨大。加强与环渤海、长江三角洲、东南沿海及北部湾沿海港口的紧密联系与合作，优势互补、共同发展。

6.3.2 功能转型战略

（1）实施区港联动，拓展服务功能

进一步发挥保税港区、保税物流中心、出口加工区、保税区、港口物流园区、经济开发区等的政策优势，大力推进区港联动建设，依托港口建设综合运输枢纽、大宗商品交易市场、区域性物流中心，提供全程化、多方位、综合性服务，提升港口在物流链中的集聚效应。强化港口规划与城市发展规划、产业规划的协调和衔接，促进区港协调发展。

推动港口与产业园区的融合发展。在政府的引导和推动下，通过对码头的公用化运作，实现岸线资源利用的合理化和高效化。对于园区码头，探索结合后方园区的产业定位进行改造和整合，通过对码头统一规划和公用化改造，使其为后方整个园区的企业服务，从而实现港区联动发展。

加强港口与临港物流园区的融合。积极推进交通主干线与港区、物流园区以及后方经济区域的衔接工作。加强港口与海关特殊监管区的联动发展，加大港口国际采购、配送、中转等功能的拓展力度。顺应腹地经济由出口加工型为主向进口消费型转型的趋势，大力推进港口物流功能转型，吸引国际航运集团、第三方物流企业、跨国采购配送中心进驻港口物流园区，推进国际港航产业与国际物流产业的联动发展。

(2) 搭建信息平台，建设智慧港口

大力提升港口信息化开发和应用水平，积极探索集装箱电子标签、电子铅封、港口设备运行状态监控、工程设备资产管理、无线自动抄表等典型物联网应用，加快港口物流科学化、网络化、智能化建设，建设“智慧港口”。

1）加快港口行政管理信息化系统建设。按照交通运输部对港口综合管理信息系统的要求，进一步完善全省沿海港口综合管理信息系统。整合海事、港口、航运、船检等数据库和信息资源，加快推进港口公共管理信息平台建设。采用信息化、智能化手段，实现港口管理的现场监管、动态监管和过程监管，并提高港口行政服务效率。

2）加快电子口岸平台建设。鼓励各港加快组建港航 EDI 中心，以集装箱运输信息为重点，尽快形成全省交通电子口岸的主体框架，初步实现与海事、海关、质检、边检等单位信息系统互联互通，共享出入境货物、交通运输工具和出入境监管等信息。

3）加快港口物流信息平台的建设。推进异地订舱、异地报关、全程货物监管等，降低物流周期和成本，提升通关效率。重点港口要根据港口、货主、代理、物流企业、航运公司等客户的不同需求，建立集信息发布、电子政务、电子商务、口岸服务、运输组织等多功能为一体的物流信息平台。近期重点建设广州港、深圳港的港口物流信息化平台。

4）完善重点港口企业生产管理信息化系统。鼓励港口企业加快港口信息化、智能化建设，研究推广集装箱码头集卡全场智能调控系统和智能化数字港口管理技术等。进一步优化港口生产作业、运输组织系统和港口危险货物安全管理系统、港口服务中心系统，提高码头装卸、运输组织、设备运行、安全管理的效率和服务水平，提升港口运营的综合竞争力。

(3) 集聚航运要素，力促自由区港

拓展航运服务功能，以广州港、深圳港等主要港口为依托，建立现代航运服务集聚区，重点发展航运金融、航运交易、航运仲裁、航运保险、航运咨询等高端航运服务业，提升广东港航物流综合竞争力。

深圳要着力建设国际航运衍生服务平台。依托香港国际航运中心优势，推动深港两地港航业紧密合作，拓展港口服务功能，拓展国际航运服务，积极引进航运业务管理中心、单证管理中心、结算中心、航运中介等机构和业务。广州要努力推进港航服务集聚区建设，着力发展现代航运服务业，形成比较完备的现代航运服务体系，重点发展航运金融、海上保险、海事法律和仲裁、船舶交易和航运交易、海事文化和海事教育、航运研究和信息咨询等高端航运服务业，完善航运服务布局，积极稳妥地发展航运金融服务。

重点打造以广州南沙、深圳前海、珠海横琴为核心的现代航运服务集聚区。充分利用深圳前海和广州南沙服务内地、连接港澳的优势，利用 CEPA 提供合作平台与制度平台，促使和探索将香港完善的国际航运服务延伸辐射广东沿海港口，将香港现有的航运产业高端化优势与广东沿海港口的资源优势有机整合，进行航运服务政策试点，吸引物流企业、船代货代企业、邮轮公司等入驻；推动广州、深圳与香港在临港大宗商品现货和期货交易、航运总部经济、金融创新、船舶交易、国际邮轮和游艇休闲产业等高端领域的合作，提升广州、深圳等港口的综合物流服务能力，强化金融服务体系建设，积极推进广州港和深圳港向自由贸易区和自由港转型。

6.3.3 新型绿色工业港战略

珠江口港口群的发展不仅为广东省经济、对外贸易发展提供了交通条件，也是广东省承接国际产业转移、促进产业升级转型、开展石化、电力等基础工业和加工工业布局的重要条件。在广东省现代化发展进程中，沿海港口将在优化发展现代服务业、加快发展先进制造业，积极推进区域协调发展、进一步扩大对外开放中发挥更加重要的基础性、先导性作用。

（1）发挥先导效应，壮大临港工业

港口经济是以港口为中心、城市为载体、运输体系为动脉、港口相关产业为支撑、腹地经济为依托，并实现港航、商贸、旅游、临港工业等产业协调发展的开放型综合产业经济。港口经济的关联性极强，全局性效应显著，是海洋经济的重中之重。

沿海港口毗邻海洋，邻接陆地，具有充足的水源、便利的交通、有利的协作和能源供应等条件，沿海港口地区成为重化工业时代广东省承接国际产业转移的先行之地。依托港口大力发展临港工业和海运物流业，有利于形成全球化大生产的生产方式，形成工业依托港口，港口促进工业的相互依存的临港工业带。发展临港工业，必须更加注重选址和污染防治，把临港工业发展置于广东海岸带长期生态保护体系之中。沿海临港工业区应更加注重对绿色环保型企业的引进，大力发展低碳经济，把好项目源头控制，坚持走新型工业化道路，着力发展高技术、高效益、低能耗、低排放的“两高两低”工业，培育壮大以新光源、新能源、新材料为代表的高新技术产业和高端产业。围绕主导产业，不断优化产业结构，形成循环经济网络，为临港工业区发展壮大和转型升级打下坚实基础。

珠三角及主要港口产业发展定位应以发展港口与现代物流业为龙头，以临港产业、装备工业和高新技术产业为重点，以造船、钢铁、石化和汽车工业为骨干，并大力发展以区域性综合服务为主导的第三产业。

（2）优化产业布局，形成差异集群

根据资源禀赋和发展水平的地区性差异，以港口规划为基础，充分发挥港口岸线的资源配置作用，做到深水深用、浅水浅用，形成差异化发展模式。推动“港口、产业、城市”的联动，加强与大型石化、冶金、电力等企业集团的合作，支撑和引领临港产业集聚化发展，优化区域生产力布局，逐步形成珠江口沿岸总部经济带。

构建珠江口沿岸总部经济带。重点打造环珠江口沿岸世界级湾区，发展总部经济、金融、科研创新、高等教育、医疗卫生、生态居住、旅游等产业，根据资源条件和环境容量，优化发展汽车、钢铁、造船、机械装备、石化等第二产业，发挥滨江地区优质土地资源价值。

6.3.4 新型休闲港战略

港口休闲产业是现代港口发展的一个重要领域，是世界港口城市进一步发展的重要方向之一，代表着港口功能从物流港、工业港向城市港、休闲港延伸。广东作为全国的滨海旅游大省和经济社会发展最为活跃的地区之一，2013 年广东省人均 GDP 达 58 540 美元，广东已跨入中上等收入国家或地区的门槛，广东将迎来生活消费多样化时期。打造舒适优美的滨海空间，营造港口与人和谐相处的良好氛围，是广东沿海港口长期、快速、稳定发展的重要保障。

（1）注重环保节能，建设绿色港口

绿色港口是指既能满足环境要求又能获得良好经济效益的可持续发展港口，要求港口在满足腹地经济贸易发展需要的同时，尽量减少港口建设和运作对环境和生态的影响，降低资源和能源的消耗，缓解对气候变化的影响。沿海港口应充分挖掘现有港口设施潜力，节约、集约使用资源，减少能源消耗，应用低碳技术，保护环境和生态，减少港口建设和生产对周边居民生活的影响；致力于以构建低能耗、低污染、低排放为基础的港口发展模式，将绿色、低碳港口规划纳入港口发展的总体战略，将绿色、低碳理念渗透到港口发展的各个环节，不断健全节能减排长效机制。

1）开展珠江口港口群绿色低碳港口规划研究。主要包括港口环境保护基础设施完善计划、港口污染防治规划、港口环境风险防范管理计划、港区海洋生物资源保护规划、港口产业与功能结构调整规划、岸线调整和景观文化旅游规划、港区海洋生态修复及建设规划等。

2）加大对港口环保的投资力度，建立积极有效的环保激励机制。地方政府管理部门应加大港口环保公共设施的资金投入，除码头运营部门必须要保证有足够的资金用于环境污染处理和港区生态建设外，还应鼓励社会资金和国外资金参与到绿色生态港口的建设之中。同时引进国外的先进技术，加强港口的软硬件实力。此外，探讨建立符合广东实际的环保激励机制。激励挂靠港口的船舶在港口附近水域降低航行速度，减少废气排放。

3）推进科技开发和技术创新。技术进步是港口实施低碳化的重要举措。进一步完善有关港口和港口企业加强环境保护和节能减排的标准、法规等，制订广东绿色港口行动计划，大力推动落实港口防污染措施，全面推进岸基船用供电系统、港航智能运输系统、港口集装箱轮胎吊“油改电”系统、煤炭码头全面使用现代化防尘除尘装置等节能减排技术的应用，建立建设绿色低碳型港口长效机制。

（2）优化港城界面，构建和谐港城

转变思想意识，充分认识港城和谐发展的重要性。加快港城管理模式的探索。针对珠江口港口群的实际情况，依据自然地形和现状，结合功能定位，合理布局港口码头区、临港工业区、出口加工区、商贸服务区、文教生活居住区，加快港区城市化发展进程。

注重老港区再生和城市更新，持续改造优化港城界面。重视广州港等老码头改造的历史文化延续、滨水景观塑造和创意设计，为城市增彩增色、增长活力与魅力。

（3）发展邮轮游艇，打造休闲绿港

依托良好的港口生态自然环境，以高端目的地旅游项目为突破点，大力发展邮轮游艇旅游，建设休闲旅游产业聚集新区，满足省内外游客对高品质海上休闲旅游的需求，打造休闲绿港。

形成以广州、深圳、珠海为核心，中山、东莞、江门、惠州等游艇俱乐部群为支撑的滨海游艇旅游黄金海岸带。进一步引进国际知名品牌游艇制造企业，发展中高档游艇制造业，推进游艇旅游为核心的游艇消费，构建集生产、服务、经营为一体的游艇旅游产业集群。

以珠江口湾区港口群为重点，发展邮轮旅游。鼓励沿海各港口发展海上观光和游艇码头等休闲旅游产业基础设施。

6.3.5 辐射战略

（1）完善出省通道，打造南方门户

1）建设后方大通道，即珠江口港口群与内陆腹地连接的大能力通道。按照“立足广东，依托港澳、服务华南、西南和中部地区，辐射全国，对接海内外”

的要求，着眼于强化门户功能，基本建成以高快速干线铁路和高速公路为骨架、联系周边省区的10条以上出省大通道，形成东接海峡西岸沟通长三角、西联桂黔沟通大西南、北达湘赣两省沟通中原地区的发展格局。

2）建设集装箱运输网络，包括港口后方的双层集装箱通道和集装箱中心站的建设以港前港口支线、港区铁路和港前站系统的建设。在武广客货分线的基础上，强化提升既有线的能力，同时加快贵广、南广铁路的建设，最终形成以京广铁路为中坚，京九、贵广和南广铁路为两翼的扇形后方通道。针对该广东沿海港口群集装箱运距延长的趋势，京广通道广州至韶关段、韶关—赣州铁路、京九和广深铁路均达到双层集装箱运输标准，以满足湖南、江西地区进出口集装箱运输的需要。

3）内陆无水港的建设。以大型集装箱枢纽港为中心，通过铁路、公路、内河运输等多式联运方式，使沿海枢纽港对集装箱货流的吸引范围向广大中西部内陆延伸。通过沿海水路，使枢纽港口的吸引范围向周边中小型港口延伸。在口岸通关、电子口岸、铁路运输等方面争取相关的政策保障和机制支持，赋予无水港的口岸功能，充分体现“无水港”货物通关的便利和成本优势，建立从“有水港”通过集疏运系统到“无水港”的港口服务网络。

探索以“无水港”等形式在广东东西两翼、北部及我国中西部建设珠三角港口公共物流集聚区。广州港、深圳港等集装箱码头公司采用公共品牌宣传、公共班列经营人、公共无水港，建设公共货源集聚区，实现货源的就地集聚，整合广东沿海港口资源，共建广东港口一体化腹地网络，形成广东主枢纽港对中西部内陆货源吸引的合力。通过在无水港设置还箱点，搭建双重运输信息平台，实现主要港口与无水港之间集装箱运输的“重去重回”，大幅度降低集装箱陆路运输成本，进一步促进主要港口箱源集聚。

4）进一步改善口岸监管服务。大力推进泛珠三角区域大通关，积极实行出口货物“属地申报，属地申检，属地放行，全程监控”，进口货物实行“多点申报，多点申检，多点放行，应转尽转，全程监控”。加强运输组织管理，引导提高运输集约化水平，能源利用率和运输效率。

（2）衔接综合交通，推进多式联运

构建便捷、安全、高效、绿色的综合交通运输体系，积极推进海铁、公水和江海联运发展，着力提高各种运输方式的组合效率，形成优势互补、协调发展的现代交通综合运输体系，逐步实现客运“零距离换乘”、货运“无缝隙衔接”。

1）要继续加强公路集疏运通道，特别是衔接段的建设。加快高速公路建设，形成发达的高速公路集疏运交通体系。明显改善干线港集装箱码头与周边高速公路的衔接通道不畅、通行能力不足、路面等级不高的状况。鼓励和支持集装箱干线港建设集装箱专用疏港公路，推行客货分流和集卡车辆专道专行。

2）大力发展江海联运。要抓住国家加快内河航运发展的契机，大力发展以内河集装箱驳船为主体的海河联运。组建内河集装箱驳运船队，确定“五定”驳运航线航班，重点拓展西江、东江、北江和榕江、韩江内河网络，进一步完善江（河）海联运、江海直达规划。以西江亿吨级黄金水道、珠三角高等级航道网等重点工程建设为依托，深入实施“珠江战略”。建成面向我国西南部地区的珠江水系内河航运服务体系。引导运输船舶大型化、专业化、标准化、清洁化。

3）大力发展海铁联运。对于老港区铁路应进行强化改造，提高线路技术水平；对于新港区铁路应做好规划，优化布局，及早建设，创造码头直接装卸车的条件，尽量减少短倒转运环节。推进南沙港区疏港铁路、湛江东海岛铁路、茂名博贺港疏港铁路、粤东疏港铁路等港口核心港区的铁路通道建设，根据通道资源情况及铁路集疏运量增长情况建设相应的港口与铁路编组站连接线。尽早开通主要港口至南昌、武汉、重庆、成都、西安、昆明、贵阳和长沙等全部中西部地区省会城市的集装箱五定班列。

6.4 珠江口港口群发展面临的问题分析

广东省沿海港口既有良好的自身条件和突出优势，也存在一些不足。正确认识这些问题，有利于发现广东省沿海港口与国内外先进港口之间的差距，进一步明确港口发展方向，找准提升广东省沿海港口国际竞争力和综合实力的突破口。

6.4.1 珠江口港口群发展面临的主要问题

自 2000 年以来广东省沿海持续快速发展，金融危机后，沿海港口设施建设继续发展，港口运输受到较大的影响，港口吞吐量出现下滑现象后逐渐回升。珠江三角洲港口群发展较快，但深水优良岸线和陆域空间资源日益紧张，环境容量和土地资源等限制性日益明显，产业结构调整趋势明显，随着珠江三角洲产业转移的深入和沿海重化产业的发展，未来广东省沿海港口发展将面临许多新问题和不确定的因素。

（1）港口总体能力与港口吞吐量的适应性问题

广东省沿海港口通过能力与吞吐量的关系总体上基本适应，但结构性矛盾突出。

从总量上看，广东省沿海港口泊位能力适应度（能力/吞吐量）达到 0.93，港口通过能力与吞吐量总体适应，但结构性矛盾比较突出。

分地区看，珠三角地区泊位能力适应度为 0.91，基本适应吞吐量需求；粤东、粤西地区泊位能力适应度为 1.48 和 0.89，粤东泊位能力总体富余，粤西基本适应。其中能力富余较大的港口有揭阳港、中山港；能力紧缺的港口有广州港（图 6 –1）。

分货类看，集装箱、煤炭泊位的能力适应度均为 0.69，能力紧张；原油、成品油泊位能力适应度为 1.60、1.83，能力相对富余（图 6 –2）。

此外，还存在企业专用码头能力富余、公用码头能力短缺等结构性问题。

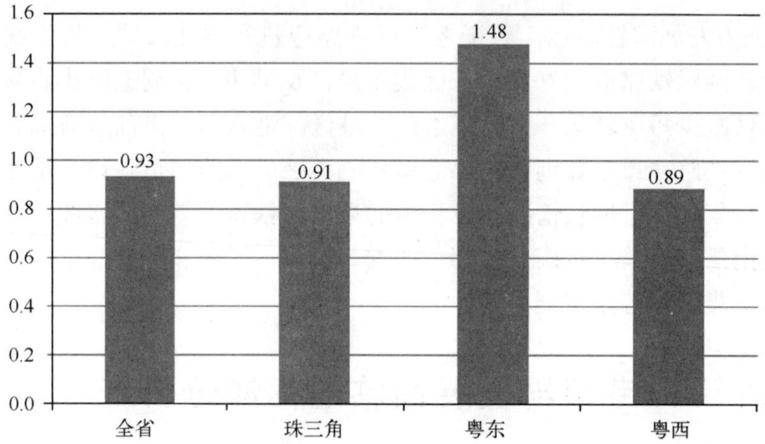

图 6 –1　广东省沿海港口分地区码头能力适应度

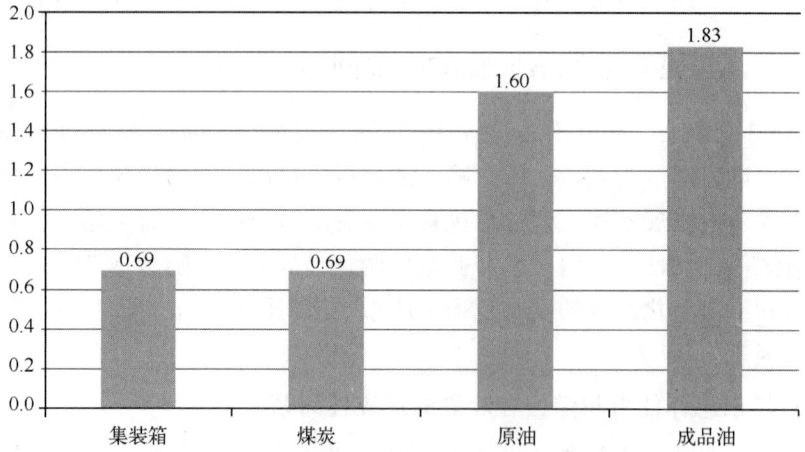

图 6 –2　广东省沿海港口分货类码头能力适应度

（2）港口航道建设与船舶大型化发展的适应性问题

随着沿海港口吞吐量的快速增长和船舶大型化的发展，对进港航道的数量和标准要求较高，目前，全省进港航道等级总体偏低、能力紧张的问题日益突出，成为制约港口发展的重要因素之一。其中，广州港出海航道位于珠江三角洲港口群的核心位置，不仅是广州港的唯一出海航道，也是深圳港西部港区、虎门港等港口的唯一海上通道，目前航道等级仅为 5 万吨级航道，难以满足快速增长的运输需求和海运船舶大型化发展的需要。港口航道是航运的重要基础，是实现航运现代化的关键，属非营利的社会公益性基础设施，港口航道具有服务的公共性，并且建设周期长、规模大、投入多，私人资本不愿涉及，缺乏向社会融资的条件，因此，政府应是航道建设投资的主体。随着沿海港口的大型化和均衡化发展，对沿海港口航道的需求十分迫切，沿海 14 个重要港口中的主要港区或作业区的航道均需提高航道等级或标准。因此，进港航道的建设是当前建设面临的重要任务之一。

2012 年年底，广东省沿海港口万吨级及以上深水泊位 245 个，占泊位总数的 14%，大大落后于全国 24.6% 的平均水平；万吨级以上泊位能力 5.9 亿吨，占泊位总能力的 59.7%，其中 5 万吨级及以上的大型深水泊位 93 个，仅占泊位总数的 5%。码头泊位等级偏小的问题比较突出，造成大量适宜采用大船运输的货物不得不采用小船替代，或者减载、中转运输。

随着沿海港口吞吐量的快速增长和船舶大型化的进一步发展，主要港口进港航道的适应性问题也将越来越突出。如广州港出海航道位于珠江三角洲港口群的核心位置，不仅是广州港、虎门港和中山港的唯一出海航道，也是深圳港西部港区的重要出海通道，随着未来超大型船舶进港艘次的进一步增加，广州港出海航道将越来越难以适应通航需求。

（3）港口与城市的协调发展问题

首先，随着全省城市化进程和港口建设步伐的加快，港城相互交叉、重叠的现象十分普遍，港口与城市在土地、交通、环境等方面的矛盾日益突出。其次，其他临海产业的快速发展也需要占用大量的岸线、水域等资源，从而使得港口的发展受到较大的限制。

从港口发展现状分析，珠江三角洲区域的港口发展与城市的协调矛盾较突出，特别是珠江三角洲的东部地区更为严重，如广州港的黄埔港区等，进出港交通与城市交通相互交叉，港口集疏运通道不畅，码头陆域狭窄且无法拓展，限制了港口的发展，随着城市化进程的加快，港口与城市规划的功能矛盾日益显现，迫切需要整合港口资源，协调好城市发展与港口建设之间的矛盾。

从港城关系看，部分沿海港口城市港城界面出现了一些不协调因素。港城之间本应是互相促进、共同发展的关系。但在实际发展过程中存在一定脱节、相互“争地”矛盾。由于历史原因，沿海老港区码头陆域狭窄且无法拓展，给城市和港口的发展都带来了较大负面影响，广州港的黄埔老港、深圳港的盐田港区和南山港区、汕头港的珠池港区等在发展过程中都经历了类似的困扰。对广东省其他大部分正处在快速发展阶段的沿海港口而言，如何有效协调和衔接好新开发的滨海城区和港区之间的关系，实现港城一体化和谐发展，是广东省沿海港口发展必须高度重视的主要问题之一。

从区域均衡发展的角度，广东沿海港口面临从规模化集中发展向均衡化扩散发展的转型问题。现有基础设施建设和货物吞吐量主要集中在珠三角地区。随着全省经济结构调整和产业、劳动力双转移，东西两翼经济呈现出快速发展的势头。东西两翼经济发展和工业生产的快速增长将带动粤东、粤西沿海港口的快速增长，同时也对沿海港口的服务水平提出更高要求。

（4）港口发展与资源和环境的协调问题

岸线、土地、水域等资源是港口以及沿岸地区生产生活赖以存在和发展的物质基础，是不可再生的资源。随着广东省经济发展，珠江三角洲地区城市化程度提高，港城相互交叉、重叠的现象日趋明显，这不仅使港口的发展空间受到了很大制约，而且港口运输规模的快速增长也给城市的交通、环境等方面带来很大的负面影响。另一方面，临海产业的发展也需要占用大量的土地、岸线、水域等资源，使港口资源变得更加稀缺；而工业的发展使环境条件变差，环境容量减少，珠江三角洲现有的环境容量已相当有限，难以容纳有一定污染的大型工业项目，相应地也限制了大型泊位的发展。

（5）港口集疏运与腹地拓展的适应性问题

广东沿海主要港口集疏运系统能力不足、衔接不畅，已经成为当前制约港口发展的突出问题。具体表现在铁路集疏运系统能力不足，大量适宜铁路集疏运的货物只有走公路；公路集疏运系统缺少货运通道，公路集疏运交通与城市交通相互干扰，较多港口公路集疏运通而不畅；珠江内河水运集疏运潜力尚未充分发挥。

沿海港口集疏运不畅也对广东沿海港口服务腹地的拓展产生了较大制约。目前，在广阔的西南和中部地区腹地，深圳港和广州港合计仅开通海铁联运班列15条，海铁联运比例不足1%，相比之下大连港就已开通海铁联运班列22条。可见，相对于浙江宁波、辽宁大连等沿海港口，广东沿海主要港口对中远距离内陆腹地的渗透能力远远落后。

（6）港口发展的“软环境”、“软实力”提升问题

当前，广东大部分沿海港口主要功能仍为装卸、转运、仓储，而信息服务、物流功能和综合服务功能拓展还处于起步阶段，整体服务能力不强。

港口竞争力的高低，除了由港口设施的规模、吞吐量的高低等硬实力决定外，更关键的是由港口周边的航运服务、金融、法律、信息、教育等相关行业的软环境所支撑。广东省沿海港口经过改革开放以来特别是近10年来的跨越式发展，硬实力特别是基础设施服务能力和水平已经有了很大提升。如先进机械的引进，大幅度提高了泊位装卸速度；电子口岸的运行，为货主、船公司提供了更加高效的服务，等等。但是，在金融、法律服务等软环境方面，与国际先进港口相比尚有一定的差距，如港口及国际航运必需的政策体系、金融和保险服务体系相对滞后，港口及航运培训业不发达，港航人才培养不能满足需要，高层次、综合性港口物流体系尚未建立，高层次的研究机构缺乏等。

6.4.2 珠江口港口群发展存在问题分析

“十二五”期间，珠江口港口群港口发展面临许多问题，可归纳为上述六大问题，即是港口的发展规模和发展速度问题，其次是与区域经济、城市空间及资源环境容量的协调问题，简单地说，就是需要建设多大规模的码头、建设什么类型的码头、建设多大吨级的码头以及在哪里建设码头的问题。解决这些问题的主要方法是港口发展过程的结构和布局及功能的调整，这些问题均与现代物流和临港产业的发展趋势及空间布局密切相关，临港产业和物流业的布局和发展水平，决定了货物的类型、性质和数量及流向。“十二五”期间正是珠江口临港产业快速发展的转型和物流快速发展的关键时期，因此，对现代港口物流和临港产业与港口发展关系作更深入的分析，能科学合理地调整沿海港口的空间布局和发展趋势，因此，临港产业发展和现代物流发展是分析“十二五”期间沿海港口发展重大问题的两个关键因素，也是研究“十二五”期间沿海港口发展的两个重要问题。

（1）现代港口物流是现代化港口发展的主要方向

随着世界经济的发展和现代科学技术的进步，物流产业作为国民经济中一个新兴的服务部门，在全球范围内迅速发展。国际上，物流产业被认为是国民经济发展的动脉和基础产业，其发展程度成为衡量一国或地区现代化程度和综合实力的重要标志。我国物流业起步较晚，进入21世纪现代物流业发展受到前所未有的关注，国内物流热持续升温，发展势头迅猛，广东省，特别是珠江三角洲的物流业取得了较大发展，现代物流发展已成为珠江三角洲现代化的重要标志和发展方向。

随着全球经济一体化的发展，出现了全球资源一体化、全球生产一体化和全球销售一体化的趋势，专业化的物流服务，如集装箱物流等成为现代物流的重要方式，港口成为现代物流发展的重要资源，是海陆运输的重要节点和物流的配送中心。作为我国经济最发达的区域之一，珠江三角洲地区经济发展正在经历重要的转型阶段，通过产业结构调整，逐步从世界加工厂向制造中心和服务中心转变，广州和深圳等发达城市制定了发展现代服务业的战略举措，现代服务业将成为珠三角经济发展的主要方向，广东省沿海港口在新的经济背景下，不断完善物流功能，依托优良的港口条件，为现代物流服务。珠江三角洲港口群是世界最大的沿海港口群之一，是大陆桥运输的起点或中转地，联结了多种运输方式，承担着国际贸易和国内贸易的水陆中转的任务，是联结国内外两个市场的国际化、多功能的大型海港，因此，现代港口物流是珠江三角洲港口群的发展方向。根据现代物流的功能要求，珠江口港口群发展需进行资源整合，通过功能多元化、标准国际化、布局合理化、管理现代化和运行高效化的改造，使港口功能适应未来国际集装箱多式联运和国际物流网络节点的要求，全面提升港口竞争力。

（2）临港产业发展是珠江口港口群发展的主要动力

近代以来，中国以优良港口为依托的临港产业得到大发展。特别是进入21世纪后，随着全球经济一体化进程的加快，以临港产业为基础，促进区域产业与世界工业紧密结合，促使了沿海地区一批新兴经济体的腾飞。目前，中国产业正加速与国际产业接轨，临港工业成为其中重要的组成部分。

从安特卫普、横滨、釜山等临港产业发达的港口城市比较来看，可以发现港口作为重要的海陆节点，在大宗货物吞吐上具有天然优势。以强大的港口物流业为基础，为临港产业的发展提供良好的原材料、物流服务保障。临港产业集群正是凭借这些优势逐渐发展起来，在区域产业中形成核心地位。随着产业、技术的升级，环保要求的提高，这些港口城市也各自经历了产业结构的调整。同时，临港经济的发展也对港口提出更好的要求，进而推动港口、港口城市的发展，使其成为各自区域的经济中心。

珠三角地区正面临由集中规模发展向均衡的全面发展的过程，与之相对应的是珠江口港口群经济发展也面临产业转移和承担国际产业的发展阶段。临港产业的发展将带动沿海经济带的发展，其能源和原材料及成品的运输需求和大型临港产业的巨额投资为沿海港口发展提供强大的动力，特别是经济发展水平较低的地区，临海产业的资金和运输需求是港口发展关键因素，同时也对港口形态、功能提出新要求，促进港口跨越式发展。同时，依托港口对区域产业的强大影响力，向周边区域辐射，将港口区域发展为区域经济中心，形成对区域经济的拉动作用。此外，依托港口在外向型经济中的窗口作用，促进了国际产业与当地经济的融合，推动港口经济升级、转型。

因此，目前珠江口港口群正处于工业化和城市化的快速发展时期，经济全球化、国际和国内产业调整和转移，沿海产业高速发展，将是沿海港口发展的主要动力。

第7章 珠江口港口群沿海临港产业与港口发展研究

7.1 珠江口地区社会经济发展格局

7.1.1 珠江口经济社会发展的总体态势

珠三角地区率先在全国推行以市场为取向的改革，较早地建立起社会主义市场经济体制框架，成为全国市场化程度最高、市场体系最完备的地区；依托毗邻港澳的区位优势，抓住国际产业转移和要素重组的历史机遇，率先建立开放型经济体系，成为我国外向度最高的经济区域和对外开放的重要窗口；GDP年均增长13.7%，由落后的农业大省转变为我国第一经济大省，经济总量先后超过亚洲“四小龙”的新加坡、我国香港和台湾，奠定了建立世界制造业基地的雄厚基础，成为推动我国经济社会发展的强大引擎。广东是中国经济总量最大的省份。2013年，珠三角地区实现地区生产总值（GDP）62 163.97亿元，增长率为8.5%，人均生产总值增长率达7%，成为中上等收入地区，且经济稳定增长的同时，经济结构得到进一步优化。

1）现代服务业发展较快，三产结构由“二三一”调整为“三二一”。全年第三产业所占比重为47.8%，比2012年全年提高1.3个百分点。三次产业比例调整为：4.9∶47.3∶47.8，第三产业比重是近10年来首次超越第二产业，具有重要的转折性意义。

2）工业高端先进产业地位进一步凸显。全年广东规模以上工业中高技术制造业完成增加值6 143.29亿元，同比增长9.8%，占规模以上工业的比重从2012年的23.3%提高到24.0%；先进制造业完成增加值12 314.71亿元，同比增长9.3%，占规模以上工业的比重为48.0%，比2012年提高0.1个百分点。同时，继续淘汰水泥、造纸、制革、印染、炼钢、铅蓄电池等行业的落后产能。

3）区域经济发展协调性继续提高。珠三角地区产业发展五个一体化深入推进，广州南沙、深圳前海、珠海横琴等重大平台加快建设。全年广州南沙完成投资252.99亿元，增长62.5%，高于全省平均水平44.2个百分点；珠海横琴完成投资208.77亿元，增长24.0%。粤东西北围绕钢铁、石化、交通基础设施等大项目的投资建设推动经济加快发展，以产业转移园区为载体推进产业集聚和升级。全年粤东、粤西、粤北地区规模以上工业增加值分别增长15.3%、14.6%和10.5%，均高于珠三角的8.7%；固定资产投资分别增长23.7%、38.4%和22.9%，高于珠三角的15.2%；社会消费品零售总额分别增长12.7%、13.1%和12.2%，高于珠三角的12.1%。全年粤东西北GDP增速比全省平均水平约高2.0个百分点。

4）民营经济发展活跃，占半壁江山。2013年，广东民营经济继续保持良好的发展势头，多个领域均强于国有和三资经济。从整体看，2013年广东民营经济增速仍高于8.5%的平均水平，占比超过51%。从工业看，全年广东规模以上民营工业企业完成增加值10 282.11亿元，同比增长11.2%，增幅高于全省规模以上工业增速2.5个百分点，比同期国有控股企业、集体企业和外商及港澳台商投资企业分别高3.2个、6.8个和4.1个百分点，占规模以上工业增加值的比重为40.1%，比上年同期提高1.0个百分点。从进出口看，全年广东私营企业进出口3 550.6亿美元，增长33.0%，高出外贸总体增速22.1个百分点，占全省外贸进出口总值的32.5%，比重比上年同期提高5.4个百分点。而同期外商投资企业进出口增长3.7%，国有企业进出口下降3.3%，集体企业进出口下降1.5%。

广东省2007—2013年地区生产总值及其增长速度如图7-1所示。

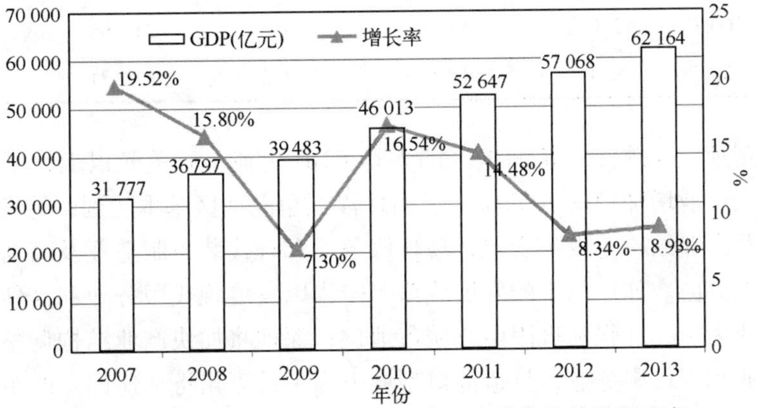

图7-1　广东省2007—2013年地区生产总值及其增长速度

7.1.2　广东省经济社会发展的空间格局

2008年12月31日，国务院正式批复《珠江三角洲地区改革发展规划纲要》，为广东再创下一个30年的新辉煌开辟了道路。珠三角的改革发展提升，不仅是珠三角的历史使命，也是环珠三角特别是广东省东、西、北地区跨越发展的历史机遇。为此，广东省省委省政府也提出了广东区域经济社会的新格局四个层次：①珠三角地区，以中心城市（广州和深圳）为主，逐步形成以服务业为主的产业结构，强化集聚和辐射功能，广州要建成带动全省、辐射华南、影响东南亚的现代化大城市，深圳要建成具有中国特色、中国风格、中国气派的国际化城市，珠三角其他城市，推进基础设施一体化，促进产业合理布局，着力发展先进制造业和现代服务业，更好地发挥经济增长的引擎作用；②东西两翼，以交通基础设施为纽带，以重大产业项目为支撑，以区域中心城市为节点，着力改善投资环境，以发展临港工业为突破口，大力培育支柱产业，加快发展以汕头为中心的粤东城镇群和以湛江为中心的粤西城镇群，形成沿海经济新的增长带；③北部山区，充分发挥生态优势和后发优势，严格保护生态环境，努力建设成广东省新兴制造业基地、农产品生产加工基地、旅游休闲基地。

2013 年广东省分区域部分指标统计见表 7－1。

表 7－1　2013 年分区域部分指标统计表

区域	人均 GDP（亿元）	比上年增长（%）	第三产业增加值占 GDP 比重（%）	比上年提高（百分点）	地方公共财政预算收入（亿元）	地方公共财政预算收入增长（%）
珠三角	53 060.48	9.4	52.7	11.5	4 666.82	13.0
东翼	4 623.35	10.5	35.4	7.7	263.92	16.7
西翼	5 260.01	12.0	39.0	13.0	249.96	17.2
山区	4 185.76	8.4	42.0	9.3	328.31	17.7

珠三角地区：珠江三角洲地区的人均 GDP 达到 1 万美元以上，城市化率近 80%，第三产业增加值约占 50%，说明珠江三角洲地区基本达到中等发达国家水平，经济及产业结构正发生变化，现代服务业和现代装备制造业及高新技术将成为主要发展方向。如广州市的发展战略确定为以发展现代服务业和高新技术、改造传统产业为主，加强和巩固中心城市地位；深圳将加快产业结构调整，发展高新技术产业和现代服务业，打造港口型城市为主；惠州将加速国企改革，走集团化发展道路，大力发展临海产业；东莞以电子、机械、服装、塑料、化工加工为主的外向型经济，打造乡镇一体化的、新兴的加工制造型工业城市；珠海将兴办大学城，发展高新技术，突出三产优势，建立和发展港口工业和物流业；佛山将重点加快信息技术、光机电一体化、智能化家电等产业的发展；中山加快特色镇的建设和发展，以电子信息、食品饲料、医药工业、包装印刷、金属制品、纺织制衣、家具、建材为支柱产业。

综合分析，广东省经济发展的空间格局变化明显，珠江三角洲是全省的经济中心，GDP 约占全省的 50% 以上，但东西两翼的增长速度较快速，已超过了珠江三角洲；其次，地方公共财政预算收入的增长速度粤东地区也高于珠三角，在第三产业方面，珠三角所占比重较大，增长速度仍较快速。由此可见，广东省经济结构调整的变化时期，在维持珠江三角洲经济核心地区的同时，全省经济发展将趋向均衡化，珠三角地区在第三产业仍保持较快发展，而东西两翼的经济及工业发展将进入快速增长阶段。

7.2 珠三角工业产业发展与港口发展研究

7.2.1 珠三角地区工业发展现状

（1）广东省工业产业总体现状

从 20 世纪 80 年代初起，广东凭借自己地处沿海地区、毗邻港澳、华侨遍天下的得天独厚的优势，抓住港澳台地区与东南亚国家劳动密集型产业转移的机遇，大力发展“三来一补”等外向型工业，走出了一条典型的以外源性经济为先导的发展道路。发展了一批经济技术开发区或工业区，形成以加工制造业为主的工业格局。

广东工业产业发展经历了生产规模和出口量快速扩张并成为全国第一的工业大省和出口大省，但发展到现在也存在着发展后劲不足，盈利能力偏低等一些问题。初步核算，2013 年全省实现地区生产总值（GDP）62 163.97 亿元，比上年增长 8.5%。其中，第一产业增加值 3 047.51 亿元，增长 2.5%，对 GDP 增长的贡献率为 1.3%；第二产业增加值 29 427.49 亿元，增长 7.7%，对 GDP 增长的贡献率为 45.4%；第三产业增加值 29 688.97 亿元，增长 9.9%，对 GDP 增长的贡献率为 53.3%。

2013 年，广东省全部工业完成增加值 27 426.26 亿元，比上年增长 8.0%。规模以上工业增加值 25 647.24 亿元，增长 8.7%；其中，国有及国有控股企业增长 8.0%，民营企业增长 11.2%，外商及港澳台投资企业增长 7.1%，股份制企业增长 10.9%，集体企业增长 4.4%，股份合作制企业增长 18.0%。从轻重工业看，轻工业增长 7.7%，重工业增长 9.3%。从企业规模看，大型企业增长 8.5%，中型企业增长 6.9%，小型企业增长 11.2%。高技术制造业增加值增长 9.8%，其中，医药制造业增长 9.2%，航空航天器制造业增长 3.8%，电子及通信设备制造业增长 13.5%，医疗设备及仪器仪表制造业增长 9.6%，电子计算机及办公设备制造业下降 9.5%。

先进制造业增加值增长 9.3%，其中，装备制造业增长 10.0%，钢铁冶炼及加工业增长14.6%，石油及化学行业增长6.3%。装备制造业中，汽车制造业、飞机制造及修理业、环境污染防治专用设备制造业分别增长12.9%、3.8%和6.8%，船舶制造业下降1.4%；钢铁冶炼及加工业中，炼铁、炼钢、钢压延加工分别增长4.7%、44.7%和13.0%，铁合金冶炼下降38.1%；石油及化学行业中，石油和天然气开采业增长5.2%，石油加工、炼焦及核燃料加工业增长4.9%，化学原料及化学制品制造业增长7.7%，橡胶制品业增长4.1%。

优势传统产业增加值增长9.2%，其中，纺织服装业增长8.1%，食品饮料业增长8.6%，家具制造业增长8.5%，建筑材料增长11.6%，金属制品业增长9.3%，家用电力器具制造业增长9.4%。六大高耗能行业增加值增长8.5%，其中，非金属矿物制品业增长11.7%，黑色金属冶炼及压延加工业增长13.7%，有色金属冶炼及压延加工业增长19.9%，电力热力的生产和供应业增长4.4%，石油加工、炼焦和核燃料加工业增长4.9%，化学原料和化学制品制造业增长7.7%。

广东省2007—2013年工业产业增加值及其增长速度如图7-2所示。

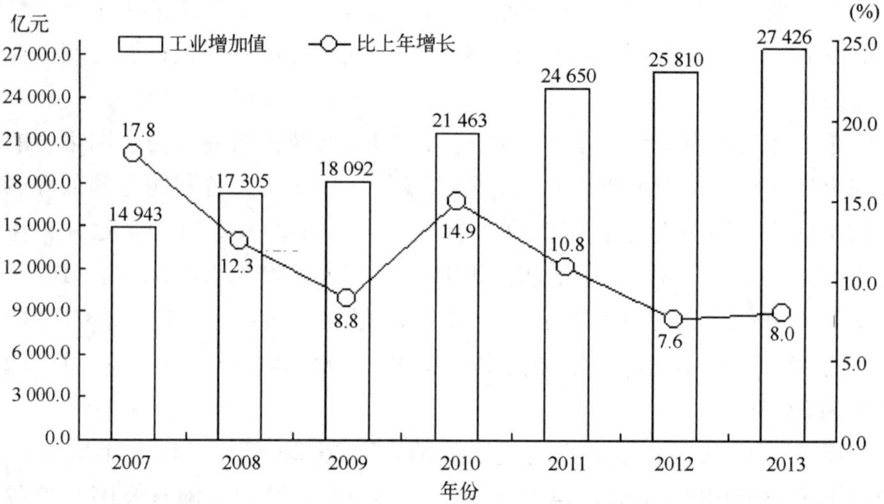

图7-2　2007—2013年广东省工业产业增加值及其增长速度

广东省沿海地区充分发挥沿海深水大港和市场区位优势，大力发展重化产业和现代制造业：不断推进发展以炼油、乙烯为龙头的炼化一体化项目，突出发展石化中下游项目，延伸发展石化产业链，使广东省石化工业在总量规模、技术装备水平、产品质量方面迈上新台阶，成为亚洲主要的石化基地之一；加快发展汽车、装备制造、钢铁等主导产业，完善汽车产业支撑体系，推动企业提高产品的开发能力和核心竞争能力，形成以广州轿车工业为龙头，汽车和摩托车及其零部件协调发展的格局，成为我国主要的汽车产业基地；重点发展能源设备等重大技术装备，医疗影像设备、电子器件生产设备等高技术装备和数控系统、精密测试仪器等基础装备，提高系统集成能力，进一步提高通用装备产品的产量和质量，建立起具有先进装备制造业特征、产业结构合理、技术先进的装备制造体系；科学规划、统筹全省钢铁工业结构调整，推动广东省钢铁骨干企业与国内重点钢铁企业联合建设沿海钢铁基地；强化工业在两翼发展中的主导地位，发挥两翼的临海区位优势和资源优势，重点发展临港重化工业、特色产业和配套产业，通过建设一批重大项目，提高区域工业经济的自我发展能力，使两翼成为广东省产业发展新的增长点。

总体上看，广东省工业保持较高的增长水平，产业结构不断调整，近年来在重化产业和现代制造业方面发展迅速，工业结构逐步从轻工业和加工业为主向重化产业和制造业发展，工业产业分布虽然仍主要集中在珠江三角洲，随着产业结构的调整，东西两翼的工业生产出现较快增长的势头。

（2）珠三角工业发展现状

珠江三角洲是工业产业密集的区域，重化产业、制造业和加工业是主要支柱。重化产业和汽车制造主要集中在广州市，近年炼油及化工产业在惠州市等市发展较大；电子加工业主要集中在深圳和东莞市，电器等制造业主要集中在佛山和中山市；现代装备制造业近年发展较快，主要集中在广州、深圳、江门等市，而能源产业在各市均有较快发展。

广州市以广州港新沙港区和南沙港区为依托，先后建成了黄埔本田汽车制造基地、黄阁丰田汽车制造基地、南沙钢铁基地和龙穴岛造船基地四大临港重工业基地，形成了新沙临港产业区、广州开发区临港工业区和南沙临港产业区。在广州港港区范围内已经初步形成了“三中心、一平台”，即广州石油产品交易中心、广州煤炭交易中心、广州粮食交易中心以及广州金属材料交易平台。

深圳在区域合作上采用“南融北联东补西通”的策略，其中西通主要是加强与珠江西岸珠海、中山、湛江等快速发展中城市的发展合作。在产业发展方面：优化高新技术产业；提高制造业的自主创新能力和核心竞争力，推进建设电子通信、数字化装备、家庭消费品三大制造业集群；加快发展现代服务业。20世纪90年代，深圳赤湾临港工业的发展借鉴日本、韩国经济高速发展的经验，依托港口建设和海运物流，大力发展两头在外、具有一定规模效应的临港工业，创造了发展中国家经济快速增长的奇迹。深圳赤湾是主要靠引进外资兴办的临港工业中心，依靠自我积累、滚动发展，建成了颇具规模的深水海港和海洋石油工程设备开发生产基地，形成了100多亿元优良的总资产、50多亿元净资产、年创汇5亿元以上的港口工业区。以赤湾南海油脂工业公司为例，投入1亿元在赤湾深水港旁建设占地3 hm^2 的精炼植物油加工厂，其生产源头是从远洋巨轮上接入进口粗油，经码头上的输油管进入储油罐群，再接上连续精练提纯生产线，经提纯、脱胶、脱酸后成为成品油，最后泵入油桶或油罐分发各地装瓶。经过两年建设之后于1990年投产使用，加工能力为年精炼植物油50×10^{4} t，年产值约50亿元左右。其中，1990年投产的第一年加工精炼植物油31.5×10^{4} t，出口16×10^{4} t，创汇86.89万美元，当年收回股东的全部投资，1992年在北京外商投资企业评比会上，被推选为十大出口创汇企业第一名。南海油脂工业公司的产品金龙鱼、海皇牌桶装精炼油享誉国内外市场，可以称为中国临海工业发展的奇迹，为发展中国家实现经济快速发展树立典范。2009年下半年，深圳已相继出台了生物、新能源、互联网三大新兴产业振兴发展规划和发展政策。

珠海工业区地理位置独特，投资环境优越，是广东省重化产业基地和重点石化园区，一直是国内外客商投资的热点。珠海临港产业发展主要以高栏港经济区为主，周边工业园区为辅。高栏港经济区依托海港，规划范围为330 km^2。到目前为止，高栏港经济区基础设施累计投资已达45亿元人民币，累计吸引外资45亿美元，是广东省化产业基地和重点石化园区。目前入驻高港经济区的有英国石油（BP）、英荷壳牌、德国阿尔塔纳、韩国LG、中国石油、和记黄埔8家世界500强企业。

惠州港大亚湾石化区初步形成“炼化一体化”产业格局，正逐步向世界级沿海石化产业带跨进。截至2012年，落户该石化区的项目共有75个，总投资额逾1 602.9亿元人民币。2012年，石化区实现工业总产值约1 349.5亿元，增长18.6%，占全区规模以上工业总产值的81.3%。在两大石化龙头企业带动下，大亚湾经济技术开发区引发越来越大的产业聚集效应，先后吸引了来自荷兰、美国、英国、德国等20多个国家和地区的客商前来投资。中海油惠州炼油项目正积极发挥规模和差异化优势，完善与其配套的产业链建设，启动新的炼化一体化基地的布局研究及建设。

7.2.2 珠三角工业产业发展的主要影响因素分析

改革开放以来，珠三角发展虽然经历过曲折，但经济社会发展取得了举世瞩目的成就。由以农业经济为主、人民生活水平较低、经济发展缓慢的省份，发展成为经济实力雄厚、生产力水平较高、外向经济发达、社会进入工业化中期和总体迈入小康水平的经济大省。但广东省经济产业的改革与发展已站在一个较高的起点，面对新世纪的国际、国内发展环境，机遇与挑战并存，客观和全面地分析、判断是制定科学发展战略的重要依据。

（1）经济全球化对广东省经济发展带来的挑战

经济全球化是通过金融资本的全球运作、贸易的自由化和生产的全球组织，实现全球范围内资源的市场化合理配置。目前，随着世界范围内经济全球化趋势逐步增强，特别是我国加入世界贸易组织（WTO），我国经济与世界经济不断加深联系，对外经济技术合作和对外贸易将产生质和量的飞跃。进入21世纪，随着世界经济全球化进程的不断加速，导致世界经济和贸易格局发生巨大变化，世界航运中心正在东方形成。中国则是当前亚洲航运业繁荣兴旺的新引擎，港口吞吐量的持续快速增长，物流及综合运输服务的需求将急剧扩大。国际分工与合作的进一步深入要求以更加发达的海运业为纽带，以先进的港口设施和物流及信息服务功能为基础，港口市场化运作水平将更高，国际海运将更加繁忙。这就要求发挥我国在资源、劳动力、社会制度等方面的比较优势，更广泛地吸取国外的资金、技术及先进的管理经验。

依托珠三角地区的强大发展优势和良好的前景，广东省同样面临着前所未有的机遇和挑战。面对内地与港澳两个市场，如何科学合理地充分利用国内国外两种资源，凸显在高度对外开放发展环境中的门户作用，发挥港口群在推动区域经济方面的强大合力，积极应对全球经济和世界港口的挑战，成为珠江口港口群发展的新机遇。

（2）国际产业转移

20世纪90年代后，国际产业转移出现了新的发展趋势，其中之一是国际产业转移的重点加速移向中国。这为产业的转出国和转入国进行产业结构调整实现了双赢的效果。不同的国家之间或同一国家不同地区之间都在努力调整自身的产业结构，以至于在竞争中处于有利地位。世纪之交，国际产业转移出现了新的发展趋势，国际产业转移的范围较广，广东省在承接国际产业转移方面有明显的优势，这些产业主要包括重化产业、制造业、服务业等。通过承接国际产业调整了广东省的产业结构，逐渐由以轻工生产为主调整为轻工和重工并重，加工与制造并重，较大幅度地提高了工业水平。同时，由于广东省缺少能源和原材料，主要产品以出口贸易为主，形成两头在外的局面，进一步加强了经济对沿海港口的依存关系，也促进了沿海港口的发展。

（3）重点产业布局与发展

珠三角依托优良的港口自然条件和区位优势重点发展的产业上已经取得一定规模和效益，其主要产业如下。

1）石油化工产业。随着中科合资炼化项目的落地，中石油、中石化、中海油悉数入粤。根据《广东省石化工业2005—2010年发展规划》，勾画出“不仅将成为国内石化工业强省，同时也将成为亚洲石化生产中心之一”的广东石化版图构想。规划中提出建设沿海石化产业带，在沿海地区集中布局建设5个石化基地，其中珠三角就占到了3个，即惠州大亚湾石化区、广州石化基地（包括广石化扩建、南沙石化及储运基地）、崖门口沿岸重化产业带（珠海西区临港石化基地、江门新会东区银洲湖一带）。

2）船舶修造产业。作为全国三大船舶生产基地之一的广东省，具有强大的船舶生产制造能力。据广州海关统计，2012 年，广东出口船舶 30.3 亿美元，同比增长 2.6%，扭转了 2011 年同比下降 1.7% 的势头。从广东省产业的调整和振兴规划上看，未来广东省要加强船舶工业规划引导，完善融资机制，简化行政审批手续，抓好配套产业园区建设。要加强广东造船和海洋工程产业创新体系建设，加强人才队伍建设。

到 2009 年年底，广东省沿海地区主要形成以广州南沙为中心的珠江三角洲造船、能源、环保、工程机械等装备制造基地，未来将建成广州汽车产业基地及配套设施项目等。根据规划要求，东莞船舶业要成为广东的重要生产基地。未来两年，东莞船舶工业整体实力和规模要有较大“长进”：造船能力超过 100 $\times 10^4$ t，船舶工业总产值达到 100 亿元以上，引入 1 ~ 2 家具有国际竞争力的船舶建造企业，完善产业链。《关于加快东莞市船舶工业发展的意见》（以下简称《意见》）提出，2012 年，东莞全市造船能力超过 100×10^4 t，工业总产值 100 亿元以上。远期到 2020 年，东莞船舶工业要形成产业集聚，成为广东的重要生产基地和产业集群地。东莞市船舶工业，将以船舶建造、海洋工程、船舶修理、船舶配套、游艇作为发展重点。

3）钢铁工业。珠江三角洲是钢材和特型钢的主要消费市场，粤东是钢材的重要消费市场，钢铁材料加工及相关制造业较发达，从经济合理布局分析，珠三角及粤西的钢铁产业仍是发展的重点。

4）能源工业。广东省是能源及资源较欠缺的省份，又是工业生产和能源消耗的大省，对能源和原材料需求特别大，目前已基本形成沿海电厂的布局，各沿海市均建设有大型燃煤火力发电厂，并规划预留了较大的发展空间，这些燃煤火力发电厂主要有惠州的平海电厂、深圳的电厂（华能、深能源等）、广州黄埔电厂、虎门的沙角电厂、珠海电厂、江门的台山电厂、阳江的阳西电厂；其次是沿海及附近区域许多热电联产项目。同时，在江门、阳江等市规划了大型核电站。

（4）广东省产业双转移政策

2008 年广东省出台了《广东省产业转移区域布局指导意见》，该指导意见主要内容包括指导思想、主要原则、产业转移区域产业布局、产业转移工业园区布局、工作措施五部分。它对鼓励珠三角向东西两翼和粤北山区转移的产业、东西两翼和粤北山区主要承接的产业、禁止东西两翼和粤北山区承接的产业提出了规定。鼓励珠三角向东西两翼和粤北山区转移的产业：传统劳动密集型产业，如服装、五金、玩具、制鞋、包装等；资源型产业，如陶瓷、水泥等建材工业，家具产业，再生金属冶炼产品、有色金属合金冶炼或压铸产品等有色金属产业；资本密集型产业中的加工制造环节，如 IT 产品制造、家电制造等产业；对转出地其他产业带动功能较弱或带动后劲不足的产业，如农产品加工等产业；在转入地存在主要的原材料供应基地的行业，如塑料制品、涂料、油漆等石化产业下游产品行业；在转入地存在比较成熟的产业集群或者生产基地的行业，如工艺玩具、音像制品生产、食品生产等产业。东西两翼和粤北山区主要承接的产业：粤东地区主要承接纺织服装、电子工艺品、制鞋、玩具、陶瓷、石油化工、电力、装备制造、电子信息、港口物流、皮革、医药、食品饮料、生物产业、五金不锈钢等产业。粤西地区主要承接家电制造、五金刀剪和不锈钢制品制造、石油化工、港口物流、钢铁、农海产品加工、造纸、医药、电子、机械、装备制造、纺织、塑料制品及化纤和优势资源的加工及综合利用等产业。粤北山区主要承接冶金及深加工、机械、汽车及汽车零部件、电子通信及器材、钟表制造、精细化工、五金、建材、非金属矿物制品（水泥）、森工、烟草加工、制药、玩具、制鞋、铝箔、不锈钢制品、家具、农产品加工、食品加工、纺织服装和其他资源加工业和劳动密集型产业。

因此，广东省产业转移政策的落实和发展，将使广东省工业产业布局更趋均衡，东西两翼的工业产业得到快速发展。

（5）土地岸线及环境等资源因素

广东沿海地区各港口群的港口岸线资源、土地资源及环境容量等影响因素均不同，相对而言，珠江三角地区的资源较紧张，港口进一步发展的空间不足；粤东粤西的资源相对较好，现有港口规模较小，港口的发展空间较大；港口集疏运通道珠三角地区相对较好，随着全省铁路和高速公路网的形成，东西两翼的集疏条件将得到明显改善。珠江三角洲的土地资源和环境容量已成为大型工业发展的主要制约因素，一些大型的石化及钢铁项目的环境评价难以通过，一些加工制造业也因为土地资源和环境制约而转移，因此，高新技术、现代服务业和现代制造业将成为珠江三角洲地区的主要发展方向。

7.2.3 珠三角工业产业的主要发展趋势分析

广东产业发展支柱产业为石油化工，电子信息；主导产业为汽车制造，装备制造；战略产业为生物技术，新能源，新材料；传统优势产业为食品饮料，纺织服装，建筑材料再加上中医药产业，共十一大产业。电子信息产业、汽车产业、石油化工产业、钢铁产业和装备制造业将是广东未来的高增长行业。

珠江三角洲工业产业发展将注重产业内结构优化和产业链的结构优化：产业内结构优化的着力点在于用高新技术改造传统产业，主要是将高新技术特别是现代信息技术嵌入到传统产业之中，以提高传统产品的功能、质量、精度，改进传统生产方式的效率。产业链结构的优化主要是向高附加值的两端延伸，根据产业链条各个环节的附加价值高低排序，可以得出一条“微笑曲线”，加工组装环节正好处于“微笑曲线”的底部，其上游为“中场产业”和研究开发，其下游为产品营销和品牌确立，广东的工业产业发展主要还处于加工组装环节，未来要逐渐向微笑曲线的两端延伸，即向上游的“中场产业”以至研发设计和下游的营销品牌等环节延伸，实现拥有自主知识产权、核心技术和品牌的目标。

从广东省产业规划和发展分析，广东省将加快产业结构调整，在以传统产品加工业为主的基础加快向重化产业及现代制造业发展，重点发展的产业包括：①现代制造业主要是船舶、海洋装备、电力设备、机车、航空、汽车等制造业，以珠江三角洲为主的造船业发展迅速，随着南海油气田的开发，海洋装备制造业也快速发展；②钢铁及相关制造业，制造业的发展对钢铁需求量巨大，广东省钢铁业正酝酿新的发展，除整合炼钢业发展湛江钢铁外，轧钢等钢铁深加工和相关制造业在珠三角和粤东发展迅速；③能源及相关产业，广东省的能源需求量大，火力发电、核电、风电、水电等发展迅速，相关设备的制造在珠江三角洲发展较快。产业结构的调整对沿海港口提出了新的要求。

现代制造业主要沿海和纵深布置，珠江三角洲是发展的重点区域：现代制造业的布局不仅需要沿海布置以降低运输成本，也需要以中心城市为依托以获得技术、人才和市场，珠江三角洲是主要发展区域，受土地等资源限制，珠江三角洲西岸有更大的发展空间，广州南沙、中山东部、珠海西部和江门银洲湖及广海湾等是主要发展地区。其次，随着石化产业发展和金属制品加工业的发展，粤东的制造业也有一定的发展空间。

工业产业布局从以珠江三角洲为中心的规模化聚集发展逐渐向沿海经济带的辐射均衡发展，通过重化和能源产业在粤东和粤西的布局以及产业转移，促进工业产业布局的均衡发展和沿海经济产业带的形成，“十二五”期将成为产业空间布局调整的关键时期，也是产业从以聚集为主转为扩散与聚集并存的重要拐点时段。

7.2.4 珠三角工业发展与港口发展相协调

（1）珠江口港口群的发展评价

1）珠江口港口群沿海港口的功能定位。规划珠江口港口群将形成以广州港、深圳港、珠海港为主要港口，惠州港、虎门港、中山港、江门港为地区性重要港口的分层次发展格局。其中，广州港、深圳港是我国珠江三角洲沿海港口群的中心港口，也是国家综合交通大通道的出海口，是连接华南和西南等地区与国际市场的重要门户，是腹地参与经济全球化的重要战略资源，对区域经济发展有重大作用和影响，将逐步发展成为区域性枢纽港口。

广州港地处珠江三角洲地区中心位置，直接依托的广州市是我国华南地区政治、经济、文化和交通中心，港口后方各种运输方式齐备，对外交通发达。广州港的服务范围以珠江三角洲地区为主，同时覆盖我国华南大部分地区。广州港的功能定位是：我国沿海主要港口和综合交通体系的重要枢纽，是沿海集装箱干线港；是广东省经济发展和对外开放的重要依托，是华南地区参与经济全球化和全球配置资源的重要基础；是腹地能源、原材料等物资运输的主要中转港。广州港以发展能源、原材料等大宗物资和集装箱运输为主，同时大力发展适宜的临港产业和物流、商贸、信息、旅游等功能。

深圳港位于珠江口东岸，毗邻香港，背靠珠江三角洲，直接依托的深圳市是我国华南地区经济、贸易中心和交通枢纽，港口后方多种运输方式齐备，对外交通发达。深圳港的服务范围以珠江三角洲地区为主，同时覆盖我国华南大部分地区。深圳港的功能定位是：我国沿海主要港口和综合交通体系的重要枢纽，是沿海集装箱干线港；是广东省经济发展和对外开放的重要依托，是华南地区参与经济全球化和全球配置资源的重要基础。深圳港将以发展集装箱运输为主，兼顾部分散杂货运输，合理发展适宜的临港产业，积极拓展物流、商贸、信息和旅游等功能。

珠海港位于珠江口西岸，毗邻澳门，东与深圳、香港隔海相望，直接依托的珠海市是我国沿海经济特区之一，后方具备公路、内河和航空等多种运输方式。珠海港岸线资源丰富，建港条件优良，发展潜力较大。珠海港的服务范围以珠海市及珠江三角洲西部地区为主，未来随着运输规模的扩大和港口集疏运条件的改善，可成为华南地区经济社会发展的重要依托。珠海港的功能定位是：我国沿海主要港口和地区综合交通体系的重要枢纽，是沿海集装箱支线港；是珠海市经济发展和对外开放的重要依托，是珠江三角洲西部地区参与经济全球化和全球配置资源的重要基础；今后随着港口条件的改善，将成为我国华南地区重要的能源、原材料等物资运输的主要中转港。未来珠海港将以大宗能源、原材料物资和集装箱支线运输为主，大力发展石化等临港产业，积极拓展物流、商贸、信息和旅游等功能。

惠州港位于珠江三角洲东部，毗邻香港、深圳，也是珠江三角洲地区和粤东地区的结合部。惠州港直接依托的惠州市是广东省重要的加工制造业基地之一，后方具备铁路、公路、内河等多种运输方式。惠州港南临大亚湾及红海湾，建港条件优越。惠州港的服务范围以惠州市为主，并辐射珠江三角洲东部和粤北、粤东部分地区。惠州港的功能定位是：广东沿海的地区性重要港口和地区综合交通体系的重要枢纽，是沿海集装箱支线港；是惠州市以及周边地区经济社会发展和对外开放的重要依托；是腹地能源、原材料物资运输的重要中转港。随着港口条件的改善和后方集疏运通道的完善，惠州港将逐步发展成为京九铁路沿线地区的重要出海口之一。惠州港的发展将以石油及化工品运输为主，集装箱支线、喂给运输为辅，兼顾大宗物资中转运输，大力推进石化、电力等重型临港产业的发展，积极拓展物流、商贸、信息和旅游功能。

虎门港地处珠江三角洲东部，南接深圳，西靠广州，东邻惠州，位于珠江水网和粤港经济走廊区中心地带。虎门港直接依托的东莞市是广东省重要的加工制造业基地之一，外源型经济发达，港口后方具备铁路、公路、内河等多种运输方式。虎门港的服务范围以东莞市为主，并辐射粤北和珠江三角洲东部部分地区。虎门港的功能定位是：广东沿海的地区性重要港口和地区综合交通体系的重要枢纽，是沿海集装箱支线港；是东莞市经济社会发展和对外开放的重要依托，是珠江三角洲东部地区联系国内外市场的重要口岸；是腹地能源、原材料物资运输的重要中转港。虎门港的发展将以能源、原材料和集装箱支线、喂给运输为主，兼顾部分散杂货中转运输，大力发展适宜的临港产业，积极拓展物流、商贸、信息和旅游功能。

中山港位于珠江三角洲西部，南邻珠海，北接广州、佛山，西靠江门。中山港直接依托的中山市是珠江三角洲地区重要的加工制造业基地和高新技术聚集区之一，外源型经济发达。港口后方铁路、公路等运输方式齐备，并且水网密集，内河航运条件优越。中山港服务范围以中山市为主，并辐射珠江三角洲西部及西江沿线部分地区。中山港的功能定位是：广东沿海的地区性重要港口和地区综合交通体系的重要枢纽；是中山市经济社会发展和对外开放的重要依托，是珠江三角洲西部地区联系港澳市场的重要口岸；是腹地能源、原材料和外贸物资运输的重要口岸。中山港的发展将以集装箱喂给运输为主，兼顾部分散杂货运输，积极拓展物流、商贸、信息等功能。

江门港位于珠江三角洲西南部，东邻中山、珠海，北邻佛山，西接阳江。直接依托的江门市是珠江三角洲西部重要的加工制造业基地之一，港口后方公路交通发达，水网纵横交错，并具备江海直达运输的条件。江门港的服务范围以江门市为主，并辐射珠江三角洲西部和西江沿线部分地区。江门港的功能定位是：广东沿海的地区性重要港口和地区综合交通体系的重要枢纽；是江门市经济社会发展和对外开放的重要依托，是珠江三角洲西部地区连接港澳市场的重要口岸。江门港的发展将以能源、原材料、通用散杂货和集装箱喂给运输为主，大力发展临港产业，积极拓展物流、商贸、信息等功能。

2）珠江口港口群的自然优势和特点评价。珠江口港口群以广州、深圳和珠海为主要港口，包括惠州港、虎门港、中山港和江门港四个重要港口，各港口的自然条件和特点各有不同。

珠江口港口群位于经济发达的三角洲区域，港口岸线开发利用率较高。主要港口广州港、深圳港西部和珠海港以及重要港口虎门港、中山港和江门港的新会港区等位于珠江口内，属河口型港口，波浪掩护条件较好，天然水深相对较浅，泥沙回淤相对较大。其中，广州港南沙港区、深圳西部港区、珠海高栏港区的水深条件较好，适合发展10万~20万吨级泊位；虎门港和广州新沙及小虎港区适合发展5万~10万吨级泊位，而中山港和江门新会港区目前只适合发展0.3万~1万吨级泊位。可供开发的深水岸线主要有广州的南沙港区、深圳的大铲港区和珠海的高栏港区及虎门沙田港区，这些港区依托的城市发展较快，陆域空间资源较紧张。惠州港、深圳港盐田港区、江门广海港区位于珠江口两侧，属海湾型港口，惠州港和盐田港区的水深和波浪掩护条件良好，适合发展10万~15万吨级泊位，惠州港的马鞭洲港区可发展30万吨级泊位，但这些港区可供开发的港口岸线较少，陆域空间资源紧张；江门广海港区的水深和陆域空间资源条件较好，但波浪掩护和泥沙回淤及集疏运条件差些，缺少城市依托，岸线资源尚未充分开发，适合发展3万~10万吨级泊位。

（2）珠三角沿海工业与沿海港口的发展关系

1）临港产业集聚与发展的条件分析。

港口基础设施是临港产业集聚与发展的基本条件。港口基础设施是港口产业集群内产业活动和布局的先行条件，现代的经济活动，对基础设施的依赖越来越严重。港口基础设施对港口产业集群的形成和发展的影响主要集中在以下几个方面。

第一，重大港口基础设施建设决定了港口的货物集散能力，如泊位的多少直接决定了港口的接纳船舶的能力；港口区域及周边的运输能力影响着产业集群内部及对外联系的能力、强度及本身能力；港口基础设施的状况影响着产业集群内部的相互联系和交流。简而言之，港口基础设施是影响港口产业集群空间结构和组成格局的重要因素之一，是港口产业集群形成的触发器。

第二，港口基础设施建设会刺激产业集群的形成，并且参与港口基础设施建设的企业也是港口产业集群的重要组成部分。例如，航道疏浚企业除了参与最初的港口建设外，在港口的运行中也起着十分重要的作用，是港口产业集群不可缺少的行业组成。

第三，良好的基础设施会降低运输成本，运输成本的下降为港口产业集群服务范围的扩大和产业的集聚与扩散提供了可能性。随着港口及周围的基础设施网络的不断完善和运输技术的进步以及物流组织的科学化、现代化，大大降低了经济活动的运输成本，强化了港口产业集群的竞争优势，为其发展壮大提供了有利条件。

港口城市是港口产业集群发展的依托。城市是具有中心性能的区域焦点，作为区域发展的中心而存在。城市的中心经济作业越强，就越能带动产业集群向更高水平和更大规模发展。

港口对于城市的形成与发展具有十分重要的作用，尤其是在城市发展初期。港口城市具有区位优势，区域内的生产要素难以外移而区域外的生产要素不断，是港口城市凭借经济发展的良好区位条件，集中了各种实力强大的工业企业和商业企业，为港口产业集群提供大量的货源；城市良好的商业环境为港口产业集群的企业进行交易降低了成本；城市中聚集着大量的科研中心和教育基地，为港口产业集群提供了大量的人力资源和技术支持。

港口产业集群的发展客观上要求能推动增长中心的发展。城市是企业、资金、信息、人员的集中地，通过各种交流影响港口产业集群区。

港口区位是港口产业集群形成的关键因素。海港区位理论分析中，选择的原则是经由港口的货物每单位数量的费用总和最小点就是最佳区位。但实际上，港口区位的选择首先是由地理位置和港口自身条件决定的，包括：港口的位置（气候位置、海洋位置和陆地位置），港湾的微观地形、地址、水深、潮汐自然条件以及内陆通达性等。

港口形成的优越的经济地理位置对于港口产业集群的形成和发展具有决定意义，因为其能方便集群发展所需要的各种资源，并且有广阔和近便的市场，易于输出和输入等。对于港口产业集群的形成和发展而言，凭借港口交通枢纽地位形成的优势区位更具有重大意义。

良好的区位使得港口产业集群具有自己广阔的经济腹地，分担了绝大部分港口物流需求。港口产业集群的发展动力部分来源于港口与经济腹地的紧密联系。

2）临港产业与港口互动发展。临港产业是依托港口发展起来的产业，临港产业的发展与港口建设有着密切的关系。港口或者说国际航运中心，是一个发展的概念，其发展主要经历了以下三个阶段：第一阶段，航运中转和货物集散中心；第二阶段，货物集散和加工增值中心；第三阶段，具有综合资源配置功能的物流中心。一个成熟完善的港口所应具备的功能主要有：①运输功能；②商业与贸易功能；③工业功能；④由此而衍生的其他产业如服务、建筑等相关产业的发展。所谓临港产业的发展主要指后三项功能的发挥，但后三项功能的发挥在很大程度上得益于第一项即运输功能的发挥。实物形态市场的发展，又带来其他市场的发展，物流、资金流、信息流、技术流又会为航运和港口提供更多的货源，从而推动现代港口与临港产业相互促进、互为依存、协调发展。其作用机理在于：港口城市的工业建设既依靠港口建设作先导，又围绕着港口作归宿，港口借助巨型海轮使其成为工业原料、燃料的供给基地和成品出口基地。使港口改变了原来单一的运输功能，港口地区已成为高效率的理想的工业生产基地。临港工业成为创造巨大生产力的源泉，临港产业也成为港口经济发展的主要依托。

临港产业发展推动港口发展。大力发展临港产业，有利于港口功能的完善。发展海运、装卸、集疏运输、仓储等港口主业及有关产业，有利于提高港口吞吐能力，建设现代化物流中心。发展临港工业可以为港口提供稳定的货源，增加港口发展后劲；完善金融、保险、通讯等服务业，可为港口提供良好的发展环境，从而使港口逐步向具有运输、工业、商业贸易、服务等多功能的现代化国际航运中心方向发展。

港口成长的经济驱动力主要来自港口产业，港口的成长随着港口产业的演替而呈现阶段性。在港口发展的初级阶段，由于港口产业主要是以运输和仓储行业为主的共生产业，其地域空间影响的范围仅限于码头地区，码头地区的关联产业主要有：为港口提供必要的日常生活用品、住房等服务业以及接近原料地和中转地的码头酿酒和炼糖业。随着港口的进一步发展，以石化、临港加工等行业为核心的依存产业的兴起标志着海港进入现代发展阶段，港口产业的地域空间影响的范围也突破原有传统码头区，向周边城市区域扩展。这一阶段，周边区域主要发展物流业、加工业和管理咨询业等。在信息革命和全球化的推动下，金融、管理、咨询和旅游等新兴现代服务业给现代港口产业注入了新的经济活力，港口关联产业对于周边地域的空间影响在范围广度上和内容深度上都发生了重要变化，港口关联产业向城市进一步扩散，并成为城市现代服务业的重要一部分。

港口直接产业对于周边区域的带动作用由共生产业和依存产业组成的港口直接产业带动关联产业发展，并和关联产业一起形成“港口产业链群”，对周边城市和区域的社会生活、就业结构、经济活动、土地利用等产生巨大的带动作用。我国港口城市应该加强港口关联产业发展，以提升城市和区域经济实力和缓解就业压力。

以鹿特丹为例，为了适应临港经济发展的需要，从 1620 年港口形成到 2006 年，鹿特丹港区总面积扩大到 10 500 hm^2，拥有石油化工、煤炭、铁矿石、集装箱、水果等大型专业化码头，各码头的装卸效率及专业化程度均达到世界先进水平，港口存储和疏运功能不断完善，港区内有各种工业园区，主要包括造船、石油化工、钢铁、食品和机械制造等，其中最重要的是化工工业。临港经济的发展为港口提供充足的货源，对港口的多样化经营、专业化水平以及港口效率提出更高的要求。

港口发展带动临港经济发展。①港口作为海陆交通枢纽，可以通过海上运输把本国的市场与国际市场联系起来，从而扩大临港产业的原料来源和产品市场。②港口作为转运点，使临港户业经营的运输费用最低。③港口作为流通领域来往资金的汇集地，具有融资方面的便利条件。④港口通过能力的扩大和物流、客流量的增加，成为了信息、汇集的中心，便于各种信息的获得。

(3) 基于沿海工业的沿海港口发展思路

1）沿海港口应成为沿海重化产业发展的重要支撑。

石化产业。根据《珠江三角洲地区改革发展规划纲要》提出的要求，广东省沿海地区将石化业列为重点发展、加快发展的先进制造业之一。到2020年，珠三角地区将“集约发展石化产业，集中力量在深水港口条件好、环境承载能力相对较大的沿海地区，依托条件较好的现有企业，高标准建设2~3个千万吨级炼油、百万吨级乙烯炼化一体化工程，力争形成世界先进水平的特大型石油化工产业基地”。

能源产业。广东省是能源消费大省，也是能源严重贫缺的省份，每年消费的煤炭均需要从省外或国外运入。随着工业和电力产业的发展，煤炭等能源需求量不断增加，2013年，广东全社会能源消费总量30 179.54 $\times 10^4$ t标准煤，同比增长3.6%，增速较2012年加快1.3个百分点。由于原煤储量分布不均，广东省的煤炭一直靠“西煤东调”、“北煤南运”来调配资源，煤炭调运多元化势头增强，国内资源和进口煤炭齐头并进，国内北方港口下水的神木系列、山西优混系列、伊泰煤以及澳大利亚、印尼等国进口煤深受广东电厂的青睐。2012年，广东省海上进煤约为1.8 $\times 10^8$ t，其中进口煤炭达到6 642 $\times 10^4$ t，占全国煤炭进口的23%，占广东省海上进煤的36.9%，预计今年海上进煤量和进口量还会双双增加，无论现在还是将来，北煤南运仍将占据主导，沿海港口在煤炭调入中发挥重要作用，北方来煤、进口煤炭主要通过海运进入广东省内，海运调入量约占广东省煤炭总调入量的八成左右。预测2015年和2020年广东省煤炭消费需求总量达到20 610 $\times 10^4$ t和28 260 $\times 10^4$ t，其中电力耗煤达到12 310 $\times 10^4$ t和14 760 $\times 10^4$ t；广东省外贸煤和北方地区来煤目前主要通过海运进入广东，预测2015年和2020年广东省海运调入量将达到17 200 $\times 10^4$ t和23 000 $\times 10^4$ t。因此，沿海港口应成为能源安全的关键支撑，除沿海各燃煤电厂配备专用煤码头外，珠江口港口群中重点建设珠海、广州、东莞、深圳、惠州等煤炭一程接卸港口，建设一批7万~15万吨级泊位以满足储煤配煤中心发展的需要。

钢铁产业。钢铁产业是国民经济的重要产业，具有产业关联度高、规模效益明显、资金和技术密集等特点。珠江三角洲已发展成为世界制造中心，钢材需求量特别大，广东省已成为全国最大的建材消耗地，钢材消耗量约占全国的11%。广东省钢铁产业既面临钢材需求量大而炼钢能力不足、又面临产能落后和产业调整的双重压力。

淘汰落后产能，调整产业结构是广东省钢铁产业面临的主要任务。主要任务是淘汰韶钢落后产能，实施技术改造，调整产品结构，提高其综合竞争力；实施广钢集团芳村钢厂环保搬迁，在湛江建设千万吨钢铁基地，在南沙建设板材深加工基地；淘汰省内其他小钢铁企业。目前，全省合计淘汰落后钢铁产能已达 1 000 $\times 10^4$ t 以上。

广东省不但是钢铁消耗大省，也是铁矿石严重缺乏的省份，所需矿石基本从国外进口，从世界各国的趋势看，钢铁工业布局已经由资源指向转变为市场指向，而临港布局贴近市场，而且拥有丰富的深水港资源，方便铁矿石大量进口，可以大量降低物流成本，提升产品竞争力。因此，珠江口港口群应成为广东省钢材产业发展的重要支撑。根据广东省钢材产业发展规划中加快建设湛江钢铁基地、做优广州钢铁基地和改造提升韶关钢铁基地的要求，重点建设湛江超大型矿石接卸港和珠江口的大型散货接卸港。

广州钢铁基地是钢材深加工基地，在广州 JFE180 $\times 10^4$ t 冷轧钢板项目、镀锌板项目基础上，在南沙新建一条 180 $\times 10^4$ t 冷轧钢板生产线以及钢材表面处理、深加工生产线等项目；对现有系统进行配套和改造，提高钢水质量及产品档次；新建相关的配套生产线，调整产品结构，在充分发挥和挖掘集装箱板生产优势的基础上实施品种多元化和规模化，成为薄规格热轧板、耐候钢、高强钢、硅钢、中厚板等精品钢材生产基地。韶关钢铁基地是实施技术改造，淘汰落后钢铁产能，增配钢水精炼设备，提高钢水质量及产品档次，逐步培育成为具有核心竞争力的建筑、机械、汽车等行业用高等级棒线材、结构用板、大型型材的生产基地。珠江口港口群需加快大型散货泊位建设，为钢铁基地发展提供原材料和产品运输提供支撑，重点发展广州南沙港区、珠海港和惠州港的 10 万 ~20 万吨级大型散货泊位。

珠江三角洲已发展成为世界制造中心，是钢材消耗的主要市场，从世界钢铁产业布局特点分析，珠江三角洲有进一步发展钢铁的需求，珠江口港口群需预留发展超大型散货泊位的空间。

2）珠江口港口群应成为珠江三角洲先进制造业发展的重要支撑。根据《珠江三角洲地区改革发展规划纲要》提出的要求，珠江三角洲是世界先进制造业和现代服务业的基地。除发展重化产业和能源产业外，重点发展先进装备制造业。坚持发展重大成套装备与突破关键配套件共性技术相结合，以核电、风电、光伏发电、船舶、石油化工重大成套装备、输变电重大成套装备的自主化带动相关配套产业的发展，以基础配套产业的突破发展支撑重大成套装备产业的本地化、市场化；完善并优化装备产业链，健全装备产业配套体系。

核电、风电、光伏发电成套装备。重点发展核岛主设备（1 000 MW 核承压设备），常规岛发电主设备（1 000 MW 电站汽轮机及 1 000 MW 汽轮发电机），燃气轮机蒸汽联合循环发电设备，船用成套发电设备，兆瓦级以上变桨、变速风力发电机组，直驱永磁风力发电机组，高纯度多（单）晶硅材料无（少）污染生产设备和制造技术、薄膜光电池新技术、建筑物一体化屋顶太阳能并网光伏发电设施及成套设备，大型太阳能并网光伏发电成套设备等。

在广州南沙建设核电核岛主设备（核承压设备）、常规岛发电主设备（百万千瓦级汽轮机及汽轮发电机）生产基地，大力支持东方电气（广州）重型机器有限公司研发和生产百万千瓦级核承压设备和大型发电设备。

在中山和广州等地建设广东省风电成套设备生产基地，开展特殊环境下兆瓦级变桨、变速风力发电机组技术的开发和研究以及风轮、叶片等零部件的研发、生产，形成完整的风电设备上下游产业链。在深圳、东莞等地建设广东太阳能电池原材料制造基地和广东光伏发电成套设备生产基地，并以薄膜太阳能成套设备为重点，攻克关键技术、工艺及其关键零部件及材料，快速形成整条生产线研发与建设能力。

船舶制造。重点建设中国船舶工业集团公司（以下简称中船集团）广州龙穴修造船基地和中船华南造船基地，重点发展大中型油船（VLCC 及苏伊士型、阿芙拉型）、大型矿砂船（VLOC）、好望角型散货船、大型汽车运输船、大型集装箱船（8 000 ~ 10 000 TEU）、大型液化天然气（LNG）船（$20\times10^4 m^3$ 以上）、客滚船、豪华游船等世界造船业的主流产品和尖端产品。

依托中船集团在粤的中船龙穴、广船国际、文冲船厂、黄埔船厂等骨干企业，大力发展 10×10^4 t 以下船舶建造，鼓励船厂发展品牌化船舶，形成特色优势，并带动珠江口区域内相关产业的发展；大力发展灵便型散货轮、油船等船舶建造，鼓励有条件的船厂面向珠江口区域发展分段建造，形成系列化、专业化的产业发展体系。

在做大做强广东省具有一定优势的船用配套设备产品的基础上，重点引进船用中低速柴油机、中低速柴油机曲轴、船用起重机、锚绞机、舵机、舾装件等产品技术，引导机械、电子、通信导航及仪器仪表行业参与船舶配套产品的研发及产业化。

重点建设广州大岗重大装备制造产业基地，首期依托中船大岗船舶配套产业基地，重点发展船用低速柴油机、船用低速柴油机曲轴、大功率船用中速柴油机、柴油机配套产品及其他船舶配套产品，包括船用辅机（起重机、舵机、锚铰机等）、船用舱室机械、轴舵机、船用管系、船用中间产品（舱口盖、上层建筑、机舱单元）等。

海洋工程装备。依托各造船基地和广东省装备制造业骨干企业（中船广州龙穴修造船基地、中船华南造船基地和广东中远船务公司等），积极发展海洋工程装备产品。重点发展自升式钻井平台、半潜式钻井平台、张力腿（TLP）平台、深水浮筒（SPAR）平台、钻井船等高技术海洋装备；同时，在推进资源整合和重组的基础上，鼓励和支持中小型造船企业发展三用工作船（AHTS），海洋工程拖船等特色海洋工程辅助设备。

航空设备。依托中国航空工业集团在珠海建设的中航通用飞机产业基地，发展公务机、水陆两用飞机、轻型涡桨飞机及大中型地效飞行器等及配套产业；利用国内航空产业资源和引进国外技术，重点发展飞机制造、飞机总装、飞机维修及改装、飞机发动机/部件改装、飞机零部件加工制造、数控中心、航空维护等项目。进行新一代涡桨通用飞机、新型公务机、大中型地效飞行器及其他水陆两用飞机、机载设备的研制生产。

轨道交通设备。围绕配套珠三角城际快速轨道交通网络建设，由广东省有一定基础的企业与国内最具实力的城际轨道轨道交通车辆供应商合作，组建轨道交通生产、维修企业，突破车辆、维修、保养和制造关键技术，建设车辆总装生产线以及静调、动调试验线，开展车辆总装生产和车辆大、架修业务；发展与车辆维修配套的新型铝合金型材、微电子设备、高精度电气控制设备、精密气动设备等高新技术，建设车辆铝合金车体生产线。

汽车。依托广东省较好的汽车制造业基础，鼓励自主品牌产品的开发与生产，推动电动汽车产业化，大力发展车用发动机、变速器、汽车电子控制集成技术产品等自主品牌产品，掌握汽车核心技术，努力融入国际零部件采购体系。

以广州汽车工业集团、东风乘用车公司为基础，推动行业战略性重组，培育2~3家主业突出、核心能力强、拥有自主知识产权、具有较强竞争力的大型企业集团，成为在竞争、开放条件下自主发展广东省汽车产业的中坚力量。

进一步扩大乘用车生产规模，不断增加先进适销对路产品，大力推动广汽本田、广汽丰田及东风日产扩能，扶持广汽自主品牌乘用车、深圳比亚迪电动车基地、广汽日野商用车等项目建设，支持广州汽车工业集团、东风日产乘用车公司发展新能源汽车，扶持广州、深圳、东莞、佛山等地改装车企业的发展。

为满足沿海装备制造基地的发展，满足原材料和成品运输，根据珠江口港口群条件，重点发展广州港南沙、深圳港大铲湾、珠海、中山、江门的造船基地和相应的舾装码头；发展广州、珠海、惠州、中山、江门等港口建设海洋装备、交通设备、纸业的制造基地和配套码头；加快广州和虎门港的汽车滚装码头建设；加快广州港和虎门港的大型通用散杂货码头泊位建设以满足珠江三角洲粮食、家具等加工业发展的需求。

7.3 珠三角邮轮码头发展与港口发展研究

7.3.1 珠三角邮轮码头发展现状

(1) 建设与营运状况

目前，珠三角有邮轮靠泊历史的城市有广州、深圳，但这些城市均未建成专用的邮轮码头，国际邮轮抵达沿海港口时，一般借用其他码头或停靠在临时码头。

1）广州。由于广州没有邮轮专用码头，目前仅为邮轮旅游的挂靠点，到港的邮轮临时停靠在黄埔老港货运码头。

广州从接待邮轮数量来讲，自1985年开始至2007年，黄埔港邮轮停靠经历了一个由少到多又由多到少的过程。据统计，停靠最多的是1997年和1998年，每年达30艘次；2006年、2007年两年共停靠9个班轮，接待总人数4 800人；2008年停靠4艘次，总人数2 100人；2009年停靠1艘，上岸500人；2011年2月接待1艘德国环球邮轮，总人数600多人。

2）深圳。丽星邮轮公司于2000年在蛇口码头改建了一个简易的邮轮码头，2002年初曾开辟邮轮航线至香港。后由于临时邮轮泊位水深不足，丽星及Costa等邮轮公司以及香港海上一夜游的计划邮轮无法靠泊，国际邮轮到达深圳受限。

2007年“太子湾国际邮轮母港”规划列入了深圳城市发展战略议程，目前备受关注的太子湾邮轮母港已经完成了一期填海造路工程，还将规划新建深圳蛇口邮轮中心。

（2）综合评价

1）广东省邮轮旅游产业尚处于发展初期，码头配套设施有待完善。目前广东省尚未建成专业化的邮轮码头，临时停靠码头的周边配套设施及交通换乘也有待完善。受邮轮码头专业化设施缺乏的限制，到港邮轮多为5×10^4 t以下船型；尚未形成以省内港口为母港的邮轮航线以及境外邮轮航线来访的固定邮轮挂靠点。

广东省及珠三角地区大量邮轮旅游团选择从香港、新加坡等出发。同时，省内缺乏可接待大规模入境游的旅行团队码头设施，服务水平有待完善。

2）广东省已具备发展邮轮旅游的经济基础条件与旅游资源条件。广东省区位优势明显，毗邻港澳，居民有搭乘邮轮出游的传统，靠近台湾和东南亚，处于亚洲邮轮旅游市场较为活跃的区域。

广东省是我国经济最发达的省份，珠江三角洲地区目前人均GDP已突破1万美元，客观上具备了发展邮轮旅游的经济基础。港口辐射范围大，航空、铁路交通便捷，可吸引内陆地区游客前来搭乘邮轮。

广东省内文化历史及观光旅游资源丰富，2010年广州亚运会和2011年深圳大运会等大型体育盛会的举办，使广东国际知名度迅速提高，有利于邮轮旅游的发展。

广东省拥有海岸线5 797 km，是中国海岸线最长的省份。全省共有沿海港口14个，2012年广东沿海港口完成货物吞吐量14.08×10^8 t，比上年增长5.3%，已初步形成了广州港、深圳港、湛江港、珠海港、汕头港为沿海主要港口，其他港口为地区性重要港口的分层次港口布局。大部分沿海港口均具备建设深水航道及码头的条件，可接待豪华邮轮靠泊。

3）口岸管理服务水平有待提高。在口岸管理方面目前还没有设立专门对邮轮及其旅客提供服务的常设设施和政府服务机构，尚未建立完善的、符合国际惯例的出入关程序和口岸管理条例，边检通关手续有待简化。

7.3.2 珠三角邮轮码头需求分析和船型预测

（1）腹地经济社会发展概况

1）广东省国民经济发展现状及趋势。改革开放以来，广东省国民经济实力快速增强，在全国的经济地位显著提高。2012 年广东省生产总值达 5.7 万亿元，年均增长 10.2%，总量继续居全国首位；人均生产总值达 54 000 元，约合 8 550 美元。内需对经济的贡献率由 2007 年的 80.4% 提高到 89%。社会消费品零售总额达 2.27 万亿元，年均增长 16.1%。工业品内销比重达 68.8%，提高 8.8 个百分点。累计完成固定资产投资 7.68 亿元，是上 5 年的 2.1 倍。民间投资占投资总额的 53.5%，年均增长 23.8%。外经贸平稳健康发展，进出口总额 9 838 亿美元、年均增长 9.2%。物价总水平保持基本稳定。居民消费价格指数年均上涨 2.9%，低于全国平均水平。

“十二五”时期，广东提出加快转型升级、建设幸福广东的核心发展，积极实施扩大内需等战略，全面落实《珠江三角洲地区改革发展规划纲要（2008—2020 年）》，推动率先全面建成小康社会。发展目标为：经济平稳较快增长，经济实力进一步增强，全省生产总值年均增长 8% 以上，到 2015 年约 6.7 万亿元，人均生产总值年均增长 7% 以上，到 2015 年约 6.6 万元；产业结构优化升级，服务业增加值比重达 48%；区域发展差距逐步缩小，区域合作水平显著提高，珠三角一体化和粤东西北地区跨越发展格局基本形成；城乡居民收入普遍较快增加，城镇居民人均可支配收入和农民人均纯收入年均实际增长均达到 8%。

珠江三角洲地区是广东省经济发展的集中区域，占全省经济总量的 80% 左右。根据《珠江三角洲地区改革规划发展规划纲要（2008—2020）》，到 2020 年，率先基本实现现代化，形成粤港澳三地分工合作、优势互补、全球最具核心竞争力的大都市圈之一；人均地区生产总值达到 13.5 万元，服务业增加值比重达到 60%。

2）广东省旅游业发展现状及趋势。2012 年广东省口岸入境旅游人数 10 794.73 万人次，比上年下降 2.6%。其中，外国人 764.72 万人次，增长 0.6%；香港、澳门和台湾同胞 10 030.00 万人次，下降 2.9%。在入境人数中，过夜旅游者 3 495.11 万人次，增长 5.6%。国际旅游外汇收入 156.00 亿美元，增长 12.2%。国内游客达 51 746.64 万人次，增长 10.1%，其中，过夜旅游者 23 919.96 万人次，增长 13.5%；国内旅游收入 6 400 亿元，增长 16%。

根据广东省《关于加快广东旅游业改革与发展建设旅游强省的决定》，广东省将建设成为“全国旅游综合改革示范区”，“率先试行国民旅游计划，大力发展休闲旅游”。到 2020 年，广东省将发展建成辐射华南、服务全国、影响亚太、面向世界的具有较高国际水准的旅游目的地，国内游、入境游和出境游三大市场全面繁荣。全省旅游总收入达到 7 600 亿元左右，旅游创汇达到 180 亿美元左右，旅游业增加值占全省服务业增加值的 10% 以上。

《广东省人民政府贯彻国务院关于加快发展旅游业意见的若干意见》提出“大力发展高端旅游产品。加快培育和发展一批高端商务旅游、高端休闲度假旅游、邮轮和游艇旅游、高尔夫旅游、特种旅游等高端产品，打造广东高端旅游新形象”。同时要“加快旅游基础设施建设。加强旅游水运和邮轮码头的规划与建设。在港口规划中，结合旅游产业规划和发展需求，为重点旅游景区的水路客运码头适当预留岸线”。

（2）影响邮轮旅游发展的主要因素

1）主要影响因素。根据对世界上主要邮轮公司的航线旅游产品的总结分析，可以看出邮轮航线的形成主要依赖以下要素：①具有合适的消费群体聚集条件，如背靠具有消费能力的大都市，具有良好便捷的旅客交通集疏运条件（国际空港、高速公路、高铁客运站场等）；②具有发展成为邮轮旅游目的地的旅游资源，如离港口 150 km 范围内的历史名胜古迹、海滨休闲度假胜地、特色地方美食、国际商业购物等旅游产品；③具备满足邮轮停靠的港口及航道条件。

总体来看，沿海区域旅游资源的空间分布与交通条件，决定了邮轮航线停靠港的空间布局；而沿海区域的城市群布局与客运交通枢纽设施布局、口岸通关环境、城市综合配套服务能力则决定了该区域邮轮航线母港的区位与层次。

2）邮轮公司选择航线母港的条件。国际邮轮公司选择航线母港主要考虑以下几方面的条件。

经济区位：邮轮母港覆盖的经济腹地应具有一定的经济基础，人们对旅游的需求旺盛，是邮轮旅游消费人群的聚集地。

地理区位：即距离邮轮旅游目的地近，海运到其他港口便捷，能够开辟灵活多样的邮轮航线。

综合交通条件：陆空交通便利，拥有国际性机场。由于到母港参加邮轮旅游的旅客，有相当一部分来自所在城市以外地区，因此便捷的外部陆、空客运交通联系非常重要。

港口条件：码头位置靠近城市中心或交通枢纽，建港水深和航道条件良好，拥有世界级的现代化码头、停泊设施及码头升级扩建的空间资源条件。

旅游资源：许多邮轮母港本身通常也是吸引邮轮到访的旅游目的地，所在城市及周边邻近地区具有丰富的文化古迹、风景旅游资源，或者港口本身即为旅游景点。

商业服务：在登船前大量人群聚集在码头周边地区，需要有可容纳大流量旅客的候船、餐饮、停车、住宿与娱乐设施等。

口岸管理：由于邮轮母港需要在短时间内处理较大流量的旅客，因此需要建立符合国际法规和惯例的出入关程序和口岸管理程序以及完善的安全管理系统，高效便捷的管理游客、行李、船舶等。

配套产业：邮轮相关产业还包括船舶维修制造、港口服务、银行保险等。邮轮从母港出发前和返程后需要进行后勤补充和修整，码头应提供相关设施设备；母港所在城市应具有较好的金融服务功能，应对不同国家及地区的游客需求。

政策措施：邮轮母港的形成在前期需要国家和地方政府进行良好的规划，并在建设和使用方面给予相关政策支持等。

根据邮轮港口的市场辐射范围，邮轮母港可分为两类。

国际性母港，依托国际大都市，客源腹地广阔，具有吸引境外客源，发展区域与跨区域国际邮轮航线的母港。

地区性母港，以地区性中心城市为依托，以吸引本地及周边旅客为主，发展国内及区域航线为主的母港。

3）邮轮停靠港的类型。从代表性的邮轮航线停靠港来看，邮轮停靠港可分为目的地型和中转型两种，邮轮在停靠港停留时间多在 6～12 小时，少数港口可停留 2 天，供游客参加岸上旅游行程。

目的地型：这类停靠港以海岛和沿海城市为主，其邮轮码头距离旅游景点行程多在半小时以内，或港口本身即为旅游目的地，游客下船后就近参观游览或进行亲水活动。这类港口具有常年气候适宜旅游、特色文化或自然旅游资源聚集、邮轮码头距离城市中心交通便利的特点。

中转型：少数邮轮停靠港为中转港或兼做中转港，这类港口多数是距离内陆地区某一著名城市或景点最近的港口，游客下船后可前往内陆景点游览，单程交通时间以不超过 2～3 小时为宜，距离一般不超过 150 km。这类港口应具备便捷的陆路或其他集疏运通道条件。

4）邮轮航线的类型。邮轮航线一般分为循环航线和双向（不循环）航线。

循环航线：主要分布在加勒比海、地中海、波罗的海、东北亚、东南亚等海湾型地区。上述地区人文资源、自然景观、旅游服务和消费中心分布较为密集，往返旅游景点大多不重复，全部行程多在 12 天以内，航行期间可选择多个停靠港均匀分布时间挂靠。

双向航线：双向航线通常为往返调度，始发港和终点港可以互换，邮轮公司自行调配，这类邮轮产品主要为沿大陆海岸线游览，或航程较长、停靠港较多的行程，行程多在12天以上。不循环航线可在始发港或终点港延伸开展陆上旅行，目的地为公路/铁路能到达的著名景点城市，以有国际机场为佳。

（3）广东省邮轮旅游产业的发展环境

1）广东省沿海港口拥有良好的区位条件。广东省共有沿海港口14个，其中全国沿海主要港口5个，与世界大部分港口都有货运航线往来；广东省临近港澳台地区，距亚洲最热门的邮轮旅游目的地东南亚地区较近，可开辟的邮轮航线丰富。

2）经济较为发达，具备良好的邮轮消费经济基础。广东省经济总量连续多年列居全国第一，2012年广东全省生产总值达5.7万亿元，年均增长10.2%，总量继续居全国首位。人均生产总值达54 000元，约合8 550美元，远高于全国平均水平，居民消费能力较强。

广东省毗邻港澳，居民有搭乘邮轮出游的传统，当前每年有大批旅游团队从香港、新加坡等地搭乘邮轮旅游。

3）旅游资源丰富，气候适宜常年开展邮轮旅游航线。广东省各沿海城市基本位于北回归线以南，属热带、南亚热带季风气候区，全境大部分地区夏无酷暑，冬无严寒，终年温和多雨，气候温和、季节变化也不明显，气候条件非常适宜开展旅游活动。

广东省文化悠久，人文景观丰富，从鸦片战争起，历次革命斗争中的名人故居、重要遗址、陵园等不胜枚举；是我国现代工业和民族工业的发源地之一，也是新中国改革开放的前沿地，具有浓郁而有特色的地方文化；近年来各开放城市的建设和发展也成为旅游吸引力之一；广东省自然旅游资源丰富，海岸线绵长，多温泉和海滨浴场，地貌形体复杂，山水风光聚集，全省已开发成旅游点的省级以上森林公园40个，自然保护区30个，广州、深圳、珠海、肇庆、中山、佛山、江门、汕头、惠州成为“中国优秀旅游城市”，全省人文景观与文物古迹、宗教文化、民俗风情、渔岛风俗集于一体，并与阳光、海水、沙滩、动植物等自然景观交相辉映，形成绚丽多彩的滨海旅游风景。加上2010年广州亚运会和2011年深圳世界大学生运动会的举办，国际知名度迅速提高。

4）具有满足参与邮轮航线游客集散的航空、铁路、公路便捷客运条件。广东省对外交通较为发达，航空、铁路及高速公路等多种运输方式连接省内外以及国际主要城市。省内已建有广州、深圳、珠海、汕头、湛江等机场，国际国内客运繁忙，其中广州新白云国际机场是国内三大航空枢纽机场之一，拟建设成为辐射国内、东南亚和中东，连接欧、美、澳的东南亚及太平洋地区的综合性中枢机场；深圳宝安国际机场是具有海、陆、空联运的现代化航空港，是世界百强机场之一，中国前五大航空港。陆路运输方面，以武广高铁为代表的铁路快速运输连通内陆地区，省内外的高速公路更为密集，有利于吸引周边省份尤其是湖南、湖北、江西、广西等地的游客通过广东省港口搭乘邮轮出行。

5）国家及地方政策支持，多项相关规划逐步出台。2008 年 6 月《国家发展改革委关于印发〈促进我国邮轮业发展的指导意见〉的通知》（发改交运［2008］1675 号），明确了我国邮轮业发展的指导思想和基本原则，提出了总体目标和主要任务。随后各部委鼓励性相关政策和管理措施陆续出台。

广东省旅游局编制《广东全省滨海旅游发展规划（2009—2020）》和《广东邮轮旅游发展规划》提出，要在全省形成若干个邮轮停靠港以及邮轮母港，其中广州、深圳等中心城市应按照国际一流的标准规划国际邮轮母港。目前粤港澳三地正在研究开发邮轮游船旅游，推广区间内“一程多站”旅游线路。

6）拥有良好的建港条件，为大型专业化邮轮码头的建设提供了良好的岸线资源保障。广东省位于我国大陆南部，邻接南海，海岸线全长 5 797 km，其中大陆海岸线长 3 368 km，占全国海岸线总长的 1/5，是我国岸线资源最丰富的省份之一。全省共有沿海港口 14 个，大部分沿海港口均具备建设深水航道及码头的条件，适宜建设高等级邮轮码头。

（4）市场需求分析

1）亚太地区邮轮旅游发展现状及趋势。亚太地区是世界邮轮市场的新兴市场，始于 1993 年丽星邮轮公司成立，邮轮旅游起步较晚，但近年发展迅速。2005 年亚太地区邮轮游客数量约为 110 万人，2010 年旅客数量已突破 200 万人。交通部预计到 2020 年沿海邮轮运输市场初步形成，邮轮旅客数量达到 450 万人，与 2013 年相比年均增长 33%，成为亚太地区最具活力和最大的邮轮市场。

当前亚洲邮轮航线普遍以短程为主，航行历时从 24 小时以内到 2 ~ 3 天不等，其中以“无目的地”的海上游和前往少量目的地、配以合家欢活动和美食的度假旅程航线最受欢迎。亚洲地区 7 ~ 14 d 的邮轮长途之旅一般为专为欧美地区游客设立的海空旅游航线之一，或是环球海上旅程的其中一段。亚太地区主要邮轮旅游线路为：①在印度尼西亚、马来西亚、菲律宾和新加坡众多岛屿之间往来穿梭；②以东南亚的泰国、越南和新加坡为主要节点，印度部分港口、斯里兰卡以及马尔代夫同时编排在其中；③中国内地以及中国香港和中国台湾的主要港口；④日本和韩国之间组合而成的线路。

从旅游航线分布来看，现状邮轮活动主要集中于东南亚地区，伴随着亚洲地区的经济增长和经济收入的增加，人们对邮轮的认识与接受，尤其是邮轮码头的建设发展，邮轮产业正逐步扩展到整个亚太地区。东南亚地区的邮轮港口主要分布在新加坡、中国香港、马来西亚巴生港、吉隆坡、槟城、普吉岛、泰国曼谷、越南胡志明市、芽庄等；东北亚地区的邮轮港口主要有上海、釜山、大阪、长崎、横滨、大连、天津、三亚。

以香港为中心的华南地区邮轮市场是一个新兴的邮轮市场。香港地处东北亚海域的中心地带，连接着东亚和南亚，特别是其直通中国内地，位于日渐富裕的大珠三角，连通着广阔的中国内地市场，具有其天然和独特的区位优势。香港是著名的国际的金融中心、国际航运中心、地区贸易中心，也是亚洲最重要的邮轮母港之一。近年来，香港旅游发展局一方面加大邮轮旅游宣传力度，吸引大量的内地游客通过香港搭乘邮轮前往东南亚等地旅游，同时致力于推广邮轮的“一程多站旅游”，贯连福建、广东、广西、海南的港口，发展往来亚太区包括南中国沿岸的国际邮轮线路，并增加相应的陆上观光行程，联合华南地区打造邮轮旅游目的地。未来，香港、广东省以及澳门地区有条件打造国际性的组合邮轮母港。

2）广东省邮轮旅游发展方向。广东的区位优势比较明显，毗邻港澳，居民有搭乘邮轮出游的传统，未来广东省邮轮旅游可联合港澳地区发展邮轮旅游产业，发展国际、国内邮轮航线。

国际邮轮航线。广州、深圳与目前亚洲最大的邮轮母港香港处于同一区位，广州与深圳具有丰富的历史人文景观与自然风光资源，国际邮轮旅游网站也把广州、深圳与香港列为中国主要的邮轮旅游目的地之一。广州、深圳均为超千万人口规模的现代化国际大都市，并建有大型国际机场与高铁客站，具备近期发展国际邮轮航线挂靠港，未来逐步成为邮轮母港的条件。

广东省尤其是珠三角地区人口众多，人均消费水平高，是消费人群的集聚地，同时，对外交通发达，南临中国南海及东南亚地区，具备发展以东南亚地区旅游为主的邮轮母港航线的条件，可吸引内陆游客通过广东省沿海港口搭乘邮轮出行。

广东省内文化历史及观光旅游资源丰富，已具有吸引国际邮轮挂靠的基础条件，从省内现状到港的国际邮轮看，均为挂靠航线，以香港邮轮航线为主，还有部分北美及欧洲的环球邮轮航线。2010 年广州亚运会和 2011 年深圳大运会等大型体育盛会的举办，使广东国际知名度迅速提高，广东省作为国际邮轮旅游目的地的吸引力进一步提升。

国内邮轮航线。中国邮轮市场具有诸多优越条件，包括悠长的海岸线、旅游业的快速发展、居民可支配收入的提高、开放的旅游政策、基础设施的改善以及大型城市集中分布在港口附近等，目前国内已有一条上海—普陀山的邮轮航线，运行情况良好。华南地区目前拥有多条跨省的水路客运航线，未来可通过中、小型邮轮船舶的加入逐步发展成为沿海地区的邮轮旅游航线。

3）市场需求预测。按照邮轮航线的不同，可将邮轮旅游游客划分为境内邮轮旅客及境外到访邮轮旅客（包括外国人、港澳台同胞），其中境内邮轮旅客包含本地出发邮轮旅客和国内到访邮轮旅客，本地出发邮轮旅客按行政区可进一步划分广东省邮轮旅客及国内其他地区邮轮旅客。

——境内邮轮旅客市场分析。

省内邮轮旅客市场。从多年来广东经济发展趋势来看，未来相当长一段时间内广东经济仍将保持较快的发展速度，人均 GDP 也将保持较快的发展速度。从经济因素方面看，广东已经具备发展邮轮旅游的基础条件，未来 10 ~ 20 年广东邮轮旅游客源将进入快速拓展期。

据了解，受省内邮轮旅游设施限制，当前广东省及珠三角大量邮轮旅游团选择从香港、新加坡等出发。目前省内沿海主要城市均正在进行邮轮码头建设或相关规划研究工作，未来一段时期将进行多个邮轮码头建设。预计随着省内沿海主要港口邮轮码头的建成及航线的开辟，中远期通过广东省港口出发的邮轮旅客将大幅增长。

综合考虑广东省城镇居民的家庭收入、出境旅游消费习惯、主要港口的邮轮码头建设进度等因素，综合预测从广东省出发的省内邮轮的旅客人数 2015 年为 15 万人次，2020 年为 40 万人次，2030 年为 120 万人次。

省外邮轮旅客市场。省外邮轮旅客市场可分为吸引省外旅客从广东省搭乘邮轮出行的旅客量和国内沿海邮轮航线挂靠广东省港口接待的旅客量。

广东省交通基础设施发展成熟，国内多数城市可通过航空、铁路、公路和广东的各个沿海城市实现直接交通往来，广东省具备吸引湖北、湖南、江西、广西等周边地区的消费者进入广东搭乘邮轮的集疏运设施条件。预测国内其他地区通过广东港口出发的邮轮旅游旅客在 2015 年、2020 年、2030 年将分别达到 1 万、5 万和 40 万人次。

同时考虑未来可通过小型邮轮船舶的加入将沿海港口的部分客运航线逐步发展成为邮轮旅游航线。预测广东省沿海港口接待国内邮轮旅客运量 2020 年为 46 万人次，2030 年为 165 万人次。

因此，预测广东省港口 2015 年接待省外游客量为 1 万人次，2020 年为 5 万人次，2030 年为 40 万人次。

——入境邮轮游客市场分析。

广东省是旅游大省，是接待入境旅游重要的口岸之一。2000—2010 年，广东省入境游客数大幅增长，从 2000 年的 6 729.18 万人次增长至 2010 年的 10 485.8 万人次，年均增长率为 4.5%，其中外国游客年均增长率为 8.7%。在未来一段时期内，广东经济将持续快速发展，广东在国际上的影响将逐步扩大，将吸引更多的海外游客入境广东游览，广东的入境游客人数将持续增长。预测

2015 年、2020 年和 2030 年广东省入境游客人数将依次达到 4 万、14 万和 45 万人次。

随着广东省沿海主要港口邮轮码头的开发建设、相应邮轮旅游开发的软硬件条件逐步完善，广东省接待境外邮轮挂靠将出现快速增长，境外邮轮旅客人数将大幅度上升。其中，广东入境游客中外籍游客乘坐邮轮入境广东的比例将相对较高，广东入境游客中的港澳台游客主要是通过陆路口岸入境，乘坐邮轮入境比例相对较低。据此，预测 2015 年、2020 年和 2030 年广东省沿海港口接待的入境邮轮旅客将分别达到 4 万人次、14 万人次、45 万人次。

——邮轮旅客客运量预测。

综合上述分析，2015 年、2020 年和 2030 年广东省邮轮客运量分别为 20 万人次、60 万人次和 210 万人次（表 7－2）。

表 7－2　广东省接待邮轮旅客预测　　单位：万人次

分类	年份		
	2015 年	2020 年	2030 年
总计	20	60	210
境内邮轮旅客	16	46	165
其中：广东省内	15	40	120
吸引省外	1	5	40
国内挂靠	0	1	5
接待入境邮轮旅客	4	14	45

从世界邮轮航线的结构来看，存在单母港航线和双母港航线，大部分的邮轮航线为单母港航线，越洋跨区域航线尤其是单程需要 12 天以上的海上邮轮航线中存在一定比例的双母港结构。考虑广东省港口邮轮母港航线开发情况，预测广东省港口邮轮旅客吞吐量 2015 年、2020 年和 2030 年分别为 40 万人次、110 万人次和 400 万人次（表 7－3）。

表 7－3　广东省港口邮轮旅客吞吐量预测　　单位：万人次

分类	年份		
	2015 年	2020 年	2030 年
总计	40	110	400
母港航线	32	85	310
其中：境外旅客	0	5	10

续表

分类	年份		
	2015 年	2020 年	2030 年
国内旅客	32	80	300
挂靠港航线	8	25	90
其中：境外旅客	8	23	80
国内旅客	0	2	10

分区域邮轮旅客吞吐量见表 7－4。

表 7－4　广东省分区域港口邮轮旅客吞吐量预测　　单位：万人次

分类	年份		
	2015 年	2020 年	2030 年
珠三角港口	40	100	320
粤东港口	0	5	40
粤西港口	0	5	40

（5）船型分析

近年来，邮轮公司从推动邮轮经济规模化、降低邮轮消费成本的角度不断推进邮轮船舶大型化发展，但根据研究，邮轮船型的大小与航线长短并无必然联系，而是与航线的市场需求相关，这是由邮轮母港的人口聚集度、邮轮面向的客户群体以及航线产品等多种因素决定的。因此，广东省到港邮轮船型将参考目前在国内营运的邮轮船型现状，结合世界邮轮船舶大型化发展趋势进行分析。

1）运输船型发展现状。

邮轮的等级，通常以吨位和载客量两个指标来衡量，根据 After Ward（2005）的分类（表 7－5）。

表 7－5　邮轮等级分类表

类型	总吨（$\times 10^4$ t）	旅客数（人）
精品	小于 0.5	少于 200
小型	05～2.5	200～500
中型	2.5～5	500～1 200
大型	5～10	1 200～2 400
超大型	高于 10	超过 2 400

20 世纪 50 年代，由于邮轮刚刚出现，船队规模相当小。1962 年邮轮数量仅为 10 艘左右，1969 年增长到 16 艘左右。可以说，豪华邮轮在 20 世纪 60 年代后期才真正发展起来。在此后 30 多年时间里，世界邮轮规模不断扩大，豪华邮轮艘数和吨位保持稳定增长。特别是进入 20 世纪 90 年代中后期，豪华邮轮进入快速增长期。

截至 2012 年 2 月底，从全球主要 42 家邮轮公司 277 艘船舶构成来看，全球邮轮船队以 3 万 ~15 万吨船舶为主，其中 8 万 ~10 万吨为中坚力量。最大船舶为 22 万总吨。

据统计，世界邮轮船队船舶的总吨位近年来每年都有 10% 以上的增幅。其中，10 万总吨以上船型在约 10 年的时间里达到总吨位的 13.6%，其次是 5 万 ~10 万总吨的邮轮，10 年中由占邮轮总吨位的 1/3 增加到 60%，5 万总吨以下的数量基本未变，说明越来越多的邮轮建造商把焦点集中到邮轮大型化。

2011—2014 年世界邮轮订单共有 23 艘，载客总量达到 60 630 人，按平均载客量计算，这些订单主要集中在 8 万 ~15 万吨邮轮。这些邮轮交付使用后，大型邮轮在整个邮轮船队中的比例将进一步提高。同时，有关资料表明，建造 25 万吨邮轮已经列入邮轮研究者及船公司的议程，世界邮轮有继续大型化趋势。

2011—2014 年世界的邮轮订单情况见表 7 - 6。

表 7 - 6　2011 - 2014 年世界邮轮订单情况

国家	邮轮订单	床位数
2011 年	8	16 156
2012 年	8	22 466
2013 年	4	10 308
2014 年	3	11 700
合计	23	60 630

2）国内到港邮轮现状。近年来，停靠我国港口的主要邮轮见表 7 - 7，表 7 - 8。

表 7 - 7　停靠我国港口的主要邮轮情况

船名	总长（m）	总吨（GT）	载客（人）	停靠港	时间
罗维娜公主	138.3	11 513	500	深圳	2005 年
天秤星	216	42 276	1 480	厦门	2007 年
宝瓶星	229.8	51 039	1 529	厦门	2007 年

续表

船名	总长（m）	总吨（GT）	载客（人）	停靠港	时间
蓝宝石公主	290.4	116 000	2 800	上海	2005 年
双鱼星	177	40 053	1 300	厦门	2007 年
钻石公主	290.4	113 000	1 400	上海	2005 年
爱兰歌娜	187.7	28 500	1 000	上海、三亚	2006 年
海洋迎风号	279	78 500	2 500	上海	2008 年

表 7－8　中国邮轮公司邮轮情况

船名	总长（m）	总吨（GT）	客房（间）	载客（人）	航线
明辉公主	154.99	11 174	325	1 150	海口（北海）—越南
假日	120	7 500	128	807	深圳—香港 上海—普陀山
海洋公主	140	11 513	152	1 126	北海—越南
茗花女王	168	23 000	300	1 025	下龙湾

（6）船型预测

1）航线分析。据 CLIA 统计，邮轮游客平均旅程为 7 天左右，2～8 天的比重高达80%。从广东省沿海港口出发的7天邮轮航线向南可以到达东南亚地区的泰国、新加坡、马来西亚、菲律宾等地，向北可以到达日本、韩国，因此，广东省沿海港口将以发展亚洲区域内的邮轮航线为主，同时考虑接待跨区域国际邮轮航线船舶的挂靠。

2）船型预测。国际邮轮航线船型：目前广东省接待的国际邮轮均为 5 万吨以下船型，根据国际邮轮公司在我国的船舶安排情况等，预测近期邮轮船型将以 3 万～8 万吨邮轮为主；随着客运量的增加及国际邮轮大型化的发展，5 万～15 万吨邮轮将成为其主流船型，中远期将有 15 万吨以上邮轮到港。

国内邮轮航线船型：考虑到沿海邮轮旅游的航线特性，随着沿海邮轮旅游市场的开拓，预计沿海邮轮到港船型将主要以 1 万～5 万吨的船型为主，远期随着客运量的增长及航线的延伸，将可发展 5 万吨以上邮轮。

根据交通部发布的《海港总平面设计规范》（JTJ 211—99）局部修订（设计船型尺度部分）以及实际船型尺度，广东省邮轮码头设计船型尺度见表 7－9。

表 7-9　邮轮代表船型尺度

船舶吨 (GT)	船型主尺度 (m)				载客数	备注
	总长 L	型宽 B	型深 H	满载吃水 T		
20 000	180	25.4	16.2	6.7	1 171 ~ 1 970	
30 000	215	30.4	18.1	7.3	1 971 ~ 2 000	
50 000	243	32.3	23.8	8.0	2 001 ~ 2 200	
80 000	280	36.0	23.8	8.1	2 201 ~ 2 640	
100 000	294	37.5	28.5	8.5	2 641 ~ 3 800	
150 000	339	47.4	29.0	8.8	3 801 ~ 3 900	
220 000	360	65		9.1	5 400 ~ 6 300	参考实际船型

7.3.3　珠三角邮轮码头发展定位及规划目标

（1）发展定位

根据邮轮产业发展潜力，国家关于促进新时期旅游业发展的总体思路，结合广东省发展邮轮产业的条件，未来广东省邮轮码头的发展定位如下。

—华南地区海上国际客运旅游门户与枢纽，增进对外人文交流的重要平台。

—华南地区发展港口休闲产业的重要聚集区，促进区域旅游业发展的重要引擎。

广东省邮轮港口将通过提供旅游、商贸、娱乐等综合性服务，提升和完善城市旅游功能，打造国际旅游度假品牌，把广东省建设为旅游目的地丰富、岭南文化特色鲜明、商贸发达、综合配套服务功能完备的国际化邮轮旅游强省。

（2）规划目标

根据广东邮轮码头的发展定位，本次布局规划的目标是：按照科学发展观的要求，遵循世界邮轮旅游的发展趋势，结合广东省各主要城市社会经济发展特征与旅游资源空间分布特点，通过优化布局和资源整合，形成布局合理、结构优化、层次分明、功能完善的邮轮码头布局体系；有效指导广东省各地邮轮码头设施的规划建设，促进邮轮产业集聚与延伸发展。

7.3.4　邮轮码头岸线利用及港口布局规划

（1）珠三角岸线利用现状及规划

1）广州。广州市港口岸线主要包括广州港港界内岸线和广州内河港岸线。其中广州港港界内岸线北起西河道的白坭河大桥，南至南沙龙穴岛（不含东莞市麻涌镇破流水闸以下岸线），岸线总长约400 km，主要由内港港区岸线、黄埔至沙湾水道口岸线和南沙港区岸线三部分组成，规划港口岸线108 km。

内港港区水道的北面是广州丘陵，南面是番禺台地，西面是珠江三角洲平原；东、南航道之间是残丘散布的冲积平原，河汊纵横交错。该港区自然岸线总长209.4 km，包括白坭河大桥至白鹅潭段（西河道）岸线、白鹅潭至长洲段（东河道）岸线及白鹅潭至舟店艚洲段（南河道）岸线。规划港口岸线19.5 km，保留现有的客运、轮渡、企业码头等岸线，其余均规划为城市生活、景观岸线。

黄埔至沙湾水道口岸线为虎门内岸线，自然岸线总长67.6 km。虎门内水道亦称狮子洋，是古浅海湾被东江、西江和北江下泄的泥沙逐步淤积而成，狮子洋水道总体稳定。目前，该段岸线开发利用主要集中在东岸岸线，自然岸线长17 km，已建港口岸线约12.5 km，包括黄埔港区、新沙港区等，未开发岸线主要规划为港口岸线；西岸岸线自然岸线长50.6 km，现建有莲花山客运、番港货运、番龙石化、海上救助和打捞基地码头等码头设施，规划港口岸线3 km，用于企业码头、打捞基地、渔政基地及客运码头建设，其余均规划为旅游和生态景观岸线。

南沙港区岸线位于伶仃洋西侧，岸线长48.1 km。伶仃洋为南北向的喇叭形河口湾，水下地形呈“三滩两槽”格局，伶仃洋水体发展的总趋势是以淤积为主。南沙港区岸线包括沙仔岛段、小虎岛东端至虎门渡口段、虎门渡口至大角嘴段和龙穴岛段，该段岸线为广州未来重点发展的港口岸线，除在虎门渡口至大角嘴段岸线规划有旅游和城市景观岸线外，其余均规划为港口岸线。

目前，广州港在虎门内岸线和南沙港区岸线内建设有南沙客运码头和莲花山客运码头。

受虎门大桥等跨江建构筑物净空限制，广州港内港港区、虎门内岸线不能适应7万吨以上邮轮通航靠泊需求，仅南沙港区能满足7×10^4 t及以上邮轮通航对航道净空高度的要求。

2）深圳。深圳市东临大鹏湾、大亚湾，西临珠江口伶仃洋，海岸线全长约257.3 km（其中岛屿岸线长25.3 km），由九龙半岛相隔分为东、西两部分。

西部海岸线自与东莞交界的沙井东宝河口至深圳河口岸线总长100.6 km（含岛屿岸线），濒临珠江口伶仃洋，宝安坪洲岛以北岸线较为平直，以南岸线曲折多湾，自北向南依次有交椅湾、大铲湾、妈湾、赤湾、深圳湾，除南头半岛西南端周边为山地港湾海岸外，大部分岸段为平原海岸。

东部海岸线从大鹏湾的沙头角至大亚湾内、深圳与惠州交界处的高山脚，岸线总长156.7 km，跨越大鹏湾和大亚湾两个天然深水港湾，岸线曲折，港湾深入，湾口开阔，大部分岸段为半隐蔽和开敞式海岸。

目前，东、西部海岸线均有不同程度的开发，建设条件相对较好的生产型港口岸线已大部分开发，形成约51.6 km的码头及临港工业岸线。

深圳港已建有深圳机场福永客运码头和蛇口客运码头，是深圳市水上客运的枢纽。

根据《深圳港总体规划》，结合城市规划及旅游资源分布，深圳港规划有多处客运码头岸线。其中，蛇口作业区拟通过功能调整形成以外贸为主、兼顾内贸运输的集装箱发展区和珠江三角洲地区重要的水上客运枢纽、航运商务基地。

在大小梅沙、西涌、南澳布局建设以近海旅游观光服务为主的旅客客运码头，其中南澳客运码头将充分发挥区位优势，发展为面向港澳的涉外旅游客运口岸和深圳东部海上客运枢纽。

3）珠海。珠海市是海岸岛屿众多、海岸线线较长的滨海城市，所辖岸线分为大陆海岸线、岛屿岸线、内河岸线三部分，全市岸线总长894.7 km。大陆海岸线包括由路堤或桥与大陆相连的岛屿和规划发展的淇澳岛、野狸岛、三灶岛、高栏岛、荷苞岛、横琴岛等岛屿岸线，岸线长395.9 km；东部岛屿是珠海市区东南部、隶属于万山海洋试验开发区范围内的主要岛屿岸线，长度为300.8 km；内河岸线是珠海市范围内四级以上的内河航道两岸的岸线，长度为198 km。

目前，珠海港已形成包括西部的高栏港区、东部的万山港区以及九洲、香洲、唐家、洪湾、斗门等港区的港口格局。其中，高栏港区是珠海港的主体货运港区，目前已开发南迳湾和南水两个作业区；万山港区的桂山岛位于珠江出海口的万山群岛，是珠海港承担珠江三角洲地区油品水水转运的作业区和香港矿建材料供应的出口区；九洲港区是以城市生产生活物资运输、客运及对香港集装箱喂给为主的港区；香洲、唐家港区位于珠江口西岸，斗门、洪湾港区位于内河水道，主要为珠海城市建设、生活物资运输和少量喂给香港的集装箱运输及陆岛交通服务。目前，珠海港已建成珠海九洲港客运码头。

根据《珠海港总体规划》，珠海港拟在唐家港区岸线、横琴岛红旗村岸线、海泉湾度假城北侧、东澳湾内北侧东段岸线及东南侧南湾、庙湾岸线、塔湾岸线、外伶仃岛岸线等多处岸线规划旅游客运岸线。

4）中山。中山海岸线长57 km，流经西部边界的磨刀门水道岸线长48.3 km，流经东北边界的洪奇沥水道岸线长33.0 km，境内小榄、鸡鸦水道、横门水道等总长80.6 km。

中山市已建成有中山港客运码头，该码头位于中山市火炬高技术产业开发区内，地处横门水道南岸，是中山市唯一的跨境客运码头。

根据《中山港总体规划》，石歧水道（张家边～西河口船闸）及横门西水道规划为城市生活景观岸线或旅游岸线，自然岸线长43.1 km。

5）东莞。东莞虎门港位处东江和珠江水道出海之咽喉，拥有珠江干流最长的深水岸线以及丰富的内河岸线资源。东莞市所辖岸线约1 600 km，其中沿海岸线约116 km，其余均为内河岸线。目前已开发的岸线主要用于港口航运、临海/临河工业、渔业和养殖、城镇生活等。

虎门港现有两个客运码头，其中麻涌镇客运码头位于麻涌大桥下游500 m处，为300吨级的简易码头，由于安全原因，已于2008年停航；目前仅龙威客运码头（原虎门港澳客运码头）在运营，码头靠泊吨级为1 000吨。

根据《东莞市虎门港总体布局规划》，长安港区位于虎门港的最南端，地处沙角电厂与东宝河之间的交椅湾西北部，规划岸线长约8.8 km。长安港区是东莞市社会经济转型和进一步对外开放的重要依托，是长安新区的重要组成部分，主要包括游艇邮轮和客运码头功能、货运码头功能、港口支持系统功能以及滨海商业、文化、旅游等功能，并预留发展中远洋集装箱运输的货运功能。

6）江门。江门市岸线分为沿海岸线和内河岸线两部分，其中，沿海岸线包括大陆岸线和岛屿岸线，总长785.8 km，内河岸线包括银洲湖水域沿岸和境内主要河流沿岸，岸线总长约414 km。

目前，江门市岸线主要用于港口航运、临港工业、城市生活、旅游休闲、渔港及水产养殖等，已使用海岸线30.6 km，其中港口和临港工业占用岸线约7.8 km，主要分布于黄茅海顶部、广海湾的东部、镇海湾的横板附近、上川岛的东部和下川岛南部，其他岸线开发程度较低，大部分岸线未做工业开发。

江门港已建有港澳客运码头，江门港澳客运口岸是一个历史悠久的对外开放口岸，位于江门市外海高新技术开发区。

7）惠州。惠州市海岸线分布在惠州南部的大亚湾经济技术开发区内和惠东县的稔平半岛周边，西起哑铃湾西岸高山脚附近的惠州与深圳两市交界处，东至红海湾西岸葫芦墩东南角的惠东与海丰两县交界处，自然岸线总长223.6 km，跨大亚湾和红海湾两个海区，除大亚湾西北部、东部巽寮湾和中部霞涌一小段岸线利用程度较高外，其余地段的岸线基本处于自然状态。

惠州市沿海岛屿较多，主要分布在大亚湾内，共有大小岛屿90多个，其中面积较大、水深及掩护条件较好，可作为港口资源开发的岛屿有马鞭洲、芒洲、纯洲、沙鱼洲、芝麻洲、喜洲、桑洲等。

目前，惠州港已建有惠州澳头客运码头和东江内的客运码头。

根据《惠州港总体规划》，规划将澳头、霞涌、巽寮湾、平海湾等42.7 km近海岸线及三角洲、大小辣甲等岛屿岸线规划为旅游岸线，可发展邮轮、游艇码头，以适应旅游业的发展需要。

（2）发展邮轮旅游条件分析

1）珠三角区位、经济、旅游资源条件。

——广州。

区位：广州市地处珠江三角洲中心地带，是国家中心城市，广东省的社会、经济、政治和文化中心，中国最早的通商门户城市。

经济发展水平：广州位于改革开放的前沿地带，是华南地区最大的商贸、交通、物流、经济、文化中心，常住人口达1 270万。2013年，广州市实现地区生产总值（GDP）15 420.14亿元，按可比价格计算，比2012年增长11.6%，在全国城市排名第三，仅次于北京、上海。

旅游资源：广州是一座具有2 200多年历史的文化名城，中国“海上丝绸之路”的发祥地，岭南文化的中心，近代革命的策源地，著名的国际花园城市，也是闻名遐迩的国际友好城市，具有较高的国际知名度和深厚的文化底蕴。

广州旅游资源丰富，白云山风景区是新“羊城八景”之首、国家4A级景区和国家重点风景名胜区；莲花山旅游风景区是一个集古代粗犷和现代秀美于一体的风景名胜区；陈家祠、西汉南越王博物馆、中山纪念堂、黄埔军校等均为广州著名的历史文化旅游资源；长隆旅游度假区、华南植物园、百万葵园主题公园、宝墨园、越秀公园、黄花岗公园、广州起义烈士陵园、广东美术馆、广州动物园等众多名胜景点以及珠江夜游、广州沙面等特色的旅游项目，为广州增添了独特的魅力。

旅游市场：2013年广州旅游工作再创新高，全市接待游客1.52亿人次，同比增长6.77%；旅游业总收入2 202.39亿元，同比增长15.24%。全年实现旅游业增加值936.45亿元，同比增长15.24%，占全市GDP和第三产业比重分别达6.07%和9.4%，进一步发挥出旅游业对社会经济发展的支撑作用。

对外客运交通设施：广州是珠江三角洲地区的核心城市、华南地区重要的交通枢纽之一，运输方式齐全，交通系统完善。公路方面，广州公路网体系发达，可通过广清高速公路、广珠西线高速公路、广深高速等到达周边各个地区；航空方面，广州白云国际机场是我国三大枢纽机场之一，也是目前国内现代化程度最高、规模最大、功能最先进的国际机场；铁路方面，2009年开通的武广高铁，交通网络十分发达，腹地广阔，集散方便；水路方面，广州港是我国沿海主要港口之一，目前有南沙客运码头、莲花山客运码头等与香港、澳门通航。

——深圳。

区位：深圳市位于我国华南沿海地区，珠江三角洲的东岸，东临大亚湾和大鹏湾，西连伶仃洋和珠江口，南部毗邻香港，北部与东莞、惠州接壤。

经济发展水平：作为国内第一个经济特区，深圳市已发展成为常住人口达1 037万的著名现代化国际大都市。2013年深圳生产总值14 500.23亿元，比上年增长10.5%，位居珠三角城市第一。

旅游资源：长达257 km的海岸线形成的“山、城、海、岛、湾”的自然风貌，使得深圳旅游资源异常丰富。东部华侨城位于深圳大梅沙，是世界级度假旅游目的地；周边拥有锦绣中华和世界之窗景区、大梅沙海滨公园、小梅沙海滨旅游景区、深圳海洋文化主题公园等著名景点。

旅游市场：2013 年，深圳旅游接待量和旅游收入都创新高，共接待国内外游客 9 873 万人次，同比增长 8.42%；全市旅游总收入 961.12 亿元，同比增长 14.45%。平均算来，每人在深圳花费 947.48 元。

对外客运交通设施：公路方面可通过沈海高速公路、珠三角环线高速公路、105 国道等与周边地区相接，市区内公路、高速路、地铁四通八达，可方便快捷地到达市内各个地区；航空方面有深圳宝安机场，是世界百强机场之一，也是珠三角地区重要的空运基地之一，另外还有深圳直升机场；铁路与京广线、京九线相连，并已连通武广高铁；深圳港是我国沿海主要港口之一，目前南山港区、宝安港区均有水上客运功能。深圳已形成完善的海陆空运输系统和良好的客流集疏运网络。

——珠海。

区位：珠海市位于广东省南部、珠江口西岸，濒临南海。东与深圳、香港隔海相望，陆路东南与澳门接壤，西连江门，北邻中山，地理位置优越。

经济发展水平：地处的珠江三角洲地区是我国经济最活跃的地区之一，经济发展和人均消费水平增长较快，常住人口 156 万人，虽然人口规模与经济总量比不上其他珠三角大城市，但人均 GDP 位列珠三角城市前四，2013 年全市实现地区生产总值（GDP）1 662.38 亿元，同比增长 10.5%。

旅游资源：珠海城市环境具有显著的海滨城市特征，自然环境优美，素有“百岛之市”的美誉，海上岛礁星罗棋布，区位条件独具特色，海洋资源丰富多样，是珠江三角洲沿海城市中海洋面积和海岛面积最大、海（岛）岸线最长的城市，具有发展海洋经济得天独厚的条件。

珠海渔女是珠海的城市标志，矗立于风景秀丽的香炉湾畔，情侣路是珠海城市的标志性建筑之一，沿海边、从南向北长达 28 km；海泉湾温泉度假村是世界级度假胜地和国际会议中心；横琴是珠海 146 个海岛中最大的岛屿，规划建设成为珠海新城区，营造观光度假、主题公园、休闲娱乐区及湿地公园等，建设山水生态、现代人文共生共荣的海岛新区；东澳岛位于珠海万山群岛中南部，生态旅游资源丰富。

旅游市场：2013 年珠海旅游总收入 241.8 亿元，同比增长 2.5%。其中国内旅游收入 189.92 亿元，同比增长 8%，占整个旅游总收入的近八成。境外游客总数为 398.65 万人次，同比减少 9%（外国人 57 .92 万人次，同比减少 11.2%；港澳台 340 .73 万人次，同比减少 8.6%）。在境外游客减少的同时，境外游客过夜率也在逐年下降，2009 年、2010 年的过夜率尚能保持 72%，2011 年降为

71%，2012 年降为 68%，2013 年降为 66%。

对外客运交通设施：珠海对外交通便捷，经京珠高速公路、国道 105 线以及粤西沿海高速等与全国公路网相连，目前，联通香港、珠海、澳门的伶仃洋大桥正在建设过程中；珠海北至广州南站的高铁客运已经投入运营；珠海市机场设施完善，按照国际机场标准建设有珠海三灶和九洲国际机场；水路方面，横渡珠江口可达深圳、香港和澳门，并可通过内河航运与桂、黔、滇广大腹地相连，同时，珠海港规划有多处客运功能码头，包括万山港区、九洲港区、香洲港区以及唐家港区等。

——中山。

区位：中山市位于珠江三角洲中南部，珠江口伶仃洋西岸。北部与广州、佛山接壤，西连江门，南衔珠海。

经济发展水平：自 20 世纪 80 年代中期开始，中山市因经济社会发展迅猛，被誉为广东“四小虎”之一而闻名于世。2013 年，中山以 2 715 亿元排名全省第五，GDP 增速居珠三角第二，人均生产总值为 77 527 元。

旅游资源：中山市的名人胜迹、五桂山脉和珠江三角洲南部的水乡特色，形成多姿多彩的人文与自然景观。市内主要旅游景点有：翠亨孙中山故居、孙中山故居纪念馆、孙中山纪念公园、紫马岭公园、中山温泉、长江水库旅游区、宋帝遗迹等。

2013 年，中山市接待过夜海内外游客 861.42 万人次，增长 7.6%。其中，外国游客和港澳台游客 53.77 万人次，国内游客 807.65 万人次。旅游景点接待游客 1 194.27 万人次，增长 4.5%；旅行社接待总人数 260.37 万人次，增长 8.4%。组团国内游 135.66 万人次，增长 1.5%；出境游 25.28 万人次，增长 33.31%。全年旅游总收入 198.0 亿元，增长 8.7%，其中旅游外汇收入 2.39 亿美元，增长 9.57%。年末全市共有星级酒店 30 家，星级酒店客房数 3 632 间，客房开房率 48.8%。

对外客运交通设施：中山市中心陆路北距广州 86 km，东南至澳门 65 km，水路至香港 52 n mile；随着京珠、西部沿海、中江和广珠西线高速等高等级公路建成，中山市公路干线总规模将达到 780 km；过境中山市的广珠城际轨道交通已于 2011 年 1 月 7 日通车，规划中的铁路有国家沿海高速铁路和广珠铁路鹤山—南沙铁路，规划中的城际快速轨道则有广州机场—澳门线和广珠城际快速轨道江门支线。中山港现有中港等客运码头，已开通港澳航线。

——东莞。

区位：东莞市位于广东省中南部，珠江口东岸。东与惠州接壤；北与广州、惠州隔江为邻；西与广州莲花山隔海相望；南与深圳相连，毗邻港澳，处于广州至深圳经济走廊中间。

经济发展水平：经过多年的发展，东莞市已具备较高的经济发展水平，已经初步形成具有世界影响力的电子信息、电气机械、纺织服装、家具、玩具、造纸及纸制品业、食品饮料、化工八大支柱产业。2013 年东莞生产总值（GDP）5 490.02 亿元，比上年增长 9.8%，人均地区生产总值 66 109 元，增长 9.4%。

旅游资源：东莞是广东历史文化名城，是岭南文明的重要发源地、中国近代史的开篇地和改革开放的先行地，名胜古迹等人文景观以及自然景观旅游资源丰富，主要旅游景点有：鸦片战争纪念馆、观音山森林公园、将军山烈士纪念公园等。

旅游市场：2013 年年末，东莞全年接待国际及港澳台游客 418.04 万人次，增长 0.8%。其中接待外国游客 138.28 万人次，增长 2.6%；接待港澳台游客 279.76 万人次，下降 0.1%。国际旅游外汇收入 14.50 亿美元，增长 14.2%。全年接待国内游客 2 408.29 万人次，增长 3.4%。国内旅游总收入 346.43 亿元，增长 13.1%。全年东莞组团外出旅游 160.39 万人次，下降 13.5%。其中，国内旅游 143.51 万人次，下降 14.3%；出境旅游 17.56 万人次，下降 1.4%。

对外客运交通设施：东莞市位于广州至港深运输走廊，通过珠三角环线高速公路、沈海高速等高速公路与周边城市相连，区内路网采用环形放射式布局，形成以城市快速路为骨架，主次干路等级明确，功能合理的路网系统；同时，东莞是广九铁路、广梅汕铁路与京九铁路的交会点；虎门港是广东省地区性重要港口，目前有经营至香港航线的高速客运码头。

——佛山。

区位：佛山市位于广东省中南部，地处珠江三角洲腹地，珠江水系中的西江、北江及其支流贯穿全境，东倚广州，距离港澳两区约 100 km。

经济发展水平：佛山市的常住人口为 720 万人，旅外侨胞约 90 万人。2003 年已成为广东省经济总量第三大城市。2008 年中国城市综合竞争力排名中，佛山市位列大中华地区第九位。2013 年，佛山市生产总值 7 010.17 亿元，比上年增长 10.0%。

旅游资源：佛山拥有东华里古建筑群、康有为纪念馆、顺德清晖园、佛山祖庙、南风古灶、西樵山等历史人文与自然景观资源，石湾陶瓷是我国四大陶瓷文化中心之一。

旅游市场：2013 年，佛山市接待旅游者人数 3 799 万人次，比上年增长 7.7%。在旅游人数中，接待过夜旅游者 1 118.8 万人次，增长 7.0%，其中外国人 22.1 万人次，增长 4.4%；香港、澳门和台湾同胞 112.5 万人次，增长 0.4%。全年旅游总收入 431.09 亿元，增长 17.9%。

对外客运交通设施：广州、佛山正实施“广佛同城化”区域一体化发展战略，目前，广州与佛山（包括高速公路、市政路网、地铁等）交通基础设施正全面对接；广佛肇城轨、广珠城轨均经停佛山。

——江门。

区位：江门市位于珠三角西部，广东省中南部，珠江水系的西江下游。东邻佛山、中山，东南部与珠海相接，西连阳江，北靠云浮，南临南海，毗邻港澳。

经济发展水平：江门五邑是全国著名侨乡，祖籍江门的华侨、华人和港澳台同胞近400万，分布在全世界五大洲107个国家和地区，其中美洲地区约占70%。2013年江门市实现地区生产总值（GDP）2 000.18亿元，比上年增长9.8%，人均地区生产总值4.45万元，增长9.4%。

旅游资源：江门市是“中国优秀旅游城市”、“国家园林城市”、“国家卫生城市”、“国家环保模范城市”。江门市旅游资源丰富，拥有圭峰山国家森林公园、新会古兜温泉度假村、金山温泉、锦江温泉、立园景区等国家4A级旅游景点以及梁启超故居、开平碉楼、崖门古炮台遗址、小鸟天堂、川岛旅游区、海角城旅游度假中心、海龙湾旅游区、浪琴湾旅游区、黑沙湾海浴场等人文与自然旅游景点。

旅游市场：2013年，江门市旅游住宿设施接待游客1 409.98万人次，比上年增长9.8%，其中，国际游客169.59万人次，增长2.7%；国内游客1 240.39万人次，增长10.8%。全年旅游宾馆客房出租率61.2%。旅行社组织国内游54.57万人次，下降24.5%；组织国外游12.9万人次，下降13.5%。旅游总收入223.28亿元，增长21.2%，其中，国际旅游收入7.97亿美元，增长14.1%；国内旅游收入173.88亿元，增长23.2%。

对外客运交通设施：全市高速公路通车里程达400 km，与其他珠三角城市都可在1小时内到达；江门现建有广珠城轨江门支线，从新会站乘坐城轨快车20分钟可到广州南站，现在在建的有江门至恩平城轨、粤西部高速铁路、开平至台山城轨，珠海至台山城轨、广佛江珠城轨等多条铁路轨道；江门港是广东省地区重要性港口，现有开通港澳航线的客运码头。

——惠州。

区位：惠州市位于珠三角东部，西连东莞、广州，东接汕尾，南部面向大亚湾及红海湾，西南毗邻深圳、香港。

经济发展水平：惠州市是一个以外向型经济为主的快速发展的工业化城市，是中国大陆重要的电子制造业基地与大型石化基地。2013年，惠州市实现地区生产总值（GDP）2 678.4亿元，比上年增长13.6%，人均GDP 57 144元，按平均汇率折算为9 227美元。

旅游资源：惠州市具有1 700多年历史，旅游资源非常丰富。全市具有旅游开发潜力的景点有900多处，集山、江、湖、海、泉、瀑、林、涧、岛为一体，融自然景观与人文景观于一身，其中被列入国家级、省级风景名胜及自然保护区有6处。近年，惠州市，获得了“中国人居奖”、“联合国人居环境奖”以及“国际花园城市”的称号。著名景点有罗浮山、惠州西湖、大亚湾游乐场、巽寮湾度假村等。

旅游市场：2013年，惠州市共接待国内外游客3 551.5万人次，增长12.6%。接待住宿游客1 501.6万人次，增长14.4%，其中国内游客人数1 294.6万人次，增长15.4%。全年实现旅游总收入212.7亿元，增长15.5%，其中旅游外汇收入7.7亿美元，增长13.7%。

对外客运交通设施：惠州已形成由深水港、铁路、高速公路、机场相互配套的现代化立体交通网络。全市公路通车里程10 436 km，惠盐、深汕、广惠、惠河4条高速公路贯穿全境；惠州机场已开通北京、成都、苏州等多条国内航线，深圳机场（集团）有限公司已在惠州设立城市候机楼，将机场的服务功能直接延伸至惠州；惠州港为国家一级口岸，水路距香港仅47 n mile。

——肇庆。

区位：肇庆市位于珠三角西北部，东接广佛经济圈，西连大西南，地处沿海与内陆的交通要冲，城区距广州不足100 km，位于广州一小时经济生活圈。

经济发展水平：肇庆市具有直接接受珠三角核心区经济辐射的区位优势，并具有良好的生态环境与资源禀赋优势，目前正成为接受珠三角核心区产业转移的重要区域，发展潜力巨大。2013年，肇庆市实现地区生产总值（GDP）1 660.07亿元，比上年增长11.5%，人均地区生产总值41 479元，增长10.5%。

旅游资源：肇庆市是国家级历史文化名城，已有2 200多年的历史，被誉为岭南文化的发祥地。全市有地方特色的代表性旅游资源单体95个，梅庵、德庆学宫、肇庆古城墙、七星岩摩崖石刻、德庆悦城龙母祖庙等是国家级重点文物保护单位，星湖风景名胜区是国家级重点、国家4A级景区。

旅游市场：2013年，肇庆市入境旅游人数170.21万人次，比上年下降43.7%。 其中，外国人16.9万人次，下降42.9 %；香港、澳门和台湾同胞153.31万人次，下降43.8 %。在城市接待旅游者中，过夜旅游者1 387.82万人次，下降0.3%。过夜旅游者中，国内游客达1 292.02万人次，增长5.9%。全市旅游总收入205.87亿元，增长14.7%。

对外客运交通设施：肇庆市是广东省东、中部地区通往粤西及我国西南各省的重要交通枢纽。肇庆到广州新白云机场仅需1小时左右，国道321线（广州—成都）、324线（福州—昆明）、省道四连线（四会—连县）、二广、广贺等高速公路纵横全境。横穿肇庆的西江是径流量仅次于长江的全国第二大河，可东通广州、深圳、香港，西抵广西梧州、南宁等地，南达江门、珠海、澳门，北上韶关，素有“黄金水道”之称。目前，经停肇庆的铁路线有广茂铁路，南广铁路、贵广铁路以及以肇庆为终点站的广佛肇城际轻轨正在建设。

2）总体评价。

——珠三角核心区已逐步迈入世界发达地区行列，旅游消费市场潜力巨大。

根据世界银行 2010 年最新收入分组标准，人均国民收入（GNI）达到 12 276 美元及以上为高收入国家和地区，3 976 ~ 12 275 美元为中等偏上收入国家与地区，1 006 ~ 3 975 美元为中等偏下收入国家与地区。

2013 年，广东全省实现地区生产总值（GDP）62 163. 97 亿元，比上年增长 8. 5%，广东人均 GDP 达到 58 540 元，按平均汇率折算为 9 453 美元，已整体迈入世界中等偏上收入地区水平。

目前，珠三角核心区正处于工业化后期向后工业化过渡阶段。广州、深圳、佛山、珠海已迈入世界高收入地区行列，中山、东莞则预期在 2015 年前成为高收入地区。珠三角核心区正从世界工厂迈向世界市场，成为举世瞩目的世界消费中心。

珠三角核心区城市以外的城市，仍处于加速工业化进程的阶段。人均 GDP 低于全省平均水平，与珠三角核心区城市最大有 5. 8 倍的差距（以深圳与汕尾为例），其经济发展完全处于不同的发展阶段。

——珠三角地区旅游发展水平与国际化程度远高于广东省其他地区。

广东省是我国旅游经济最发达的省份，2013 年，广东口岸入境旅游人数 10 110. 60 万人次，比上年下降 6. 3%。其中，外国人 746. 20 万人次，下降 2. 4%；香港、澳门和台湾同胞 9 364. 40 万人次，下降 6. 6%。在入境人数中，过夜旅游者 3 397. 90 万人次，下降 2. 9%。国际旅游外汇收入 162. 78 亿美元，增长 4. 1%。国内游客达 59 664. 72 万人次，增长 15. 3%，其中，过夜旅游者 26 753. 13 万人次，增长 11. 9%；国内旅游收入 7 297 亿元，增长 14. 0%。旅游业发展与地区经济发展水平密切相关。珠三角城市群旅游业总收入共占全省份额达 80%，仅广州、深圳两市所占全省份额已达 50%。粤东、粤西沿海地区合计所占全省份额仅 9%。

——经济发展水平、交通基础设施条件及旅游资源发展水平的差异，决定了邮轮旅游在广东省发展的阶段性特征。

从经济发展水平与居民消费能力、客运交通基础设施条件、城市商旅接待能力、旅游资源的密集度与开发成熟度等方面来看，珠三角地区发展邮轮经济的条件已经成熟。

港澳与珠三角地区可以看作同一个邮轮旅游市场区。香港是亚洲重要的邮轮旅游目的地，也是目前亚洲邮轮航线最大的母港。

香港城市服务水平、国际化程度、都市型旅游资源以及自由港通关环境，在亚太地区首屈一指，近期仍是港澳珠三角区域唯一的邮轮航线母港。广州、深圳等珠三角中心城市，一方面本身也是重要的旅游目的地，另一方面与区域内更大范围的旅游目的地陆路联系更便捷。广州、深圳、珠海近期宜以发展接待邮轮到访的专业化停靠港为方向，并依托珠三角乃至中国大陆强大消费人群，逐步发展邮轮航线始发港业务，与香港、澳门形成区域邮轮组合母港，促进邮轮产业在区域内的集聚与延伸发展。

远期随着广东省“双转移”区域发展战略的实施，东西两翼地区社会经济的持续快速发展，旅游资源有效开发利用，粤东、粤西沿海地区将逐步发展为华南沿海重要的邮轮旅游目的地。

(3) 邮轮码头布局规划

1）规划原则。

符合性：符合国家区域发展战略与国家行业发展规划，与广东省经济社会发展的总体目标相适应，与各地区与国土开发、城市、综合运输、海洋、保护区、旅游等相关规划相协调。

前瞻性原则：借鉴世界邮轮旅游成熟地区的发展经验，以促进广东省旅游业国际化发展为指向，满足地区社会经济发展各阶段的需求。

统筹性原则：统筹规划、协调发展；充分考虑广东省社会经济发展格局与旅游资源的空间分布情况，结合邮轮产业发展的时序性特征，构建重点突出、布局层次分明的广东省码头发展格局。

2）邮轮港口发展时序与空间布局。珠三角地区主要是以广州、深圳、东莞、珠海、中山、惠州、江门、佛山、肇庆为主，上述城市港口建设和发展较为成熟，具备发展邮轮旅游的基础港口相关设施和良好的水域通航条件。结合邮轮母港、邮轮挂靠港的发展特点和影响因素，重点从地理区位、经济水平、市场需求、旅游资源和交通集疏运条件等方面，确定广东省邮轮码头的发展时序与空间结构为：

以珠三角地区为近期重点发展区域，以国际大都市基础设施条件为依托，建设广州、深圳两个国际性母港，并积极构建包括香港、广州、深圳、珠海、澳门在内的粤港澳国际性组合邮轮母港，逐步形成以全省沿海旅游目的地为支撑的多点挂靠布局。

——以珠三角地区为近期邮轮旅游重点发展区域。

珠三角地区位于广东省的东南部，珠江下游，毗邻港澳，与东南亚地区隔海相望，海陆交通便利，被称为中国的“南大门”。珠三角地区总人口 4 230 万，经济发展水平较高，城市建设比较完善，经济总量和人均 GDP 均位居全国前列，是整个广东省的政治、经济、文化中心。同时，珠三角核心区域度假、休闲设施完善，城市风光带、自然风景区交相辉映，历史文化古迹较多，旅游资源丰富。

珠三角核心区的区位条件、经济实力和旅游资源均有显著优势。以广州和深圳两个国际化大都市为龙头建设邮轮母港，首先实现邮轮产业的起步，珠海、东莞、中山、惠州、江门通过建设邮轮挂靠港进行支撑，佛山和肇庆以丰富的旅游资源作为邮轮旅游的目的地，经过邮轮产业的逐步发展和不断完善，使珠三角地区作为一个整体成为整个广东省邮轮发展的中心。

——以广州、深圳国际化大都市为依托，建设国际性邮轮母港，并积极构建包括香港、广州、深圳、珠海、澳门在内的粤港澳国际性组合邮轮母港。

广州具有2 000多年的历史，是广东省省会，是广东省的社会、经济、政治和文化中心，中国最早的通商门户城市。经济总量位列全国城市前三，社会发展成熟，城市设施建设和消费服务水平高。广州地处珠三角中心区的中部，具有联系广东省东西两翼、粤北内陆和南部沿海的战略性区位优势；白云国际机场、高铁广州南站、京珠、广惠、西部沿海等高速路网、西、北江内河网络，为广州市构建全方位的立体交通网络；广州发展历史悠久，拥有黄埔军校旧址、莲花山、沙面、西关岭南风情等大量的人文和自然景观，同时提供丰富的旅游资源。

深圳是国家最早批准的改革经济特区，城市建设发展迅速，已成为我国经济发展水平最高的国际化大都市之一；毗邻香港的地理区位，使得深圳成为向世界展示我国社会经济发展和对外开放的窗口；宝安国际机场，京广、京九铁路，广深、深汕高速公路网、蛇口客运港等交通设施，形成完善的海陆空交通输系统；深圳美丽的自然风光和现代的都市气息完美结合，形成了“山、城、海、岛、湾”的自然风貌和丰富的滨海旅游资源。

珠海具有良好城市基础设施条件，滨水旅游资源，机场、港口及港珠澳大桥等交通基础设施支持，邻近香港、澳门的独特区位优势。

充分考虑珠三角地区经济发展水平的整体优势，广东省邮轮码头规划建设将以珠三角地区为近期重点发展区域。以广州、深圳国际大都市基础设施条件为依托，重点建设广州、深圳两个国际性母港，并充分依托香港邮轮母港的优势，将粤港澳地区港口资源、旅游资源进行有效整合，创建包括香港、广州、深圳、珠海、澳门在内的粤港澳邮轮组合母港。

3）邮轮码头布局规划。

广州：依托广州优越的地理位置，发达的立体交通网，较高的知名度，快速发展的经济，丰富的观光旅游资源，完善的邮轮维护设施和政府的大力支持，广州可在南沙港区芦湾作业区建设国际邮轮母港，黄埔港区、莲花山等地可根据本地区旅游资源和旅游市场需求，适时选址建设邮轮码头及配套设施。

深圳：依托深圳优越的地理位置，丰富的旅游资源，四通八达的交通体系及有力的政策支持，可对深圳西部蛇口半岛南端的太子湾客运枢纽综合区进行功能调整和升级改造，建设现代化国际邮轮母港。远期可结合旅游景区，考虑选址深圳东部（盐田、大小梅沙、大鹏半岛）、前海湾等建设邮轮停靠码头。

珠海：考虑珠海自身的交通、旅游条件，结合其邻近香港、澳门的独特区位条件，发展具有海岛游特色的邮轮旅游业，根据邮轮产业发展情况，可以考虑在横琴、桂山或海泉湾等地建设邮轮停靠码头。

东莞：结合东莞市优越的区位条件、丰富的旅游资源及城市规划、旅游规划，立足于东莞市的发展需要，利用长安港区的区位优势，可在长安港区规划邮轮码头。

惠州：依托惠州丰富的旅游资源、城市规划及旅游规划，结合惠州旅游度假区发展，可在惠州巽寮湾等地建设邮轮停靠港。

江门：依托江门丰富的旅游资源、城市规划及旅游规划，结合江门旅游度假区发展，可在江门川岛建设邮轮停靠港。

4）规划的实施。

第一阶段（2011—2015 年）。起步发展阶段：加快珠三角作为国际邮轮旅游目的地的规划建设，以提供国际邮轮航线停靠服务为起步，促进以广州、深圳为核心的珠三角地区专业化邮轮码头建设。

第二阶段（2015—2020 年）。此为快速发展阶段。国际邮轮到港接待服务和境内公民搭乘邮轮出境服务均获得快速发展，广州、深圳、珠海成为地区性邮轮母港。粤东、粤西的自然风光与历史人文景点逐步开发为邮轮旅游目的地，邮轮停靠港点逐渐在珠三角及两翼发展；开展西江流域旅游内河邮轮航线，发展内河邮轮旅游业务。

第三阶段（2020—2030 年）。此为发展成熟阶段。广州、深圳成为为国际性邮轮母港，并构建形成包括香港、广州、深圳、珠海、澳门在内的粤港澳国际性组合邮轮母港；汕头、湛江成为地区性邮轮母港，珠三角地区以及粤东、粤西地区成为区域重要的国际邮轮旅游目的地，多个城市与重点旅游区建成接待邮轮到访的专业化配套邮轮码头，形成定期停靠航线。

5）与相关规划的关系。

与城市总体规划的关系。本规划充分考虑了广东省各城市已有的城市总体规划、滨海旅游重点区域专项规划等，结合城市规划的亲水休闲、旅游景观岸线及城市生活中心区，邮轮码头选址基本上布置在靠近城市生活中心和旅游开发区岸线，符合各城市现有城市总体规划。

与港口总体规划的关系。《广东省沿海港口布局规划》及各主要港口总体规划主要对货运港口的岸线、水陆域资源利用进行规划布局，涉及客运、港口休闲旅游活动的研究内容较少。本次规划以港口总体规划为主要依据，邮轮码头岸线规划基本实现港口货运生产和客运、港口休闲旅游活动的空间分离，减少相互影响，同时也在有条件的区域实现了港口航道、助航等水域通航环境的合理利用。

与旅游发展规划的关系。本规划参考了广东省主要城市的旅游发展规划，邮轮码头选址与其相衔接、协调，充分依托各城市便利的交通环境及周边丰富的旅游资源，结合重点旅游区域和滨海度假区规划邮轮码头岸线。

与海洋功能区划的关系。海洋功能区划主要对近海水域和岸线资源进行功能定位，本次规划参考了《广东省海洋功能区划》以及部分城市海洋功能区划，规划邮轮码头岸线基本属于海洋功能区划中的港口岸线、旅游区岸线和预留岸线。

与海岸保护与利用的总体规划的关系。本规划对岸线的利用，还参考了广东省沿海城市的海岸保护与利用等相关规划，坚持“科学开发、在开发中保护、在保护中开发”的原则，以原有的自然和人文景观为依托，基本保持沙滩岸线形态，合理利用岸线资源，使邮轮港口休闲产业与海洋渔业等相关行业协调发展。

7.3.5 邮轮码头对珠三角环境影响分析

（1）港口发展对环境的影响分析

1）生态环境影响分析。邮轮岸线的建设，包括码头、港池、航道建设会改变原有岸线和海底地形，使水流状况发生变化，从而对生态环境产生影响。具体分析如下。

邮轮岸线规划实施的过程中，由于港池及航道的疏浚将使海底表层泥沙搅动，产生大量的疏浚悬浮物，部分在潮流作用下迁移扩散，对周围水域环境、底栖生物、浮游生物产生局部影响。施工过程中，施工车船、机械等产生一定噪声污染，对周围居民的生活有一定影响。但这种影响是暂时的，会随着施工的完成而消失。

邮轮岸线建成运营期间所产生的废水、废气、废渣、噪声都会使港址周围的水域、大气和声环境质量有所影响。

邮轮岸线的建设会促进周边地区工业化和城市化的进程，相继诱发一系列相关项目的发生，会使目前未开发的自然生态演变为港口城市生态系统，势必引起环境变化。因此应在港口建设同时重视对周边地区环境的监测和控制。

2）水环境影响分析。邮轮岸线规划实施的过程中，主要包括的建设项目有码头陆域、泊位水域工程建设等，影响水环境的主要环节包括：港池挖泥、陆域形成、码头建设等施工作业产生的混浊水体、施工人员生活污水以及施工船舶生活污水、含油污水等。邮轮岸线建成后运营期间影响水环境的主要污染源包括：陆域生活污水、机修含油污水、船舶生活污水、船舶油污水等。

3）空气环境影响分析。邮轮岸线规划实施的过程中，港口建设对环境空气产生影响的作业环节主要有灰土拌和，混凝土搅拌，材料运输和装卸，土石方的挖、运、倒，车辆辗压土路带起的扬尘，施工机械、车辆排放的尾气等，其中扬尘污染对周围环境的影响较为突出。

邮轮岸线建成运营期间，空气污染源主要是靠港船舶尾气排放和进出港的车辆尾气排放。

4）声环境影响分析。邮轮岸线规划实施的过程中，可能对规划码头附近声环境产生的影响，主要包括混凝土搅拌机、振捣器、打桩机以及挖掘机等。

邮轮岸线建成运营期间，对周围声环境产生影响的主要环节为进出港车辆及船舶鸣笛噪声。

5）固体废物影响分析。邮轮岸线规划实施的过程中，固体废弃物来自施工建筑垃圾和施工人员的生活垃圾。

邮轮岸线建成运营期间，固体废弃物按其产生来源可分为船舶垃圾、港区陆域垃圾；按固废类型分为生活垃圾、生产固体废弃物和危险固体废弃物。

6）环境风险事故影响分析。邮轮岸线规划实施的过程中，主要的风险是施工船舶碰撞产生的溢油事故；邮轮岸线建成运营期间，主要的风险是邮轮碰撞产生的溢油事故。发生溢油事故时，岸线及水域的大部分资源都会受浮油的影响，敏感区及易受损资源主要包括自然保护区及各邮轮码头本身。

（2）预防及减轻环境影响的对策

1）生态环境影响控制对策。

——邮轮岸线规划实施的过程中采取的控制对策如下。

施工时采用悬浮物产生量较小的施工方法和施工机械，在施工过程中将悬浮物的产生量控制在最低的水平，水下施工时应做好各类防护措施，使受影响的水域局限在较小的范围内。

施工应尽可能避开水生生物的繁殖期，发现施工区水体内有珍稀濒危水生生物活动时，应立即采取避让措施，并及时上报当地渔政主管部门。

加强施工期的环境管理，施工作业注意航行安全，避免事故，并及时采用围油栏控制浮油的影响范围、采用吸油毡等手段清除油污，各种污废水必须集中处理后，达标排放。

——邮轮岸线建成运营期采取的控制对策。

邮轮岸线建成后，须制定严格的安全生产管理和操作条例，定期对工作人员进行安全生产教育，严格执行安全管理，杜绝污染事故特别是溢油事故的发生。发生事故后果断采取应急措施，使其对生态影响降低到最小。

2）水环境影响控制对策。

——邮轮岸线规划实施的过程中采取的控制对策如下。

施工作业采用先进的疏浚设备，结合防污膜和絮凝剂的利用减少悬浮物污染。

大量采用吹填造陆的形式，减少抛泥量，营造土地、覆土造地、绿化造林，加强生态保护；选用先进的施工机具，减少污染。

陆域施工场地会产生一定量的生活污水和生产污水，如直接排放，将对水域的水质产生污染。因此，生活污水和生产污水应分别收集，集中处理。此外必须严格禁止施工船舶在港区水域排放含油污水。

——邮轮岸线建成运营期采取的控制对策如下。

生活污水：邮轮岸线建成运营期间，生活污水主要来源于日常生活、洗涤等污废水，港区的生活污水通过污水管道系统收集，结合各地区的市政污水管道系统的规划，本次规划考虑港区生活污水排放至市政污水管道。若具体实施期间，市政污水管道建设尚未完成，港区可考虑设置小型的生活污水处理设施，对生活污水进行处理，达标后排放。

含油污水。邮轮码头项目运营期间产生的含油废水。不得直接排放，各港区应设置油污水处理设施进行处理，达标后或者排入港区污水管网。油污水处理的具体工艺流程如下：

含油污水→隔油池→气浮→过滤→清水池

到港船舶污水。对于外籍邮轮本身配备油水分离器和生活污水处理设备；严禁停靠码头的船舶排放机舱油污水和生活污水。对于国内邮轮未配备油水分离器和生活污水处理设备的，则通过栈桥上设置的液体收纳容器收集，再通过环保船对各邮轮的生活污水及垃圾收集，收集后集中送至有处理资质的公司进行处理。

溢油事故应急措施。溢油事故是指船舶事故溢油和装卸事故溢油，属偶然性突发事故，是有可能发生的。港区内应组织码头管理部门和应急中心，其应急中心的管理职能为：管理船舶运输及装卸过程中所出现的海事安全、环保及消防的灾害性事故的紧急处理。

3）空气环境影响控制对策。

——邮轮岸线规划实施的过程中采取的控制对策如下。

在晴天或气候干燥的情况下，应适当地向填土区、储土堆及作业面、地面洒水。开挖出来的泥土和拆解的土应及时运走处理好，避免堆积时间过长和堆积过高，因为临时堆积，被刮扬起尘土。

运土卡车要求保持完好，装载不宜过满，保证运土过程不散落。经常清洗运载汽车的车轮和底盘上的泥土，减少汽车过程携带泥土杂物散落地面和路面。

及时清扫因雨水夹带和运输散落在施工场地、路面上的泥土，减少卡车运行过程和刮风引起的场尘。

规划好施工车辆的运行路线，尽量避开生活区和人流密集的交通要道，避免交通阻塞及注意车辆维修保养，以减少汽车尾气排放。

——邮轮岸线建成后运营期采取的控制对策。

加强对港区车辆和船舶的综合管理，避免车船流量过密，交通堵塞和马达空转等现象，禁止排烟量大且一氧化碳、氮氧化物浓度高的车辆进入港区。

4）声环境影响控制对策。

——邮轮岸线规划实施的过程中采取的控制对策如下。

合理选择施工机械、施工方法、施工场界，尽量选用低噪声设备，在施工工程中，应经常对施工设备进行维修保养，避免由于设备性能减退使噪声增强。工地用发电机要采取隔声和消声处理，并远离人员密集区。

对打桩机、电锯等几类噪声极大的施工机械应合理安排施工时间，严禁夜间施工。施工机械集中处应注意有一定的施工场地，施工场界范围的确定应参考施工场界噪声限值。

——邮轮岸线建成后运营期采取的控制对策。

规划实施后应加强船岸协调，尽量减少进出港车辆及船舶鸣笛次数，建议夜间禁止车船鸣笛。

5）固体废物影响控制措施。

——邮轮岸线规划实施的过程中采取的控制对策如下。

在建筑施工期，严格控制砂浆的含水量，以减少在运输中的跑、冒、滴、漏，同时降低了溢出废水中的泥浆含量。

必须控制排放泥浆水的悬浮物符合广东省水污染物排放限值的规定，如排放出现超标现象，应立即采取适当延长泥沙浆停留时间来降低其悬浮物含量。

各类建筑垃圾、施工废料及生活废物应统一收集，分类处理，尽量综合利用。

在建筑物施工中产生的部分属于国家《危险废物名录》中管理对象的危险废物，如废沥青、油漆、有机涂料、有机溶剂及其废容器，应通过当地危险废物管理中心进行最终处置。

——邮轮岸线建成运营期采取的控制措施。

配备相应的垃圾回收设施，用于收集到港船舶卸下的固体废弃物以及港区垃圾，由垃圾运输车送至指定地点集中处理。

6）溢油事故应急对策。溢油事故是指船舶事故溢油和装卸事故溢油，属偶然性突发事故。各邮轮码头工程业主应建构码头管理部门和应急中心，其应急中心的管理职能为：管理船舶运输及装卸过程中所出现的海事安全、环保及消防的灾害性事故的紧急处理。

（3）环境影响评价结论

为贯彻科学的发展观和创造和谐社会的理念，本次规划首先统筹考虑了港口布局规划与区域综合运输规划、海洋功能区划、城市规划、水资源综合利用规划及生态保护等规划的相容性和协调性。该规划实施过程中，不可避免地会对周围环境产生一定的负面影响，但通过有意识地采取相应的防范措施，在具体项目实施时做好环保工作，广东省邮轮码头布局规划的社会效益、经济效益和环境效益都能得到有效的保障。从生态和环境保护角度，在采取本报告书提出的相应规划调整措施和环境减缓措施后，广东省邮轮码头布局规划研究可行。

7.4　珠三角游艇码头发展与港口发展研究

7.4.1　珠三角游艇码头发展现状

（1）建设与营运状况

广东省已建有8家游艇会及6个游艇/游船码头，共有525个泊位，主要分布在广州、深圳、东莞、中山等地（图7－3，表7－10）。

图7－3　广东省现有游艇会布局图

1）广州。广州市现拥有4个游艇会110个泊位，其中，莱茵游艇会、半岛游艇会是广州最早的2个游艇会。

半岛游艇会位于广州市海珠区滨江路中大北门，有14个泊位，现仅存游艇的停泊功能，以发展高档餐饮、酒店为主。

莱茵游艇会位于番禺区洛溪三支香水道上，目前已建有30个泊位，实际营运已处于饱和状态。

太谷仓游艇会位于海珠区西侧珠江南河道上，于2010年9月建成投入使用，已建有3个泊位，总规模为30个泊位，现主要用于游艇展示。

南沙游艇会是广州目前规模最大、配套服务能力最强的游艇基地，位于虎门大桥下游，规划352个水上游艇泊位及120个陆上泊位，最大泊位165英尺，将打造成为海上商务、休闲和旅游度假中心，一期已建有游艇泊位63个，摩托艇泊位若干，于2011年7月投入运营。

2）深圳。深圳市已建有3家游艇会及一个酒店项目配套的游艇码头，共386个泊位。3家游艇会均可提供游艇及泊位的出租、销售、游艇维修保养等综合性的服务，并开发相应的会展、休闲设施及旅游项目。

深圳市浪骑游艇会是国内首家大型游艇会项目，依托南澳岛旅游度假区及大亚湾发展，已建成160个游艇泊位，最大泊位为98英尺，拥有会员400多人。

大梅沙湾游艇会位于深圳市盐田区大梅沙，总规模为220个游艇及帆船泊位，可停泊100英尺豪华游艇，现已建成170个泊位。

深圳大梅沙京基喜来登度假酒店游艇码头位于深圳东海岸大梅沙海滨浴场，是酒店的配套游艇码头，该游艇码头于2008年5月竣工，共建造6个16 m泊位。

深圳湾游艇会位于深圳市南山区，紧邻蛇口客运港，拥有海域面积13×10^4 hm^2，已建成一期泊位52个，850 m^2防波堤。二期扩大海域63×10^4 hm^2，泊位规划近300个，于2008年12月开始对外租售。

3）其他地区。东莞市现有一家怡岛游艇俱乐部，于2009年成立已建有3个游艇泊位，为房地产项目的配套功能区。

中山市现有4个游船/游艇码头共22个泊位，可满足中山市及周边地区游艇的短时停泊需要。

惠州大亚湾三门岛游艇码头，用于游艇临时停泊之用，可同时停靠2艘游艇。

表 7-10　广东省部分主要城市现有游艇码头情况

城市	已建游艇码头项目	泊位数量	投产时间
广州	半岛游艇会	14	2001 年
	莱茵游艇会	30	2005 年
	太谷仓游艇会	3	2010 年
	南沙游艇会	63	2011 年
深圳	大梅沙湾游艇会	170	2007 年
	深圳大梅沙京基喜来登度假酒店游艇码头	6	2008 年
	浪骑游艇会	160	1998 年
	深圳湾游艇会	52	2009 年
东莞	怡岛游艇俱乐部	3	2009 年
中山	天字码头	1	
	游船停泊码头	16	
	岐江公园码头	4	
	冒险鸭码头	1	
惠州	大亚湾三门岛游艇码头	2	2010 年

据初步统计，目前珠三角地区在建的游艇会主要有 4 个，均为较大规模的公共游艇港项目，分别位于广州、深圳、珠海、中山，全部建成后新增泊位总数可达 1 800 多个（表 7-11）。

表 7-11　广东省主要城市在建游艇项目情况

城市	在建游艇码头项目	总规模
广州	南沙游艇会	共 352 个泊位
深圳	七星湾游艇会（深圳海上运动基地）	约 200 个泊位
珠海	南国游艇俱乐部	共 500 个泊位
中山	盛世游艇会	共 650 个泊位

同时，多个城市正规划或拟建大型游艇码头项目，现已开展前期研究工作，如惠州市的惠东平海镇万科游艇会项目、惠东范和港附近的东部湾游艇项目、金融街南区游艇会、东莞市虎门港沙田港区游艇会项目等；惠州荃湾、巽寮等区域规划将建设游艇项目，江门、等地也在选址拟建大型游艇码头工程。

(2) 综合评价

1) 现有游艇设施集中于珠江三角洲的核心城市，已拥有一批稳定的消费群体。珠三角是中国最早进入改革开放的前沿地区，经济水平较高，2010 年人均 GDP 超过 1 万美元，已具备发展游艇休闲产业良好的经济基础。同时，珠三角地区毗邻港澳，受游艇休闲文化的影响较大，拥有一批具有潜力的游艇消费群体。

从现有游艇码头的分布情况来看，其全部分布在珠三角地区，尤其是较大规模的游艇基地主要集中于广州和深圳，均已发展出一定规模的客户群体，发展前景良好。

2) 游艇设施建设起步较晚，但发展迅速。相比于国外游艇市场的发展历程，国内的游艇消费及设施建设起步较晚，从 20 世纪 90 年代末起，私人游艇活动才开始进入中国大陆消费市场。深圳市浪骑游艇会是广东省第一家游艇会，成立于 1998 年，也是国内第一家建成的大型游艇会项目，随后在经济发达的沿海地区相继出现了一批为私人游艇服务的游艇码头设施及游艇俱乐部。

2007 年以来，广东省内投产了 5 个游艇会项目，其中 3 个是较大规模的游艇基地，同时，目前还有 4 个在建的游艇基地以及一批拟建或规划的游艇码头，显示出游艇设施的快速发展。

3) 大部分游艇项目依托地产、酒店或旅游景点发展，游艇会码头设施尚未形成规模，功能有待完善。现有的游艇会多数是依托酒店、地产或后方旅游休闲景点起步发展，基本只完成了一期工程码头的建设，泊位数量较少。由于大部分游艇会的码头及配套设施仍在建设中，功能尚不完善，多数停留在游艇靠泊、养护等基础服务，并未形成以游艇为核心的项目开发，其配套功能有待完善。

4) 游艇航行相关的管理政策有待完善。游艇服务业目前存在政策的障碍、法律的空白、管理体制的不畅等诸多问题，如游艇能够通江达海才能吸引消费人群，但这涉及航运规则、海事法规、出入境管理、航行安全、驾照考核、航道管理、船舶检验标准等一系列问题。珠三角地区的游艇会均提出面向内地消费群体和港澳地区客户及游艇提供服务，内地与港澳地区游艇的跨境管理等方面的政策缺乏尤为凸显。

7.4.2 珠三角游艇码头需求分析和船型预测

(1) 腹地经济社会发展概况

1) 广东省国民经济发展现状及趋势。2013 年，广东全省实现地区生产总值（GDP）62 163.97 亿元，比上年增长 8.5%。其中，第一产业增加值 3 047.51 亿元，增长 2.5%，对 GDP 增长的贡献率为 1.3%；第二产业增加值 29 427.49 亿元，增长 7.7%，对 GDP 增长的贡献率为 45.4%；第三产业增加值 29 688.97 亿元，增长 9.9%，对 GDP 增长的贡献率为 53.3%。三次产业结构为4.9∶47.3∶47.8。在现代产业中，高技术制造业增加值6 143.29亿元，同比增长9.8%；先进制造业增加值12 314.71亿元，增长9.3%；现代服务业增加值17 173.26亿元，增长11.1%。在第三产业中，批发和零售业增长10.5%，住宿和餐饮业增长3.4%，金融业增长18.0%，房地产业增长11.2%。民营经济增加值32 058.76亿元，增长8.8%。2013年，广东人均GDP达到58 540元，按平均汇率折算为9 453美元。

“十二五”时期，广东提出加快转型升级、建设幸福广东的核心发展，积极实施扩大内需等战略，全面落实《珠江三角洲地区改革发展规划纲要（2008—2020)》，推动率先全面建成小康社会。发展目标为：经济平稳较快增长，经济实力进一步增强，全省生产总值年均增长8%以上，到2015年约6.7万亿元，人均生产总值年均增长7%以上，到2015年约6.6万元，消费、投资、出口协调拉动。产业结构优化升级，服务业增加值比重达48%。区域发展差距逐步缩小，区域合作水平显著提高，珠三角一体化和粤东西北地区跨越发展格局基本形成。城乡居民收入普遍较快增加，城镇居民人均可支配收入和农民人均纯收入年均实际增长均达到8%。生态环境明显改善。

珠江三角洲地区是广东省经济发展的集中区域，占全省经济总量的80%左右。根据《珠江三角洲地区改革规划发展规划纲要（2008—2020)》，到2020年，率先基本实现现代化，形成粤港澳三地分工合作、优势互补、全球最具核心竞争力的大都市圈之一；人均地区生产总值达到13.5万元，服务业增加值比重达到60%。

2）广东省旅游业发展现状及趋势。2013年广东全年口岸入境旅游人数10 110.60万人次，比上年下降6.3%。其中，外国人746.20万人次，下降2.4%；香港、澳门和台湾同胞9 364.40万人次，下降6.6%。在入境人数中，过夜旅游者3 397.90万人次，下降2.9%。国际旅游外汇收入162.78亿美元，增长4.1%。国内游客达59 664.72万人次，增长15.3%，其中，过夜旅游者26 753.13万人次，增长11.9%；国内旅游收入7 297亿元，增长14.0%。

根据广东省《关于加快广东旅游业改革与发展建设旅游强省的决定》，广东省将建设成为“全国旅游综合改革示范区”，“率先试行国民旅游计划，大力发展休闲旅游”。到2020年，建成辐射华南、服务全国、影响亚太、面向世界的具有较高国际水准旅游目的地，国内游、入境游和出境游三大市场全面繁荣。全省旅游总收入达到7 600亿元左右，旅游创汇达到180亿美元左右，旅游业增加值占全省服务业增加值的10%以上。

《广东省人民政府贯彻国务院关于加快发展旅游业意见的若干意见》提出“大力发展高端旅游产品。加快培育和发展一批高端商务旅游、高端休闲度假旅游、邮轮和游艇旅游、高尔夫旅游、特种旅游等高端产品，打造广东高端旅游新形象”。同时要“加快旅游基础设施建设。加强旅游水运和邮轮码头的规划与建设。在港口规划中，结合旅游产业规划和发展需求，为重点旅游景区的水路客运码头适当预留岸线。”

（2）市场需求分析

1）腹地经济发展对游艇消费的需求。游艇消费与经济发展水平直接挂钩，根据国际经验，当一个地区人均 GDP 处于 3 000 ~ 5 000 美元时，游艇经济开始萌芽。按照当年的汇率计算，广东省 2005 年人均 GDP 便已超过 3 000 美元，2013 年更接近 58 540 元，折合 9 453 美元，且近年保持快速增长。从经济发展水平来看，广东省对游艇消费的需求将逐步扩大。

通过对国外游艇消费的市场分析类比，考虑随着广东省打造全国旅游综合改革示范区、国际旅游目的地和游客集散地的推进，区域内各城市地位的提升和经济的快速发展，未来广东省游艇消费需求将主要来源于以下三个方面。

—区域内居民收入、消费水平不断提高，且消费性特征明显，支出/收入比例近 80%，巨大的消费潜力为游艇经济的发展提供丰富的个人消费力来源；随着广东省国民旅游休闲计划以及全国旅游综合改革示范区战略的推进，将带动更多的居民参与到游艇休闲中。

—广东省规划建设为国际旅游目的地，未来将大力发展商务会展、文化创意和休闲旅游等高端服务业，并以港珠澳大桥建设和广州南沙、深圳前海、珠海横琴开发为契机，对接港澳，形成高端服务业和境内外总部经济聚集区，可吸引周边游客的休闲、度假、观光消费需求及数量可观的高端企业商务、会议消费需求。

此外，从地域上来说，广东省游艇直接消费群体主要来自广东省；凭借优越的岸线和水域资源、宜人的气候条件、丰富的旅游资源，其间接消费群可扩大到包括福建省、海南省、港澳地区在内的泛珠三角地区以及其他沿海区域。

2）游艇消费市场需求结构分析。游艇休闲活动起源于欧洲沿海地区，从 20 世纪 50 年代，北美与西欧游艇休闲产业步入快速发展期，并于 90 年代迈入成熟期。经历过去 60 年的发展，世界游艇业已经从为社会精英服务的高端休闲消费产业发展成为深受大众喜爱、具有普适性的水上休闲活动方式。

由于游艇进入我国的时间较短，而且价格高昂，从国内游艇消费结构来看，目前参与游艇消费主要分为两类：一种是私人游艇消费，目前主要是高收入群体、外籍人士、商务群体及一些企业机构；另一种是公共游艇租赁消费，主要参与群体为中等收入阶层、旅游景点游客等，由于单次使用的费用不高，能够吸引更多居民及消费团体参与，有利于推广普及游艇活动。

根据中国交通运输协会邮轮游艇分会（CCYIA）和全国游艇俱乐部协作联盟（CYCA）调查，目前国内游艇最大消费群体主要集中在高资产净值人群中，价格在人民币 50 万 ~ 100 万元的钓鱼艇、帆船等中低档游艇最受欢迎；一些高收入群体购买、使用游艇一般兼顾商务和家庭休闲；36 ~ 60 英尺的中型游艇即能满足两方面使用需求，是当前市场上需求量最大的游艇类型。另有一些外资企业在内地设厂或与内地有业务联系的，也有在内地购买游艇或加入游艇会。一般需求以大型商务游艇为主，大多在60英尺以上。

近年随着我国中产阶级的发展壮大，其消费观念的前卫性、对高生活品质的追求使得集休闲、运动、办公、商务、联谊等功能于一身的游艇消费逐渐盛行，未来中产阶级将成为我国游艇的主力消费群体，预测其游艇消费方式将从以公共游艇租赁为主逐步朝向私有小型游艇使用的方向转变。

因此，一定时期内广东省的游艇需求将主要以小型游艇的个人租赁消费及中型游艇的商务消费为主；中远期来看，随着居民收入、消费水平的不断提高以及游艇制造业的发展，促使游艇价格的大众化，以家庭为单位的游艇休闲活动将得到普及，中小型游艇的私人消费需求将快速发展。

3）市场需求预测。

——广东省游艇消费需求预测如下。

从全球游艇业发展情况来看，中高收入群体是游艇业最大的消费群体。由于游艇进入我国的时间较短，而且价格高昂，我国当前的游艇消费客户主要集中于大型企业主、外企高管等高端客户，大部分客户的消费目的是作为结交生意伙伴、商务洽谈的平台，尚未发展到纯休闲度假层面。未来中产阶层及以上群体将逐步发展成为游艇消费重要的新生群体。

通过对广东省未来中产阶层的人群进行预测，参考发达国家地区的千人游艇拥有量，分别对中产阶层以上人群及中产阶级人群进行分析，预测2015年广东省个体消费群体中游艇拥有量为2 000艘，2020年为29 000艘，2030年为100 000艘。

由企业或社会团体（如滨海酒店、游艇俱乐部、水上运动训练基地等）用于商业营运目的或公益目而购置游艇的需求，预测2015年、2020年及2030年广东省社会团体游艇拥有量分别为4 000艘、17 000艘和30 000艘。这些提供公共服务的游艇，每艘游艇按平均载客5人，年租用次数2015年、2020年、2030年分别按30次、50次及70次估算，预测2015年、2020年及2030年广东省参与游艇休闲活动的人数分别达到60万人次、425万人次和1 050万人次。

随着广东省打造国际旅游目的地和游客集散地的推进，考虑可吸引港澳、福建、海南等地区的游艇赴广东省消费以及到访停泊需求。此外，凭借地缘优势、环境资源和日益提升的区域中心功能，广东省将有机会发展大型游艇竞技活动，相关的管理措施完善后，广东省可成为全国乃至世界级游艇及帆船赛事的承办地。预测2015年、2020年及2030年广东省吸引周边地区注册和到访的游艇数量将分别达到2 000艘、10 000艘和30 000艘。

——广东省游艇消费需求预测。

综合上述分析，预测广东省游艇消费需求到2015年、2020年和2030年分别达到8 000艘、56 000艘和160 000艘（表7-12）。

表7-12 广东省游艇保有量预测结果 单位：艘

	2015年	2020年	2030年
游艇保有量	8 000	56 000	160 000
其中：个体消费群体	2 000	29 000	100 000
企业或社会团体	4 000	17 000	30 000
周边地区	2 000	10 000	30 000

(3) 船型分析

1）国内外运输船型发展趋势。

——世界游艇市场船型。

目前世界游艇船型发展主要呈现以下两个特点。

小尺度游艇仍占较大比例。根据ICOMIA的统计，美国拥有18 500艘游艇，94%是小型游艇，豪华大型游艇只有6%，表明小尺度游艇仍是世界游艇消费市场的主流。

豪华游艇需求增长。尽管豪华游艇占游艇总数的比重很低，但一直保持着持续增长的趋势，随着世界经济的发展，高收入人群的增多，在新建游艇中，大型豪华游艇的订单量稳步提升（表7-13）。

表7-13 世界排名前十位的豪华游艇建造国家和地区

国家和地区	建造量	总长度（ft）	平均长度（ft）
意大利	189	21 106	112
美国	76	8 408	111
荷兰	49	7 641	156
英国	33	3 334	101
新西兰	22	2 806	128
中国台湾	28	2 725	97
德国	10	2 534	253
希腊	10	2 254	225
丹麦	15	1 915	128
澳大利亚	10	1 140	114

可以看出，近年全球80英尺以上游艇订单呈大幅增长趋势，从世界主要豪华游艇厂商生产情况也可看出，大型豪华游艇尺寸在100～200英尺之间。

——中国游艇市场船型现状。

2013年中国船艇进出口总金额达4.7亿美元，同比增长了25.7%，其中出口2.5亿美元，同比增长25.1%。出口数量236万美元，同比增长17%，进口也是同步增长，得到2.18亿美元，同比增长26.5%。世界各地的船艇市场尚不明朗，而投资者对中国船艇市场的出口始终持乐观态度。在中国内地，动力艇约占游艇主要市场的80%以上，北方主要市场为大型艇和豪华艇，而南方市场则为中型艇和运动艇；在香港游艇俱乐部的影响下，帆船占市场份额的17%，并在南方保持着强有力的增长势头。

中国游艇行业发展正朝着层次性与结构性转变。也就是说跟随市场需求，坚持提供不同层次的产品，特别是中低档、大众化的产品。

2）船型结构预测。目前，中国内地游艇消费仍处于高端精英消费阶段。借鉴发达国家游艇休闲产业的发展历程以及我国社会经济宏观发展环境的判断，我国游艇休闲产业在未来20年将经历一个从高端精英消费市场向普适性大众消费市场过渡的发展过程。根据未来消费群体结构变化趋势，预计未来广东省游艇船型结构大致构成如下。

近期（到2015年）：9 m以下的小型游艇占总量60%，9～24 m之间的中型游艇占总量37%，大于24 m的大型豪华游艇占总量3%；

中期（2016—2020年）：9 m以下的小型游艇占总量70%，9～24 m之间的中型游艇占总量26%，大于24 m的大型豪华游艇占总量4%；

远期（2021—2030年）：9 m以下的小型游艇占总量80%，9～24 m之间的中型游艇占总量15%，大于24 m的大型豪华游艇占总量5%。

由于国内尚无规范对游艇船型尺度做明确的规定，通过对国内外现有游艇尺度的搜集整理，选择部分典型游艇船型参数见表7－14。

表7－14　部分典型游艇船型

船型	总船长（ft）	总船长（m）	最大宽度（m）	吃水（m）
摩托艇	7	2.3	0.7	
	9	2.7	1.1	
	10	3.1	1.3	
	11	3.3	1.3	
	12	3.7	1.7	

续表

船型	总船长（ft）	总船长（m）	最大宽度（m）	吃水（m）
帆船	25	7.5	2.5	1.6
	32	9.8	3.4	1.8
	36	11	3.9	2.2
	37	11.1	4.5	0.9
	39	12	6.1	1.2
	41	12.6	7.5	1.3
	44	13.5	10.9	1.4
	45	13.9	4.2	1.6
	50	15.2	7.5	1.4
	50	15.3	4.6	2.4
	52	15.8	8.6	1.4
	58	17.7	9.1	1.4
	70	21.4	5.5	3.5
	72	21.9	10.9	2.4
	82	24.9	5.9	3.8
	99	30.2	7.1	4.8
	106	32.3	7.5	3.7
	289	88.1	12.6	6~11
	305	92.9	13.5	5.5
动力游艇	17	5.2	2.4	0.7
	20	6.2	2.4	0.9
	24	7.4	2.8	0.48
	29	8.9	3.1	0.6
	34	10.4	3.4	1.6
	38	11.4	6	1
	44	13.3	4.2	3.1
	55	16.7	4.9	1.5
	61	18.6	5.53	1.37
	68	20.8	5.8	0.86

续表

船型	总船长（ft）	总船长（m）	最大宽度（m）	吃水（m）
动力游艇	85	25.9	6.3	1.7
	105	32	7.2	2.2
	118	36	10	1.5
	128	39	9.1	2.75
	138	42	10	1.6
	146	44.7	9.2	2.7
	162	49.4	9.34	2.2
	170	51.8	10.36	3.2
	181	55.3	10.4	3.1
	200	61	10.9	3.3
	213	65	12.5	3.65
	247	75.4	13.5	3.75
	265	81.4	14.6	4
	280	85.3	14.4	4.2
	289	88.2	21.2	3.5
	319	97.2	15.95	4.8
	364	111	15.6	5.3
	377	115	17.2	4.66
	390	119	18.87	5.15
	414	126.2	21	5.66
	436	133	19.5	4.9
	453	138	18.5	5
	482	147	18.3	4.88
	509	155	24	5.2
	531	162	22.4	5
	538	164		5

7.4.3 珠三角游艇码头的发展定位

（1）发展环境及优势

1）区位和自然资源条件优越。广东省是内陆出口香港、东南亚、太平洋地区的主要通道；面临南海，河网密布，沿海、滨江等临水岸线资源丰富，众多地市具有建港的优良条件；气候宜人，冬夏季风交替明显，终年气温较高，年温差和日温差小，属南亚热带和热带过渡型海洋性气候；海域宽阔、环境优美、空气清新，港湾、沙滩、岛礁、海钓、波浪、海洋生态等要素齐备，独特的区位优势和良好的自然条件是广东省发展游艇休闲的优势所在。

2）消费市场潜力巨大。参照国际游艇发展状况，在人均 GDP 达到 3 000 美元时，游艇经济开始萌芽。随着我国的经济腾飞、国民经济的快速增长和人民生活水平的不断提高，游艇健身休闲已成为人们休闲娱乐生活的重要选择，我国游艇业将进入快速发展阶段。广东省尤其是珠三角地区是我国最早进入改革开放的前沿，经济水平高，又毗邻港、澳，属经济高度发达地区，拥有较为成熟、稳定和具有发展潜力的游艇业客源市场。

3）游艇设计、制造的产业基础正逐步形成。游艇的设计和制造属于船舶工程专业。目前，广东省内已聚集了许多游艇制造企业，而且随着游艇制造业的逐步发展，游艇设计和研发正呈现出本地化的趋势。广东省的多所高等院校可为游艇设计和研究提供智力支持，输送高层次科技与管理人才。

游艇制造业属于技术、劳动“双密集”型产业，其高新技术的应用和手工作业的比例都较高。游艇制造业的上游产业主要是与游艇有关的基本材料工业，如玻璃纤维、树脂、涂料等制造业，这部分产业在珠三角地区已得到蓬勃的发展。游艇的配套工业即游艇零部件制造业和艇内装饰业，涉及面很广，涉及的工业门类超过 50 个。这些配套产业在广东省内已有比较雄厚的工业基础，也有众多初级配件产品供货商提供服务。

4）地方政府高度重视和推进游艇产业发展。广东省近年大力发展现代服务业，游艇休闲产业受到政府和有关部门的高度重视，已经出台了一系列有利于促进游艇产业发展的政策文件。2008 年《关于加快广东旅游业改革与发展建设旅游强省的决定》提出广东省将建设成为“全国旅游综合改革示范区”，“率先试行国民旅游计划，大力发展休闲旅游”。2010 年《广东省人民政府贯彻国务院关于加快发展旅游业意见的若干意见》提出“加快培育和发展游艇旅游等高端产品”，“加强旅游水运和邮轮码头的规划与建设”。在《广东省国民经济和社会发展第十二个五年规划纲要》中也提出在“珠三角地区着力提高旅游资源品位等级”，“开发游艇旅游产品”，“与港澳共同打造国际旅游区品牌”。

（2）发展定位及功能

根据国家关于促进新时期旅游业发展的总体思路，结合广东省发展游艇旅游的条件，未来广东游艇休闲产业发展应以满足广东省广大市民对水上休闲、康体、娱乐活动持续增长的消费需求、提升广东省滨水旅游设施服务水平、促进现代服务业发展为指向，广东省游艇码头的发展定位如下。

—广东省实施国民休闲旅游、普及和推广港口休闲产业的基础设施。

—发展高端旅游服务，引导和促进广东省休闲旅游业升级换代，带动社会经济发展的重要引擎。

—是延伸游艇经济产业链，实现广东省游艇制造产业及游艇休闲产业整合发展的重要平台。

—是广东省港口发展旅游功能，拓展港口功能的重要组成。

广东省游艇港口除了具有游艇停泊养护管理等基本服务外，还将提供休闲娱乐、商务活动、星级酒店、口岸联检等高端服务功能，完善港口休闲产业，丰富人民生活，提高人民生活品质。

游艇码头应具备以下功能：①游艇停泊、吊装、干仓存放；②游艇加油、维护、保养、清洗、排污等支持保障功能；③游艇会员相关服务功能（培训、驾驶员、配件零售、会员休闲、游艇经纪等）；④针对高档的游艇消费，如游艇俱乐部或游艇会所，提供餐饮、住宿及娱乐服务及完备的技术层面服务。

7.4.4 游艇码头岸线利用规划与港口布局规划

（1）岸线资源评价

1）岸线利用现状及资源评价。广东省地处我国南疆，西连广西，北靠西江、湖南，东连福建，南临南海，毗邻港澳，是我国水运资源丰富、内河航运十分活跃的省份。

广东省岸线包括沿海岸线和内河岸线。全省海岸线全长 5 797 km，其中大陆海岸线长 3 368 km，岛屿岸线长 2 429 km。省内河流众多，主要河流有珠江水系的东江、北江、西江和非珠江水系的韩江、榕江、漠阳江、鉴江等，其中东江、北江、西江和韩江，是广东省的四大主要河流。

根据《广东省沿海港口布局规划》，全省共有沿海港口 14 个，规划形成以广州、深圳、湛江、珠海、汕头 5 个主要港口为主，潮州、揭阳、汕尾、惠州、东莞虎门、中山、江门、阳江、茂名 9 个地区性重要港口和其他一般港口为重要补充的分层次港口布局。

根据《广东省内河航运发展规划》，全省内河港口规划形成以佛山、肇庆主要港口为骨干，江门、中山、广州、东莞虎门、云浮、清远、韶关、惠州、河源、梅州、潮州 11 个地区重要港口为基础的港口布局。

——广州。

广州市港口岸线主要包括广州港港界内岸线和广州内河港岸线。其中广州港港界内岸线北起西河道的白坭河大桥，南至南沙龙穴岛（不含东莞市麻涌镇破流水闸以下岸线），岸线总长约 400 km，主要由内港港区岸线、黄埔至沙湾水道口岸线和南沙港区岸线三部分组成，规划港口岸线 108 km。

内港港区水道的北面是广州丘陵，南面是番禺台地，西面是珠江三角洲平原；东、南航道之间是残丘散布的冲积平原，河汊纵横交错。该港区自然岸线总长 209.4 km，包括白坭河大桥至白鹅潭段（西河道）岸线、白鹅潭至长洲段（东河道）岸线及白鹅潭至舟店艚洲段（南河道）岸线。规划港口岸线 19.5 km，保留现有的客运、轮渡、企业码头等岸线，其余均规划为城市生活、景观岸线。

黄埔至沙湾水道口岸线为虎门内岸线，自然岸线总长 67.6 km。虎门内水道亦称狮子洋，是古浅海湾被东江、西江和北江下泄的泥沙逐步淤积而成，狮子洋水道总体稳定。目前，该段岸线开发利用主要集中在东岸岸线，自然岸线长 17 km，已建港口岸线约 12.5 km，包括黄埔港区、新沙港区等，未开发岸线主要规划为港口岸线；西岸岸线自然岸线长 50.6 km，现建有莲花山客运、番港货运、番龙石化、海上救助和打捞基地码头等码头设施，规划港口岸线 3 km，用于企业码头、打捞基地、渔政基地及客运码头建设，其余均规划为旅游和生态景观岸线。

南沙港区岸线伶仃洋岸线位于伶仃洋西侧，岸线长 48.1 km，包括沙仔岛段、小虎岛东端至虎门渡口段、虎门渡口至大角嘴段和龙穴岛段，该段岸线为广州未来重点发展的港口岸线。除在虎门渡口至大角嘴段岸线规划有旅游和城市景观岸线外，其余均规划为港口岸线。

广州市内河河流总长约 1 500 km，岸线总长约 2 000 km，岸线资源丰富。境内大小水道约 250 条，可通航水道长约 1 000 km，主要分布在广州番禺、南沙、花都、增城等地。其中番禺区及南沙区的内河水网主要包括源自西、北江的东平水道、陈村水道、大石水道、紫泥河、市桥水道、沙湾水道、骝岗水道、西樵水道、榄核河、高沙河、大岗沥水道、蕉门水道、潭洲沥、上横沥水道、下横沥水道、洪奇沥水道等；花都区、白云区及从化市内的内河主要包括北江流域的白坭河及流溪河；增城片区内的内河主要为东江北干流及增江。其中，西江内河港区定位以服务南部工业为指向，同时发展港口滨水休闲业，构建多式联运体系；北江内河港区定位以北部产业发展提供支撑；东江内河港区定位为客货运并举，港口货运功能与城市生活和滨水休闲功能同步发展。

广州市内河网密布、岸线资源丰富，但作为亲水休闲旅游开发利用的岸线较少，除部分城市滨江景观带、临水房地产配套岸线外，仅建有少数游艇码头。目前，广州市已建有太古仓游艇会、半岛游艇会、莱茵游艇会和南沙游艇会。

——深圳。

深圳市域内海岸线总长约257.3 km。深圳市由九龙半岛相隔分为东、西两部分，西部海岸线自与东莞交界的沙井东宝河口至深圳河口岸线总长100.6 km（含岛屿岸线），濒临珠江口伶仃洋，北段岸线较为平直，南段曲折多湾，自北向南依次有交椅湾、大铲湾、妈湾、赤湾、深圳湾。

东部海岸线从大鹏湾的沙头角至大亚湾内深圳与惠州交界处的高山脚，岸线总长156.7 km，跨越大鹏湾和大亚湾两个天然深水港湾。

深圳市东、西部海岸线中建设条件相对较好岸线，大部分已开发为货运生产型港口，形成约51.6 km的码头及临港工业岸线。

根据《深圳港总体规划》，深圳港将完善面向港澳和珠江三角洲的水上客运和口岸服务设施，拓展邮轮、游艇功能，并与香港共同发展国际邮轮母港，提升现代化港口的出行和旅游服务功能，将深圳的滨海优势转化为旅游优势。规划在大小梅沙、西涌、南澳布局建设以近海旅游观光服务为主的旅客客运码头。目前，深圳市已开发的游艇休闲旅游项目主要有大鹏湾万科浪骑游艇码头、深圳湾游艇码头和大梅沙游艇码头。

——珠海。

珠海市是海岸岛屿众多，海岸线线较长的滨海城市，所辖岸线分为大陆海岸线、岛屿岸线、内河岸线三部分，全市岸线总长894.7 km。

大陆海岸线包括由路堤或桥与大陆相连的岛屿和规划发展的淇澳岛、野狸岛、三灶岛、高栏岛、荷苞岛、横琴岛等岛屿岸线，岸线长395.9 km；东部岛屿位于珠海市区东南部、隶属于万山海洋试验开发区，岸线总长度为300.8 km，包括桂山、万山和担杆岛等；内河岸线主要包括磨刀门、鸡啼门水道及其支流汊道等，长度为198 km。

珠海港已形成包括西部的高栏港区、东部的万山港区以及九洲、香洲、唐家、洪湾、斗门等港区的港口格局。其中，高栏港区是珠海港的主体港区，目前已开发南迳湾和南水两个作业区；万山港区的桂山岛位于珠江出海口的万山群岛，是珠海港承担珠江三角洲地区油品水水转运的作业区和香港矿建材料供应的出口区。九洲港区是以城市生产生活物资运输、客运及对香港集装箱喂给为主的港区；香洲、唐家港区位于珠江口西岸，斗门、洪湾港区位于内河水道，主要为珠海城市建设、生活物资运输和少量喂给香港的集装箱运输及陆岛交通服务。

根据《珠海港总体规划》，唐家港区、横琴岛红旗村、海泉湾度假城北侧、东澳湾内北侧东段、庙湾、塔湾、外伶仃岛等多处岸线规划为旅游、游艇、客运岸线。目前，珠海正在建设的游艇项目有金湾区平沙镇的南国游艇俱乐部项目。

——东莞。

东莞市虎门港位处东江和珠江水道出海之咽喉，拥有珠江干流最长的深水岸线以及丰富的内河岸线资源。东莞市所辖岸线约 1 600 km，其中沿海岸线约 116 km，其余均为内河岸线。目前已开发的岸线主要用于港口航运、临海/临河工业、渔业和养殖、城镇生活等。

根据《东莞市虎门港总体布局规划》，虎门港将重点发展港口、现代物流功能，同步推进城市服务型国际邮轮、游艇等港口休闲旅游产业与滨水商务总部等现代服务业发展。

规划沙田港区西大坦作业区以发展外贸集装箱近洋运输为主，并发展仓储保税业务，同时兼顾发展汽车滚装、散杂货运输，水上观光、游艇等港口休闲服务及港口支持系统功能

长安港区位于虎门港的最南端，地处沙角电厂与东宝河之间的交椅湾西北部岸线，总长约 9.5 km。长安港区是东莞市社会经济转型和进一步对外开放的重要依托，是长安新区的重要组成部分，长安港区拟规划发展为客运、游艇、邮轮等休闲旅游业的城市服务型港区。

目前，东莞已建有位于厚街镇与道立滘镇之间的住宅型怡岛游艇俱乐部。

——惠州。

惠州市岸线资源包括南部沿海和中部东江内河港两部分，南部沿海岸线资源丰富，海岸线全长 223.6 km，跨越大亚湾和红海湾，主要有荃湾港区、东马港区、碧甲港区以及港口、范和、亚婆角和盐洲等港点；除大亚湾西北部、东部巽寮湾和中部霞涌一小段岸线利用程度较高外，其余地段的岸线基本处于自然状态。惠州市管辖段东江内河长 168 km，现有多处内河货运码头分布在河道沿岸。

惠州市沿海岛屿较多，主要分布在大亚湾内，共有大小岛屿 90 多个，其中面积较大、水深及掩护条件较好，可作为港口资源开发的岛屿有马鞭洲、芒洲、纯洲、沙鱼洲、芝麻洲、喜洲、桑洲等。

根据《惠州港总体规划》，规划将澳头、霞涌、巽寮湾、平海湾等 42.7 km 近海岸线及三角洲、大小辣甲等岛屿岸线规划为旅游岸线，可发展邮轮、游艇码头，以适应旅游业的发展需要。

——中山。

中山市岸线包括海岸线及境内内河岸线，其中海岸线长 57 km，流经西部边界的磨刀门水道岸线长 48.3 km，流经东北边界的洪奇沥水道岸线长 33.0 km；中山市境内河网丰富，小榄、鸡鸦水道、横门水道等总长 80.6 km。

根据《中山港总体规划》，石岐水道（张家边—西河口船闸）及横门西水道分布处于现城区和未来规划新区的中央，规划为城市生活景观岸线或旅游岸线，自然岸线长 60.1 km。

目前，中山市除已有的部分游船游艇码头外，正进行盛世游艇会游艇码头项目的开发建设工作。

——江门。

江门市岸线分为沿海岸线和内河岸线两部分，其中沿海岸线包括大陆岸线和岛屿岸线，总长785.8 km，内河岸线包括银洲湖水域沿岸和境内主要河流沿岸，岸线总长约414 km。

根据《江门港总体规划（修编）》，规划开平市中银路至下游200 m、千米大堤至新洲围等规划为旅游客运服务岸线；川岛岸线规划结合上、下川岛旅游开发，充分发挥旅游资源丰富的优势，形成滨海旅游及海上客运交通基地，满足滨海旅游、观光休闲要求。

目前，江门市岸线主要用于港口航运、临港工业、城市生活、旅游休闲、渔港及水产养殖等，已使用海岸线30.6 km，其中港口和临港工业占用岸线约7.8 km，主要分布于黄茅海顶部、广海湾的东部、镇海湾的横板附近、上川岛的东部和下川岛南部，其他岸线开发程度较低，大部分岸线未做工业开发。

——佛山。

佛山市境内共有河流21条，拥有超过650 km的内河岸线。主要河流包括西江、北江、高明河、卢苞涌、西南涌、吉利涌、陈村水道、甘竹溪、顺德支流、容桂水道、沧江河等。沿河两岸开发利用程度较高，已利用岸线约300 km，主要为城市生活景观岸线、水源保护岸线、过江通道岸线、港口码头岸线等，且以城市景观岸线为主。港口码头主要分布在西江、顺道水道、东平水道、容桂水道上。

根据《佛山市城市滨河景观建设规划指引》，佛山市将充分利用城区河网资源，近期重点建设“一环六段”城市沿河景观岸段，包括东平水道和佛山地水道的滨水环线、东平新城段、佛山老城、沥桂新城、德胜河一河两岸、高明江滩、北江三水大桥两侧岸段等。近期景观建设重点内容包括全线堤岸、绿化、景观的整治提升，重要景观节点建设，开通水上游览路线等。

旅游观光码头、游艇码头规划建设成为佛山市沿河景观重点区域开发的重点内容。

——肇庆。

肇庆市岸线包括所辖西江岸线、北江岸线、贺江岸线、绥江怀集县城区以下岸线，岸线总长约873.5 km。

肇庆市沿江河岸线开发利用程度较低。肇庆市西江岸线总长约325 km，已利用岸线45.8 km，大部分岸线未利用。北江岸线总长24.5 km，已利用岸线5.1 km，约占岸线总长的21%。绥江沿河两岸没有港口码头，除城镇生活景观占用岸线、取水口占用岸线、过江通道占用岸线外，绝大部分岸线处于自然状态。

根据肇庆市城市相关规划，肇庆城东新区是构建肇庆“山、湖、城、江”和“一江两岸”大城市格局的重点，区内拥有星湖、下湾水库、羚山涌三大水系，规划有丰富的休闲空间和大量的亲水空间。

2）岸线资源综合评价。广东省拥有近6 000 km的优良海岸线资源，加之境内河网纵横，河海相连，岸线资源极其丰富，利用发展潜力巨大。

从港口岸线利用现状来看，目前，广东省港口岸线开发过于集中，尤其是珠江三角洲地区，随着经济发展，条件优良的河口岸线资源大多已得到充分开发，船舶大型化使得深水岸线资源渐显不足，河口岸线逐渐向海侧延伸。东西两翼的沿海港口及西江、北江和东江沿岸的内河港口具有丰富的岸线资源，但总体开发规模不大，布局零散。

广东省海岸线分布范围广，大亚湾、水东湾、上下川岛、海陵岛等拥有众多风景宜人、环境优美的自然港湾和海滩，岸线总体利用程度较低；西江、北江和东江河网覆盖广东省全境，从粤北、粤西山区到珠江三角洲平原，地貌变化万千、河流形态多样，沿岸密布多个城镇中心区，岸线除少量被港口码头、工业企业、过江通道、城市生活、水源保护区等利用外，多数处于自然状态。广东省具备发展港口休闲旅游的良好自然岸线条件，但目前港口休闲岸线的开发利用尚处于起步阶段。

（2）区位、经济、资源条件

游艇码头的发展需依托后方的区位、经济、资源等条件，珠三角各城市的依托条件如下。

1）广州。广州市地处珠江三角洲中心地带，是国家中心城市，广东省的社会、经济、政治和文化中心，中国最早的通商门户城市。同时，广州作为华南地区最大的商贸、交通、物流、经济、文化中心，常住人口达1 270万人。2013年，广州市实现地区生产总值（GDP）15 420.14亿元，按可比价格计算，比上年（下同）增长11.6%。

广州地处珠江三角洲中心地区，是岭南文化中心地、“海上丝绸之路”发祥地，并拥有适用于水上旅游发展的水域条件——珠江河网，珠江河道宽度适中，水流平缓，河道支流众多，横贯广州，沿途既有历史文化名胜、现代都市风貌，又有岭南特色的水乡风情，两岸自然景观资源及人文历史景观资源尤为丰富，为城市滨水休闲产业的发展提供了良好的条件。

广州是珠江三角洲和华南地区的重要交通枢纽，运输方式齐全，交通系统完善。公路方面，广州公路网体系发达，可通过广清高速公路、广珠西线高速公路、广深高速等到达周边各个地区。水路方面，广州港是我国沿海主要港口之一，也是我国华南地区货物吞吐量最大的港口，广州港出海航道贯穿广州港所有沿海港区，并正在实施航道三期浚深工程。

2）深圳。深圳市位于我国华南沿海地区，珠江三角洲的东岸，东临大亚湾和大鹏湾，西连伶仃洋和珠江口，南部毗邻香港，北部与东莞、惠州接壤，与珠海分踞珠江口东、西两侧。

作为国内第一个经济特区，深圳市已发展为常住人口达 1 035.8 万人的著名现代化国际大都市。2013 年，深圳本地生产总值 14 500.23 亿元，比上年增长 10.5%，人均生产总值 136 947 元/人，增长 9.6%。

深圳长达 257 km 的海岸线形成“山、城、海、岛、湾”的自然风貌，以东西部的滨海旅游资源为依托，深圳的旅游资源吸引了海内外大量游客来此观光度假休闲。

根据深圳旅游发展规划，深圳市将着力打造“都市风情”、“主题公园”、“滨海公园”、“高尔夫之都”四大特色，重点发展高端旅游，加强对邮轮游艇产业发展的支持，使其成为深圳市旅游发展的主力军，成为在国际上具有较高知名度、在亚太地区具有影响力的国际滨海旅游城市。

深圳市交通体系完善，公路方面可通过沈海高速公路、珠三角环线高速公路、105 国道等与周边地区相接，市区内公路、高速路、地铁四通八达，能够使人们方便快捷地到达市内各个地区。深圳港是我国沿海主要港口之一，呈东、西两翼布局，均设有专业化港区与深水出海航道，目前南山港区、宝安港区均有水上客运功能。

3）珠海。珠海市位于广东省南部、珠江口西岸，濒临南海。东与深圳、香港隔海相望，陆路东南与澳门接壤，西连江门，北邻中山，地理位置优越。

珠海市地处的珠江三角洲地区是我国经济最活跃的地区之一，经济发展和人均消费水平增长较快，常住人口 159.03 万人，虽然人口规模与经济总量比不上其他珠三角大城市，但人均 GDP 位列珠三角城市前四位，2013 年全市实现地区生产总值（GDP）1 662.38 亿元，同比增长 10.5%。

珠海发展游艇产业具有得天独厚的条件，地域上东与深圳、香港隔海相望，南与澳门陆地相连，海岸线长，岛屿众多，河流纵横。

《珠海市旅游发展总体规划》提出，结合珠海“东延、西拓，强海、优山，美江、活岛”空间发展战略，构筑“以横琴为旅游创新增长极，以中心城区和珠海西部两翼为重要支撑，以陆岛（万山群岛）联动、扇面推进为特色途径，休闲经济沿南部滨海地区和北部山地带状集聚”的动态发展格局。发挥横琴特殊的区位、地缘和空间资源优势，推动现代文化游乐产品及会展项目集群化发展，打造横琴旅游增长核；加强资源整合和环境优化，推动北翼以中心城区都市文化休闲为主、西翼以西部温泉高尔夫康体休闲度假为主、东部以万山群岛海洋生态休闲为主（扇面延伸）三大主题旅游功能区域的整体提升；重塑滨海都市休闲和北部山地生态休闲两大旅游带，显著提高珠海城市旅游目的地的综合吸引力。

珠海对外交通便捷。海路横渡珠江口可达深圳和香港。珠海港通过内河航运可与桂、黔、滇广大腹地相连；经京珠高速公路、国道105线以及粤西沿海高速等与全国公路网相连。目前，联系香港、珠海、澳门的伶仃洋大桥正在建设过程中；珠海北至广州南站的高铁客运已经投入运营。水路方面，珠海港已形成包括西部的高栏港区、东部的桂山港区以及九洲、香洲、唐家、洪湾、井岸、斗门等港区的港口格局，含有多处客运功能。

4）东莞。东莞市位于广东省中南部，珠江口东岸。东与惠州接壤；北与广州、惠州隔江为邻；西与广州莲花山隔海相望；南与深圳相连，毗邻港澳，处于广州至深圳经济走廊中西间。

经过多年的发展，东莞市已具备较高的经济发展水平，已经初步形成具有世界影响力的电子信息、电气机械、纺织服装、家具、玩具、造纸及纸制品业、食品饮料、化工等八大支柱产业。2013年东莞生产总值（GDP）5 490.02亿元，比上年增长9.8%，人均地区生产总值66 109元，增长9.4%，全市常住人口831.66万人，其中城镇常住人口738.10万人。人口城镇化率为88.75%。

东莞市具有良好的经济基础和丰富的旅游资源，拥有广阔的旅游市场，《东莞市城镇体系规划》中规划东江综合景观带，包括东江石龙—桥头段，东江南支流石龙—虎门，石马河桥头—凤岗，展示丘陵河流景观等风貌，这些都为东莞发展游艇休闲旅游提供了市场空间。

东莞市位于广州至港深运输走廊，通过珠三角环线高速公路、沈海高速等高速公路与周边城市相连。区内路网采用环形放射式布局，形成以城市快速路为骨架，主次干路等级明确，功能合理的路网系统。同时，虎门港是广东省地区性重要港口，麻涌港区、沙田港区、沙角港区、长安港区沿广州港出海航道自北向南布局，具有良好的港口航道条件。

5）惠州。惠州市位于珠三角东部，西连东莞、广州，东接汕尾，南部面向大亚湾及红海湾，西南毗邻深圳、香港。

惠州市是一个以外向型经济为主的快速发展的工业化城市，是中国大陆重要的电子制造业基地与大型石化基地。2013年全市实现地区生产总值（GDP）2 678.4亿元，比上年增长13.6%，人均GDP 57 144元，按平均汇率折算为9 227美元，全市常住人口470万人。

惠州市的自然资源尤其是旅游资源非常丰富，在古代即有“岭南名郡”、“粤东门户”、“半城山色半城湖”之称。全市具有旅游开发潜力的景点有900多处，属景点高密度分布区，并具有资源多样性的特点，集山、江、湖、海、泉、瀑、林、涧、岛为一体，融自然景观与人文景观于一身，其中被列入国家级、省级风景名胜及自然保护区有6处。

巽寮旅游度假区是广东省确定的八大海滨旅游度假区之一，拥有得天独厚的滨海旅游资源，海水水质和大气环境质量均为国家一级（类）标准，在《惠东县城区总体规划（1995—2015)》中确定巽寮以海滨旅游城镇作为惠东县城镇体系的重点城镇。

根据《惠州半岛总体规划》，稔平半岛在珠三角产业格局中被确定为“旅游产业发展区”，中心城区城市性质定义为珠三角东部新兴的滨海度假旅游胜地，以发展商务、会展、旅游接待为主的惠州市沿海地区重要的滨海城市。作为八大海滨旅游度假区之一，是珠三角滨海功能拓展带的重要节点。

惠州已形成由深水港、铁路、高速公路、机场相互配套的现代化立体交通网络。惠州港为国家一级口岸，水路距香港仅47 n mile，可供建港的深水岸线逾30 km。深厦高铁途经惠州，惠盐、深汕、广惠、惠河4条高速公路贯穿全境。

6）中山。中山市位于珠江三角洲中南部，珠江口伶仃洋西岸。北部与广州、佛山接壤，西连江门，南接珠海。

自20世纪80年代中期开始，中山市因经济社会发展迅猛，被誉为广东“四小虎”之一而闻名于世。2013年，中山区域生产总值（GDP）2 638.93亿元，按可比价格计算，比上年（下同）增长10.0%，全市人均GDP达83 393元（折13 473美元)，增长9.4%，常住人口317.39万人，城镇化水平88.0%。

中山市水域资源丰富，众多水道穿越市域。中山市现已建有天字码头、岐山公园游艇码头、冒险鸭码头等，目前正积极申请游艇从磨刀岛直航香港、澳门的航线。

中山市将以游艇会项目为契机，结合发展中山“岐江游”等旅游项目，推广游艇生态旅游文化，发展海滨旅游业，并带动中山现代服务业和相关产业的发展，通过与滨海旅游、海上垂钓、水上娱乐、餐饮服务及休闲购物等配套服务业的结合，将游艇业打造成为中山城市旅游的新亮点。

中山市规划中的铁路有国家沿海高速铁路和广珠铁路鹤山—南沙铁路。规划中的城际快速轨道则有广州机场—澳门线和广珠城际快速轨道江门支线。

7）江门。江门市位于珠三角西部，广东省中南部，珠江水系的西江下游。东邻佛山、中山，东南部与珠海相接，西连阳江，北靠云浮，南临南海，毗邻港澳。

江门市是全国最大的纺织服装、化学纤维、皮革产品、食品、纸制的产品生产基地之一。2013年，江门市实现地区生产总值（GDP）2 000.18亿元，比上年增长9.8%，人均地区生产总值4.45万元，增长9.4%，常住人口449.76万人。

江门市海洋资源丰富，海岸线曲折，海岛众多，全市有大小海岛268个，其旅游业发展迅速，上川岛飞沙滩目前已发展具有沙滩度假、山林探险、侨乡文化、温泉休闲、工业观光五大旅游特色。滨海旅游业主要集中在台山川岛旅游区和新会银洲湖区域，沿海已建的旅游区包括省级旅游度假区上川岛飞沙滩旅游中心和下川岛王府洲游乐中心、赤溪半岛的海角城旅游度假中心、黑沙湾海浴场、海龙湾旅游区、北陡浪琴湾旅游区、崖门炮台等。根据《江门市海洋功能区划》，将川山群岛规划为休闲渔业区和度假旅游区，为滨海旅游的发展提供足够的支撑。

江门全市高速公路通车里程达400 km，与其他珠三角城市都可在1小时内到达。现在在建的有江门至恩平城轨、粤西部高速铁路、开平至台山城轨，珠海至台山城轨、广佛江珠城轨等多条铁路轨道。江门港是地区重要性港口，新会港区与台山港区具有发展海运码头的建港条件。

8）佛山。佛山市位于广东省中南部，珠江三角洲腹地，东倚广州，南邻港澳，是一座历史悠久的文化名城，亦是珠三角的经济重地，一个荣耀千年的商贸名城。

佛山是我国重要的制造业基地，以工业实体经济、本土民营经济及高端化、规模化经验为主体，在此基础上延续与之相连的物流业、会展业、商贸业、金融业等。目前，佛山利用其区位优势，正在极力打造广佛经济圈。2013 年全市生产总值7 010. 17 亿元，比上年增长 10. 0%，全市常住人口 729. 57 万人，比上年末增加 3. 39 万人，增长 0. 47%。

佛山文化底蕴深厚，是国家历史文化名城。佛山市旅游资源丰富，拥有东华里古建筑群、康有为纪念馆、顺德清晖园、佛山祖庙、南风古灶、西樵山等历史人文与自然景观资源，石湾陶瓷是我国四大陶瓷文化中心之一。

佛山市公路水域都较为发达，水运有西江、北江、顺德水道、东平水道、容桂水道、陈村水道等，可沟通珠三角其他地区和西江沿线地区。公路运输有G321（324）、G325、G105 以及广三、广佛、佛开等高速公路，沟通广州、深圳、珠海等大中城市。

9）肇庆。肇庆市位于珠三角西北部，东接广佛经济圈，西连大西南，地处沿海与内陆的交通要冲，城区距广州不足 100 km，位于广州一小时经济生活圈。

肇庆市具有直接接受珠三角核心区经济辐射的区位优势，并具有良好的生态环境与资源禀赋优势，目前正成为接受珠三角核心区产业转移的重要区域，发展潜力巨大。2013 年实现地区生产总值（GDP）1 660. 07 亿元，比上年增长 11. 5%，人均地区生产总值41 479 元，增长 10. 5%，常住人口 402. 21 万人。

肇庆市是国家级历史文化名城，已有 2 200 多年的历史，被誉为岭南文化的发祥地。全市有地方特色的代表性旅游资源单体 95 个；梅庵、德庆学宫、肇庆古城墙、七星岩摩崖石刻、德庆悦城龙母祖庙等是国家级重点文物保护单位；星湖风景名胜区是国家级重点、国家4A级景区；鼎湖山是第一个国家自然保护区，也是我国第一批联合国教科文组织人与生物圈自然保护区。

肇庆市是全国内河主要港口及国家公路运输枢纽，是沿海发达地区通往西南各省的重要交通枢纽。广茂铁路、广梧、二广高速公路贯穿全境，在建的南广、贵广铁路、广佛肇城际轻轨、珠外环高速公路都预示着肇庆的高速发展。横穿肇庆的西江素有“黄金水道”之称，3 000吨级船舶直达肇庆。

（3）游艇码头建设的适应性分析

1）游艇需求特点及游艇码头建设条件分析。游艇业的消费与一个国家的经济实力、人们的富裕程度、地理环境、消费观念以及相关的政策等有关。目前，游艇消费主要集中在北美、欧洲、大洋洲及中东石油输出国等经济发达国家，北美洲和欧洲是当今世界最主要的两大游艇市场，二者合计占世界游艇市场份额高达80%。

——游艇需求受自然条件因素、经济因素、社会文化因素和消费者偏好等诸多因素影响。

就一个国家或地区的游艇活动消费需求而言，自然资源条件是最为重要的因素之一，具体包括所拥有的岸线资源和航行水域（含河流、湖泊等能够开展游艇活动的区域）的规模、水深等通航环境、气候、风浪流水文、地质自然条件等。

当地与游艇水上休闲活动相关的配套基础设施发展状况、服务水平、旅游观光景区和休闲度假场所资源的数量和吸引力等因素，也会对游艇的消费需求产生影响。此外，国民经济发展水平、地区人口数量、人们对游艇休闲消费的喜爱程度、政府的相关支持和引导政策法规等也会对游艇休闲业的市场需求产生直观的影响。

——自然环境与周边地区经济发展水平，影响游艇港址选择的关键因素。

考虑到游艇船型尺度普遍不大，服务目标为提供游客水上休闲娱乐的愉悦感受，平稳、安全、舒适是游艇停靠所需的基本环境。掩护条件好、受波浪影响较小、水域宽阔的河流、海湾均是游艇码头选址的最佳选择。

同时，游艇码头港址的选择与周边经济、景观环境等条件也密切相关。从游艇消费者的便利性来看，游艇码头可结合城市发展规划，依托城市中心快速发展的经济服务水平和巨大的消费市场支持、推动游艇休闲业的发展。游艇码头港址亦可依托旅游资源，选择在自然景观优美、交通便利的区域，结合旅游景区周边各类休闲、娱乐服务等设施，提供游艇消费者休闲旅游及景区旅客游艇租赁消费。

2）珠江三角洲地区游艇码头建设的适应性分析。

——狮子洋、虎门、伶仃洋段河口岸线。

珠江三角洲核心区的广州、东莞、深圳、中山、珠海沿狮子洋、虎门、伶仃洋湾口呈“一河两岸”布置形态。湾口面对万山群岛天然屏障；湾内掩护条件好。

虎门以内狮子洋岸线，河面宽度 1.0 ~ 3.0 km，虎门以外伶仃洋宽度达 10 km，河面宽度比欧美河口地区要优越得多，为机动性良好的游艇休闲活动提供了良好的水域条件。

由于虎门以内，广州、东莞的货运港区主要布置在东岸，故狮子洋西岸可结合广州新城的建设，作为规模化的游艇休闲旅游岸线。东岸则采取点状集约布局，减少相互干扰。

——银洲湖、崖门口段岸线。

银洲湖、崖门口河面宽度0.6 ~ 10 km，水域宽阔，两岸均具有发展游艇休闲活动的条件，可结合两岸的旅游开发进行布局。

——海湾岸线。

结合地形地貌特征，深圳受香港及周边城市的有效掩护，深圳市形成4 个天然海湾——前海湾、深圳湾、大鹏湾和大亚湾，目前大鹏湾、大亚湾均已开发形成具有一定规模的旅游景区，包括大、小梅沙，浪骑游艇俱乐部等；前海湾、深圳湾背靠深圳市中心，直面香港，区位条件优越；“四个天然海湾”将成为未来深圳游艇码头发展的重点区域。

珠海市是一个海岸岛屿众多，海岸线较长的海滨城市，从珠海市东头的香洲蜿蜒逶迤至与澳门接壤处的拱北口岸，依山傍海的情侣路成为珠海市游艇发展的重点区域。此外，珠海市依托其优美的海岛风情成为我国著名旅游城市，依托珠海市旅游资源，可在东部岛屿区掩护较好的湾内布置游艇码头，游艇码头的布置呈“带、点结合”的布置形式。

惠州大亚湾湾内有众多岛屿遮挡，波浪一般不大，目前，大亚湾巽寮湾已形成初具规模的旅游景点，湾内将成为未来惠州游艇码头的重点发展区域。

江门上下川岛掩护条件好，旅游资源丰富，将是江门市游艇的重点发展区域。

（4）游艇岸线利用规划

1）游艇码头岸线选址原则如下。

与城市总体规划、城镇体系规划、港口总体规划、旅游发展规划、海洋功能区划、内河航运发展规划等相关规划相互衔接和协调。

结合城市发展要求，注重与周边岸线的开发相协调，与旅游资源的相互促进，充分发挥游艇码头对当地经济的促进作用。

宜选择后方交通、餐饮、商贸、休闲、娱乐、旅游景区等依托条件良好的岸段。

减少游艇码头与其他货运功能岸线使用的干扰。

侧重选择避风条件较好、波浪较小、泥沙回淤较轻、水流流速不大、岸滩发育较稳定、地质条件较好的岸线段，以减少风、浪、流对游艇停泊和行驶的影响、易于港池航道的开挖及维护。

2）游艇岸线利用规划。结合各城市岸线现状及区位经济资源条件，本次规划从岸线条件、岸线属性、游艇码头规划建设情况等方面综合分析，规划游艇岸线由三类组成：①目前已建和在建游艇码头岸线；②相关城市规划中有游艇码头的岸线以及企业规划岸线；③从自然条件、旅游景点分布、城市依托条件较好的岸线中推荐岸线。

——广州 。

广州市游艇休闲旅游岸线重点发展区域位于珠江口的西岸和内河港区，包括黄埔、番禺、南沙3处以及内河港区珠江水域多处。结合城市功能定位、港口岸线规划、现有开发利用情况，重点发展区域游艇休闲旅游岸线呈带状布置形式。

根据《广州市黄埔中心区城市设计及控制性详细规划》，未来黄埔老港区的货运功能将逐步调整，黄埔区将建成辐射华南地区的航运服务中心、专业性临港商务中心、广州城东的公共服务中心、高端滨江商业中心和国家级近代革命历史文化旅游中心，完成黄埔从老工业区向“港城一体、宜业宜居的现代化滨江城区”的转变，实现与广州中心城区的无缝对接。

根据《广州市城市总体规划》，番禺片区为商贸、旅游综合服务中心，承接主城区人口疏散的居住城区。其中番禺东侧岸线莲花山附近岸线规划为绿化和旅游岸线；海鸥岛岸线除南侧已建有码头占用350 m岸线、规划1.0 km港口岸线外，其余亦规划为旅游和生态景观岸线。

根据《广州南沙新区总体概念规划》，广州南沙新区将建设成为服务内地、连接港澳、面向世界的粤港澳全面合作的国家级新区，承担以生态、智慧和休闲为特色的国际化滨海新城的功能，打造独一无二的钻石水乡，重点考虑凫洲水道、蕉门水道、龙穴南水道沿岸的城市景观，通过布置不同的功能板块，形成不同的滨水城市风貌，构建南沙特色的“三江两岸”。

根据《广州内河港总体规划》，结合广州市城市发展“优化”和“提升”的战略思想，对城市生活滨水空间的优化，规划在番禺港区沙湾作业区、新塘港区仙村作业区及荔城作业区规划港口休闲岸线，重点发展滨水休闲、游艇商贸、水上观光、生态旅游等港口休闲产业。五和作业区石井水和增埗河均位于白云区旧城区，沿岸多为城市居住及工业用地，规划石井水和增埗河维持现状，发挥城市生活功能。

综合考虑广州市城市发展规划及自然环境等因素，规划黄埔游艇休闲旅游岸线 11.0 km，莲花山游艇休闲旅游岸线 7.0 km，海鸥岛游艇休闲旅游岸线 21.4 km，南沙游艇休闲旅游岸线 23.0 km。同时，结合珠江水域“一江两岸”风景带及城市发展、大型会展中心等因素，规划内河港区游艇休闲旅游岸线 38.7 km，其中包括二沙岛游艇休闲旅游岸线 2.5 km，新滘镇游艇休闲旅游岸线 5.0 km，沥滘游艇休闲旅游岸线 1.5 km，石井游艇休闲旅游岸线 3.5 km，荔城游艇休闲旅游岸线 10.3 km，仙村游艇休闲旅游岸线 2.0 km，沙湾游艇休闲旅游岸线 13.3 km，如意坊游艇休闲旅游岸线 0.6 km。

广州市地处珠三角河网地区，内河河网发育，结合城市亲水休闲生活与景观资源开发的需要，除本次规划的河段外，可在增江、流溪河、市桥水道等资源条件适宜的其他河段，经必要论证，进行游艇休闲项目港点的布置。

——深圳。

深圳市游艇休闲旅游岸线分别于前海湾、深圳湾、大鹏湾和大亚湾内，呈带状布置。

根据《深圳市城市总体规划（2010—2020）》，深圳湾岸段规划为结合南山商业文化中心的建设打造滨水休闲岸线；协调生态岸线与生活岸线关系，建设成为体现国际化城市特色的滨水风貌区。以深圳湾岸线为轴带，连接海上世界、蛇口片区、深圳湾—后海总部经济区、沙河高尔夫、华侨城内湖、红树林公园和内伶仃—福田红树林国家级自然保护区，形成以城市生活和休闲岸线为主要功能的连续的海滨公共休闲景观带，背靠深圳市前海中心和福田—罗湖双市中心，经济发展活跃，现已建有深圳湾游艇码头。

大鹏半岛规划为生态旅游型海岸观景带，即以大鹏湾—龙岐湾岸线为轴，联系大小梅沙、溪涌、下沙、南澳、西涌、东涌、鹿嘴、桔钓沙、新大和大鹏等旅游区，形成休闲、度假、郊野体验为主要功能的滨海旅游景观带。

大亚湾湾内规划为商务服务业设施中心，目前已建有浪骑游艇码头，在建有七星湾游艇码头。

前海湾规划为滨海产业型景观带，即以珠江口海岸线为轴，联系沙井西部沿海地区、机场地区和蛇口地区，形成兼顾生产和生活功能的滨海城市景观带。

综合城市发展规划及自然环境等因素，规划深圳湾游艇休闲旅游岸线 4.8 km，大鹏湾游艇休闲旅游岸线 2.7 km，大亚湾游艇休闲旅游岸线 3.8 km，前海湾游艇休闲旅游岸线 0.7m，东涌游艇休闲旅游岸线 0.6 km，西涌游艇休闲旅游岸线 2.0 km，杨梅坑游艇休闲旅游岸线 0.5 km。

——珠海。

珠海市海岸线资源、旅游资源丰富，游艇休闲旅游岸线呈“湾、岛、城”

结合的布置格局。

从珠海城市发展格局来看，珠海市当前着力打造“一条主轴、两大板块、三区一城、若干组团”的城市发展。其中，“一条主轴”指情侣路—珠海大道—西部中心城区—平沙休闲区构成的城市发展主轴。“两大板块”指东部板块和西部板块，以磨刀门水道为界，以东是环港澳的东部板块，包括唐家湾、香洲城区、横琴岛和万山群岛，打造山海相拥、陆岛相望的滨海花园城市风貌；以西是斗门区、金湾区和高栏经济区组成的西部板块，利用水网纵横、沙田连片的水乡特色，塑造滨江田园城市风貌。“三区一城”指香洲核心城区、横琴新区、西部中心城区构成珠海主城区。“若干组团”指与产业园区相配套的城镇组团，通过组团式布局构建支撑核心城市的空间格局。

综合考虑珠海市自然条件、城市发展、自然景观等影响因素，游艇港口的重点发展岸线，包括香洲、九洲、唐家港、前山、横琴、三灶新城等城区滨水岸线以及淇澳岛、横琴、海泉湾、万山群岛等旅游景区滨水岸线，规划大坞湾游艇休闲旅游岸线 1.0 km，香洲游艇休闲旅游岸线 9.0 km，前山水道游艇休闲旅游岸线 5.5 km，泥湾门游艇休闲旅游岸线 2.0 km，鸡啼门游艇休闲旅游岸线 1.0 km，马骝洲水道游艇休闲旅游岸线 1.0 km，井岸游艇休闲旅游岸线 0.8 km，虎跳门游艇休闲旅游岸线 0.6 km，唐家港游艇休闲旅游岸线 5.0 km，淇澳岛游艇休闲旅游岸线 1.0 km，九洲游艇休闲旅游岸线 1.7 km，桂山岛游艇休闲旅游岸线 1.0 km，万山群岛游艇休闲旅游岸线 5.2 km，横琴游艇休闲旅游岸线 10.0 km，海泉湾游艇休闲旅游岸线 2.0 km。

——东莞。

东莞市游艇休闲旅游岸线呈以长安新城区、石龙河段带状布置为主，散点布置为辅的格局。

长安新区位于珠三角东、西两岸经济走廊的“A”字形框架的重要连接点上，区位优势明显，是东莞市的规划的城市休闲中心区。根据《长安新区总体规划》，长安新区规划为滨海新城，依托其城市发展、独特的区位优势和周围配套景区，可合理开发休闲、旅游功能。

根据《东莞市域城镇体系规划》，将石龙规划为景观节点，重点保护滨水空间，强化城市与河流的共生关系，突出整体性城市景观，同时，作为东莞市的次中心“石龙—石碣”，该片区将依托自身优势，承担起更多的城市功能，强化其城市北部门户的地位。

根据《东莞市虎门港总体布局规划（修编）》，西大坦齐沙段岸线下游靠近渡口的 2.4 km 规划为城市景观岸线。沙角港区威远岛岸线长约 10 km，蛇头湾段岸线的虎门电厂油码头和虎门水泥厂码头考虑搬迁，并在虎门大桥下游规划预留客运码头岸线，其余岸线规划为城市生活及旅游景观岸线。

因此，综合考虑东莞市城市发展、港口功能和自然环境等因素，规划长安游艇休闲旅游岸线 2.5 km，石龙游艇休闲旅游岸线 4.6 km，西大坦作业区北端岸线及靠近渡口段岸线规划为游艇休闲旅游岸线 2.9 km，威远岛游艇休闲旅游岸线 3.5 km。

——惠州。

惠州市游艇休闲旅游岸线形成海湾、岛屿、临江结合的带状分布为主，湖泊单点布置分布为辅的格局。游艇休闲旅游岸线规划在澳头湾、猴仔湾、小径湾—范和、巽寮湾、双月湾、考洲洋几处海湾，大辣甲岛、小辣甲岛、小星山、大三门岛、小三门岛、大洲头等众多岛屿以及惠州城区临江河段，并于惠州西湖、白鹭湖条件适宜处进行游艇休闲项目港点的布置。

根据《惠州港总体规划》，规划将澳头、霞涌、巽寮湾、平海湾等 42.7 km 近海岸线及三角洲、大辣甲、小辣甲、小星山、三门岛等岛屿岸线规划为旅游岸线，可发展邮轮、游艇码头，以适应旅游业的发展需要。其中范和港小径湾段岸线现有小径湾海滨浴场和少数旅游景点，规划保留在亚婆角附近的亚婆角装卸点，占用自然岸线 500 m 外，其余岸线规划为城市生活及旅游岸线。

稔平半岛作为八大海滨旅游度假区之一、珠三角滨海功能拓展带的重要节点，适宜开发建设游艇休闲项目。

根据《惠州市城市总体规划（2006—2020）》，东江和西枝江是市区两条重要的水景轴线，两岸滨江绿地构成了惠城区的主要滨江景观轴，是城市景观组织和城市风貌展示的关键地段；而两江交汇处水陆交错带，是城市生态环境建设的重点区域。通过沿东江和西枝江滨水绿地的合理布置，适宜建设游憩功能完善、景观优美、生态合理的开放绿地，为游艇休闲项目的理想选址。

惠州西湖规划为综合旅游区，是中国国家重点风景名胜区、国家 5A 级旅游景区，景观优美，设施完善，适宜发展游艇休闲项目。

综合考虑城市规划、港口规划及自然环境等因素，规划澳头湾游艇休闲旅游岸线 1.5 km，猴仔湾游艇休闲旅游岸线 1.0 km，小径湾—范和游艇休闲旅游岸线 13.5 km，巽寮湾游艇及休闲旅游 5.0 km，双月湾游艇休闲旅游岸线 3.0 km，大辣甲游艇休闲旅游岸线 3.0 km，小辣甲游艇休闲旅游岸线 0.5 km，小星山游艇休闲旅游岸线 0.4 km，大三门岛游艇休闲旅游岸线 2.6 km，小三门岛游艇休闲旅游岸线 1.0 km，大洲头游艇休闲旅游岸线 1.0 km，考洲洋游艇休闲旅游岸线 3.0 km，东江游艇休闲旅游岸线 15.0 km，西枝江游艇休闲旅游岸线 7.0 km，西湖游艇休闲旅游岸线 5.0 km，白鹭湖游艇休闲旅游岸线 3.5 km。

——中山。

中山市游艇休闲旅游岸线包括沿海岸线的“一河两岸”带状布置和市内水道的“星点”布置。

根据《中山港总体规划》，横门西水道位于未来规划新区的中央，规划作为城市生活娱乐岸线，形成滨海“一河两岸”的景观。中山市将以游艇会项目为契机，结合中山“岐江游”等旅游项目，推广游艇生态旅游文化，发展海滨旅游业，带动中山现代服务业和相关产业的发展，通过与滨海旅游、海上垂钓、水上娱乐、餐饮服务及休闲购物等配套服务业的结合，将游艇业打造为中山城市旅游的新亮点。

结合城市发展规划及自然环境等因素，规划横门西水道游艇休闲旅游岸线17.0 km，磨刀岛游艇休闲旅游岸线1.5 km，小榄镇（包括福兴炼油厂段和石龙水闸段）游艇休闲旅游岸线2.0 km，东升镇游艇休闲旅游岸线4.0 km，南头镇游艇休闲旅游岸线1.5 km，东凤镇游艇休闲旅游岸线2.0 km，黄圃镇游艇休闲旅游岸线6.0 km，阜沙镇游艇休闲旅游岸线0.5 km，石岐区游艇休闲旅游岸线10.0 km，南朗镇游艇休闲旅游岸线5.0 km。

——江门。

江门市结合城市发展规划及旅游、海洋资源，游艇休闲旅游岸线呈海湾、岛屿及临江结合格局带状分布，规划布置在银湖湾、广海湾、浪琴湾、镇海湾、川岛、江门主城区、大鳌及潭江半岛。

根据《江门市城市总体规划（2010—2020）》，银湖湾综合旅游度假区以崖门海战古战场、古兜温泉、桥梁博物馆为主，利用山水景观优势，在银湖湾西岸建设休闲度假区和发展区域性房地产，吸引港珠澳居民前来观光、休闲、度假，形成银湖湾综合旅游度假区，拟将崖门口外左岸千米大堤—新洲围规划为旅游岸线。汶村—海晏渔业旅游综合区东起双洲海，西至镇海湾口，以渔业、旅游功能为主导，规划为旅游岸线，同样拥有旅游功能的区域还有川山群岛和浪琴湾等。

规划大鳌河段集装箱场下游至河口附近为预留港口发展岸线，占用岸线长约1.0 km，其余岸线规划为农业岸线、生态岸线及预留岸线，可作为游艇休闲旅游岸线选址岸段。

结合江门市城市发展规划，为配合江门主城区游艇项目的发展，促进主城区滨海新区的开发建设，在主城区临江河段（棠下段）规划游艇休闲旅游岸线。此外，潭江两岸游也成为江门市一大特色，具有独特的岭南侨乡特色，江门市拟将其打造成旅游休闲观光的黄金线路，实现星级酒店与世界文化遗产地及各景点间的资源互补，拉动和繁荣开平旅游产业的需要。

综合考虑城市发展规划及自然环境等因素，规划银湖湾游艇休闲旅游岸线10.0 km，广海湾游艇休闲旅游岸线3.5 km，川岛游艇休闲旅游岸线10.5 km，浪琴湾游艇休闲旅游岸线2.0 km，横山游艇休闲旅游岸线2.0 km，江门主城区游艇休闲旅游岸线4.0 km，大鳌游艇休闲旅游岸线3.0 km，潭江半岛游艇休闲旅游岸线2.0 km。

——佛山。

佛山市境内河道岸线资源丰富。根据《佛山市城市滨河景观建设规划指引》，在东平水道东平新城、佛山水道佛山老城及南海沥桂新城、德胜河德胜新城、高明江滩、三水区北江西南组团中心区等规划有城市滨河景观，从城市总体层面全面提升滨水环境、景观质量，整合资源、优化空间结构，促进佛山产业转型，经济持续增长。依托于城市的不断发展，规划在城市中心区及旅游景点规划游艇休闲旅游岸线，完善佛山的都市功能。

结合城市发展规划、滨河景观建设规划及河道条件，规划在东平水道、佛山水道、德胜河、西江及北江均规划有游艇休闲旅游岸线。其中，东平新城游艇休闲旅游岸线 1.0 km；南海沥桂新城游艇休闲旅游岸线 1.0 km；顺德城区游艇休闲旅游岸线 2.5 km；高明城区游艇休闲旅游岸线 2.0 km；三水城区游艇休闲旅游岸线 0.5 km。

——肇庆。

肇庆市是著名的旅游城市，游艇休闲旅游岸线主要围绕星湖风景区、肇庆市区及德庆县进行布置。

综合考虑规划要求和景区分布现状等因素，在肇庆市区阅江楼规划游艇岸线 1.0 km，星湖风景区南侧、星湖湾位置规划游艇休闲旅游岸线 0.45 km，德庆县西湾规划游艇休闲旅游岸线 0.3 km，德庆县悦城镇东岸嘴规划游艇休闲旅游岸线 0.25 km。飞鹅岭大桥下游 200m 处规划游艇休闲旅游岸线 0.45 km，碧海湾大桥下游 830m 处规划游艇休闲旅游岸线 0.2 km，古琴塘规划游艇休闲旅游岸线 0.2 km，大旺区龙湖水库北江出水口处规划游艇休闲旅游岸线 0.35 km，禄步镇客运站上游 100m 处规划游艇休闲旅游岸线 0.2 km，小湘镇布置游艇休闲旅游岸线 0.2 km，大湾客运渡口处规划游艇休闲旅游岸线 0.08 km，大湾镇雕广场上游规划游艇休闲旅游岸线 0.05 km，南岸城区沿江路规划游艇休闲旅游岸线 0.15 km，金渡中波站规划游艇休闲旅游岸线 0.2 km，金渡镇水口村规划游艇休闲旅游岸线 0.25 km，砚坑村规划游艇休闲旅游岸线 0.15 km，紫云谷砚坑渡口规划游艇休闲旅游岸线 0.2 km，金利渡口规划游艇休闲旅游岸线 0.2 km，封开县江口嘴至江口码头规划游艇休闲旅游岸线 1.5 km，封开县料塘村沿江段规划游艇休闲旅游岸线 2.0 km，封开县扶来村规划游艇休闲旅游岸线 1.5 km，封开县建光村规划游艇休闲旅游岸线 2.5 km，封开县勒竹村规划游艇休闲旅游岸线 1.0 km，封开县台洞村规划游艇休闲旅游岸线 0.6 km，封开县江口河南沿江段规划游艇休闲旅游岸线 1.5 km。

（5）游艇码头布局规划

1）规划原则。

符合性原则：符合国家区域发展战略与国家行业发展规划，与广东省经济社会发展的总体目标相适应，与各地区与国土开发、城市、综合运输、海洋、保护区、旅游等相关规划相协调。

指导性原则：通过规划引导，合理布局游艇码头岸线，为省内游艇码头建设提供依据。

前瞻性原则：借鉴世界游艇休闲产业发展成熟地区的经验，以促进广东省港口休闲产业长远发展为指向，满足地区社会经济发展各阶段的需求。

统筹性原则：充分考虑广东省社会经济发展格局与旅游资源的空间分布情况，统筹规划、协调发展，构建适应广东省游艇休闲产业长远发展的游艇码头布局体系。

2）游艇码头布局规划。

——*布局思路*。

游艇活动作为一种休闲方式，能提供聚会、旅游、休闲、康体、娱乐及社会交流等各方面的需要。结合国内游艇消费特点，为兼顾多种需求，广东省游艇码头重点以旅游观光和水上运动娱乐为主要目的，同时发展高端消费的游艇码头。

游艇码头布局应充分结合城市总体规划、旅游发展规划及房地产项目情况，从游艇码头的服务对象、区域等分为以下三种类型。

结合城市滨水区的开发建设，布置都市公共需求型游艇码头。城市总体规划以城市总体发展为目标，主要从城市功能区布局、产业分布、土地资源开发和利用等角度对整个城市发展进行全面规划，是指导城市整体发展的纲领性文件。

因此，游艇码头布局需结合城市总体规划，根据规划的休闲亲水岸线和滨水商业区等，配合城市发展需要，布置都市公共需求型游艇码头。

结合滨海、湖泊旅游景区的发展规划，布置景区配套型游艇码头。

一方面，游艇产业的发展离不开旅游业的支持。另一方面，游艇产业的快速发展也将丰富旅游业的内涵、促进旅游业的发展。以景点开发为亮点，游艇为功能支持和特色，打造成集旅游、度假、娱乐、会议、疗养、水上运动项目为一体的整合式多功能旅游休闲度假区，将成为新兴旅游产业，能吸引更多的游客。

因此，游艇码头布局需结合旅游发展规划，根据景区规划及景区的区位、经济、资源等条件，布置景区配套型游艇码头。

结合房地产开发项目的要求，布置住宅配套型游艇码头。为提高房地产项目的品质，吸引高端人群，越来越多的房地产开发商结合江河、湖海沿岸地势条件优越的地段打造高端住宅、滨水别墅，并配备游艇码头、酒店、康体中心、游艇会所、商业街等配套设施，集休闲、旅游、度假、健身、娱乐、购物、会展等功能为一体的高档旅游地产综合社区。

——布局规划。

广州：依托广州市番禺区和黄埔区的快速发展和城市滨水旅游需求，将黄埔、海鸥岛、南沙游艇休闲岸线规划为都市公共需求型为主的游艇休闲旅游岸线。

广州市内河河网地区依托密布的滨水岸线和通航条件，结合城市亲水休闲生活需要、景观资源开发，将二沙岛、新滘镇、沥滘镇、石井、仙村、荔城、沙湾、如意坊游艇休闲旅游岸线规划为都市公共需求型为主的游艇休闲旅游岸线，并可在增江、流溪河、市桥水道等资源条件适宜的河段，适时开发建设游艇休闲项目。

深圳：依托深圳湾背靠深圳市中心的独特区位优势，依托便利的交通条件和巨大的消费群体，将深圳湾游艇休闲旅游岸线规划为都市公共需求型游艇休闲旅游岸线。

依托大鹏湾、大亚湾、前海湾丰富的旅游资源，将大鹏湾、大梅沙、大亚湾、前海湾、东涌、西涌和杨梅坑游艇休闲旅游岸线规划为综合性游艇休闲旅游岸线，兼顾各方面的要求。

珠海：依托珠海市中心完善的商贸配套、旅游接待服务等条件，将大坞湾、香洲、前山水道、泥湾门、鸡啼门、马骝洲、井岸、虎跳门游艇休闲旅游岸线规划为都市公共需求型的游艇休闲旅游岸线，将唐家港游艇休闲旅游岸线规划为都市公共需求型与地产配套型的游艇休闲旅游岸线。

依托珠海市丰富浪漫的海岛旅游资源和横琴新区高端旅游新城的定位，结合度假村规划建设，将淇澳岛、九洲、桂山岛、万山群岛游艇休闲旅游岸线规划为景区配套型游艇休闲旅游岸线。

依托珠海市游艇产业的发展以及城市的发展要求，将海泉湾、横琴游艇休闲旅游岸线规划为综合性游艇休闲旅游岸线。

东莞：依托东莞市“港城”功能发展，并结合长安新区的城市功能定位，将东莞市内西大坦、威远岛及石龙游艇休闲旅游岸线规划为都市公共需求型游艇休闲旅游岸线；长安游艇休闲旅游岸线规划为都市公共需求型与住宅配套型游艇休闲旅游岸线。

惠州：结合惠州港功能完善和城市发展要求，依托惠州市完善的商贸配套、独特的区位优势等条件，将澳头湾、小径湾—范和、考洲洋、东江、西枝江游艇休闲旅游岸线规划为公共需求型为主的游艇休闲旅游岸线。

依托巽寮湾国际滨海度假区的建设开发，大辣甲、小辣甲、小星山、大洲头、大小三门岛等海岛的靓丽风光以及惠州西湖优质的旅游资源，将巽寮湾、大辣甲、小辣甲、小星山、大三门岛、小三门岛、大洲头、西湖游艇休闲旅游岸线规划为景区配套型为主的游艇休闲旅游岸线。

结合房地产开发项目，将双月湾、白鹭湖游艇休闲旅游岸线规划为地产配套型游艇休闲旅游岸线。

中山：依托中山市未来新城区的城市规划要求和城市功能定位，将横门西水道、磨刀岛、小榄镇（福兴炼油厂段和石龙水闸段）、东升镇、南头镇、东凤镇、黄圃镇、阜沙镇、石岐区、南朗镇游艇休闲旅游岸线规划为都市公共需求型为主的游艇休闲旅游岸线。

江门：结合江门市城市功能发展，依托其完善的旅游接待设施，将银湖湾、广海湾、横山、江门主城区、大鳌游艇休闲旅游岸线规划为都市公共需求型为主游艇休闲旅游岸线。

依托江门市丰富的海岛海湾旅游资源和完善的旅游接待设施，将川岛、浪琴湾游艇休闲旅游岸线规划为景区配套型游艇休闲旅游岸线。

结合开平碉楼及村落世界文化遗产及城市发展要求，将潭江半岛游艇休闲旅游岸线规划为综合型游艇休闲旅游岸线。

佛山：依托于佛山市城市发展，将东平新城段、南海沥桂新城段、顺德城区段、高明城区段及三水城区段游艇休闲旅游岸线规划为都市公共需求型游艇休闲旅游岸线。

肇庆：倚靠肇庆市城市发展，将主城区阅江楼段、南岸段、碧海湾大桥段、金利渡口段游艇休闲旅游岸线规划为都市公共需求型为主的游艇休闲旅游岸线。

依托自然景区，将星湖段、德庆西湾段、悦城东岸嘴段、飞鹅岭段、古琴塘段、龙湖入江段、禄步镇段、小湘镇段、笋围段、大湾渡口段、大湾广场段、金渡中波段、金渡水口段、砚坑段、紫云谷段、江口段、江川段、扶来村段、建光村段、勒竹村段、台洞段、江口河南段游艇休闲旅游岸线规划为景区配套型游艇休闲旅游岸线。

（6）与相关规划的关系

1）与城市总体规划的关系。本规划充分考虑了广东省各主要城市已有的城市总体规划、滨水旅游重点区域专项规划等，结合城市规划中的亲水休闲、旅游景观岸线及城市生活中心区，游艇码头岸线布置基本靠近城市生活中心和旅游区，符合各城市现有城市总体规划。

2）与港口总体规划的关系。《广东省沿海港口布局规划》《广东省内河航道发展规划》及各主要港口总体规划主要对货运港口的岸线、水陆域资源利用进行规划布局，涉及港口休闲旅游活动的研究内容较少。本次规划以港口总体规划为主要依据，游艇码头岸线规划基本实现港口货运生产和港口休闲旅游活动的空间分离，减少相互影响，同时也在有条件的区域实现了港口航道、助航等水域通航环境的合理利用。

3）与旅游发展规划的关系。本规划参考了广东省主要城市的旅游发展规划，游艇码头选址与其相衔接、协调，充分依托各城市丰富的滨水旅游资源，结合重点旅游区域和滨海度假区规划游艇码头岸线。

4）与海洋功能区划的关系。海洋功能区划主要对近海水域和岸线资源进行功能定位和分配，本次规划参考了《广东省海洋功能区划》以及部分城市海洋功能区划，规划游艇码头岸线基本属于海洋功能区划中的旅游区岸线和预留岸线。

5）与海岸保护与利用的总体规划的关系。本规划对岸线的规划利用，还参考了广东省沿海城市的海岸保护与利用等相关规划，坚持“科学开发、在开发中保护、在保护中开发”的原则，以原有的自然和人文景观为依托，基本保持沙滩岸线形态，合理利用岸线资源，使游艇港口休闲产业与海洋渔业等相关行业协调发展。

7.4.5 环境影响分析

（1）港口发展对环境的影响分析

1）生态环境影响分析。游艇岸线的建设，包括码头、港池、航道建设会改变原有岸线和海底地形，使水流状况发生变化，从而对生态环境产生影响。具体分析如下。

游艇岸线规划实施的过程中，由于港池及航道的疏浚将使海底表层泥沙搅动，产生大量的疏浚悬浮物，部分在潮流作用下迁移扩散，对周围水域环境、底栖生物、浮游生物产生局部影响。施工过程中，施工车船、机械等产生一定噪声污染，对周围居民的生活有一定影响。但这种影响是暂时的，会随着施工的完成而消失。

游艇岸线建成运营期间所产生的废水、废气、废渣、噪声都会使港址周围的水域、大气和声环境质量有所影响。

游艇岸线的建设会促进周边地区工业化和城市化的进程，相继诱发一系列相关项目的发生，会使目前未开发的自然生态演变为港口城市生态系统，势必引起环境变化。因此应在港口建设同时重视对周边地区环境的监测和控制。

2）水环境影响分析。游艇岸线规划实施的过程中，主要包括的建设项目有码头陆域、泊位水域工程建设等，影响水环境的主要环节包括：港池挖泥、陆域形成、码头建设等施工作业产生的水体混浊、施工人员生活污水以及施工船舶生活污水、含油污水等。

游艇岸线建成后运营期间影响水环境的主要污染源包括：陆域生活污水、机修含油污水、船舶生活污水、船舶油污水等。

3）空气环境影响分析。游艇岸线规划实施的过程中，港口建设对环境空气产生影响的作业环节主要有灰土拌和，混凝土搅拌，材料运输和装卸，土石方的挖、运、倒，车辆辗压土路带起的扬尘，施工机械、车辆排放的尾气等，其中扬尘污染对周围环境的影响较为突出。

游艇岸线建成运营期间，空气污染源主要是靠港船舶尾气排放和进出港的车辆尾气排放。

4）声环境影响分析。游艇岸线规划实施的过程中，可能对规划码头附近声环境产生的影响，主要包括混凝土搅拌机、振捣器、打桩机以及挖掘机等。

游艇岸线建成运营期间，对周围声环境产生影响的主要环节为进出港车辆鸣笛噪声。

5）固体废物影响分析。游艇岸线规划实施的过程中，固体废弃物来自施工建筑垃圾和施工人员的生活垃圾。

游艇岸线建成运营期间，固体废弃物按其产生来源可分为船舶垃圾、港区陆域垃圾；按固废类型分为生活垃圾、生产固体废弃物和危险固体废弃物。

6）环境风险事故影响分析。游艇岸线规划实施的过程中，主要的风险是施工船舶碰撞产生的溢油事故；游艇岸线建成运营期间，主要的风险是游艇碰撞产生的溢油事故。发生溢油事故时，岸线及水域的大部分资源都会受浮油的影响，敏感区及易受损资源主要包括自然保护区及各游艇码头本身。

（2）预防及减轻环境影响的对策

1）生态环境影响控制对策。

——*游艇岸线规划实施的过程中采取的控制对策如下。*

施工时采用悬浮物产生量较小的施工方法和施工机械，在施工过程中将悬浮物的产生量控制在最低的水平，水下施工时应做好各类防护措施，使受影响的水域局限在较小的范围内。

施工应尽可能避开水生生物的繁殖期，发现施工区水体内有珍稀濒危水生生物活动时，应立即采取避让措施，并及时上报当地渔政主管部门。

加强施工期的环境管理，施工作业注意航行安全，避免事故，并及时采用围油栏控制浮油的影响范围、采用吸油毡等手段清除油污，各种污废水必须集中处理后，达标排放。

——*游艇岸线建成运营期采取的控制对策如下。*

游艇岸线建成后，须制定严格的安全生产管理和操作条例，定期对工作人员进行安全生产教育，严格执行安全管理，杜绝污染事故特别是溢油事故的发生。

发生事故后果断采取应急措施，使其对生态影响降低到最小。

2）水环境影响控制对策。

——*游艇岸线规划实施的过程中采取的控制对策如下。*

施工作业采用先进的疏浚设备，结合防污膜和絮凝剂的利用减少悬浮物污染。

大量采用吹填造陆的形式，减少抛泥量，营造土地、覆土造地、绿化造林加强生态保护；选用先进的施工机具，减少污染。

陆域施工场地会产生一定量的生活污水和生产污水，如直接排放，将对水域的水质产生污染。因此，生活污水和生产污水应分别收集，集中处理。此外必须严格禁止施工船舶在港区水域排放含油污水。

——*游艇岸线建成运营期采取的控制对策如下。*

生活污水：游艇岸线建成运营期间，生活污水主要来源于日常生活洗涤等污废水，港区的生活污水通过污水管道系统收集，结合各地区的市政污水管道系统的规划，本次规划考虑港区生活污水排放至市政污水管道。若具体实施期间，市政污水管道建设尚未完成，港区可考虑设置小型的生活污水处理设施，对生活污水进行处理，达标后排放。

含油污水：游艇码头项目运营期间产生的含油废水。不得直接排放，各港区应设置油污水处理设施进行处理，达标后或者排入港区污水管网。油污水处理的具体工艺流程如下：

含油污水→隔油池→气浮→过滤→清水池

到港船舶污水：对于外籍游艇本身配备油水分离器和生活污水处理设备；严禁停靠码头的船舶排放机舱油污水和生活污水。对于国内游艇未配备油水分离器和生活污水处理设备的，则通过栈桥上设置的液体收纳容器收集，再通过环保船对各游艇的生活污水及垃圾收集，收集后集中送至有处理资质的公司进行处理。

3）空气环境影响控制对策。

——*游艇岸线规划实施的过程中采取的控制对策如下。*

在晴天或气候干燥的情况下，应适当地向填土区、储土堆及作业面、地面洒水。开挖出来的泥土和拆解的土应及时运走处理好，避免堆积时间过长和堆积过高，因为临时堆积，被刮扬起尘土。

运土卡车要求保持完好，装载不宜过满，保证运土过程不散落。经常清洗运载汽车的车轮和底盘上的泥土，减少汽车过程携带泥土杂物散落地面和路面。

及时清扫因雨水夹带和运输散落在施工场地、路面上的泥土，减少卡车运行过程和刮风引起的场尘。

规划好施工车辆的运行路线，尽量避开生活区和人流密集的交通要道，避免交通阻塞及注意车辆维修保养，以减少汽车尾气排放。

——游艇岸线建成后运营期采取的控制对策如下。

加强对港区车辆和船舶的综合管理，避免车船流量过密，交通堵塞和马达空转等现象，禁止排烟量大且氮化碳、氮氧化物浓度高的车辆进入港区。

4）声环境影响控制对策。

——游艇岸线规划实施的过程中采取的控制对策如下。

合理选择施工机械、施工方法、施工场界，尽量选用低噪声设备，在施工工程中，应经常对施工设备进行维修保养，避免由于设备性能减退使噪声增强。工地用发电机要采取隔声和消声处理，并远离人员密集区。

对打桩机、电锯等几类噪声极大的施工机械应合理安排施工时间，严禁夜间施工。施工机械集中处应注意有一定的施工场地，施工场界范围的确定应参考施工场界噪声限值。

——游艇岸线建成后运营期采取的控制对策如下。

规划实施后应加强船岸协调，尽量减少进出港车辆及船舶鸣笛次数，建议夜间禁止车船鸣笛。

5）固体废物影响控制措施。

——游艇岸线规划实施的过程中采取的控制对策如下。

在建筑施工期，严格控制砂浆的含水量，以减少在运输中的跑、冒、滴、漏，同时降低了溢出废水中的泥浆含量。

必须控制排放泥浆水的混合物符合广东省水污染物排放限值的规定，如排放出现超标现象，应立即采取适当延长泥沙浆停留时间来降低其悬浮物含量。

各类建筑垃圾、施工废料及生活废物应统一收集，分类处理，尽量综合利用。

在建筑物施工中产生的部分属于国家《危险废物名录》中管理对象的危险废物，如废沥青、油漆、有机涂料、有机溶剂及其废容器，应通过当地危险废物管理中心进行最终处置。

——游艇岸线建成运营期采取的控制措施如下。

配备相应的垃圾回收设施，用于收集到港船舶卸下的固体废弃物以及港区垃圾，由垃圾运输车送至指定地点集中处理。

6）溢油事故应急对策。溢油事故是指船舶事故溢油和装卸事故溢油，属偶然性突发事故。各游艇码头工程业主应建构码头管理部门和应急中心，其应急中心的管理职能为：管理船舶运输及装卸过程中所出现的海事安全、环保及消防的灾害性事故的紧急处理。

（3）环境影响评价结论

为贯彻科学发展观和创造和谐社会的理念，本次规划首先是统筹考虑了港口布局规划与区域综合运输规划、海洋功能区划、城市规划、水资源综合利用规划及生态保护等规划的相容性和协调性。该规划实施过程中，不可避免地会对周围环境产生一定的负面影响，通过有意识地采取相应的防范措施，在具体项目实施时做好环保工作，广东省游艇码头布局规划的社会效益、经济效益和环境效益都能得到有效的保障。从生态和环境保护角度，在采取本报告书提出的相应规划调整措施和环境减缓措施后，广东省游艇码头布局规划研究可行。

第8章　珠江口港口群沿海港口物流发展研究

8.1　港口及港口物流发展规律概述

港口物流是指中心港口城市利用其自身的口岸优势，以先进的软硬件环境为依托，强化其对港口周边物流活动的辐射能力，突出港口集货、存货、配货能力，并以临港产业为基础，以信息技术为支撑，以优化港口资源整合为目标，发展具有涵盖物流产业链所有环节特点的港口综合服务体系。从以上定义可知，港口物流包括区位条件、基础设施、集疏运条件、信息系统等硬件设施方面和建设管理体制、物流服务、物流政策等软件环境方面。

本章主要通过研究港口代际的发展及港口物流演化规律，寻找港口发展阶段判断的依据。

8.1.1　港口功能变迁

1992年联合国贸易与发展会议在《港口的发展和改善港口的现代化管理和组织原则》研究报告中，根据港口功能把港口的发展划分为三代。1999年的联合国贸易与发展会议（UNCTAD，1999）又提出了“第四代港口”的概念，指出了全球供应链管理思想在港口运营领域的应用和拓展使得港口发展面临的新变化，将港口作为供应链的一个重要节点来看待。港口的阶段性发展规律与特点具体见表8－1。

表8－1　港口的阶段性发展规律与特点

港口代际	代表时期	功能与特点
第一代港口	主要是指1950年以前的港口	主要功能是海运货物的转运、临时存储以及货物的收发等； 此时港口是运输枢纽中心
第二代港口	主要是指20世纪50年代至20世纪80年代的港口	功能除具有第一代港口的功能以外，又增加了使货物增值的工业、商业功能； 此时港口成为装卸和服务的中心

续表

港口代际	代表时期	功能与特点
第三代港口	主要产生于 20 世纪 80 年代以后	功能除了第一、二代港口的功能以外，加强了与所在城市以及用户的联系，使港口的服务超出了原先港口的界限，增添了运输、贸易的信息服务与货物的配送等综合服务； 使港口成为贸易的物流中心
第四代港口	起步于 21 世纪，至今仍在发展完善中	处理的货物主要是集装箱，发展策略是港航联盟与港际联盟，生产特性是整合性物流，成败关键是决策、管理、推广、训练等软因素； 具有大型化、深水化、专业化的航道与码头设施，密集的全球性国际直达干线，内外便捷联结全球的公共信息平台，是第四代港口最主要的特征之一； 港口是全球供应链的重要节点

由表 8－1 可见，第一代到第三代港口的定义都是以实际的货物流动现象作为研究与判断的主要基础，而“第四代港口”的概念，则是把港口作为服务功能纵深化运作和发展的重要节点，通过港口物流节点完成集疏运及流通加工等服务功能的要素集合。港口从一个运输的节点转变为港口物流供应链中的重要组成部分，是港口腹地物流逐步发展的结果，也是港口和腹地实现从“以港兴城”到“港城互动”转变的关键。

8.1.2　港口物流发展规律

通过对港口经营规律的研究，可以对应得出港口物流的发展趋势。在港口经营注重机械化、临港工业的发展阶段，港口物流主要以传统的货运服务为主，包括装卸、运输、仓储、联运等，通常称之为“传统港口物流发展阶段”，我国大部分中小型港口和部分大型港口仍处于这一阶段。

在港口经营以集装箱为主的发展阶段，港口物流除了提供传统的货运服务，开始提供包括包装及流通加工、信息交易配置的基本物流功能以及保税报关、商品展示配送、电子商务、物流系统开发咨询以及其他配套服务的延伸功能，使货物在港口得到增值。通常称之为“现代港口物流发展阶段”，我国部分大型港口处于现代港口物流初期阶段。

在港口经营强调以形成以供应链为主的发展阶段，港口物流则强调通过与陆域、航空物流的合作形成高度整合的供应链通道，进一步降低成本，提高物流效率。同时，信息平台建设完善，电子商务得到大力发展，建设服务覆盖范围广阔的物流数字港，实现供应链资源、信息的高度共享，先进的智能技术在港口物流中得到广泛应用，“一体化”服务依托于港口物流枢纽得到开展。通常称之为“港口物流服务供应链发展阶段”，国外港口物流发展迅速的如新加坡港、纽约港、横滨港和鹿特丹港等处于第二阶段到第三阶段的转型时期。

港口物流发展各个具体阶段性特点及与港口经营的关系阐述见表8－2。

表8－2　港口物流发展规律及特点概述

阶段划分	港口物流发展阶段	特点	与港口经营的对应关系	备注
第一阶段	传统港口物流发展阶段	以传统的货运服务为主，包括装卸、运输、仓储、联运等	注重机械化、临港工业的发展	我国大部分中小型港口和部分大型港口仍处于这一阶段
第二阶段	现代港口物流发展阶段	除了提供传统的货运服务，开始提供包括包装及流通加工、信息交易配置的基本物流功能，以及保税报关等增值服务	以集装箱为主的发展阶段	我国部分大型港口处于现代港口物流初期阶段
第三阶段	港口物流服务供应链发展阶段	通过与陆域、航空物流的合作形成高度整合的供应链通道，进一步降低成本，提高物流效率	形成以供应链为主的发展阶段	如新加坡港、纽约港、横滨港和鹿特丹港等处于第二阶段到第三阶段的转型时期

发展至今，港口间的竞争已发展到以港口为核心的物流服务供应链之间的竞争。出现了诸多新趋势，具体包括：由于港口发展以及土地限制等因素，传统港区部分港口功能逐渐向后方腹地转移；同时，随着现代物流业的发展，港口的竞争已不是点与点之间的竞争，而是体现在提供增值服务的各种物流节点、信息管理以及所在区域的物流服务供应链网络之间的竞争力，即整个港口物流服务供应链之间的竞争。

8.1.3　港城关系发展规律

港口的发展一定会依靠城市，港口与城市是“港为城用，城以港兴”共生共荣的关系。临港城市的发展包括其空间形态演变、经济增长和文化积淀都依赖于港口贸易的发展，反之城市发展又促进港口的设施扩展和功能完善，可以有效地提高港口的竞争力。从国内外港口与城市发展的关系看，港口城市发展包括四个阶段：依港兴城、港城互动、港城集聚和港城分异和再开发。

（1）依港兴城的初始阶段

这个阶段城市围绕着港口而兴起，港口往往是城市的中心区域、重要功能区。港口以简单的、非竞争的方式，为城市人流、物流提供服务，成为城市发挥向外辐射功能的原始通道。所有因港口发展起来的城市在历史上都经历过这样一个类似的初始阶段，且城市很大程度依赖港口发展和生存。

（2）港城互动阶段

这个阶段港口发展到能集聚国内外生产要素和联结国内外市场时，港口陆域便成为利用港口输入原材料、输出产品的临港大工业和出口加工业的优势区位。临港工业在港口陆域的集聚是港口城市发展的最强劲动力，也是港城关系的最重要媒体。港口与城市在空间形态上也相互连接融合，港口与城市开始走向一体化，在这个阶段，港口工业的形成标志着港口城市完成了从简单地服务港口到积极地利用港口的转变，港口城市不再是被动地受港驱动而发展，而是通过港城互动实现共同发展。

（3）港城集聚阶段

这个阶段的主要特征是港口直接产业与港口关联产业的发展构成的良好城市基础设施条件吸引与港口无直接关系的产业在港口城市的集聚，临港大工业的发展吸引前、后向关联产业在港口城市集聚，由上述各种产业集聚带来的就业和消费的扩大，通过乘数效应促进了城市非经济基础部门的发展。这个阶段港口通过建立贸易中心，发展第三产业成为物流、信息流的集结地，进入多元化经济发展阶段。

（4）港城分异和再开发阶段

城市为港口服务的作用越来越重要，港口自身技术更新改造不断加快。位于繁荣的城市中心区的港口往往超负荷运转，对城市的交通和环境等产生较大的影响，港口城市成长后港口附近土地日趋紧张，迫使港口向外迁移。港口和城市相互之间的关系开始在一个更高的层面形成互相依赖和互相促进的关系。一方面，港口要为城市在更大的区域范围内发挥作用创造条件；另一方面，城市要为港口发展提供更高效完善的服务。由此进入到城市的老港区的更新改造和新港口的重新布局阶段。

8.2 珠三角及粤东地区沿海港口物流发展情况

8.2.1 区位及腹地

(1) 概述

珠三角及粤东沿海港口位于广东省中东部海岸线上，毗邻香港国际航运中心，与台湾隔海相望，地理位置优越，区位优势显著。珠三角沿海港口包括广州、深圳、珠海、惠州、虎门、江门、中山7个港口，主要分布于西江、北江、东江三大河流下游的冲积平原上。粤东地区沿海港口包括汕头、汕尾、揭阳、潮州4个港口，主要分布于韩江、榕江、练江、黄冈河冲积而成的潮汕平原上。

广东省沿海港口分布如图8-1所示。

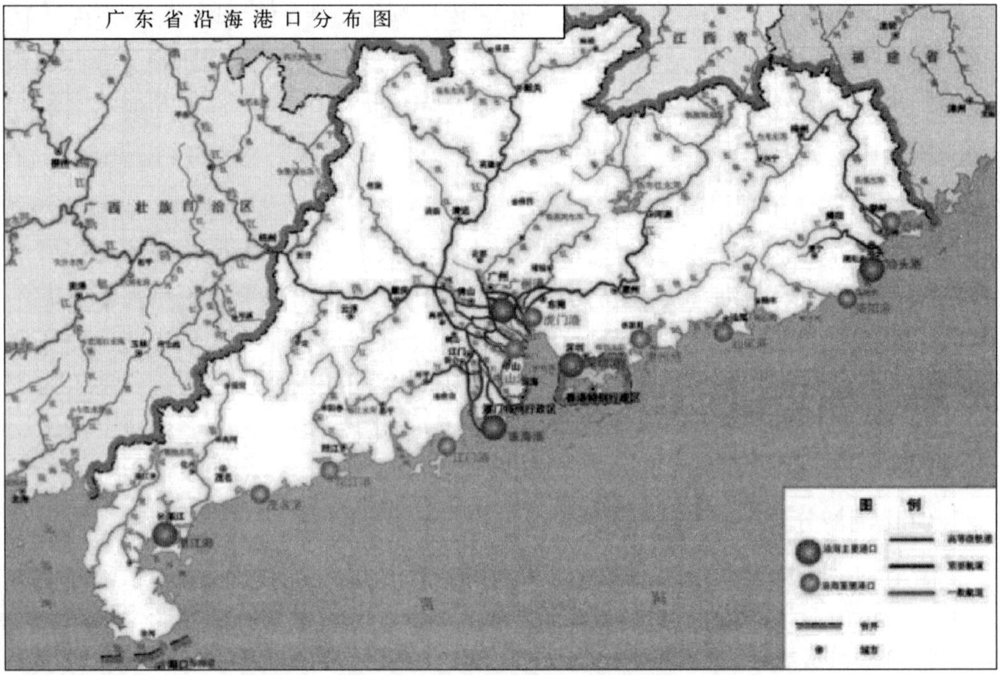

图8-1 广东省沿海港口分布图

改革开放以来，珠三角沿海港口历经多年快速发展，已成为我国分布密集、发展水平较高的大型港口群之一，国际环球和环太平洋航线网络的重要节点。在广东省能源、原材料调入和外贸物资运输特别是集装箱运输中发挥着主体作用。

目前，珠三角地区已经形成了以香港为国际航运中心，以广州港、深圳港为主，其他沿海港口和内河港为辅的港口发展格局。在港口集装箱运输中，香港为国际航运中心，深圳港为华南地区重要的集装箱干线港，广州港为我国最大的内贸集装箱枢纽港，其他港口为支线港或喂给港；大宗能源、原材料初步形成了以广州港为本地区重要的接卸和中转港，珠海、深圳、虎门等港口为补充的运输格局。

在珠三角地区沿海港口快速发展的同时，粤东沿海港口作为闽粤赣边地区的主要出海口和商贸节点，发展较为滞后，还未形成稳定格局。

（2）区位范围

珠三角港口群作为我国沿海已形成主要的三大港口群之一，与长江三角洲港口群、环渤海湾港口群还具有一定的空间距离，目前三大港口群的腹地交叉不多，因而港口群之间的竞争还不太激烈。但是随着内陆运输条件的改善和国内物流的发展，尤其是集装箱多式联运和无水港的建设，港口群都在向外拓展腹地，时效运输圈不断扩大，区位竞争正在加剧。

目前珠三角沿海港口的腹地辐射范围向北已拓展到长沙、九江一带，向西已囊括广西大部分地区，向东也覆盖浙江、福建中南部地区（如图 8－2 所示）。

图 8－2　珠三角及粤东港口腹地辐射范围示意图

岸线资源方面，珠江三角洲地区拥有海岸线 1 039 km，岸线资源丰富但可开发空间不大，优良深水岸线所剩不多。随着珠三角城镇、产业和人口持续高度集聚，岸线资源总体趋于紧张，港区与城市在土地、水域、交通、环境等方面的矛盾日益突出。同时珠三角地区内各港口建设水平严重不均衡。目前广州港、深圳港已进入逐步完善阶段，其中广州港作业能力已处于供不应求的超饱和状态，以 2.4×10^8 t 的设计通过能力承受了 4.1×10^8 t 吞吐量，除南沙港区外可用岸线资源已经不足，部分老港区在进行升级改造。深圳港建设步伐适度超前，通过能力基本适应运输需求，但集装箱吞吐能力也接近饱和，出现了集装箱港区陆域纵深过小、港口周边仓储和配套用地不足的严重问题，港城矛盾不断加深。而惠州港等其他港口还拥有大量优良深水岸线未开发，岸线资源优势亟待发挥，部分港口存在小、散、杂、乱的自发简易装卸点，浪费了岸线资源，加大了监管难度。

粤东地区沿海港口建设起步较晚，各港口大型化和专业化开始初具规模，岸线资源较为丰富，但港口设施等级偏低，布局分散，生产能力低下，难以适应国际船舶大型化、专业化的趋势，尚处于快速建设阶段。

航道泊位方面，珠三角港口的码头泊位和深水航道基本满足需求，但是码头泊位结构不合理，等级偏小，低于全国水平，亟待向“规模化、深水化”的方向发展。珠三角地区主要港口出海主航道均能满足5 万吨级船舶通航要求，除珠海港、江门港、惠州港外，其他港口均使用珠江口出海航道作为进出通道，导致航道和锚地资源紧张，航道维护管理权责不明晰，专业锚地偏少，锚地“混用”现象较多。粤东地区航道泊位建设总体滞后，码头泊位、主航道等基础设施薄弱，而且存在公用码头缺乏、开发维护不力等诸多问题。

(3) 腹地资源

珠三角沿海港口是珠三角、广东省以及京广、京九、西江干流地区重要的出海口岸，其核心腹地为珠江三角洲 9 地市，直接经济腹地以广东本省为主，间接腹地包括闽、赣、鄂、湘、桂、黔、滇、川等省（区）的部分地区。粤东地区港口直接腹地为粤东潮州、汕头、揭阳、汕尾、梅州，间接腹地可扩展到粤北部分地区、闽西南和赣东南地区。

经济腹地是港口兴衰的重要基础，也是港口物流发展的基本宏观条件，通过分析港口腹地的经济贸易和产业发展两方面情况，可以基本把握港口物流的发展空间和潜力。

1）经济贸易概况。广东省自然资源缺乏，经济发展采取了大进大出、两头在外的发展模式，因此对外贸易十分发达，长期居于我国外贸大省地位。2013年广东省外贸进出口额 10 915.70 亿美元，比上年增长 10.9%。其中，出口6 364.04 亿美元，以计算机及部件、无线通信设备、服装衣物等产品为主，流向以香港地区、美国、欧盟为主，分别占全省出口总金额的 35.2%、16.6%、

13.7%，而对韩国、俄罗斯出口增幅位居前列。进口 4 551.66 亿美元，增长 11.0%。进口以原油及成品油、金属矿石、粮食为主，流向以东盟、日本、韩国为主，分别占全省进口总金额的 14.5%、12.7%、9.8%，对俄罗斯、东盟进口增幅位居前列。进出口差额（出口减进口）1 812.38 亿美元，比上年增加 170.67 亿美元。

广东省这种“外向型”经济模式的突出特点之一就是经济发展对交通运输的依赖性较强。现状全省所需的煤炭、原油、成品油、铁矿石、钢材等能源和原材料绝大部分需要从国内外进口；同时，作为全球主要的加工制造业基地之一，数量众多的本地产成品又需要运输至国际、国内市场。因此，广东省经济社会发展对交通运输的依赖性较强，是我国客、货运输最繁忙的地区。在不同运输方式中，由于海运具有运能大、费用低，并且可直接连接国内、外市场的优势，因而一直在全省大宗和外贸物资运输中发挥着主导作用。

同时，广东省内各地区经济发展严重不均衡，珠三角地区和粤东地区之间经济发展和对外贸易差距极大，2011 年珠三角地区人均 GDP 已达到粤东地区的 3.6 倍，珠三角地区工业增加值为粤东地区的 13.2 倍，外贸进出口等经济指标已不在同一数量级。下面从国民经济、产业结构、对外贸易三方面对珠三角及粤东地区各港口所在城市经济贸易情况进行分析，详见表 8－3。

表 8－3　2013 年珠三角及粤东沿海港口腹地经济外贸情况

城市名称	GDP（亿元）	产业构成	对外贸易总额（亿美元）	货物流向	
				出口	进口
广州市	15 420	1.48:33.90:64.62	1 189	中国香港地区、美国、欧盟	日本、欧盟、东盟
深圳市	14 500	0.1:43.4:56.6	5 374	中国香港地区、美国、欧盟	日本、欧盟、美国
珠海市	1 662	2.6:51.1:46.3	542	中国香港地区、美国、欧盟	东盟、日本、韩国
惠州市	2 368	5.4:58.1:36.5	495	中国香港地区、美国、欧盟	日本、韩国、中国台湾地区
佛山市	7 010	2.0:61.9:36.1	639	中国香港地区、美国、欧盟	—
东莞市	5 490	0.3:45.9:53.8	1 531	中国香港地区、美国、欧盟	中国台湾地区、日本、东盟

续表

城市名称	GDP（亿元）	产业构成	对外贸易总额（亿美元）	货物流向	
				出口	进口
中山市	2 639	2.5∶55.5∶42.0	356	中国香港地区、美国、欧盟	—
江门市	2 000	7.9∶50.65∶41.45	197	—	—
汕头市	1 566	5.6∶52.2∶42.2	92	中国香港地区、香港、日本	—
汕尾市	672	16.1∶47.0∶36.9	42	—	—
揭阳市	1 605	9.6∶63.2∶27.2	47	—	—
潮州市	780	7∶55.9∶37.1	39	欧盟、美国、东盟	—

国民经济方面，广州、深圳两市GDP超过万亿元并大幅领先于其他地市，佛山、东莞两市位列第二梯队，中山、惠州、江门、珠海、汕头、揭阳7市在1 000亿–3 000亿元之间，处于中间层次，汕尾、潮州两市均少于1 000亿元，排在末尾。

产业结构方面，广州、深圳两市已经进入“三、二、一”的产业状态，服务业成为产业核心，而肇庆、河源、汕尾、揭阳、梅州5市还处于第一产业相对较高的状态，产业结构较为落后，其他城市正处在大力发展工业，第二产业迅速增加的时期。

对外贸易方面，深圳市外贸总额达到5 000亿美元，远超其他地市，广州、东莞、佛山、珠海4市超过600亿美元，处于中间层次，其他地市外贸规模较小。出口上，各市都以电子信息产品和服装为主，流向也主要以中国香港地区、美国、欧盟为主，结构和流向都比较趋同。进口方面，广州、深圳、东莞三市进口较多，以电子制造原材料和工业原料为主，主要从日本、东盟进口。

2）产业发展情况。目前珠江三角洲地区以第二和第三产业为主，快速实现了工业化进程，成为全球重要的制造业基地之一。2013年珠江三角洲地区的第一产业比重为2.5%，第二、第三产业比重分别为44.5%和53%，已接近世界发达国家水平。但珠三角长期以来形成了以低附加值、劳动密集型加工贸易为主的产业结构，已经受到土地资源稀缺、环境容量有限、劳动力紧缺等多种约束因素的限制，目前正在进行经济结构调整和产业转移。

产业空间格局上，目前珠三角制造业总体上呈现出“两走廊、多基地”的趋势，形成了珠江口东岸的电子信息产业和珠江口西岸的优势传统产业走廊以及各具特色的装备、汽车、石化、船舶制造等产业基地，广州、深圳、佛山和东莞4市制造业产值占珠三角的80%。服务业总体呈现以广州、深圳为核心，多点集聚发展态势，两个核心城市服务业产值占珠三角的60%。产业集聚引导城市之间竞合关系逐步确立，初步形成了广佛肇、深莞惠、珠中江三大经济圈。

粤东地区商贸比较活跃，但工业化尚处于起步阶段，初步形成了以轻加工为主的工业体系，缺乏钢铁、石化、汽车等重大生产性工业项目支撑，产业链条不长，创新能力不足，产业基础仍相对比较薄弱。同时，粤东地区市场秩序欠佳，社会诚信度不高，使得中小企业贷款难，融资难，吸引外资力度也不够，产业发展与升级进程比较缓慢。

8.2.2 港口发展情况

(1) 港口设施

珠三角及粤东地区沿海港口通航与码头建设都在快速进行，地区间和地区内港口间差异性较大，总体上港口建设水平不均衡、泊位结构不合理，深水泊位比例偏小，具体见表8－4。下面从岸线资源和航道泊位两个方面分析珠三角及粤东地区沿海港口通航与码头现状。

表8－4 2012年珠三角地区沿海港口码头设施情况

港口	泊位个数（个）	码头长度（m）	万吨级以上泊位（个）					泊位年通过能力	
			小计	1万～3万吨	3万～5万吨	5万～10万吨	10万吨以上	货物（$\times 10^4$ t）	集装箱（万TEU）
全省沿海合计	1 833	178 407	265	111	98	41	15	119 741	4 307
广州市	516	45 255	66	28	32	6	0	34 584	1 179
深圳市	160	30 055	68	12	27	24	5	23 869	2 401
珠海市	129	13 479	18	3	10	3	2	7 787	147
江门市	302	17 931	2	1	1	0	0	4 998	156
惠州市	71	10 765	18	10	3	1	4	9 835	76
东莞市	191	17 309	22	9	12	1	0	9 607	79
中山市	121	7 020	0	0	0	0	0	3 585	168
珠三角合计	1 490	141 814	194	63	85	35	11	94 265	4 206
所占比重（%）	81.3	79.5	73.2	56.8	86.7	85.4	73.3	78.7	97.7

（2）港口生产主要指标情况

2001—2010 年，珠江三角洲港口群货物吞吐量由 29 863 $\times 10^4$ t 增长至 83 658 $\times 10^4$ t，集装箱吞吐量由 969 万 TEU 增长至 3 731 万 TEU，年均增长率分别达到 10.9% 和 14.4%。

2012 年，珠江三角洲港口群完成货物吞吐量 101 526 $\times 10^4$ t，集装箱吞吐量 4 239 万 TEU。从主要港口来看，广州港完成货物吞吐量 4.51 $\times 10^8$ t，居全国第四，同比增长 0.79%；集装箱吞吐量完成 1 474 万 TEU，同比增长 2.24%。深圳港货物吞吐量完成 2.28 $\times 10^8$ t，同比增长 2.16%，其中集装箱吞吐量完成 2 294 万 TEU，居全国第二，同比增长 1.64%。珠海港货物吞吐量完成 7 745 $\times 10^4$ t，同比增长 8.03%。

2012 年珠江三角洲港口群各港口客货吞吐量完成情况见表 8－5。

表 8－5　2012 年珠江三角洲港口群各港口客货吞吐量完成情况表

地市	货物吞吐量（$\times 10^4$ t）	其中：外贸（$\times 10^4$ t）	集装箱吞吐量（万 TEU）	旅客吞吐量（万人）	滚装汽车吞吐量（万辆）
合计	101 526	41 829	4 237	1 260	214
广州	45 125	11 081	1 474	75	202
深圳	22 807	17 707	2 294	433	—
珠海	7 745	1 724	81	584	—
东莞	9 228	2 021	145	32	12
江门	6 211	562	83	17	—
惠州	5 257	2 337	36	—	—
中山	5 153	6 397	124	119	—

（3）港口生产主要特点

2012 年珠江三角洲港口生产主要呈现以下特点。

1）货物吞吐量保持增长，但增幅继续回落。珠江三角洲港口群完成货物吞吐量 101 526 $\times 10^4$ t，集装箱吞吐量 4 237 万 TEU，总体上，延续多年来的增长态势，但增幅再次回落。究其原因，2012 年全球经济增长持续放缓、进而导致外需拉动力不足，广东省正处于转变经济发展方式、推动产业转型升级的时期，在内外两大因素综合影响下，2012 年全省 GDP 同比增长 8.2%，低于 2011 年的 10%；全年进出口贸易同比增长 7.7%，也明显低于 2011 年 16.4% 的水平。与此同时，2011 年珠江三角洲港口群货物吞吐量基数较高等也是导致增幅下滑的原因。

2）集装箱吞吐量增幅持续放缓。2012 年珠江口港口群完成集装箱吞吐量 4 237 万TEU，同比增长 3.46%，增幅持续放缓。深圳港、广州港两大集装箱港口吞吐量实现小幅增长，其中深圳港集装箱吞吐量完成 2 294 万 TEU，同比增长 1.64%，其中外贸集装箱完成 2 158 万 TEU，占 94%，同比增长 0.87%，是中国第二、世界第四大集装箱港口；广州港集装箱吞吐量完成 1 474 万 TEU，同比增长 2.24%，其中外贸集装箱吞吐量完成 578 万 TEU，占 39%，同比增长 17.92%，内贸集装箱吞吐量 896 万 TEU，占 61%，同比下降 5.85%。东莞虎门港本年度加大与船公司合作力度，积极拓展华北、华中等地区港口的内贸运输航线，全年集装箱吞吐量完成 145 万 TEU，同比增长 150.45%，其中内贸集装箱吞吐量完成 129 万 TEU，同比增长 200.61%。珠江西岸喂给港集装箱吞吐量出现不同程度下降，其中中山港完成 124 万 TEU，同比下降 3.59%，其主要原因是外贸环境不景气，影响珠江三角洲地区外贸出口货量，加上广州港南沙港区国际班轮服务日趋完善，珠江西岸地区集装箱运输结构已发生改变。

2012 年珠江三角洲港口群各港口集装箱吞吐量增长情况见表 8－6。

表 8－6　2012 年珠三角港口群各港口集装箱吞吐量增长情况

港口名称	2012 年集装箱吞吐量（万 TEU）	2011 年集装箱吞吐量（万 TEU）	同比（＋、－%）
合计	4 237.3	4 095.5	3.46%
广州市	1 474	1 442	2.24%
深圳市	2 294	2 257	1.64%
珠海市	81.3	81.5	－0.25%
东莞市	145	58	150.45%
中山市	124	129	－3.59%
江门市	83	88	－4.82%
惠州市	36	40	－8.08%

3）液化（天然）气和成品油吞吐量下降，其他重点货类保持增长。2012 年珠江三角洲港口群煤、油、矿、箱、粮食等重点货类仍占较大比重，其中，煤炭、原油、金属矿石吞吐量平稳增长，液化（天然）气和成品油吞吐量有所下降。

珠三角地区煤炭吞吐量完成 1.83×10^8 t，占总煤炭吞吐量的 74.11%，同比增长 2.37%。主要分布在广州、东莞、江门和珠海，分别完成 $8\ 044 \times 10^4$ t、$4\ 305 \times 10^4$ t、$1\ 716 \times 10^4$ t 和 $1\ 622 \times 10^4$ t，其中广州、江门同比分别下降

6.17%、0.06%，东莞、珠海同比则增长22.47%和9.33%。

原油调入主要集中在惠州，完成吞吐量2 467 $\times 10^4$ t，同比增长9.94%；液化（天然）气主要由深圳、珠海运入，吞吐量分别完成659 $\times 10^4$ t和162 $\times 10^4$ t，同比分别下降9.68%和5.47%；成品油运输主要由广州、惠州、珠海、深圳、东莞完成，分别完成1 222 $\times 10^4$ t、1 138 $\times 10^4$ t、836 $\times 10^4$ t、643 $\times 10^4$ t和515 $\times 10^4$ t，同比分别下降15.64%、5.77%、20.77%、16.02%和7.07%。

金属矿石调入主要集中在深圳和广州，分别完成吞吐量841 $\times 10^4$ t和575 $\times 10^4$ t，同比分别下降24.82%和13.32%。

的油品将主要集中在沿海汕头、深圳、广州等地集中接卸，再经管道运输至消费地；而来自中石油等其他石化企业的油品仍会有一部分在沿海港口接卸后通过水上二程运输到用户。在成品油调出方面，运往西南地区的成品油将随着该地区成品油管网的建成，以管网运输为主。至2010年年底，广东全省共有成品油码头204个，总通过能力5 461万吨，万吨级以上泊位29个，主要集中于广州、深圳、珠海、惠州、东莞、汕头、湛江等港口。

8.2.3 港口物流发展情况

(1) 港口物流设施

港口物流设施是港口物流活动在空间上集聚的基础，由物流节点设施和集疏运体系两部分构成。

1）物流节点设施。珠三角及粤东地区港口物流设施目前正在快速发展，各地市港口物流设施发展水平差异较大。广州和深圳是该地区的物流中心城市，物流业已成为两市的支柱产业，其中广州港周边已建成黄埔（国际枢纽）物流园区、南沙（国际枢纽）物流园区两大港口物流枢纽，形成了港口物流及相关产业聚集发展的态势，港口物流产业初具规模；深圳港周边已经建成前海湾保税港区、盐田港物流园、大铲湾物流园区等港口物流园区，港口物流已基本达到集约化、规模化的发展阶段。

珠海港、汕头港、虎门港、惠州港已经拥有一定港口物流集聚条件，目前正在快速推进港口物流园区建设，但大部分物流园区还处于规划建设阶段，暂时还没有形成大型的公共物流园区。其他港口后方仅有小规模的物流集散地，基本为配送中心、货运场站等设施。

2）集疏运体系。港口物流网络的建立、腹地与港口的衔接和配合都需要依靠港口集疏运系统，快速高效的集疏运系统是连接多种运输方式的平台和纽带，是进行一体化运输的组织关键。

——珠三角地区沿海港口集疏运体系。

珠三角地区港口集疏运体系目前尚不完善，结构不合理，对珠三角港口服务腹地的拓展产生较大制约。内河集疏运因珠三角水系的自然地理优势较为发达，主要港口都在开拓内河集疏运体系，内河港口对珠江流域地区的揽货能力正在逐步提高。铁路集疏运系统能力严重不足，导致港口对中远距离内陆腹地的渗透能力远远落后，大量适宜铁路集疏运的货物向公路转移，公路集疏运系统压力较大。

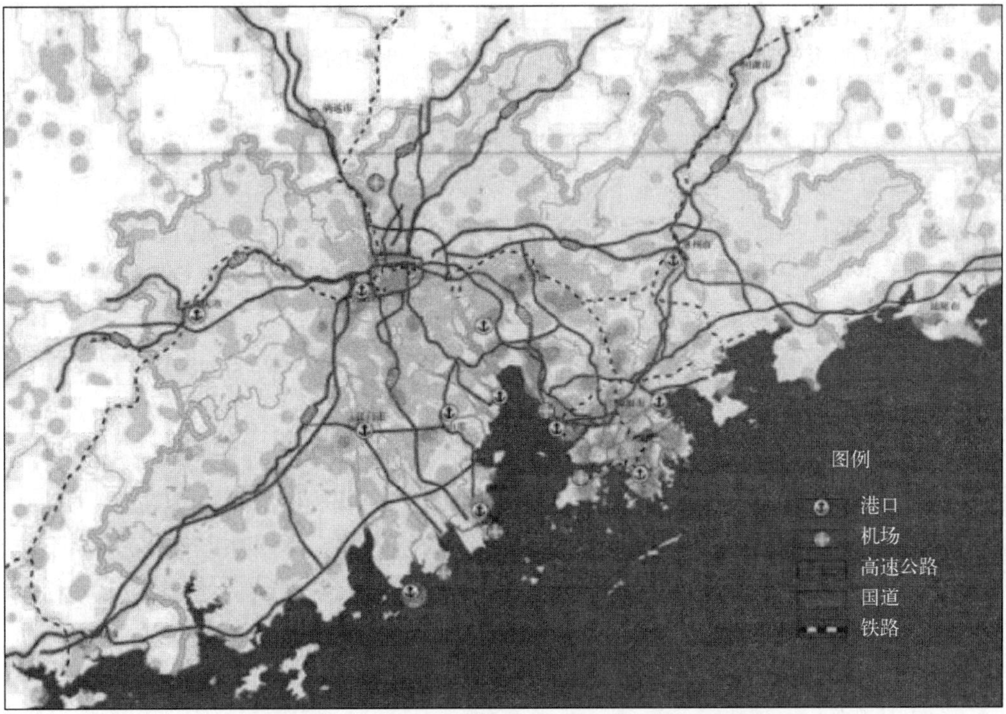

图 8－3　珠江三角洲地区港口集疏运现状示意图

公路是珠三角港口主要的集疏运方式，现已形成以珠江三角洲核心区为中心、直达东西两翼和粤北山区、联通港澳、辐射泛珠三角的高速公路网络，实现与陆路各相邻省（区）（澳门除外）均有两条及以上高速公路出省通道。珠三角地区公路网络通行能力和通达深度进一步提升，国道基本实现高等级化。广州港、深圳港、珠海港、惠州港已基本形成完善的集疏运道路体系，虎门港、江门港、中山港随着规划在建高速的陆续完工投入使用，也基本形成集疏运道路骨干网络。

铁路已经形成以广州为中心，以京广、京九、广深、广茂、广珠为主要干线的珠三角地区铁路骨架，广州港、深圳港、惠州港均有铁路支线接入港区，部分港务公司拥有铁路专线，珠海港高栏港区随着广珠铁路的竣工拥有了疏港铁路支线，但虎门港、江门港、中山港目前都与铁路干线距离较远，珠三角地区疏港铁路通道尚待发展。

水运方面，珠江三角洲水网地区航道河海相连，天然成网，发展条件优越。内河航运已成为广州、深圳等沿海主要港口的集疏运方式之一，在全省的能源、原材料等大宗散货运输和促进区域经济的快速发展、沿江产业带形成等方面都发挥了重要的支撑保障作用。珠江上游运输腹地，经西江航运干线可辐射到滇、桂、黔等西南地区，经北江、东江可辐射到粤北及粤东山区，其下游可经八大入海口门直达港澳及沿海地区。珠三角地区已形成“三纵三横”三级及以上航道为骨架、以四级航道为基础的，江海直达、连通港澳的航道网。

管道方面，广东省由于经济总量较大而油气资源匮乏，原油、成品油、液化气等化工原料和产品通过国内调入和外贸进口解决，海运仍将是最主要的运输方式。目前珠三角地区已经形成了长逾 1 100 km、覆盖珠三角主要城市并连接省内现有主要炼油厂的珠三角成品油管道以及覆盖珠江口两岸主要城市的天然气主干管道，天然气管网还与香港、澳门连接，加强了对港澳的能源保障。

——粤东地区沿海港口。

粤东地区沿海港口集疏运体系目前初步建立，较为落后，并集中服务于汕头港，区域内重大基础设施投入不足，严重影响该地区港口对直接腹地的辐射能力。集疏运主要依靠公路完成，内河、铁路、管道等方式建设滞后，作用极小。公路集疏运方面，高等级道路较少，东西沿海方向仅有沈海高速 G15 、G324，南北内陆方向仅有汕昆高速 G78、G206、潮惠高速 S17，与港口距离较远，衔接不畅通。铁路仅有广梅汕铁路进入汕头港珠池港区，由于尚未电气化和地方铁路等原因，运输能力较低。水路仅有榕江可供中转集疏运，其他河流航道等级较低。

（2）港口物流服务

港口在物流服务链中不仅是海陆货物运输的重要节点，也是国际贸易的服务基地和进出口物流的分拨配送中心。随着世界范围第三代港口的完善和第四代港口的兴起，港口服务功能的多元化与全程化已成为现代港口生存和发展的基本条件。港口之间的竞争焦点也越来越多地集中在港口是否能提供更为便利、快捷、低成本、安全、可靠的全方位物流服务，而这种能力不仅需要强有力的硬件设施支撑，更需要完善、优化的服务保障。通过港口物流服务的建设，来吸附、集聚各类生产要素，逐步形成区域性资源配置中心成为诸多港口的选择。

1）物流服务业态。目前港口物流服务范围没有准确的界定，但根据学术研究和惯例常识，港口物流业应与临港工业、港航服务业进行区分，港口物流服务主要应包括“三层次九大类一附加”十种服务功能，分别为：①基本服务，包括运输中转、装卸搬运、仓储三大类；②中层服务，在基本服务的基础上开展包括加工包装分拣、配送两大类服务；③高端服务，提供包括信息咨询、保税口岸、金融保险、人才培训四大类高附加值服务；④附加服务，例如引航、修理船舶、救助等一类辅助服务和功能。

一般来说，任何港口包括简易码头都能提供运输中转、装卸搬运、仓储这些基本服务，拥有临港物流园区的中小型港口则可以提供加工、配送等中层服务，而高端服务基本只有国际和区域航运中心级别的港口才能提供。另外，我国沿海主要港口基本都能提供引航、修理、救助等附加服务。

珠三角及粤东地区沿海港口目前在港口物流服务领域由于港规模的限制差异较大，主要分为三个层次。深圳港、广州港为第一层次，基本向打造华南航运中心的方向发展，服务范围能够全方位地涵盖运输中转、装卸搬运、仓储和配送加工等基本和中层服务，可以提供初步的供应链管理、航运金融、信息咨询、保税物流等高端服务。珠海港、虎门港、中山港、汕头港、惠州港为第二层次，装卸仓储中转等基本服务已较为完善，基本可通过港口后方的物流作业区承担初级的加工、配送功能，部分港口设有保税贸易区还可提供保税物流服务。江门港、潮州港、揭阳港、汕尾港只能提供装卸仓储中转等基本服务，为第三层次。

总体来说，虽然珠三角各市一直强调港口在城市发展中的战略地位，先后都提出了以港口带动国民经济的发展策略，但流通加工、分拨配送、信息处理、供应链管理等现代物流服务刚刚起步，物流功能拓展不够。珠三角及粤东地区沿海港口目前大多仍以装卸、堆存、转运等传统功能发展为主，正在向发展临港工业、建设物流园区、加速货物集装化的方向转型发展，少数港口已经进入供应链起步发展阶段。

2）航运与航线建设。航线建设与港口物流具有相互依存的关系，航线建设直接关系到港口物流规模，在港口腹地竞争中具有至关重要的影响。

目前珠三角及粤东地区国际航线主要集中于广州、深圳、汕头 3 个港口，深圳港口主要开设远洋航线，汕头港航线大多为东南亚、台湾等近洋航线。国内航线方面，上述 3 港和虎门、珠海两港与国内主要沿海港口均有定期航线，余下的江门、中山等 5 港口主要开设了省内邻近港口的航线，多为内贸和外贸内支线。惠州港目前拥有包括对台直航在内的内外贸航线共 9 条，包括香港航线 3 条，台湾航线 1 条，南沙航线 2 条，海口航线 1 条，广州黄埔航线 2 条，港澳航线已成为惠州市航运业发展的特殊航线。

（3）港口物流软环境

港口物流服务能力的提升，不仅仅需要依靠良好的硬件设施，更多地需要现代化的软环境建设。将从港口运营管理体制、港口物流规划、保税贸易区、口岸及通关条件、信息化及人力资源等方面对各港口物流发展软环境进行分析。

1）港口运营管理体制。珠三角沿海港口群的快速发展，一定需要管理体制和资本运营的强力支持。管理体制和运营模式的持续变革引领和主导珠三角沿海港口的发展方向。

在管理体制上，珠三角及粤东沿海港口根据2003年《港口法》，按照政企分开、多家经营的原则都进行了体制改革，改革后的港口按照“一城一港”和“一港一政”的港政和航运管理的原则，由地市港务管理局负责各自港口的行政管理职能。广东省（市）两级港航管理部门在过去的项目审批建设环节，根据各级港口规划，在规划、建设与审批层面，起到了一定的引导与管理作用，但珠三角地区一直没有建立统一的港航行政管理部门来控制和协调港口的建设与管理。

在资本运营上，珠三角部分沿海港口引入了国内外知名企业入驻，部分港区是由中央能源企业、外资企业、民营企业建设的，港口政企分离后，多元化的资本强力推动了珠三角港口的建设，大大提高了港口建设的速度和效益。比如，惠州港目前就引进了和记黄埔、中海油等多家不同资本性质的大型企业，合作开发惠州港的荃湾港区和东马港区，使得惠州港的发展速度和知名度快速提高，政企合作高效畅通。

粤东地区沿海港口的管理体制和资本运营还处于管理观念落后、融资渠道单一，招商引资力度不足的状态，码头主要由政企分开后的港务集团建设，资金较为缺乏，建设维护水平低下，在建码头进度缓慢，已建码头回淤严重。但近年在汕头港的主导下，随着产业转移等趋势，发展速度正在加快。

2）港口物流规划和行业管理。珠三角及粤东地区各地市政府都先后出台各自的现代物流业发展规划，但执行力度不够，也没有编制相对应的专项港口物流规划。政策支持上，珠三角各市大多成立了现代物流业发展领导小组或联席会议，大都在物流业发展中的规划审定和实施、政策支撑体系的研究和制订、重大物流项目的推进等重大问题上做了不少工作，做出了一定贡献，但还尚未建立完善符合港口物流业协调发展的工作机制，而且目前港航管理部门偏重于行业管理，港口物流业管理涉及较多个部门和机构，各自的职责和权限依然存在交叉和界定不明的现象。粤东地区目前观念较为落后，还有相关的物流业协调管理机制。

3）口岸通关。口岸环境和通关效率是制约港口物流发展的重要因素，直接关系到港口物流软环境的优劣。

珠三角地区沿海港口通关效率总体较高，少数港口目前和省内外许多地市签订合作协议并开展口岸“大通关”建设，不断优化口岸“一站式”通关服务建设，企业的通关环境正在显著改善，工作效率正在显著提高。深圳港、虎门港、中山港位居前列，尤其是深圳港依靠其口岸管理体制改革，推出多项通关便民措施，吸引了大量粤东、粤北地区的货源，有效提高了港口竞争力。粤东地区沿海港口外贸交易集中于汕头港，其余3港口岸规模较小，汕头港通关效率相对较低，口岸环境相对较差，严重影响了对腹地的辐射能力。

4）保税贸易区。珠三角地区沿海港口目前已经构建起以保税港区为龙头，以保税物流园区（区港联动）、保税物流中心（B型）为枢纽，以保税物流中心（A型）、优化后星罗棋布的保税仓库和出口监管仓库为网点的三个层次、六种监管模式的多元化保税仓储物流监管体系，地区内的保税贸易区主要集中在广州和深圳，两市拥有的保税贸易区层次较高、数量较多，其他各市拥有各类层次较低的保税贸易区。粤东地区由于对外贸易规模较小，仅在汕头设有保税区。

目前珠三角及粤东地区沿海港口拥有保税港区2个，保税区6个，保税物流园区2个，出口加工区4个，保税物流中心（B型）2个（见表8-7）。

表8-7　珠三角及粤东地区沿海港口保税贸易区明细

类别	名称
保税港区	广州南沙保税港区、深圳前海湾保税港区
保税区	深圳福田保税区、深圳沙头角保税区、深圳盐田港保税区，广州保税区、汕头保税区、珠海保税区（珠澳跨境工业区）
保税物流园区	广州保税物流园区、深圳盐田港保税物流园区
出口加工区	广州出口加工区、深圳出口加工区、惠州出口加工区、广东南沙出口加工区
保税物流中心（B型）	中山保税物流中心、东莞保税物流中心

5）信息化及人力资源。珠三角及粤东地区港口目前在逐步应用现代信息技术，大型港口企业的信息化程度已经较高，但由于港口是传统的物流基础设施，口岸通关等公共信息平台有关项目的推广应用还较为缓慢，难以满足物流发展的需要。

目前公共信息平台业务存在信息技术更新慢的情况，EDI、条形码、GPS等技术未得到广泛应用，业务流程难以整合，开发进度迟缓，协调工作复杂，部分项目难以推进。同时由于部门之间横向网络的技术标准不一以及数据保护和安全等因素，存在独立运作、相互分割状况，致使物流信息系统难以发挥最大效用。

人力资源方面，珠三角地区港口建立现代物流服务体系、推动产业结构优化升级、提高自主创新能力，在经济全球化激烈的竞争中赢得主动，关键是人才。但由于培养周期长和新兴专业发展趋势的原因，长期以来珠三角港口物流人力资源不足，港口管理部门和规划科研部门联系不够紧密，拥有前沿学术理论和管理知识的高端港口和物流人才引进和培养还比较滞后。港口竞争和门户之见等障碍导致人才流动还不够充分。

8.2.4 港口物流发展评述

(1)竞合格局

经过多年发展，珠三角沿海港口已呈现出以广州港、深圳港为主中心，其他港口提供支撑的发展体系，层次基本清晰，功能整体明确。广州港凭借原有发展基础和经济中心的地位，自20世纪80年代以来始终排在珠三角地区沿海港口吞吐量之首，但在集装箱等专业运输方面被赶超，近年来通过大力发展南沙港区，进入重新布局发展的新阶段。比起历史悠久的广州港，深圳港较为年轻，但自建港之初就采用港城同步的发展方式，迅速壮大，成为全国沿海主要港口，在珠三角地区外贸集装箱方面独挑大梁，两大强港之间存在较大的竞争。

同时，珠海、惠州、虎门等港口正在快速发展，竞争优势逐步显现，但还不足以挑战广州、深圳两港，与两港的关系也以合作为主。下面从腹地、货类两个方面对港口的竞争与合作进行详细分析和阐述。

1）腹地竞争与合作。目前珠三角及粤东地区主要港口——广州港、深圳港、珠海港、汕头港4港口的直接经济腹地边界已经跨市域发展，因此腹地交叉重合现象凸显，如图8-4所示。

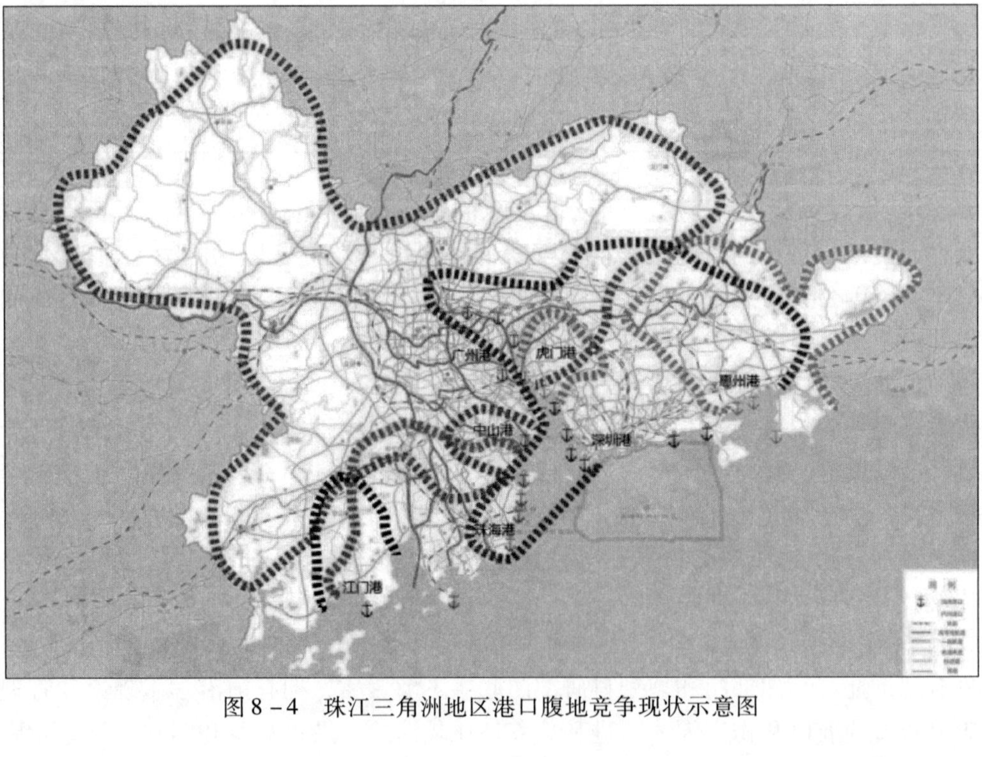

图8-4 珠江三角洲地区港口腹地竞争现状示意图

整个地区内港口腹地重合区域主要为东莞、江门、中山、惠州4市。其中，东莞是广州港、深圳港主要竞争的腹地，其西侧有广州港的新沙、南沙港区，南侧距离深圳港的宝安、蛇口等港区较近，本市还在发展虎门港，所以三港口在东莞腹地竞争会较为激烈。江门、中山、惠州3市分别处于珠海、深圳等主要港口的直接辐射范围，自身也在发展沿海港口，竞争也会有所加剧。粤东及河源地区外贸进出口规模都比较小，所以港口腹地竞争尚处于萌芽阶段（见表8－8）。

表8－8　广州港、深圳港、珠海港、汕头港、惠州港腹地情况

港口名称	直接腹地	备注
广州港	广州、佛山、东莞、中山、江门	东莞市为部分地区
深圳港	东莞市为部分地区	东莞市为部分地区
珠海港	珠海市和江门市部分地区	
汕头港	汕头、潮州、揭阳、梅州4市	
惠州港	惠州	

2）货类竞争与合作。珠三角及粤东地区港口在货类方面的竞争与合作主要体现在集装箱和煤炭等方面。铁矿石和液体油气散货的运输基本随钢铁、石化产业布局而调整变化，竞争合作空间较小。

集装箱方面：珠三角地区港口集装箱吞吐量向广州、深圳两大港集中的趋势较为明显，中小港口集装箱市场份额有所减少。因此，呈现出香港港、深圳港、广州港“三强并立”，汕头、珠海、惠州、虎门等港努力追赶，其他港口提供喂给的总体局面。在业务经营上存在着三个层面的态势：①广东省港口与香港港呈现外贸直航业务出口与进口的分工；②深圳港与广州港呈现外贸与内贸的业务分工；③珠江水系和沿海其他港口呈现对香港港、深圳港、广州港的喂给态势。

但这一局势并不稳固，深圳、广州、珠海都在打造自己的公共驳运系统，加强与珠江水系内河港口和沿海中小港口的集装箱业务合作，争夺集装箱货源。另外，珠海、惠州、虎门等港在外贸远洋直航市场饱和的情况，正在努力开辟外贸近洋航线，力图提高港口在集装箱运输格局中的地位。可以看到，珠三角集装箱业务竞争在大港之间会趋于白热化，而大港和中小港口、沿海港口和内河港口的合作会更加紧密。

散杂货方面：广州港目前正在对港区功能进行调整，散货业务将逐步从原有的内港港区、黄埔老港作业区转移走，未来将大力发展现代航运服务业。与此同时，深圳港目前散杂货运输主要集中于西部港区，90% 的货源来自珠三角，其中60% 来自深圳、东莞两市，主要从事粮食、石油、木材、钢铁、金属矿石等货类的中转业务，但根据相关规划，深圳港未来将以集装箱运输为主，兼顾能源和散杂货运输，所以煤炭、铁矿石、钢材、矿建材料等大宗散杂货类将从目前为珠三角其他地区提供中转服务调整为仅为本市生产生活服务。因此，广州、深圳两港的散杂货将逐步转移到周边地区，惠州港可以充分发挥优势承接这部分的散杂吞吐量。

其中，粮食物流很可能成为惠州港发展散杂货运输的有利机遇。广东省人多耕地少的现实状况，致使本省到 2020 年将近 50% 的稻谷、近 100% 的小麦、近 100% 的大豆都要通过省外调运和进口解决。而目前广东仅有东莞虎门港通过建设麻涌粮油产业园区发展临港粮食产业，且土地资源消耗殆尽，规模扩大潜力不足。所以惠州可抓住目前其他各港未充分重视粮食运输和临港粮食产业发展不充分的有利时机，借助发展粮食物流产业的契机，跻身全省散杂货运输格局中重要港口之列。

（2）有利经验

1）港口有力地支撑和适应了腹地外向型经济发展。珠三角地区以广州、深圳为龙头，是我国三个最有活力的经济圈之一。珠三角沿海港口优越的地理位置使其充分发挥毗邻港澳的地缘优势和侨胞遍及世界各地的有利条件，以国际市场为导向，以国内市场为依托，推动了珠江三角洲外向型经济高水平、快速发展。在全球港口业比较低迷的近 10 年，中国集装箱业务增长高达 30%，而这巨大的集装箱增量主要集中于珠三角和长三角港口，2010 年仅深广两港口占全国沿海港口集装箱吞吐量的比例接近 25% ，均位列世界集装箱港口吞吐量前十名，珠三角港口群已经形成巨大的港口集聚优势。

珠三角成为我国乃至全球重要加工制造基地的同时，自然资源相对匮乏，经济社会发展所需的生产、生活物资需要大量调入或进口，港口在此类运输方面发挥了重要的作用，有效地保障了珠三角地区经济社会的快速发展。

2）政府和市场合力促成了基本合理的分层次差异化港口发展格局。《全国沿海港口布局规划》和《广东省沿海港口布局规划》对珠三角地区沿海港口进行了科学的规划，并针对不同货类，对港口功能进行了差异化的发展安排，广东省和珠三角各市港航主管部门严格照规划在项目审批和建设环节对港口进行了有效的引导和管理，同时市场规律也在港口建设中充分发挥调节作用，因此珠三角地区沿海港口形成了与地区生产力布局、建港条件基本相适应的港口差异化发展格局。

珠三角各港口之间业务有交叉，但在发展时序和空间布局上是有差异的：集装箱班轮运输主要集中于广州和深圳，其中深圳主要发展外贸集装箱班轮运输，广州港由于内河集疏运条件发达偏重发展内贸集装箱运输；矿石等大宗资源物资受进港铁路条件限制，主要集中在广州和深圳港；油气化工品运输根据石化产业基地现状，也基本形成了集中布局的形态。

3）港口大胆吸引民营和国际等资本，运营模式呈现多元化格局。2003 年，我国通过《港口法》确立了港口政企分离的行政管理体制，确认了多元化的投资主体和经营主体建设经营港口的制度。在此政策背景下，珠三角地区沿海港口吸引了香港招商局、和记黄埔集团、新加坡港务集团及诸多世界航运巨头，以合资参股的方式加入港口的建设和运营中，深圳盐田港区、广州黄埔港区都是在这种形式下由各方合作建设的。

因此珠三角地区沿海港口合资码头、内外资独资码头不断增加，彻底打破了垄断局面，全面引入了国际先进港口管理企业的经验和技术，大大提高了港口的建设和运营效率，对港口物流的发展产生了十分积极的推动作用。

4）各港口摸索出有效竞争策略，逐步形成特色的竞争优势。珠三角及粤东地区沿海部分港口在激烈的市场竞争中，根据自己的经营特点、区位优势会制定自己的竞争策略，形成不同的竞争优势。主要以成本领先、专门化、差异化三项策略为例说明。

深圳西部港区主要运用成本领先策略，其下属的蛇口、赤湾港区水深条件不足，但后方陆域空间相对较大和地理位置相对有优势，更加接近珠三角核心区。因此，采用收费低、服务范围广的方式吸引深圳、东莞的货源，同时争夺部分通过水路经过香港中转的远洋货物。

深圳盐田港区、广州港主要采用专门化策略。深圳盐田港水深和港湾条件极好，但陆域面积较窄，因此专门发展集装箱业务，吸引深圳、惠州外贸加工出口货源，目前已拥有大量北美直挂航线，虽然价格较高，但提供了不需香港周转的外贸直航业务，港口业务发展良好。而广州港由于内河集疏运较为发达，距离内陆原材料消费地较近，因此部分港区专门开展半成品和原料进口卸货业务，散杂货业务发展态势比较好。此外，惠州港、揭阳港通过引进临港石化工业快速发展成为液体散货大港，也成为港口专门化竞争策略运用的典范。

香港葵涌码头主要采用了差异化策略。葵涌码头是香港最主要的集装箱物流处理中心，也是全球最繁忙的集装箱港口之一。近年来在深圳港集装箱业务快速发展的情况下，葵涌码头依然能保持较大的优势，主要是借助自由港的贸易政策和优势，开设大量的国际航线并保持很高的发船频率，并着力提供高水平的自动化、信息化作业，吸引了珠三角大量的外贸进出口业务，一直坚持着高价位、高质量的集装箱业务差异化竞争路线。

(3) 问题和教训

1）港口软环境建设有待加强。珠海港、惠州港等港口先后提出“建设亿吨出大港”的口号，但在服务、效率、口岸环境等方面的发展和建设滞后。物流通道的形成和发展是依靠减少全程运输费用和全程运输时间，提高通关及其他手续效率和可靠性，未来衡量港口发展水平的首要目标不再是吞吐量规模，而是港口效益和对腹地的经济贡献，所以珠三角大多数港口有待提高物流服务水平，才能获得腹地和吸引货源，提高港口发展的质量效益。

在软环境方面，珠三角及粤东各港口总体上对临港服务业重视不够，与国际航运紧密相关的金融、保险、咨询、仲裁、人才培训等高端服务业不发达，船舶修理、船舶供油等配套服务不完备，同时，受口岸关税政策等影响，保税运输规模较小，国际中转、国际采购、国际配送等功能薄弱，沿海港口的综合服务能力和水平与世界先进港口相比仍有很大差距。

2）行政体制导致港口恶性竞争，亟待合作共赢。目前珠三角港口分布密集，腹地高度重合，各港口实行属地化管理，没有统一管理机构，港口之间运营、建设和管理各自为政。这种情况下城市间的港航行政壁垒导致港口建设和运营不遵照市场经济规律，物流成本高企不下，港口使用强度严重不均衡，岸线资源产生浪费，导致“深水浅用，多占少用”现象存在，最后形成了港口定位雷同，港口间竞争恶化的局面。这有违区域共赢的发展思路，有待从行政管理上建立一体化的机制，高效公平地协调各港口的资源配置，努力推动港口有序竞争和良性发展，形成以区域全局为重、统一规划、共同发展的局面。

3）资源限制和腹地狭小导致港口发展后劲不足。经过长期高速发展后，珠三角地区沿海港口目前面临岸线资源紧张和腹地狭小的空间限制，这是由于港口设施和集疏运体系建设结构不合理造成的，有待进一步从全局角度梳理，解决后劲不足的问题。

港口设施目前存在深水泊位和专业泊位缺乏的问题，万吨级及以上的深水泊位比例远远落后于全国水平，码头泊位等级偏小的问题比较突出，造成大量适宜采用大船运输的货物使用小船替代或多次中转运输，这极大地影响了港口服务效率，不利于港口运输规模化、专业化、一体化发展。

港口集疏运体系目前存在公路比重过大、铁路发展滞后、后方无水港节点布局不合理等多种原因，大多数腹地都集中在广东省省内，尤其多重叠于珠三角区域内，仅有部分港口的运营货种可覆盖广西、湖南等地，与其他港口相比，对中远距离内陆腹地的渗透能力相对落后，港口腹地亟待进一步拓展。

8.3 珠三角及粤东沿海港口物流发展趋势

8.3.1 珠三角地区港口物流发展趋势

根据国家、广东省、珠三角关于港口的相关规划，未来珠三角沿海港口将会形成以广州港、深圳港、珠海港为主要港口，惠州港、虎门港、中山港、江门港为地区性重要港口的分层次港口群发展格局。未来珠三角地区在港口和航道基础设施持续快速建设的条件下，将可能出现港口能力过剩，港口间过度竞争的局面。下面从基础设施、运输、集疏运、软环境四个方面对珠三角港口物流的发展趋势进行分析。

（1）港口基础设施

2008 年国际金融危机过后，在政府有力推动的条件下，珠三角港口建设增速将可能从放缓中复苏，回到大幅增长状态。公共航道、公共锚地和防台、石化等专业锚地建设将可能加快，深水泊位和专业泊位建设也将会更加快速，占总泊位的比重会上升，珠三角港口公共基础设施一体化的趋势进一步显著。

港口和城市的发展也将会进入新阶段，广州港、深圳港等领先港口将可能进一步结合城市发展，优化调整港区，其他港口港城融合的趋势加快，岸线资源将进一步全面紧缩，港口和城市在土地等资源方面的矛盾可能在珠三角地区全面显露。

（2）运输服务

尽管有金融危机余波和产业转移的不利因素存在，但珠三角地区沿海港口自身条件优良，在城镇化和内需快速增长的条件下，港口吞吐量会继续平稳增长。但是随着产业结构的调整升级，未来珠三角地区对外贸易和集装箱运输同步快速增长的局面将逐步发生变化，集装箱运输需求的增长速度将会明显低于对外贸易的增长速度；而大宗干散货在重化工业和装备制造业将加快发展、比重提升的带动下，港口大宗能源物资和件杂货的运输需求将持续增加。

集装箱运输方面：在珠江三角洲沿海港口建设步伐逐步加快的条件下，集装箱运输通过能力将迅速增加，并导致集装箱码头能力与实际吞吐量的供需关系可能从原先明显的“能力不足”发展为“适度超前”。同时集装箱业务集中度可能会进一步提高，集装箱系统基本格局将可能从目前的“以香港为核心、深圳为干线港，其他港口为支线和喂给港”逐步转向“以香港为核心、深圳和广州为干线港，其他港口为支线和喂给港”，但不排除虎门港、珠海港、惠州港等新兴港口迅猛发展集装箱，抢夺货源，由喂给港跻身支线港甚至干线港的可能性。

从需求角度来看，产业转移会对集装箱运输产生重要的影响，现在发展落后的珠三角中西部地区和粤东西北地区潜力较大，伴随产业转移可能更多承接到集装箱需求强度较高的轻型加工业，集装箱生成量会逐步向珠三角中西部、粤西、粤北、粤东地区乃至周边省份和国家转移，珠江东岸港口将面临比较严峻的集装箱市场压力，深圳港在远洋运输和集装箱运输的优势也将面临来自广州、珠海等港口的挑战。珠江东岸三市内部，由于深圳和东莞土地资源日趋紧张，且加工贸易发展较为饱和，因此货源集聚地将逐步向三市东部即惠州市转移，惠州集装箱生成量比重将有所上升。

同时从供给角度来看，深圳港可开发岸线资源已比较有限，广州南沙、东莞虎门、珠海高栏、惠州荃湾等港区正在兴建大型集装箱泊位，未来会开辟数量较多的近远洋外贸航线和内河驳船快线，在这些新兴港口的集装箱服务效率充分提高的条件下，珠三角地区集装箱业务竞争会更加激烈，发展态势不明朗。

散货运输方面：珠三角地区自身能源资源匮乏，但处于经济“重型化”的趋势，在需要大量生产原材料和能源的情况下，煤炭、原油等大宗干散货和液体货需求有望保持较快增长的发展趋势，但是本地区煤炭等能源散货的接卸和集疏运能力可能会达到极限，存在巨大的缺口。所以随着集装箱业务的集中化，散货运输可能在深圳港着力发展集装箱和广州港受制于能力结构“短板”的形势下向虎门港、惠州港、珠海港等潜力港口转移。未来煤炭系统将可能形成以广州港为主、珠海港和虎门港为辅的煤炭中转港布局，为珠三角水网地区提供煤炭中转运输服务，未来珠海港和惠州港将可能承担京广、京九铁路沿线已有钢铁企业部分外贸进口铁矿石接卸需求，深圳港外贸铁矿石运量将逐步由周边港口承接。液体散货运输未来依然会根据全省石化产业基地规划，形成惠州港、广州港、珠海港集中布局的形态。

与上述两货类相比，件杂货的总量规模仍然偏小，但增长速度可能有所提高。此外，随着腹地对清洁能源需求的增长以及汽车产业和汽车消费的发展，LNG、商品汽车等新兴货类将进入快速发展阶段。

（3）港口集疏运

珠三角未来将大力推动综合运输体系的建设，发展多式联运，建成完善的沿海主要港口集疏运系统，实现沿海主要港口均通铁路和高等级公路和建设开放、高效、可靠的货运体系的发展目标，如图 8 –5 所示。

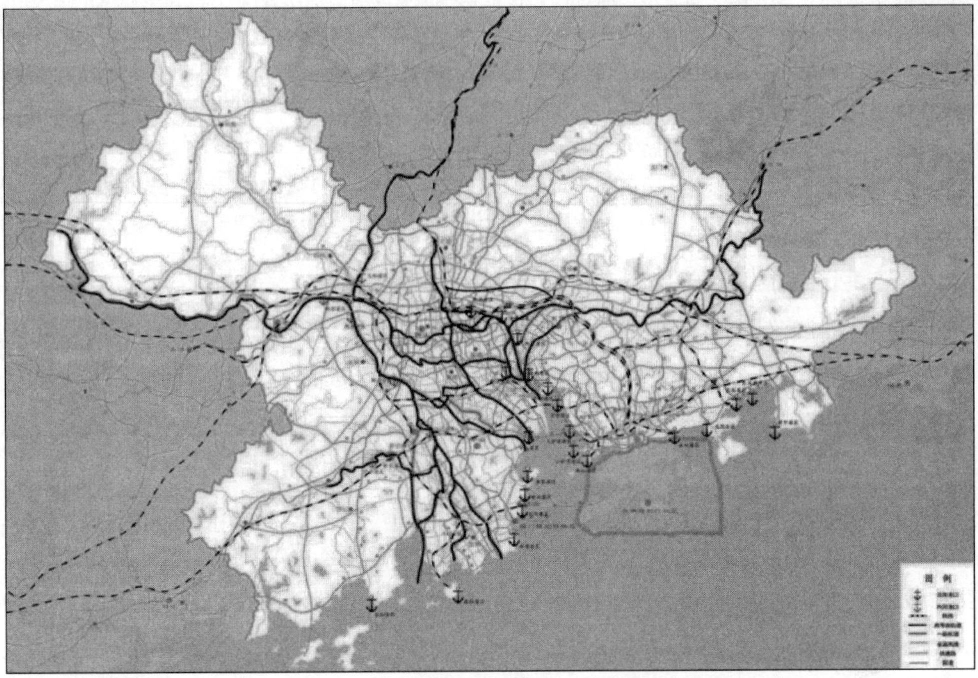

图 8－5　珠三角地区沿海港口集疏运规划示意图

公路方面：珠三角地区未来将建设覆盖珠三角地区的高等级公路网络，高速公路覆盖区内所有县级行政区，城市快速路连接三大都市圈内各城镇密集区，实现区域内所有县（市）城区、沿海重要港口等重要节点以及 90% 常住人口在 10 万人以上的重点城镇能在 30 分钟内上高速公路的目标。

铁路方面：广东省在认识到自身铁路网络规模较小的问题后，开始与铁道部合作大力建设铁路和轨道交通。2020 年广东铁路出省通道由目前的京广、京九、黎湛、粤海和梅坎铁路 5 条增加到 12 条，形成以广州为中心，以“三纵二横”为主干线，贯穿东西南北，与周边省（区）紧密连接的铁路运输网络。珠三角地区主要通过建设跨区域通道和既有线网改造来推进干线铁路建设，跨区域通道建设包括厦深铁路、柳肇铁路、罗岑铁路打造珠三角通往东南沿海、西南地区的通道，既有线网改造包括广州至河唇铁路复线改造、广深铁路增建四线，提高珠三角内部及与粤西地区的铁路运输能力，未来珠三角沿海港口将推进海铁联运，充分扩展铁路网络连接的腹地空间。

水运方面：珠三角地区未来将全面建成西江干流“三纵三横三线”高等级航道网以及北江、东江干线航道和相配套的航道支持保障系统，实现全省内河运输船舶标准化、大型化，整合内河港口资源，建设一批集约化程度较高的专业化内河港区，形成现代化的江海集装箱、大宗货物联运系统。

管道方面：珠三角地区沿海港口未来将配合大型炼化项目、国家原油储备基地建设，进一步完善珠三角成品油和 LNG 管网布局，逐步建成覆盖全省的一体化成品油、LNG 管网与储备体系，重点完善珠三角东岸成品油管道和珠三角西岸 LNG 管道，并与珠三角成品油与 LNG 管道连接，形成连接广州石化、惠州大亚湾炼油基地支撑，贯穿东西两翼和珠三角的成品油和 LNG 输送干线，远期形成通达全省所有地级以上市的成品油和 LNG 输送网络。

（4）港口物流软环境

珠三角地区沿海港口未来将进一步加强物流发展的规划引导、政策支持、部门协调、综合服务、产业配套、人力支撑，建立起与珠三角物流区域相适应的港口物流软环境体系，努力配合其他运输方式将珠三角地区打造成为全国物流重点区域。

政策体制方面：珠三角“一城一港”下的港航管理体制将随着港口能力过剩而有可能导致港口之间产生恶性竞争，为争抢货源不断压低价格，扰乱港口货运市场。所以珠三角地区沿海港口将在都市圈一体化和流域合作两大趋势下，在各港口城市之间建立政府、港航管理部门的长效对话机制，深化合作内涵，落实合作措施，力求建立统一管理部门或联席会议制度，对港口进行规划制定与项目审批的统筹管理。

信息化方面：未来珠三角地区沿海港口将推进港口物流信息链的各个环节，包括港口内部信息化、GIS 建设、公共港航船货共享与商务平台、电子口岸等内容。各港口还可以联合打造珠三角港航公共信息平台，实现跨港口的信息资源开发和共享以及跨部门的物流协同管理，促进信息科技在港口物流行业中的推广力度与应用，以增强公共服务能力，全面建设服务型港航管理部门，带动区域物流整体营运效率的提升。

人力资源方面：珠三角地区沿海港口未来可依托高校、研究机构和职业教育加大港口物流人才培养的力度，并从国内外物流发达地区吸引高级物流管理专业人才，充分提高珠三角港口物流从业人员的素质和视野。

8.3.2 粤东地区港口物流发展趋势

根据国家、广东省相关规划，未来粤东地区沿海港口将会形成以汕头港为主要港口，潮州港、揭阳港、汕尾港为地区性重要港口的港口发展格局。未来粤东地区在港口和航道基础设施起步快速建设的条件下，将会缓解目前港口能力供不应求的紧张局面，但在行政分割且无行业引导的情况下，可能会出现港口间恶性竞争、内耗严重、龙头港主导作用不明显的趋势。下面从基础设施、运输、集疏运、软环境四个方面对粤东地区港口进行发展趋势分析。

（1）港口基础设施

近期由于广东省着力扶持粤东基础设施建设，粤东地区港口基础设施将高速建设，总体上缓解港口作业能力供不应求的局面。港口基础设施发展将主要集中发展汕头港广澳港区和烟墩湾深水港区，潮州港西澳码头，并着力于航道疏浚、通用泊位、煤炭码头、石化油气码头等方面的建设项目，航道疏浚方面包括汕头港主航道、汕头广澳港区航道、潮州港外航道，煤炭码头包括粤东、汕头港、汕尾港、揭阳港 4 个煤码头，石化码头主要集中于汕头港广澳港区和潮州港金狮湾港区。

（2）运输服务

在承接珠三角产业转移和海峡西岸经济区政策落实的两大发展背景下，粤东地区港口吞吐量将飞速增长。随着轻型加工制造业从珠三角转移到粤东地区，将带来电子信息、纺织、服装、玩具、机电产品等适箱货，粤东地区的集装箱生成量会快速增长。而大宗散货和件杂货的运输需求也会随着广东省向粤东地区引入石油化工、装备制造等重工业的趋势下不断增长，但根据工业化进程“先轻后重”的发展规律，增幅会小于集装箱需求。

集装箱运输方面：由于汕头市粤东经济中心的地位和汕头港相对优良的发展基础，汕头港将成为粤东地区的集装箱支线港，主要发展内贸和近洋航线，同时也承担向深圳港、厦门港等周边集装箱干线港的喂给运输，其余 3 港将适时发展集装箱喂给运输，以向汕头港、深圳港、厦门港喂给运输和发展内贸航线为主。

散货运输方面：汕头港也将会成为粤东地区大宗能源、原材料物资运输的主要中转港，并辐射赣南、粤北部分地区，其余 3 港主要服务于本港后方的临港工业。未来煤炭系统将会形成以汕头港为粤东煤炭中转港，其余 3 港为一次接卸港的布局，为粤东内陆地区和沿海电厂提供煤炭中转接卸服务，由于揭阳惠来石化基地的建设，揭阳港未来可能承担粤东地区大部分原油、LNG 的运输。

此外，件杂货和商品汽车、LNG 等新兴货类发展趋势与珠三角地区类同。

（3）港口集疏运

粤东地区港口集疏运系统在广东省充分的政策和资金支持下，将会有大幅度的改善（如图 8－6 所示）。

公路近期会有潮揭高速、惠揭高速、汕普高速陆续通车，远期会形成“三横四纵两加密”的高速公路网络，打通粤东地区港口与河源、梅州、赣东南、闽西南等经济腹地的高速公路通道。

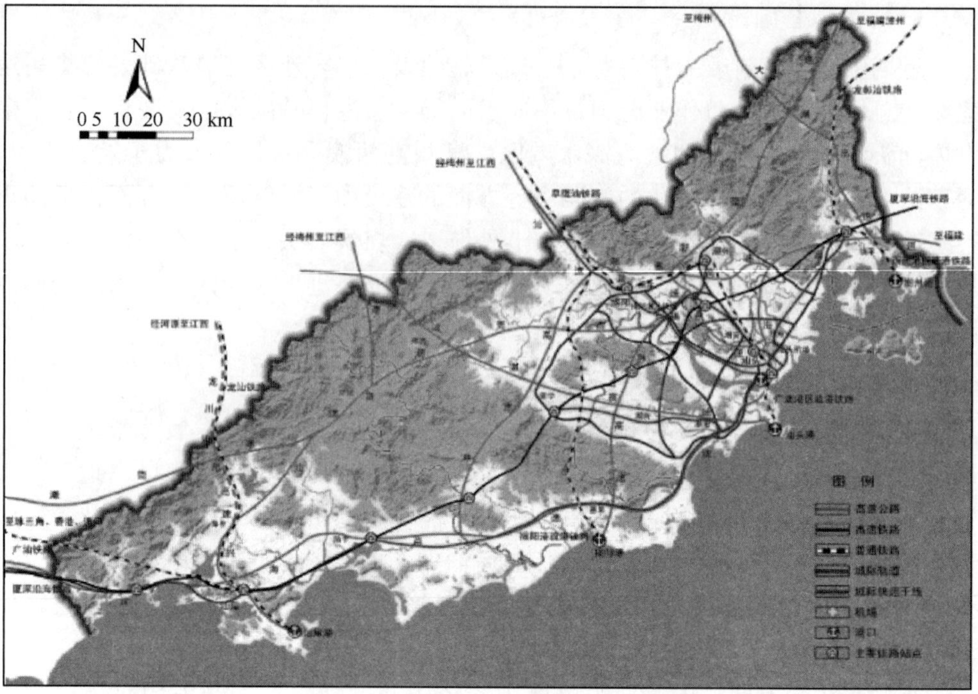

图 8－6　粤东地区港口集疏运规划示意图

铁路在厦深铁路完工的基础上，加速规划建设阜鹰汕、龙漳汕、龙川至汕尾铁路、汕尾至广州铁路，大力发展海铁联运并建设汕头广澳港区、潮州西澳港区、揭阳港等一批疏港铁路，形成“一横三纵四支”的集疏运铁路网络。

水运近期实施韩江干流、榕江干流航道升级改造，加快发展内河集疏运。远期加快汕潮揭三市内河航运通道建设及引航合作研究，拓展集装箱江海联运业务。

总的来说，未来粤东地区将会打造现代化的综合运输系统，形成港口与腹地高效连接、快速集散的港口物流集疏运网络。

（4）港口物流软环境

粤东地区沿海港口未来将努力改善物流软环境，从政策体制、信息化等方面奋力追赶周边港口，成为粤东、粤北、赣南、闽西南等地区对外联系的重要物资交流和中转运输区域。

政策体制方面：粤东地区将加强港口航运一体化发展，发挥汕头港作为区域性中心港口的基础平台和航运枢纽作用，构建起以重点物资接卸和江海中转运输系统为主的多功能、多层次的粤东组合港口群，并鼓励港航企业联合协作，相互参与港口码头、驳船航线的投资与经营。

信息化方面：粤东地区将积极推进汕潮揭三市及跨地区物流电子口岸通关项

目的建设，强化汕潮揭口岸大通关合作机制。

8.3.1 港口物流发展趋势总结

综合前述关于各港口设施、运输、集疏运、软环境发展趋势分析，未来物流服务水平和流程的顺畅性和实效性将成为生产企业或采购商选择港口较为关注的问题，珠三角及粤东地区沿海港口也将向“一体化、柔性化、合作化”方向发展。

纵向层面上：未来珠三角及粤东地区沿海港口将会从单一的运输、仓储等分段服务，向原材料、产成品到消费者全过程的物流服务转变，同时会不断提高通关效率、港口效率、政府效率，完善海关、边防、检验检疫，仲裁、金融、保险、贸易、保税、海事等口岸环境，实现港口物流服务纵向一体化。

在实现物流服务纵向一体化同时，珠三角及粤东地区沿海港口未来将有可能提供更加高效、多样的物流服务能力——根据货主或者是承运人的需要，及时有效地处理小批量、多货种、短周期的物流活动；提供更加多样的物流增值服务，柔性化地利用自身的 IT 技术提供客户专属的个性化解决方案，为客户减少费用，增加利润，提高整个供应链的效率。

横向层面上：珠三角及粤东地区沿海港口依靠单打独斗的时代也将逐渐过去，港口群合作化的趋势将成为大流。珠三角区域内深圳港与香港港的合作将成为本地区港口竞合格局最大的影响变量，双方可能通过资源互补、服务合作的方式打造国际航运中心和物流中心。粤东区域内，汕头港和揭阳、潮州两港的竞合关系也会成为本地区的影响变量，三港可能通过互相持股、合并管理的方式打造粤东组合港，实现区域港口协调发展、共同繁荣的大好局面。

第9章　珠三角港口一体化发展研究

9.1　珠三角港口一体化现状及评价

9.1.1　珠海港

(1) 珠海港口管理局

1）珠海港发展基本情况。珠海港是我国沿海主要港口之一，是珠江三角洲西部地区主要的出海口岸。根据《珠海港总体规划（修订）》的批复，珠海港将重点发展油气化工品、煤炭、矿石等大宗散货和集装箱运输，并为香港、澳门旅游、客运服务。作为规划的集装箱支线港，随着集装箱吞吐量逐步增长，将相应开辟集装箱近洋航线，适时发展远洋集装箱干线运输。珠海港应具备装卸仓储、中转换装、运输组织、现代物流、临港工业、通信信息、综合服务及保税、加工、商贸、旅游等功能，逐步发展成为以大宗散货和外贸物资运输为主，客货兼顾、内外贸结合，设施先进、功能完善、效益显著、文明环保的现代化、多功能的综合性港口。

珠海港由高栏、万山、九洲、香洲、唐家、洪湾、斗门7个港区组成。其中高栏港区是以油气化工品、矿石、煤炭等大宗散货、集装箱和杂货运输为主的综合性港区，并为发展临港工业和现代物流服务；万山港区以大宗散货转运为主，并为海岛物资运输和旅游客运服务；九洲港区重点发展珠海至香港、深圳的水上高速客运；香洲港区以陆岛运输和海岛旅游客运为主；唐家港区以客运及旅游服务为主；洪湾港区以集装箱、建筑材料和散杂货运输为主；斗门港区以集装箱、建筑材料、农副产品运输为主。

截至2012年年底，珠海港拥有生产性泊位129个，其中万吨级以上泊位18个，年通过能力为货物7 787 $\times 10^4$ t，集装箱81万TEU，旅客937万人。2012年珠海港完成货物吞吐量7 745 $\times 10^4$ t，集装箱145万TEU，旅客584万人。

2）一体化发展现状。

港口规划建设一体化。在港口规划建设方面，珠海港已逐渐实现管辖范围内港航设施的规划相互衔接，建设相互协调。近期以高栏港区建设为主，远期将适时开发万山港区，形成以高栏、万山两大深水港区为主，其他港区为辅，大、中、小泊位相互配合、专业化泊位和通用泊位相互补充、公用码头和专用码头相互协调的港口布局。

港口政策一体化。珠海市政府的法规、规章和制度对于珠海港各港区是一视同仁的，各港区的投资建设管理、经营政策、收费标准、技术标准等相对统一，基本一致，能保证投资者和经营者在各港区都能享受到同样的政策和良好的经营环境。为充分利用高栏港区现有的深水岸线和大吨位泊位资源，加快开辟中远洋航线，珠海重点出台了扶持高栏港区集装箱发展的物流和产业政策。

港口管理体制一体化。2008 年上半年，珠海市市委、市政府着眼于全市发展大局，认真研究和把握现代港口经济发展规律，特别是港口带动经济腾飞的基本规律，确立“以港兴市”和“东部大转型、西部大开发”战略，明确了高栏港在全市三大格局建设中的重要地位，大手笔、全方位地推进新时期的港口建设和港区发展。2008 年 7 月，市委、市政府对港口开发和建设管理体制实施了重大改革，组建了市港口管理局和珠海港控股集团，形成港口行政管理、港口经营开发、港区建设发展既分工明确又一体联动的新体制。2009 年 10 月，市委、市政府又做出重大决策，将平沙镇整体划转高栏港经济区管理，港区开发面积扩大一倍，极大地拓展了发展空间和腹地。

港口运营一体化。截至目前，珠海市各码头企业之间建立了较好的竞争合作关系，市场竞争有序，竞争手段合理，竞争行为规范，竞争方式公平。在区域内也形成了良好的投融资机制，资产上相互参股，经营上互相合作，利益上合理共享。具体表现在：①以珠海港集团为主体完成市属国有港口物流资源的整合，较大地增强了珠海港的综合竞争力；②利用岸线、土地注入合作等方式，推动珠海港集团持股并参与新建大吨级码头、物流园区的规划建设；③通过“西江战略”扩展合作运营。2009 年，珠海主导推动成立了由沿江 11 个城市的 13 家港口企业组成的西江港口联盟。以开通西江驳船航线为抓手，以港口投资为纽带，构建西江流域经济便捷高效的江海联运物流体系。珠海港集团于 2011 年成功收购、合作云浮新港和梧州大利口码头。

港口信息一体化。为了加快珠海港信息化进程，提升珠海港的竞争力、实现珠海港的可持续发展。2009 年，珠海市港口管理局与专业公司合作，签署了《珠海港信息化规划咨询服务合同》，对珠海港信息化建设进行总体规划。目前，珠海港行政管理信息平台正式运行，暂时包括珠海市港口行政规费征收管理系统和珠海市港口统计信息系统。同时，珠海市港口管理局根据市政府的部署，借鉴国内外港口港航数据交换和贸易无纸化的经验，加快珠海港航电子数据交换中心建设。

(2) 珠海港控股集团有限公司

1) 集团基本情况。

主营业务快速发展。珠海港集团业务已覆盖至港口码头、港口物流、港口服务、管道燃气等领域。集团现有总资产 92 亿元，净资产 45.5 亿元。今年 1－5 月，珠海港集团完成货物吞吐量 1 292.12 $\times 10^4$ t，同比增长 27.89%，完成集装箱吞吐量 22.69 万 TEU，同比增长 10.34%。

港口建设规模扩大。集团累计完成项目出资 42.16 亿元，项目累计完成总投资 80.64 亿元，其中已投资 12 亿元的高栏港弃土岸壁整治工程，成为珠海港新一轮大发展的重要载体。

对外合作成果丰硕。已与中石油、中海油、神华、BP 等世界 500 强企业建立了良好的合作关系，迅速扩大了珠海港的货源市场，提升了珠海港的知名度，为珠海港建设成为亿吨大港奠定了良好基础。

综合物流体系完善。全面建立了以港口装卸为中心，水运、陆运、仓储、保税、外代、外理、报关等全程配套的港口物流供应链，有力地支持了珠海港聚货的需要，形成了珠海港强大的协同效应，竞争力得到进一步提升。珠海港物流已发展成为珠海最大的综合物流服务商。

融资渠道多元化。近年来，公司以信用方式获得银行授信 86 亿元，已注册发行 6 亿元短期融资券和 6 亿元中期票据，发行公司债 5 亿元，为珠海港口的跨越式发展提供了资金保障。

2) 资源整合情况。珠海港靠近国际主航道，岸线资源丰富，发展大宗干散货运输和液体油品运输优势明显、前景广阔，与周边港口实现错位发展，是珠海港实现跨越式发展的必然选择。近年来，珠海港坚持走差异化发展之路，通过控股等方式进一步整合管理区域内的港口资源，逐渐形成了以油气化学品、大宗散货业务为特色的发展方向，为自身发展创造了空间。

华南最大的煤炭接卸港。珠海港与神华集团、粤电集团合作，建设 6 000 $\times 10^4$ t 煤炭配送中心和储备基地项目，拟于 2013 年年底部分建成试运行；与广州控股、山煤集团、华润物流、万邦集团合资成立珠海港达海港务有限公司；收购珠海港秦发贸易有限公司 40% 股权，积极建设推进高栏港区南水作业区煤炭码头工程。以上项目建成后，珠海港可形成超亿吨的煤炭吞吐能力，成为华南最大的煤炭接卸港。

华南大型铁矿石集散地。与鑫丰仓储、鑫盛仓储合作，投资建设高栏港区南水作业区干散货码头工程项目，其中 1 号泊位于 2011 年年底试运行，2 号泊位已完成验收手续。依托这两个华南地区最大的两个 15 万吨铁矿石码头和广珠铁路，珠海港将充分发挥江海联运、海铁联运的优势，承接粤、湘、赣地区的国际铁矿石进口业务。

华南重要油气化学品集散地。参股中化（珠海）石化和中油（珠海）石化，拥有油品、化学品总仓储灌容达 $120\times10^4 m^3$。已建成万吨以上泊位 9 个、库容约 $350\times10^4 m^3$，正加快推动 30 万吨原油码头、LNG 接收站、南海天然气陆上终端项目建设。

深入西江拓展货源腹地。依托西江出海口的区位优势，珠海港通过逐步参股或控股西江流域各港口，逐渐形成西江航运与沿海乃至远洋运输相结合的航运体系，大大提升了珠海港的货物集聚能力。收购云浮新港的 71.63% 股权，与梧州交通投资开发有限公司合作建设大漓口码头项目，相继开通并稳定运营高栏至梧州、贵港、黄埔、高明的 4 条航线以及小榄、中山和南庄等不定期航线。正进一步加大资本投入，全力把云浮新港打造成为西江流域最大、最有影响力的内河码头和西江流域中转港。

打造珠海最大物流商。整合珠海汇通公司、珠海港达公司、珠海市集装箱公司和珠海市港晟公司，形成珠海最大的依托港口的珠海港物流公司，目前正从传统运输业务逐步向第三方物流、金融物流等国际前沿物流业转型；旗下公司珠海港港达公司，2011 年再次成为珠海市唯一被海关总署评定为 AA 类管理企业的公共型保税仓库和全国 6 家 AA 资质企业之一，是珠海佳能、飞利浦等国际一流公司的长期战略合作伙伴；整合了珠海远洋公司相关资源，积极打造珠海市最大的航运企业。

管道燃气业务蓬勃发展。2010 年 3 月，按照市委市政府工作部署，珠海港集团承接了珠海市的管道燃气业务，落实了市政府对管道燃气发展的主导权。目前，集团累计完成投资 1.5 亿元左右，解决了困扰珠海市多年的天然气气源问题。与中海油气电有限公司合作投资高栏天然气发电项目；与中海油气电有限公司合作成立珠海港兴管道天然气有限公司、中海油珠海天然气有限责任公司，负责珠海西区天然气高压、市政管网的投资与经营。

（3）珠海港鑫和码头有限公司

1）企业基本情况。公司成立于 2010 年 6 月 11 日，由珠海鑫丰仓储有限公司、珠海港控股集团有限公司及珠海鑫盛仓储有限公司共同出资组建，码头总投资 26 亿余元，码头岸线长 668 m，港池水深 -16.0 m，主要承担矿石、煤炭等干散货物的装卸、仓储、中转业务，码头设计能力 1 600 万吨以上，满负荷生产后可达 3 000 万吨。

2011 年 12 月 28 日，第一艘 10 万吨级大型外贸干散货船舶“Saronic Trader”（萨罗商）轮安全停靠高栏港区南水作业区 15 万吨级干散货码头 1 号泊位，标志着珠海港鑫和码头 1 号泊位正式进入了生产性试运行。码头 1 号泊位自 2011 年

12 月 28 日试运行至 2014 年 12 月，共完成吞吐量 1 012 $\times 10^4$ t，共接卸船舶 145 艘次。卸船效率从最初调试阶段的每天数千吨提升至 2014 年 12 月的平均 2.8 $\times 10^4$ t/d（煤）和平均 3 $\times 10^4$ t/d（铁矿石）。

公司干散货码头运营以来，日常生产运作日益顺畅，卸船效率从最初调试阶段的每船每天几百吨提升至目前平均 2.25 $\times 10^4$ t/d，其中铁矿船舶卸船平均效率已高达 2.8 $\times 10^4$ t/d，煤炭船舶卸船平均效率也已达到 1.3 $\times 10^4$ t/d。最高创下了每船 3.2 $\times 10^4$ t/d 的卸船效率纪录。作业效率得到客户广泛认可和好评。

2）企业运营发展存在的主要问题。航道建设严重滞后，给大吨位船舶靠泊造成重大影响。码头建设规模为 15 万吨级，水工结构为 20 万吨级，当前珠海港主航道仅为 10 万吨级，10 万吨级重载船舶进港尚需乘潮，10 万吨级以上船舶无法停靠，造成码头不能发挥其应有的功效。随着该企业周边另外 3 家大型泊位投产，这一矛盾将更加突出。

通关环境还有待进一步改善。主要表现在通关时间上，没有实现 24 小时通关。造成码头闲置，码头作业效率受到较大影响，随着后续珠海港大型泊位大幅增加，这一矛盾将更加显现。

（4）珠海港一体化发展存在的主要问题

1）明显受制于现行港口管理体制。港口归口地方管理，是各地最重要的战略资源。因此，各地基本都把发展和建设港口放在了城市发展的最重要的位置，投入大量的资源，因而合作意愿不强。《珠江三角洲地区改革发展规划纲要》发布至今，除了 2009 年珠海、中山、江门、梧州、贵港等 14 个港口成立了“西江港口联盟”，省内其他港口间横向联合合作并未见实质性的进展，更多的是各自为营，从而导致码头资源浪费。

2）部分货种竞争日趋激烈。目前，珠三角各港口泊位在地理位置上十分接近，各港口间布局较为集中。随着港口总体能力的提高和港口功能的调整，部分货种在港口之间的竞争日趋激烈。

3）航道建设相对滞后于港区泊位建设。珠海港高栏港区进港主航道的现有规模为乘潮 10 万吨级，而港区内已建成 15 万吨级泊位 2 个。2012 年高栏港区进出主航道的 10 万吨级以上船舶达到 60 艘次，其中以煤炭、矿石船为主。另外，大凸堤工程、神华煤炭储运中心工程、10 万吨级集装箱等一批大型码头工程相继批准、开工。航道通航水平将成为港区进一步发展的重要制约因素。

4）港区配套服务有待于进一步改善。目前，珠海港仍存在广珠铁路与港区作业的衔接不顺畅、通关环境不是很便利等问题，应进一步加强配套服务。

9.1.2 东莞虎门港

（1）东莞市港航管理局

1）虎门港发展基本情况。自2002年拉开全面开发建设的序幕以来，经过近几年的快速发展，东莞虎门港已初具规模，成为广东省的地区性重要港口之一。

根据《东莞虎门港总体规划》（2011年12月报批稿），东莞虎门港将重点发展石化、煤炭、粮食、集装箱、汽车等货物的装卸、储存、中转及贸易等功能，并以此为基础，积极拓展临港产业、保税物流、区港联动、物流信息、加工配送、增值服务等现代物流功能，同步推进城市服务型国际邮轮、游艇等港口休闲旅游产业与滨水商务总部等现代服务业发展，逐渐成为珠三角地区的物流中心、商贸中心和港口休闲产业中心的重要组成部分。

东莞市虎门港由麻涌港区、沙田港区、沙角港区、长安港区和内河港区五大港区组成。麻涌港区为多功能港区，包括粮食、煤炭以及建材等散杂货运输，并发展仓储物流及造船、环保产业等临海工业；沙田港区将开发成具有一定规模的综合性港区，主要发展集装箱、多用途和石油产品及液化气运输，兼顾发展汽车滚装、散杂货运输，水上观光、游艇等港口休闲服务及港口支持系统功能，并大力发展临海工业及保税物流等业务；沙角港区以发展多用途、杂货泊位为主，兼顾渔业、客运、查验边检等服务功能；长安港区为发展客运、游艇、邮轮等休闲旅游业的城市服务型港区。内河港区规划为东莞市城镇生产、生活所需物资运输服务的件杂货、集装箱、多用途及临河工业泊位港区。

截至2012年年底，虎门港拥有生产性泊位191个，其中万吨级以上泊位22个，年通过能力为货物9 607 $\times 10^4$ t，集装箱79万TEU，旅客70万人。2012年虎门港完成货物吞吐量9 228 $\times 10^4$ t，集装箱145万TEU，旅客32万人。

目前，虎门港共有在册港口企业88家。其中，三江石化、同舟石化、海昌实业、东莞深赤湾等大型港口企业自建成投产以来，生产运营保持旺盛态势，取得了良好的经济效益和社会效益。虎门港集团公司亦于2009年成立，实现以政府为主体向以国有企业为主体的资本运作模式转变，将发挥国有大企业集团的主导作用，带动虎门港加快繁荣。

2）一体化发展现状。

港口规划建设一体化。开展了港口总规的修编和深莞惠交通运输一体化规划等规划研究工作，加强港口规划建设一体化。虎门港近期重点建设沙田港区西大坦商贸主港区、立沙岛石化仓储及精细化学工业园、麻涌港区新沙南作业区、西大坦物流基地、虎门港中心服务区。西大坦商贸主港区将建成以集装箱为核心的综合性港区，立沙岛石化仓储及精细化学工业园将建成珠三角富有特色的石化产业园区，麻涌港区将建成以散杂货综合集疏运功能为主的现代物流体系，西大坦物流基地将建成集国际中转、配送、采购、转口贸易、转口加工、保税物流和产品展示七大功能于一体的现代化物流基地，虎门港中心服务区将建成现代综合物流中央商务区（CBD）。

出海航道的引航管理体制一体化。广州港出海航道是珠江口湾区港口群广州、深圳、珠海、东莞、中山5市的公共出海航道。省厅通过贯彻实施《广州港出海航道水域调度管理规则》，推进珠江口水域管理资源的整合，已基本实现了珠江口“航道、引航、锚地、通信调度管理”统一管理。目前，广州港、东莞虎门港合作成立了广州港引航站东莞分站，解决了进出东莞船舶的“二次引航”问题，为推进珠三角港口一体化发展迈出了合作性的一步。

与周边港口实施差异化发展战略：

—航线差异化发展。深圳从大港向强港发展，主要以集装箱运输为主，以远洋贸易为主，虎门港作为广州港和深圳港等国家主枢纽港的延伸和补充，是集装箱的支线港。目前，虎门港已开通了15条内贸航线，航线覆盖了国内环渤海地区、长三角地区、海西地区、珠三角地区及西南沿海地区港和2条台湾直航航线，避免了区域内竞争，与深圳形成了互补、共赢。

—实行功能差异化发展，与深圳港、惠州港形成有效对接。目前，深赤湾在虎门港新沙南作业区投资建设4个散杂货码头，主要是深赤湾在深圳兴建的散杂货码头改成集装箱码头，散杂货运输迁移至虎门港。惠州大亚湾的龙头项目是中海油1 200×10^4 t炼油项目，在虎门港立沙岛的前期发展中，中海油已完成从惠州到东莞的配套管网建设以及中海油油品储运码头项目建设，可实现由惠州大亚湾炼油项目的炼油产品输送至立沙岛中海油油品码头仓储分销基地。因此，虎门港一是可在此基础上与深圳港形成优势互补效应，承接其散杂货码头的转移；二是加强立沙岛与大亚湾中海油项目的合作，实现立沙岛与大亚湾产业的有效对接，促进区域港口差异化发展的一体化。

（2）虎门港集团

1）虎门港集团概况。虎门港管委会是市政府的派出机构，负责组织编制市港口总体规划，负责对虎门港规划控制区32 km^2 土地进行开发建设、招商引资、经营管理，负责虎门港规划控制区和引导区的岸线管理，负责协调相关职能部门做好市虎门港规划控制区的港口管理工作。

虎门港集团是于2009年经东莞市政府批准，由东莞市国资委、虎门港管委会全资拥有的国有企业，公司注册资本金80 250万元人民币。作为虎门港开发建设主体，主要负责统筹开发虎门港核心资源，重点开展码头、物流、立沙岛精细化工和公用配套设施四大业务，是为客户提供功能完善的现代化港口、物流、临港产业及相关配套服务的多元化港口集团，公司肩负着确保国有资产保值增值，实现港口繁荣的使命。

2）一体化发展现状。

集装箱码头股权重组。2012 年上半年通过股权重组，虎门港集团完成了对 4 个集装箱泊位的实际控股。重组后，虎门港 4 个集装箱泊位吞吐量呈爆发式增长，2011 年4 个泊位完成集装箱吞吐量16 万 TEU，是2010 年的2.9 倍，2012 年上半年完成集装箱吞吐量为36 万 TEU，为上年同期的3 倍，2012 年全年完成吞吐量145 万 TEU。

立沙岛石化码头整合。为了加强对虎门港码头资源进行整合，有利于资源的集约、高效利用与一体、共享开发，进一步强化虎门港的整体竞争优势，以虎门港集团公司为主导，通过国有主导公共码头建设，并通过公用管廊联通各码头和精细化工园，将最大限度提升码头和库区的综合利用率，全面解决船舶到港不平衡、大、中、小码头难以综合利用和前方码头仓储区和后方精细化工园区难以有效连通等问题。同时，通过码头联合经营，将进一步形成立沙岛码头规模效益，降低企业运营成本，提升港口竞争力。具体做法为：①整合投资立沙岛码头，调整立沙岛石化码头及配套区项目股权比例，使虎门港集团为大股东，如三盈石化码头项目虎门港石化开发建设有限公司由原来占股 15% 增加至 50%。②投资建设公共管廊项目，最大限度提升码头和库区的综合利用率，近期建设管廊长度 2 354 m，总投资 1 200 万元人民币。远期方案管廊长度 6 860 m，工程费用估算总投资 3 500 万元人民币。

（3）东莞市海昌实业有限公司

1）公司基本情况。东莞市海昌实业有限公司，是一家经营专业煤码头的大型民营企业，共有员工 370 余名，劳务工 280 余名。拥有 5 万吨级泊位 2 个，7 万吨级散杂货码头两个，驳船泊位 6 个，码头总面积 86×10^4 m^2，岸线总长 2.3 km（含驳船岸线）。公司于 2009 年 12 月正式投入试运行，目前经营状况良好，2010 年卸船量 755×10^4 t，2011 年卸船量 $1\ 113 \times 10^4$ t，吞吐量达 $1\ 940 \times 10^4$ t，今年计划卸船量 $1\ 800 \times 10^4$ t，吞吐量预计超过 $3\ 000 \times 10^4$ t，占虎门港吞吐量 40%，2011 年平均卸船效率 5.2×10^4 t/d。

2）区域内港口竞争现状。目前，该公司周边区域共有煤炭码头 6 个，分别是：广州港集团新沙港务公司、西基港务公司、南沙粮食通用码头、黄埔老港、新港、海腾码头等，竞争非常激烈。

该公司系民营企业，经营手段比较单一，目前尚未通过任何联营、参股或其他方式整合资源。

（4）虎门港一体化发展存在的主要问题

1）广州港出海航道东莞段改线和升级问题。由于自然条件影响和历史原因，广州港出海航道的莲花山东航道、坭洲水道以及大虎水道等主航道紧靠东莞市港口岸线，导致靠近该主航道的近 3 km 优良深水岸线无法利用。而且该段航道弯道较多，随着进出港船舶日渐增多，船舶航行将更为困难，存有一定的安全隐患。另外，目前虎门港新沙南作业区、立沙岛作业区已获批的 7 万 ~8 万吨级泊位有 7 个，将于未来几年内建成投产，但广州港出海航道在虎门大桥以内现在仅能乘潮通航 5 万吨级船舶，因此，将难以满足今后港口生产发展的需要。为此，建议根据珠江口沿岸各市港口的码头情况，加快研究解决广州港出海航道的升级、加宽改双向以及东莞段的改线问题。

2）公用锚地的规划设置问题。随着珠江口两岸港口的迅速发展，进出的大型船舶日益增多，珠江口水域用于防台、候潮、联检等应急的锚地逐渐趋于紧张，特别是台风季节来临时，应急锚地更难以满足紧急锚泊的需要。为此，建议在统一调度的前提下，将整个珠江口水域的锚地都作为公用锚地使用，纳入公用锚地范围。另一方面，建议加快珠江口水域锚地的规划建设步伐，满足各港口生产发展需要。

3）新沙港归属及管理问题。根据《广东省双重领导港口下放实施方案》，新沙港一期、二期被纳入广州港管辖范围。由广州港务局负责新沙港的港口行政管理，但该区域属于东莞市行政区域范围，其相关土地、岸线等资源的所有权及行政管辖权仍属于东莞，该区域的规划、开发建设、社会治安、进出口等行政管理应由东莞负责。导致穗、莞两市对相关区域的行政管理职能上严重重叠。

9.1.3 深圳港

（1）深圳港发展基本情况

深圳港是我国沿海主要港口和集装箱干线港，是国家综合运输体系的重要枢纽。深圳港的发展方向为以集装箱运输为主，兼顾能源和散杂货运输，积极发展和吸引物流、信息、代理、保险及金融等现代服务业，适度发展具有深圳特点的临港产业，大力拓展水上客运和滨海旅游服务等功能，与香港港口共同构筑高质量、高效率、高效益的现代化国际航运中心和物流中心。

深圳港形成了“两翼、六区、三主”的总体格局：“两翼”指东、西部两大港口群，“六区”指东部的盐田、龙岗港区和西部的南山、大铲湾、大小铲岛和宝安港区，“三主”指以集装箱运输为重点、体现深圳港核心竞争力的盐田、南山和大铲湾三大主体港区。

盐田港区是以远洋集装箱运输为主，兼顾近洋、内贸和内支线运输的大型专业化集装箱港区；龙岗港区是深圳港东部能源运输基地和临港工业发展基地，并大力发展水上旅游客运；南山港区是以规模化的集装箱运输为主，兼顾客运和通用散杂货运输及修造船基地等多功能的综合性港区，远期有条件部分发展为保税港区；大铲湾港区是以远洋集装箱运输为主，兼顾近洋、内支线和内贸运输的大型专业化集装箱港区，结合后方物流园区大力发展综合物流，远期有条件部分发展为保税港区；大、小铲岛港区以成品油和液化气装卸、储存、中转为主的专业化危险品港区，是深圳市和珠江三角洲地区重要的能源储运基地；宝安港区是以通用散杂货运输和旅客运输为主，适度发展集装箱驳运的多功能、综合性港区。

截至 2012 年年底，深圳港拥有生产性泊位 160 个，其中万吨级以上泊位 68 个，年通过能力为货物 23 869 $\times 10^4$ t，集装箱 2 401 万 TEU，旅客 513 万人。2012 年深圳港完成货物吞吐量 22 807 $\times 10^4$ t，集装箱 2 294 万 TEU，旅客 433 万人。

（2）一体化发展现状

近 10 多年来，深圳港在推进辖区内港口企业管理运营一体化方面取得了良好成效，进一步优化了资源分配，提高了企业经济效益和港口竞争力。主要表现如下。

西部港区：由招商局国际有限公司牵头，对属下码头公司进行股权重组、业务调整、资源优化利用。1999 年，招商局国际收购蛇口集装箱码头有限公司 32.5% 的股权，成为其最大股东，并主导了对蛇口集装箱码头一期、二期、三期建设的整合。2000 年，通过系列收购，间接持有凯丰码头（“赤湾集装箱码头”前身）20% 的股权。为满足珠三角对外贸易迅速增长的需要，从 2001 年开始，招商局国际先后在蛇口港区、赤湾港区又陆续投资兴建了若干个外贸集装箱专用码头，目前深圳西部港区的集装箱码头通过能力已经超过 1 000 $\times 10^4$ TEU。通过业务分工调整，统一市场费率等工作，促进蛇口、赤湾、妈湾等港区业务的全面提升。

东部港区：实行统一经营管理，发挥港口整体优势。东部港区分别有盐田国际集装箱码头有限公司、盐田三期国际集装箱码头有限公司、深圳盐田西港区码头有限公司三家码头公司，目前均由盐田国际集装箱码头公司对集装箱专用深水泊位实施统一经营管理，大大提升了码头的整体形象和竞争力。

（3）深圳港一体化发展存在的问题

1）港口费率相比周边港口较高，竞争激烈。在珠三角，港务集团主导和公共码头运营商运营的港口并存，近期供大于求的趋势明显。深圳港口费率明显高于部颁费率，广州港维持部颁费率。竞争使得费率有下降趋势。只有稳定的适合不同区域状况的费率定价机制，才能使得各港口经营可持续发展。

2）海铁联运不相适应。大力发展海铁联运，不仅有利于港口扩大腹地和增加货源、提升竞争力，而且对内陆地区实现了国际港口的优质服务，加快货物集散、中转、配送服务，并能够提供衍生的物流商品增值服务。目前以港口企业自身的能力，在缺乏系统性规划与配套的情况下有限度地开展相关活动难以促进海铁联运业务的大发展。

3）相关配套不足。

航道问题。深圳铜鼓航道一期已建成并试运行，可以避免香港青马大桥的限高。存在的主要问题有：一期设计仅为10万吨级船舶通航且仅满足单向通行；夜航通行限制，禁止5万吨级以上船舶夜航；所有船舶，除要向深圳主管部门申报外，还要通过电子方式申报给广州港务局调度中心；10万吨级以上的班轮，代理需安排人员去广州向广州海事局通航处递交书面申请；与广州港航道的交会处设计不合理，风险高。

口岸问题。相比较国际上各个国家的通关情况，中国海关通关普遍存在查验率高，通关时间长，通关成本高，通关效率低等问题。

9.1.4 惠州港

（1）惠州港发展基本情况

惠州港是广东省地区性重要港口和综合运输体系的重要枢纽，将以石油化工品为主，兼顾临港工业及周边地区的能源、原材料运输，积极开拓集装箱运输。具备装卸储存、中转换装、多式联运、运输组织和管理、临港工业和现代物流等功能，相应拓展商贸、通信信息，生产生活服务和旅游功能，逐步发展成为现代化的多功能综合性港口。

惠州港的港口发展格局为3大港区（荃湾、东马、碧甲）4个装卸点（亚婆角、范和、盐洲、港口）。荃湾港区是惠州港的主要港区，是多功能综合性的港区，以承担大宗散货转运和集装箱运输为主，同时充分发挥水陆域条件和港铁联运优势，为临港工业发展服务并大力拓展现代物流。东马港区是大型石化港区，主要承担大亚湾石化基地的原材料和产成品的运输服务以及广石化的原油接卸，同时为周边地区提供石化货物运输服务。碧甲港区主要以承担临港工业所需的原料、能源等大宗散货运输，并满足惠东地区的货物运输需求。

截至2012年年底，惠州港拥有生产性泊位71个，其中万吨级以上泊位18个，年通过能力为货物9 835 $\times 10^4$ t，集装箱76万TEU。2012年惠州港完成货物吞吐量5 257 $\times 10^4$ t，集装箱36万TEU。

（2）一体化发展现状

1）营运服务一体化。目前，惠州港在继续做大做强本身具备特色的石油化工、煤炭等产业配套码头的同时，积极发展以集装箱、散杂货为主的公用码头，作为深圳港、广州港的有力补充。由于毗邻深圳港，船舶航行时间在5小时内，为此两港在运营服务一体化方面积极开展合作，互惠互利：①拖轮服务合作，利用深圳港富裕拖轮力量解决惠州港大马力拖轮不足问题，避免重复投资，提高利用率；②开展船舶燃料油供应合作，利用惠州港石油化工基地生产、储存优势，为周边海上船舶燃油供应提供保障；③通过与香港和黄公司合作建设集装箱码头、散杂货码头，加强与周边港口运营合作。

2）公共基础设施一体化。为加强与周边港口联系，增加港口辐射范围，拓宽货源地，发展无水港，惠州市在公共基础设施一体化方面取得了一定成果。①开展本港自身一体化工作，推进港口航道等公共基础设施的统一管理，报请市政府成立港口公共设施管理服务中心，为下一步港口管理一体化工作提供保障。②借助广东省高速公路网的密集覆盖，尤其是沿海高速公路开通大大缩短了惠州港与深圳盐田港、广州港、珠海港、东莞之间的距离，为下一步的一体化工作提供了有力保障；③大力发展铁水联运，市政府与广铁集团签订了惠州港铁水联运战略合作框架协议，借助惠大铁路将惠州港直接连接京九线，不仅将港口辐射范围延伸到云南、四川等内陆地区，还将珠三角各港口之间串联起来，为大宗商品的流转提供运力保障；④改善东江内河惠州段通航能力，提升合作水平。

3）管理一体化。限于地市之间的合作水平以及现行管理体制的做法，目前港口管理一体化仍处于较低层次，但惠州港在港口经营许可方面进行了一些尝试，对部分深圳的港口服务企业采取备案的方式，许可其在惠州港开展经营活动，避免重复许可。

4）信息一体化。目前主要通过省交通运输厅开发的《港口管理信息系统》实现与省内各港口信息共享，并开展港口设施保安网上年度核验，由各地市港口行政管理部门专家对核验资料进行网上联审。

（3）惠州港一体化发展存在的问题

1）岸线资源利用不合理。部分岸线的功能定位存在不同意见和港口发展空间受到制约，影响了港口布局的合理性和生产营运的可持续性。

2）公用配套设施和支持保障系统不足。沿海进港航道需要加强统一管理和调度，引航服务设施及其他水上支持保障系统有待完善。

3）软硬件环境不配套。目前惠州港存在通关条件差，通关效率低，固定航线少、班轮班次少的突出问题，不利于货源的出口和引进。

（4）中外运广东公司

1）公司基本情况。中国外运广东有限公司是中国外运股份有限公司在广东省的全资子公司，从属于中国外运长航集团有限公司。公司在华南地区各主要城市拥有了内河码头、物流中心、通关平台、货运车队、驳运船队等一批关键性资源，并以此为依托，搭建水上物流平台、陆上物流平台和综合物流服务平台，业务范围涵盖国际货运、船务代理、仓储码头、驳船运输、快运服务、第三方物流等，可为国内外客户提供经济、便捷的一体化物流解决方案，为物流与供应链内的合作伙伴提供高效、可靠的公共平台作业支持。

2）一体化发展现状。公司通过优化、整合各类资源，推进一体化经营，构建起覆盖珠三角乃至华南区域的内河码头网络、驳船运输网络、CFS 卫星仓网络以及陆路运输网络，各网络之间互相支持和配合，形成综合物流服务网络。目前在华南地区各主要城市拥有 50 多家分支机构，同时依托中国外运长航集团覆盖全球的货运网络，与 400 多家知名境外运输与物流服务商建立了业务代理和战略合作伙伴关系，为客户提供世界范围的货运代理、无船承运服务以及个性化的综合物流服务等。

9.1.5 综合评价

（1）世界级的港口集聚规模与分层次格局已基本形成

2010 年，珠三角港口群完成货物吞吐量将近 10×10^8 t，集装箱吞吐量超过 4 200 万 TEU，其中广州港、深圳港和珠海港三大沿海主要港口合计分别完成货物吞吐量 7×10^8 t，集装箱吞吐量 3 591 万 TEU，分别占珠三角港口群完成总量的 72% 和 85%，沿海主要港口的地位与作用十分突出，分层次格局也已经基本形成。

（2）市场调节作用下，与地区生产力布局、自身建港条件相适应的港口差异化发展格局已基本凸显

珠三角地区在成为全球重要的加工制造基地的过程中，港口在生产、生活物资需要大量调入或进口中发挥了重要作用。目前珠三角各港口之间业务有交叉，但仍显示出较为明显的市场调节作用，各港口在发展时序和空间布局上是有差异的：集装箱班轮运输主要集中在广州和深圳，其中深圳为国际集装箱班轮运输的干线港，内、外贸比达 5:95，外贸箱量占绝对比重，广州港则是最大的内贸集装箱运输港，同时外贸集装箱班轮运输业务也在持续发展，其内、外贸比为 67:33；煤炭运输长期以来以广州港为主，吞吐量约占全省的 50% 以上，但随着广东省及周边地区对煤炭运输的持续增长，虎门港和珠海港的煤炭业务也在持续发展，已基本呈现出《广东省沿海港口布局规划》所提出的以广州港为主，虎门港和珠海港为辅的运输格局；矿石等资源物资运输受进港铁路条件限制，目前主要集中在广州和深圳港；根据全省石化产业基地现状，油气化工品运输也基本呈现集中布局的态势。

（3）政府在区域港口布局规划与项目建设审批环节，对港口群的协调发展起到了很好的规划引导与建设管理的作用

珠江三角洲地区是我国重点发展的港口区域之一，根据《全国沿海港口布局规划》、《广东省沿海港口布局规划》，珠三角港口群形成以广州港、深圳港和珠海港为主要港口，包括惠州港、中山港、虎门港、江门港为地区性重要港口的分层次格局，并针对不同货类，对港口功能进行了差异化的安排。省级主管部门与珠三角地区各市主管部门立足区域市场经济的发展环境与要求，在规划、建设与审批层面，对港口群的协调发展起到了很好的引导与管理的作用。

（4）公共港航配套设施的规划建设需要进一步统筹

珠三角港口群同处一个湾区内，航道、锚地、港口服务支持系统等公共港航配套设施建设由于涉及多港口、多部门及一些历史原因，仍需进一步统筹协调。广州港出海航道的使用、进出港口群船舶的管理、珠江口公共锚地不足等等问题凸显了公共港航配套设施需要进行整体规划和统筹安排的必要性。

（5）港口物流增值服务发展相对滞后，港口产业链有待延伸，港口腹地有待拓展。

珠三角港口在过去10年的发展中，港口生产经营取得了显著的成就，但受市场需求传统观念及市场规范化程度不够的影响，珠三角港口群大多数码头企业对发展港口高附加值业务重视不够，高附加值物流服务业务量少。大多数港口腹地都集中在广东省省内，尤其是珠三角区域内，如广州港在广东省与珠三角区域内的货源其占货物总量的90%左右，已经滞后于社会经济对港口功能延伸的进一步发展要求。

（6）珠三角进入后工业化时代对港口发展的影响逐渐显现

随着区域经济增长模式的转变和地区人民生活水平的不断提高，在珠三角产业升级转型与这一区域“世界消费市场”形成的多重影响下，珠三角地区的港口将呈现出新的特点，包括邮轮、游艇、水上观光等港口休闲产业将进入一个快速发展期；代表进口消费品需求的商品汽车等奢侈品、进口食品等也将持续增长，从而为滚装汽车、集装箱吞吐量的增长提供新动力。

9.2 指导思想与发展目标

9.2.1 指导思想

以邓小平理论和“三个代表”重要思想为指导，深入贯彻落实科学发展观，坚持改革创新、先行先试。以实施《规划纲要》为契机，以更好地满足区域经济社会发展及人民群众需求为根本目的。以一体化发展为主线，信息化为手段，推进珠三角港口群一体化发展，以实现港口群整体优势和实现效益最大化。坚持政府引导，市场运作，统筹规划，突出重点，整合资源，完善网络，优化组织，强化衔接，着力构建珠三角港口群一体化体系，提升珠三角港口群的整体效率和服务水平，为珠三角地区经济产业转型与产业一体化布局发展提供有力支撑。

9.2.2 基本原则

（1）协调为主，统筹规划

按照区域经济一体化要求，坚持区域统筹、坚持局部利益服从整体利益、短期利益服从长远利益，统筹协调港口间的关系，推进珠三角港口群协调可持续发展。促进港口发展和城市发展相协调，尤其是与产业和基础设施规划的协调一致。

（2）政府引导，市场运作

强化政府引导作用，通过政策引导、促进港口群一体化进程。在政策引导下充分利用市场机制，鼓励各地港航管理部门及行业代表性企业积极参与，共同促进港口群一体化建设。

（3）立足现状，优势互补

立足各港发展实际，以一体化发展规划为引导，积极协调各市、各港口加强资源的合理配置，实现港口运营管理方面的优势互补，形成发展合力，推动实现珠三角港口的一体化发展。

9.2.3 一体化框架

珠三角地区港口经过30多年的发展，已经形成了世界级的港口集聚规模，各港在市场自身的调节作用下，基本形成了与地区生产力布局、自身建港条件相适应的港口差异化发展格局。但珠三角港口群的发展也面临着存量资源不足、公共营运设施不够完善、港口腹地有待拓展、港口产业链有待延伸等等问题。因此，珠三角港口群一体化发展必须立足珠三角港口群发展现状特点，牢牢把握影响珠三角港口群一体化的关键影响因素，结合未来发展的思想与目标，以完善、优化与提升为主进行一体化框架的整理划分，抓住一体化工作推进的主要矛盾，保证一体化框架与发展内涵能较好地适应珠三角港口群一体化的发展要求。

同时，为保证珠三角港口群一体化工作的可操作性，从当前港口的管理、营运、配套服务的责任主体角色考虑，进行一体化框架的划分，以便在原有的港口要素发展框架下推进港口一体化的实施工作。

由此提出的珠三角港口群一体化的总体框架，主要包括管理一体化、营运服务一体化、港航信息一体化、公共集疏运设施一体化四个子目标，每个子目标包括的发展内涵与主要内容如下。

目标	四个子目标	发展内涵
港口群一体化	规划一体化	与相关规划的衔接协调；公用航道、公用锚地等基础设施建设规划一体化；综合运输方式的协同、无水港整合
	管理一体化	协调机制、统一规划与审批、政策、标准化
	市场一体化	公共航道、锚地的使用、引航拖轮、消防、海上救助等公共营运服务、现代航运服务业
	信息一体化	完善智能通关与公共信息服务平台功能、IC 卡、RFID、EDI、GPS、ITS 等技术的应用

（1）规划一体化

此子目标以实现珠江三角洲港口群规划与相关规划的衔接为目标，具体包括以下三个方面内容：

1）规划的衔接。

—与现有外部相关规划的衔接：与珠江三角洲区域经济、产业等规划相适应，与其他运输方式的规划相衔接，与全国、全省、珠江三角洲各市的港航规划相衔接。

—内部相关规划的协调：内部规划以服务于珠江三角洲港口群区域经济一体化为导向，在港航规划的审批中实现分工协调、一体化发展。

2）公共基础设施的衔接。

—公用航道的建设维护：系统性地分析珠江三角洲港口群的需求，完善公用航道网络，加强航道维护工作，提高公用航道的服务水平。

—公用锚地的建设维护：对珠江口地区的锚地进行统一整治，建立新的锚地，废弃旧锚地的使用，实现锚地布局的合理优化，为港口一体化服务。

—港口岸线的使用：从全局出发，对珠江口地区的港口岸线资源进行合理的规划，防止出现岸线占而不用、多占少用、深水浅用等现象，使岸线资源得到有效配置。

3）集疏运体系的衔接。

以区域综合运输的网络化无缝连接为目标，主要是在当前的港口集疏运系统的基础上，以一体化协同营运思想进一步优化完善现有运输网络，打破各交通部门之间壁垒，以内陆货运港对货物的集散功能提升向泛珠三角腹地辐射的能力，具体包括以下三个方面内容。

—公铁水管道等设施建设：加强港口与新建、改建铁路、公路和管道转运设施的统一规划建设，改善港口群腹地延伸发展条件。

—综合运输协同：打破交通行业壁垒，在各级政府与交通管理部门的协同合作下，努力打破现有各种交通运输方式的条块分割，同时也突破港口经济腹地在交通上的阻碍与隔阂，实现畅达的港口集疏运网络。

—内陆货运港：是沿海港口随铁路、公路、内河运输网络向泛珠三角腹地拓展的交通节点；未来发展为世界消费中心时，也是向内陆实现配送业务的节点。

（2）管理一体化

此子目标下的发展内涵主要针对政府在港口一体化管理方面应推行的事务，具体包括以下四个方面内容。

1）统筹协调：构建适合于珠江三角洲港口群发展条件与需求的港口间协调机制，在珠江三角洲各港口城市之间建立政府层面的长效对话机制，深化合作内涵、落实合作措施，实现港口群的统一管理基础。

2）统一规划与审批：在与珠三角产业与基础设施一体化规划相衔接基础上，继续发挥政府与相关管理部门对港口群合理化分工起到的作用，以规划制定与项目审批统筹港口管理。

3）政策引导：制定有利于港口群一体化的政策措施，引导资源配置与流向，促进区域港航产业发展，保障实施进度与效果。

4）标准化建设：推行港口与航运在设计建设、生产营运、信息化与安全管理方面的标准化工作，以实现区域港口一体化发展基础。

（3）市场一体化

此子目标以提升港口群的公共性营运服务标准与质量，优化湾区内港口群公共资源配置为目标，具体包括以下两个方面内容。

1）公共航道、锚地、引航拖轮、消防、海上救助等公共营运服务：以世界级的标准在港口群内合理地集中与分散这类公共营运服务性的港航资源，以节约港口营运成本，提升营运效率，加快应对事故的响应速度。

2）现代航运服务业：引导发展包括国际物流、航运金融、船舶交易注册、海事法律服务、教育培训、邮轮游艇经济等港口高端功能。

（4）信息一体化

此子目标是实现珠江三角洲港口群运营一体化的重要支撑条件，需要政府、港口企业与第三方共同推进物流信息链中的各环节，包括各港内部信息电子化、GIS 建设、公共的港航船货共享与商务平台、电子口岸、政府管理信息平台等内容。

其建设主要以广东省“南方现代物流公共信息平台”、广东省港航行政管理综合业务系统为基础，积极配合“南方物流港口应用接入子平台”建设和运营工作，打造以广州港、深圳港和珠海港等沿海主要港口为中心的珠三角港航公共信息服务平台，实现跨港口的信息资源开发和共享以及跨部门的物流协同管理，为开展数据综合利用及提供多种服务功能创造良好的基础条件，促进信息科技在港口物流行业中的推广与应用，以增强公共服务能力、全面建设服务型港航管理部门带动区域物流整体营运效率的提升。

9.2.4 发展目标

（1）近期目标

到2015年，进一步整合珠江三角洲港口群资源，初步实现一体化发展，主要实现以下目标。

1）建立广州港为主、珠海港、惠州港和虎门港为辅的煤炭物流市场；建立广州港、深圳港、珠海港和惠州港为主的成品油及液体化工品物流市场，其中惠州港为外贸进口重点接卸港；建立深圳港和广州港为主、惠州港、虎门港、珠海港为补充的集装箱物流市场；建立广州港为主、虎门港为辅的商品汽车物流市场。

2）推进“公共货源集聚区”和“无水港”建设，鼓励和协助港口企业在省内和内陆主要产业转移承接地区创建“公共货源集聚区”和“无水港”。

3）依托“珠江黄金水系”、“珠江三角洲高等级公路网”和“京广、京九、南广、贵广大动脉”，建成相应的疏港铁路，构建优化合理、全方位、多层次的多式联运网络通道。

4）探索构建广州港、深圳港和珠海港为核心的组合港，实现各港口间合理分工与有效协调，增强组合港的国际竞争力。

5）建立适合珠三角港口群一体化发展的管理架构，基本实现区域公共航道、公共锚地的统一调度管理，开展其他公共配套基础设施协同利用的模式研究。

6）实现珠三角港口群信息化建设的突破。推进建立珠江口沿海港口波浪观测预警系统和空间信息管理系统，建设珠江水系电子口岸数据交换平台，实现货物信息、交通运输工具信息和出入境监管信息的共享。

7）实现珠三角港口群间规费政策的统一。出台统一的港口规费征收标准，明确港口规费的征收主体，统一规费管理机制，并统一规费优惠政策。

8）促进港口增值物流服务发展，深化国际保税与物流功能，基本形成一体化的港口群集疏运网络，构建港口群一体化的发展总架构。

9）启动广州、深圳地区港澳港航实验合作区建设，探索性发展航运市场服务、现代物流服务、航运金融服务、口岸管理服务等功能。

（2）中期目标

到2020年，进一步完善珠江三角洲港口群一体化协调机制，港口群一体化框架基本形成，主要实现以下目标。

1）港口群一体化协调机构机制作用明显，形成跨地区、跨部门的港口公共配套基础设施协同利用、运输安全监管和应急指挥联动机制，具备世界级水平的港口群日常营运管理、安全监管和应急保障能力。

2）港口群成为泛珠与国外综合交通枢纽节点、国际物流中心，区域的商贸交易中心、配送中心，形成高效快捷的一体化港口群集疏运网络，港口群一体化框架基本形成。

3）港口群港航信息综合平台基本建成。各港完成自身的信息化、网络化建设，与港航管理、各专业平台、电子口岸系统之间对接、运行顺畅，所有沿海港口与内陆货运站实现一体化营运。

4）初步具备国际航运中心服务功能，形成航运企业集聚、航运要素市场繁荣、配套服务完善、服务特色鲜明的多层次航运服务平台。

（3）远期目标

珠江三角洲港口群一体化协调机构职能完备，运行良好，依靠市场力量、资本手段组建珠江三角洲港口群利益共同体，形成港口间相互协调，有序竞争的繁荣局面，成为具有世界先进水平的一体化港口群体系。

其主要标志是：基础设施网络已经全面建成，技术等级与构成已经充分满足运输发展的需要；在港口群一体化协调机构管理下，港口投资管理及运营走向统一，港口政策、规费趋向统一；形成水陆联运、区域成网的全方位立体式集疏运体系；打造港、航、船、货、信、金全方位的信息平台；各港务集团通过股权置换等方式互相持股，港口间联系更紧密，港口运营成本降低。

9.3 规划措施与发展任务

9.3.1 以规划统筹实现港口群一体化整体发展

（1）功能与产业体系

1）港口功能。珠江三角洲港口群中以广州港、深圳港和珠海港为龙头港，其中广州港和深圳港又处于主中心地位，其他港口为三大港口发展提供支撑和动力。广州港以发展能源、原材料等大宗物资和集装箱运输为主，同时大力发展适宜的临港产业；深圳港以发展外贸集装箱运输为主，兼顾部分散杂货运输，合理发展适宜的临港产业；珠海港以发展石油基地和海洋装备制造基地运输为主，并在客运中处于的领先地位；惠州港以石油以及化工品运输为主，集装箱支线、喂给运输为辅，兼顾大宗物资中转运输；虎门港定位于广州港、深圳港和香港港的补充性枢纽港口，以能源、原材料和集装箱支线、喂给运输为主，兼顾部分散杂货中转运输，大力发展适宜的临港产业；江门港区主要功能为市区内贸、外贸物资运输及港澳客运服务，以能源、原材料、通用散杂货和集装箱喂给运输为主，大力发展临港产业；中山港以集装箱喂给运输为主，兼顾部分散杂货运输。具体见表9－1。

表9－1　珠江三角洲各港口功能定位

港口	地位	功能
广州港	我国沿海主要港口和综合交通体系的重要枢纽，沿海集装箱干线港；广东省经济发展和对外开放的重要依托，华南地区参与经济全球化和全球配置资源的重要基础；腹地能源、原材料等物资运输的主要中转港	以发展能源、原材料等大宗物资和集装箱运输为主，同时大力发展适宜的临港产业和物流、商贸、信息、旅游等功能
深圳港	我国沿海主要港口和综合交通体系的重要枢纽，沿海集装箱干线港；广东省经济发展和对外开放的重要依托，华南地区参与经济全球化和全球配置资源的重要基础	以发展集装箱运输为主，兼顾部分散杂货运输，合理发展适宜的临港产业，积极拓展物流、商贸、信息和旅游等功能
珠海港	我国沿海主要港口和地区综合交通体系的重要枢纽，沿海集装箱支线港；珠海市经济发展和对外开放的重要依托，珠江三角洲西部地区参与经济全球化和全球配置资源的重要基础；今后随着港口条件的改善，将成为我国华南地区重要的能源、原材料等物资运输的主要中转港	以大宗能源、原材料物资和集装箱支线运输为主，大力发展石化等临港产业，积极拓展物流、商贸、信息和旅游等功能
惠州港	广东沿海的地区性重要港口和地区综合交通体系的重要枢纽，沿海集装箱支线港；惠州市以及周边地区经济社会发展和对外开放的重要依托；腹地能源、原材料物资运输的重要中转港。随着港口条件的改善和后方集疏运通道的完善，惠州港将逐步发展成为京九铁路沿线地区的重要出海口之一	以石油及化工品运输为主，集装箱支线、喂给运输为辅，兼顾大宗物资中转运输，大力推进石化、电力等重型临港产业的发展，积极拓展物流、商贸、信息和旅游功能

续表

港口	地位	功能
虎门港	广东沿海的地区性重要港口和地区综合交通体系的重要枢纽，沿海集装箱支线港；东莞市经济社会发展和对外开放的重要依托，珠江三角洲东部地区联系国内外市场的重要口岸；腹地能源、原材料物资运输的重要中转港	以能源、原材料和集装箱支线、喂给运输为主，兼顾部分散杂货中转运输，大力发展适宜的临港产业，积极拓展物流、商贸、信息和旅游功能
中山港	广东沿海的地区性重要港口和地区综合交通体系的重要枢纽；中山市经济社会发展和对外开放的重要依托，珠江三角洲西部地区联系港澳市场的重要口岸；腹地能源、原材料和外贸物资运输的重要口岸	以集装箱喂给运输为主，兼顾部分散杂货运输，积极拓展物流、商贸、信息等功能
江门港	广东沿海的地区性重要港口和地区综合交通体系的重要枢纽；江门市经济社会发展和对外开放的重要依托，珠江三角洲西部地区连接港澳市场的重要口岸	以能源、原材料、通用散杂货和集装箱喂给运输为主，大力发展临港产业，积极拓展物流、商贸、信息等功能。

2）重点货类运输格局。完善珠江三角洲港口群煤、油、箱等重点货种运输格局。建立以广州港为主、珠海港、惠州港和虎门港为辅的煤炭物流市场；建立以广州港、深圳港、珠海港和惠州港为主的成品油及液体化工品物流市场，其中惠州港为外贸原油进口重点接卸港；建立以深圳港和广州港为主、惠州港、虎门港、珠海港为补充的集装箱物流市场；建立以广州港为主、虎门港为辅的商品汽车物流市场。

3）现代港口物流。结合区域产业经济分工及上层发展定位，港口群内港口与航运企业拓展经营网络，并实现资源充分利用和优势互补，在珠江三江角港口群内部形成分工合理的现代港口物流体系。

规划以广州、深圳保税港区为核心，连接中山、东莞、珠海的其他保税物流中心等特殊监管区域，形成珠三角国际保税物流网络，为珠三角地区的制造业、港口航运、仓储物流、商业贸易等产业发展提供全方位的配套服务。

依托目前港口在集装箱、油气化工品、煤炭、钢材、粮食等货类运输形成的集聚效应，建设综合运输枢纽、大宗商品交易市场及交易平台、区域性或国际性物流中心，积极拓展采购、中转、加工、配送及电子商务等功能，吸引金融、保险、法律咨询等企业进驻，提供全程化、多方位、综合性服务。

4）新兴临港产业。充分发挥港口的基础性配套作用，以《珠江三角洲产业布局一体化规划（2009—2020年）》中广佛肇、深莞惠、珠中江三大经济圈产业的定位为参考，从港口规划和审批方面对石油化工、精品钢铁、海洋工程装备、海洋生物医药、油气勘探开采等先进制造业的港口需求倾斜，重点推进广州、珠海、虎门、惠州、中山、江门的制造业与物流业的联动发展，大力发展支持临港工业的物流产业，建立与临港产业相配套的专业公共仓储物流中心，以专业化、一体化的现代物流服务推进临港产业的跨区域资源整合，打造珠三角港口群产业发展新支柱。

5）港口休闲产业。对接国家明确提出的促进和规范邮轮产业发展政策，出台全省邮轮游艇产业发展意见，提出支持有条件的地区发展邮轮、游艇等新兴旅游，并将邮轮旅游纳入国家鼓励类产业目录。我国邮轮旅游与游艇产业正在进入发展的黄金时期。

以全省的邮轮、游艇规划为依据，有序推进珠三角港口群邮轮游艇产业发展，引导其在有条件的城市与地区率先发展，形成分层次、有重点的发展格局，以一体化的产业架构参与世界邮轮产业竞争。加快推进珠三角相关港口在码头泊位资源共享利用、港口休闲旅游资源合作开发、旅行服务及通关环境改善等方面建立紧密合作；推广“一程多站”旅游线路，形成不同主题、特色的多元化港口休闲旅游产品体系，整合珠三角港口群港口休闲硬件资源及区域旅游资源，构筑珠三角港口休闲旅游一体化网络。

允许境外国际邮轮公司在广州、深圳、珠海注册设立经营性机构，开展经批准的国际航线邮轮服务业务。鼓励境外大型邮轮公司挂靠广州、深圳及其他有条件的沿海港口，逐步发展邮轮母港与挂靠港。为邮轮航线经营人开展业务提供便利的经营环境。研究建立邮轮产业发展的金融服务体系，在保险、信贷等方面开设邮轮产业专项目录，为邮轮产业健康有序发展提供保障。

（2）公共港航资源

1）港口岸线。从全局出发，对珠江口地区的港口岸线资源进行合理的规划，防止出现岸线占而不用、多占少用、深水浅用等现象，使岸线资源得到有效配置。

2）公用航道。确立珠江口湾区港口群（广州港南沙港区、黄埔港区、深圳西部港区、东莞虎门港、中山横门港区、珠海桂山港区）、崖门口港口群（珠海高栏港区、江门新会港区）和珠江三角洲东部港口群（深圳东部港区和惠州港）三大港口群在珠江水系出海门户的航运枢纽地位，提升公用出海航道通航能力以及相应内河航道的高等级化。以港口群共同发展需求为基础，设立省、市公共港航资源建设维护资金平台，稳步有序推进珠江口主要航道的工程建设工作。

广州港：开展广州港出海航道四期工程建设，继续协调相关单位，尽快开通小虎作业区航道，力争将小虎作业区航道纳入广州港公共航道统一管理。

深圳港：继续推进铜鼓西航道和西部港口公共航道整治。

珠海港：加快珠海高栏港区进出港公共主航道的建设，与江门协调共同开发黄茅海港区航道和崖门出海航道。

惠州港：为扩大荃湾、东马、碧甲三大港区的规模，规划提升马鞭洲航道、大辣甲西侧航道及现荃湾进出港主航道、东联航道通航能力。

中山港：为加快中山港的发展，按照内河、沿海航道建设并举的方针，规划建设横门水道及出海航道。

江门港：加大崖门水道及口门出海航道开发建设力度，推进镇海湾出海航道整治。

根据航道类型和繁忙程度，实施分类养护，高度重视航道及航标的日常维修保养与应急保障，合理安排养护改善专项，积极研究珠三角公共航道维护评价体系，尽早出台《珠三角港口公共航道养护管理办法》，提高航道、航标养护工作的科学性和规范性。规划期末确保通航保证率达到99%，逐步实现助航导航设备的规范化、标准化以及航标管理的自动化和遥控遥测，航标正常率达到99%以上，充分发挥其助航导航功能。

把握“十二五”时期《珠江三角洲高等级航道网建设方案》实施契机，以完善珠江三角洲“三纵三横三线”高等级航道网建设为重点，继续通过加密、延伸和提高等综合措施，提升珠江三角洲航道网的运输能力和服务水平，以适应区域内外物资江海直达运输、海船进江和主要港口集疏运的发展要求。

在《珠江三角洲高等级航道网规划》指导下，着力加强航道助航标志及监测系统、航道信息系统、航道管理配套设施等建设，通过完善布局、改善设施装备、提高科技含量等措施，全面提高珠江三角洲航道保障系统的综合服务能力和水平。

(3) 公用锚地

以一体化发展思路规划公共锚地，对珠江口地区的锚地进行统一整治，建立新的锚地，废弃旧锚地的使用，实现锚地布局的合理优化。根据对广州港及珠江口水域的调查了解，结合广州港水域锚地的需求分析，遵循“急需程度、开挖容易、工程量小”的原则，可对珠江口现有的锚地布局作如下调整。

1）虎门以内。西河道锚地、南河道锚地、海心岗锚地、新造锚地、黄埔锚地、大濠州锚地均维持现状；莲花山锚地拟规划建设83LHA防台、应急锚地；本次规划结合虎门港立沙岛作业区码头水域整合方案，对坭洲头锚地中的原79NZ、80NZ、81NZ、82NZ等锚地进行调整，调整合并后面积约为1.14 km^2，自然水深 12 ~ 13 m，对垊洲头的原 75NZ、76NZ、77NZ、78NZ 等锚地进行调整、合并、扩建，把垊洲头主航道以西水域局部挖通，作为 5 万吨级以下船舶待泊、应急和防台锚地，调整后的锚地面积 3.4×10^4 km^2，自然水深一般在 8 ~ 16 m；结合虎门港西大坦作业区码头水域整合方案，在大虎岛东侧新设 63DHA 锚地，水域面积 3.31 km^2，规划水深为 13 m。

2）虎门以外。在舢舨洲、沙角锚地新增两个锚地，编号分别为 44SJA 和 34SJA，面积分别为 2.23 km^2 和 3.15 km^2；结合广州港南沙港区的发展规划和广州港出海航道与周边航道的交会情况，重点对伶仃洋水域的锚地进行了规划，新增 5 个锚区，编号分别为 33LDA、30LDA、30LDB、29LDA 和 26LDA，新增锚地面积 40.3 km^2；本次规划研究对大屿山锚地维持现状；在珠江口锚地新设四个锚区，编号分别为 18ZHA、18GSA、11SMB 和 11SMA，新增锚地面积 41.45 km^2。

（4）疏运网络体系。

1）内陆货运港。以目前珠三角港口群各主要港口拓展的内陆货运站为基础，结合区域经济地理条件，对珠三角区域“无水港”发展进行总体规划，并指定分地区的重点发展对象，审核用地指标，探索合作经营机制，安排资金筹措，关注配套系统整合等重点环节，以实现资源的优化配置及站场资源共享，共建珠三角港口群的一体化腹地网络。

利用通往内陆区域的集疏运网络，进一步加大港口群与内陆货运站、配送场站等内陆节点的合作，沿西江流域和铁路站场设立连接珠三角的大型内陆节点，扩大港口货源，将港口的转运和配送服务市场延伸至云南、贵州、广西等地区。

制定“无水港”规划建设、硬件设施、集疏运与服务质量等标准，以便实现统一的对外推介，推进港口群与当地、内地的海关、检验检疫、铁路、公路、外汇、银行以及其他相关部门的配合，实现与当地企业和机构的合作模式多元化，如参股建设、互持股份等，使现有的业务纽带变成资产纽带，坚固合作基础，实现多方共赢。

2）综合交通运输网络。重点优化老港区的陆路交通条件，与城市交通规划协调，加强各港内部港区之间多种运输方式的联系，推进重点港口港区铁路进港，进一步发挥珠三角湾口地区港口水转水运输条件的优势。以规划协调为主要手段，把握珠三角铁路大发展、高等级航道网建设以及国家公路运输枢纽规划全面实施的机遇，以一体化协调发展为重点，推动铁路、公路、水路、管道等多种方式货运枢纽的联合布局。

3）油气输送管网。以天然气主干管网“全省一张网”建设为契机，做好珠海 LNG（液化天然气）接收站项目和南海天然气上岸工程等项目的配套码头建设工作。促进珠三角油气码头融入全省的一体化成品油管网和油品储备体系建设，发挥油气码头对外的通道性作用。

9.3.2 以政策管理实现港口群一体化协调发展

（1）协调机制

在现有的管理机制体制下，在珠江三角洲各港口城市之间建立港航企业、政府与港口物流部门间的有效协调机制、长效对话机制、信息共享机制、经常性联系机制，构建港口群统一有序管理的基础。主要内容可以包括通报各港口行政管理工作情况；交流各港口生产发展情况；分析区域内港口发展形势与发展趋势，研讨有关重大议题；听取有关区域合作项目进展情况的通报，并积极协调推进；协调解决合作中的重要事项等。

设立珠三角港口一体化协调委员会，由广东省分管港口副省长、省交通厅分管副厅长、珠三角各市分管副市长、珠三角各港口管理部门、港口企业等各方代表组成。通过明确珠江口港口群一体化的发展目标，从整体上对港口货物的结构、运输分工、运输路线设置、投资水平进行统一的管理和协调，负责制定具体的港口一体化评价体系，定期衡量各港口一体化推进的成效，并敦促港口管理部门进行整改。通过一体化协调委员会，积极推进各地物流发展规划及相关政策法规对接，消除物流发展的体制性障碍。

设立珠三角港口行业协会，有效发挥行业协会协调和信息传递、收集、约束行业行为等功能，鼓励港口行业协会在政府支持和法律授权下，开展港口航运行业研究，积极参与国内外行业学术研讨，参与或制定相关行业政策、规范及标准等，推进各项行业政策、规范、标准以及行业先进经验等的实施及推广，形成畅达的企业、政府之间的对话机制和交流渠道。

（2）规费政策

珠三角各项港口规费征收应遵照上级政府的有关文件精神，并在此基础上出台相应的港口规费征收标准与办法。在货物港务费方面，制定港口收费规则，明确规范内外贸货物港务费和内、外贸集装箱货物港务费的征收标准；在港口设施保安费方面，参照交通部、发展改革委《关于收取港口设施保安费的通知》，制定适应珠三角地区征收管理的文件，对相关企业加强港口设施保安管理工作提供专项资金保障。

委任各市港航管理部门负责港口规费统一征收工作，确保收费政策的有效贯彻执行。解决多头管理，费率返还比例不一等问题。研究合理的港口群统一规费优惠政策。

（3）技术标准

建立港口经营企业安全资质准入制度，对进入港口从事港口装卸储运作业的企业或经营人实行经营许可制度，对相关作业人员的安全资质实行审核准入制度，对从事危险货物港口作业实行认可制度。港口企业或港口经营人从事港口作业必须具有相应的技术、设施条件、安全管理制度和从业资质，严格保证港口经营人的资格满足港口作业的安全要求，特别是危险货物的经营资格。

根据ISO 9000系列标准建立有效的质量保证体系，统一港口服务质量技术标准。强化对珠三角港口企业服务质量的整体控制，树立品牌。加快推进互认的港口群的港口电子数据交换系统（EDI）、全球卫星定位系统（GPS）、射频识别（RFID）、智能运输系统（ITS）的研发与应用，推广通行的集装技术和单元化装载技术，推行托盘化单元装载运输方式，完善并推广物品编码体系，发展可视化技术、货物跟踪技术和货物快速分拣技术，并与一体化的内陆货运港实现对接。

9.3.3 以市场服务实现港口群一体化完备发展

（1）公共营运服务

按照省政府确定的“四统一”（航道、引航、锚地、通信调度管理）和“四个一”（一条公用水道、一个引航机构、一套管理规则、一个监督机构）原则，以一体化思路探索航运服务在珠三角港口群的联营机制，推进东莞、深圳、珠海、中山四港调度机构的联合运作，强化航道调度指挥中心职责，完善企业生产部门、港口调度机构、船东和拖轮公司等各相关主体的协调机制，优化珠江口水域内的引航作业，有效使用广州港出海航道，进一步强化珠江口水域调度管理，实现珠三角港口群引航调度的一体化运作及管理，确保港口安全生产。

加强珠三角港口群各港口间消防、海上救助等的协作能力，形成跨部门、跨港口的水上交通运输安全监管和应急指挥联动机制，完善日常监测、应急事件接报、应急处置和信息发布等功能，不断提升珠三角港口群安全监管和应急保障能力，确保港口营运的安全稳定发展，以进一步提升区域港口的公共性营运服务标准与质量。

（2）航运服务集聚区

以广州港及深圳港为中心，结合地区发展优势及产业发展特点，对接港澳地区，突出产业功能，细化形态布局，规划航运服务集聚区的发展格局，以健全珠三角航运服务集聚区的功能，优化分工。制定有利于航运服务集聚区发展的相关优惠政策，吸引国内外知名航运企业入驻航运服务集聚区，发挥航运龙头企业的品牌效应，强化航运信息集散、市场研究等功能，拓展航运交易、航运资讯等航运市场服务功能，并以此带动与其相关的上下游相关企业的入驻，不断促进航运服务集聚区的发展；另外，通过相关政策吸引外商直接投资（FDI），发挥外商的资金优势，加快航运服务集聚区的硬件设施建设，为航运服务集聚区的快速发展打下基础。

将珠三角湾区内的港口航运服务总部与高端要素通过网络化、信息化服务的形式对区域分散的资源进行整合，着力培育航运市场服务、现代物流服务、航运金融服务、口岸管理服务四大功能，形成航运企业集聚、航运要素市场繁荣、配套服务完善、服务特色鲜明的多层次航运服务平台，构筑“资源集中、服务分散”的珠三角港口群虚拟“航运服务集聚区”，推进珠三角港口群现代航运服务体系的健全。

9.3.4 以信息化和平台建设实现港口群一体化创新发展

（1）港航政务与安全管理系统

1）推广与完善综合电子政务平台应用。充分利用行业现有的信息化基础，结合珠三角各个港口业务操作需求，加强网络及系统资源的整合与利用，对接与升级上层及相关已有业务数据库和基础数据库，建设水上交通运输公众网。推广办公自动化应用系统使用，完善在线行政审批系统，拓展视频会议系统覆盖范围，形成具有统一安全认证、单点登录、支持大规模应用、多应用系统集成的珠三角港口群综合电子政务系统，全面提升电子政务应用水平，促进便捷、透明、统一的跨区域、跨组织协调机制的形成，以进一步健全港口市场机制，指导区域港口的优化发展。

推广办公自动化应用系统。推广“广东交通电子政务畅通工程”建设成果的应用，对接全省统一的电子公文交换平台，实现珠三角港口群各港航管理机构间的公文便捷流转；结合广东省交通虚拟CA认证中心的数字认证，实现业务系统用户单点登录与统一认证，加强电子政务邮件系统在港航管理部门的应用。并结合各管理机构实际需求，推进办公自动化系统与业务系统、行政审批系统等有机结合，建立融信息处理、业务协同和知识管理于一体的办公自动化应用系统。

建设水上交通运输公众网。以“广东省交通运输公众网”网络平台及信息资源为基础，结合航运服务需求，整合多系统服务网络平台及信息资源，加强先进技术应用，扩大数据采集范围，丰富数据量，构建集成化内容服务平台，提供“一条龙”在线服务、政务信息专题服务、信息自助订阅等功能，建设珠三角港口群水上交通运输公众网，全面提高航运管理部门的网站政务服务能力和水平。

完善在线行政审批系统。以“广东省港航行政管理综合业务系统”为基础，依托“广东省交通厅统一行政审批系统”电子政务基础设施资源，结合珠三角航运行业管理需求，集成行政审批、电子监察、审批信息发布和回馈等系统的建设及应用，积极开展一站式办公服务，形成跨港口和跨部门的网上联合审批平台，实现审批事项信息网上公开。

拓展视频会议系统。利用“广东交通运输管理视频会议系统”建设契机，推进珠三角各航运管理部门利用交通视频会议系统在召开港航系统各类会议、应急指挥、组织讲座和培训等方面的应用，通过集语言、图像、数据等多媒体手段的视频通信进行高效交流，构建珠三角港口群联席视频会议机制，以提高工作效率及组织协调能力，适应节约、便利办公要求。

3）加强港航监管与应急指挥平台建设。

港航监管业务系统。对接广东省电子纪检监察系统、公安交通管理系统、安监系统，推进规费征稽执法、水路运政执法、港口执法和航道执法等港航监管执法子系统建设，实现执法过程全程监督，全面提升珠三角港口群各港口间综合监管能力与执法能力。

运行监测预警及应急指挥系统。在港口群内扩大视频监控图像接入范围，形成覆盖珠三角区域的港口、码头、泊位、航道的视频监控系统，进一步完善广东省交通综合监控中心；建立珠江口港口空间信息管理及应急指挥系统，对接广东省港航行政管理综合业务系统，建立多系统对接应急通信系统与应急指挥数据库。

珠江口港口波浪观测预警系统。在珠江口增设部分波浪观测站形成完善的近岸波浪观测系统，根据观测的潮位、波浪等资料，采用海洋灾害数值预报技术，风暴潮潮位预警启动标准，开发珠江口港口波浪观测预警预报系统，为港航管理部门提供及时、准确的波浪警报。

综合决策分析系统。依托广东省水上交通运输公众网与广东省港航行政管理综合业务系统，对接南方现代物流公共信息平台，形成涵盖港口基础设施、生产营运监管、港航服务等领域的行业经营分析专题数据库，建立支持统计、数据抽取、数据挖掘、预测分析等功能的分析工具，按照交通统计要求，提取数据，开展统计服务，根据行业管理与决策需要开展运行分析与预警服务。

（2）智能通关与公共信息服务平台功能

通过 IC 卡和 RFID 技术的深入推广与应用，采集与港口运营与管理有关的数据，建立港口群的相关资料的数据库，逐步实现港口群内部各港口之间信息的共享，从而推动珠江三角洲港口群的信息一体化。

建立统一的交通电子口岸平台。鼓励珠三角各港口所在地的港口和水路交通运输管理部门按照《海上国际集装箱运输电子数据交换管理办法》［交水发（1997）233 号］等相关规定，组织建设港口 EDI 中心，以港口 EDI 中心为基础，与海事、海关、质检、边检等口岸查验部门和单位的信息系统连接和互联互通，实现出入货源信息、货轮运输信息和出入监管信息的共享，逐步发展成为地方电子口岸信息平台的重要支撑。珠三角各港口所在市主管部门逐步整合各水路口岸、公路口岸信息资源，加快建设珠三角统一的交通电子口岸信息平台，逐步发展成为交通电子口岸分中心。

完善交通电子口岸法规和标准体系。制定和完善珠三角港口群交通电子口岸建设有关规章和信息标准与规范，研究制定《交通电子口岸数据交换管理办法》，明确各港口数据交换内容、交换流程以及安全保密责任。完善水路、公路运输电子数据交换和电子报文标准体系。各港口在信息化建设中，应严格采用国家和行业标准。

网络与信息安全保障制度高度重视安全防护，建立数据备份，保证交通电子口岸系统稳定可靠运行。加强对信息安全平台安全保障工作的指导与管理，逐步完善安全管理机制。加强安全认证体系建设。

9.4 保障措施

9.4.1 法制保障

根据《广东省实施珠江三角洲地区改革发展规划纲要保障条例》，广东省人民政府有关行政主管部门可以召集省人民政府有关部门和珠江三角洲地区地级以上市人民政府，对涉及实施规划纲要的具体事项进行协商；珠江三角洲地区地级以上市人民政府应当通过协作会议等形式，对涉及区域协作发展的重要事项进行沟通、协商，取得一致意见后做出决定或者签订合作协议，并严格执行。广东省人民政府应当督促合作协议的执行。

珠江三角洲地区地级以上市人民政府设立的实施规划纲要领导协调机构负责规划纲要实施、监督管理的综合协调工作。领导协调机构办公室承担具体工作。政府各部门在各自职责范围内负责实施规划纲要的具体工作。

9.4.2 政策保障

建立珠三角港口一体化协调委员会，由广东省分管港口副省长、省交通厅分管副厅长、珠三角各市分管副市长、珠三角各港口管理部门、港口企业等各方代表组成，广东省交通运输厅负责具体的管理与协调工作。重点协调解决珠江三角洲港口群一体化发展战略、港口功能布局、公共设施的统一规划和建设等涉及的各港口经济利益的重大问题。珠三角各港口在落实珠江三角洲港口群一体化规划的过程中，要做好与珠江三角洲区域经济一体化、产业布局一体化、基础设施一体化等已出台的相关规划的衔接。

各相关部门要根据各自职能，切实加强对珠江三角洲港口群一体化的引导。探索建立有差别的港口业务准入机制；制定和实施跨地区的税收分成和经济指标统计办法，相关地方政府可按一定比例共享港口及相关业务发展成果；探索建立排污权交易制度，建立生态补偿机制，对因资源环境保护而牺牲发展利益的港口地区给予应有的经济补偿；科学评估港口新建码头、岸线利用、锚地规划、临港重要产业基地布局等对港口功能和港口群规划一体化的影响；统一珠江三角洲港口群的品牌宣传推广，提升国际影响力和竞争力；根据本规划确定的各港口发展任务和措施，有重点、有针对性地引导港口的发展，促进港口群一体化。

加强珠三角各个港口之间的交通基础设施规划建设，推进交通管理一体化，构建适应珠三角经济一体化的现代综合交通运输体系，加强港口间信息基础设施建设，实现信息互通互享的“同城效应”，促进珠三角港口群之间货流、人流、物流、信息流自由流动，为一体化提供建设基础支撑。整合物联网交易市场，加快物联网体系建设，大力推进信息互通、资源共享、货源可协调。引导、支持各港务企业进行跨区域、跨所有制的兼并重组，整合资源，促进港务企业错位发展，深化优势业务。

9.4.3 技术保障

提高珠江三角洲港口的电子化作业程度与港口群信息网络技术水平。建设互联互通、实时高效的港口信息网络，实现港口资源整合，注重港口信息资源整合的技术支持。

发展先进的信息通信网络，建立珠三角港口群公用的信息资源数据库，实现港口之间、港口与其他运输方式之间、港口与其他部门之间非保密信息的交换和共享；建设开放、规范的港口信息公共服务平台，为港口管理部门、货主、企业的各类信息系统集中提供资源交换和共享的基础服务；建立高标准的数据处理及决策信息系统，对不同的运输要求进行优化，提出优质的服务方案，从而加强对整个运输市场的管理；建立港口信息发布网站；制定统一的信息技术标准、制度法规和管理规范，使各港信息系统之间互联互通。要加强和改善港口服务工作，简化手续，努力降低港口货物进出费成本，吸引货源，不断提高工作效率和服务质量，以先进设备、高效管理、优质服务赢得货主和船东的信赖；要进一步改善大通关环境，积极配合海关、国检等港口相关部门共同解决新建码头的通关问题。

加强珠江三角洲港口群港口安全技术管理。建立安全生产责任制；进行安全生产教育；编制并组织实现安全技术措施计划；实行安全生产检查制度；重视伤亡事故的处理报告工作和防护用品和保健食品的管理工作等。

9.4.4 资金保障

加大政府投资，保证国有资金在珠三角港口群一体化的建设上起到的主导作用，将港口群一体化的开发建设纳入到国家和地区经济发展的总体规划中，争取更多的财政支持，成立省、市相应的专项资金平台，加大对公共基础设施的投入力度，完善相应的监督机制。鼓励并支持非国有企业或私有资本的投入，探索引入各种新兴的融资方式，研究发行由政府担保的港口发展债券的可能性。

适应市场化的趋势，将港口资源置于市场之中，通过实施港口市场化运作，组建港口股份有限公司，实现投资主体的多元化、投资形式的多样化，使股份制公司成为港口建设的基本载体，鼓励企业和私有资本为珠三角港口群一体化的建设提供必要的资金支持。

9.4.5 人才保障

培养一批与现代化港口发展相适应的管理人才，港口经营管理进一步与国际接轨，使港口建设、管理、经营方式科学化、现代化。优化创业环境、优化政府服务环境、优化生活环境，吸引来自海内外的优秀专业化人才。

加强与高校之间的交流联系，从而提高一体化建设的可操作性与效率。定期举办企业与高校科研机构的学术交流活动，邀请港口群建设领域的相关专家举办讲座，聘请研究领域内的专家担任战略顾问等。

实施定员定岗计划，合理调配人力资源；加强人力资源管理部门的力量，强化人力资源的日常管理，做好企业的人力资源规划工作；重视员工培训，脱产学习和在职培训结合进行，为企业发展储备各类人才；实行岗位轮换制度，有目的地培养全局性的高素质经营管理人才；改革论资排辈的用人制度，建立合理的员工晋升机制；重视员工业绩评价，制定科学的员工考评制度；制定符合市场经济规律的工资、福利政策；研究和运用激励理论，制定切实可行的激励措施。